« MÉMOIRE VIVE »
Collection dirigée par Daniel Radford

BREIZ-IZEL
ou la vie des Bretons de l'Armorique

TEXTE D'ALEXANDRE BOUËT
DESSINS D'OLIVIER PERRIN

Présenté et commenté par Bernard Géniès

SEGHERS

Les dessins de cet ouvrage relèvent de :
B.N. Imp. — Archives E.R.L. et B.N. — J.L. Charmet

© Editions Seghers, Paris, 1986
ISBN 2-232-10026-X

PRÉFACE

L E *Breiz-Izel* est un des trésors de la culture bretonne moderne. Cet ouvrage présente un caractère exceptionnel tant de par sa propre histoire et les conditions qui ont présidé à son élaboration que par son contenu même. L'entreprise du *Breiz-Izel* fut en effet ambitieuse qui prétendait livrer à ses lecteurs un tableau des mœurs, des us et des coutumes de la Bretagne du XIXe siècle.

Le travail accompli par les auteurs fut remarquable : toutes les pratiques de la vie sociale et religieuse furent systématiquement recensées, commentées, parfois critiquées ou expliquées. Concernant cette époque, nulle étude régionale fut aussi poussée. Il en résulte que le *Breiz-Izel* fait dorénavant figure de « classique » aux yeux des historiens, des chercheurs, et plus généralement aux yeux de tous ceux qui aiment à fréquenter les chemins de la mémoire populaire.

A l'origine de cette petite bible de la Bretagne ancienne, il y a un homme. Il s'appelle Olivier Perrin. Il est né en 1761 à Rostrenen (Côtes-du-Nord) dans une famille bourgeoise. Son père était procureur fiscal et notaire de la baronnie de Rostrenen. Sur sa vie, nous ne disposons que d'éléments épars. On sait simplement que, vers l'âge de vingt ans, ce jeune homme déjà passionné par le dessin monta à Paris. Là, un mécène, le duc de Charost, le pensionna à l'atelier du peintre Gabriel Doyen, un élève de Van Loo. Par la suite, nous apprend sa notice nécrologique, « *il fit dans la compagnie des Arts la première campagne de la Révolution en 1794 : il revint en Bretagne et se fixa à Quimper où il fut nommé professeur de dessin au collège. Il s'occupa immédiatement à fonder une école gratuite pour les enfants pauvres et ce n'est qu'après quatre années d'existence de ce cours public que la ville lui attacha une légère rétribution. C'est à Quimper qu'il passa les trente huit dernières années de sa vie, se consacrant avec grand désintéressement à la propagande de son art* ».

Un art qui devait donc l'amener à dessiner et à peindre, entre autres, des scènes de la vie quotidienne du monde dans lequel il vivait. Avouons-le, son œuvre ne fut guère prisée ni reconnue par ses contemporains.

Il eut l'occasion d'exposer quelques toiles dans des salons parisiens et l'exposition qui eut lieu à Quimper l'année de sa mort, en 1834, « au profit des pauvres » de la ville fut un échec.

En 1800, Olivier Perrin se propose de publier, en souscription, une vaste « *Galerie des mœurs, usages et costumes des Bretons de l'Armorique.* » Le projet est très ambitieux puisqu'il s'agit d'évoquer tous les épisodes, de l'enfance à la vieillesse, de la vie d'un paysan originaire de Kerfeuteun, village proche de Quimper. Malheureusement, le faible écho rencontré auprès du public obligea Perrin à réduire ses ambitions. Le livre qui verra alors le jour ne comportera que vingt-quatre planches gravées accompagnées de vingt-quatre notices rédigées par Louis-Auguste Maréchal, un médecin originaire de Lamballe.

Mais il en fallait plus pour décourager Olivier Perrin. Loin de renoncer, il continue au contraire à réaliser un ensemble de dessins toujours sur le même sujet : les paysans bretons et leur mode de vie. En 1833, il fut enfin aidé dans son entreprise par un « négociant, poète et journaliste », Alexandre Bouët, alors âgé de trente-cinq ans. Deux ans s'écoulèrent avant que fût publié à Paris, chez Isidore Pesron, libraire-éditeur, 13, rue Pavée-Saint-André (l'actuelle rue Séguier), une « *Galerie bretonne ou mœurs, usages et costumes des Bretons de l'Armorique, par feu Olivier Perrin du Finistère, gravée sur acier par Réveil, avec texte explicatif par MM. Perrin fils et Alexandre Bouët ; précédé d'une notice sur la vie de l'auteur, par M. Alexandre Duval, de l'Académie Française* ».

Le rôle de Bouët dans l'élaboration de ce livre (dont la version définitive vit le jour lors de sa troisième édition, en 1844), fut décisif. Utilisant pour partie les notes d'Olivier Perrin, puis celles de Louis-Auguste Maréchal, s'appuyant également sur les conseils de Paul Perrin, le fils du dessinateur, il rédigea ce *Breiz-Izel* (en français : Basse-Bretagne) tel que nous le connaissons aujourd'hui.

Alexandre Bouët n'était pas journaliste pour rien (au passage, signalons qu'il fonda pas moins de trois journaux au début des années 1830, *Le Finistère, Le Brestois, L'Armoricain*). Homme d'observation et de terrain, il consigna ses relevés avec une conscience d'ethnologue. La collecte qu'il réalise est vraiment étonnante. Pas un détail de la vie, du costume, des habitudes de Corentin, le personnage principal de ce récit (on a d'ailleurs le sentiment que Bouët voudrait glisser parfois vers le roman), ne nous échappe. Dès l'instant où il vient au monde jusqu'à la scène de l'enterrement de son grand-père, toutes les principales étapes de son existence sont passés en revue.

Certes, s'il est des intitulés de chapitre qui ne nous surprennent guère — tels « le baptême », « la première communion », « la veillée », « le mariage » et autres classiques du folklore en général —, plus étonnants sont ceux consacrés à « la première leçon d'ivrognerie » ou aux titres de propriété. Mais le plus précieux dans cette « étude », c'est qu'elle est faite par un homme de l'intérieur, un homme du terroir pourrait-on dire. Et si Bouët, conditions historiques obligent, assène parfois à son lecteur quelques couplets bien désuets concernant la morale ou l'éducation, la véracité et la lucidité de son témoignage n'en pâtissent pas le moins du monde.

Néanmoins, la position sociale d'Alexandre Bouët appelle quelques remarques. Ce fils d'un Normand qui vint s'établir à Brest peu avant la Révolution, était ce que l'on pourrait appeler un « ami des lettres ». Dans sa préface à l'édition du *Breiz-Izel* réalisée par la Société Archéologique du Finistère (préface dont nous sommes redevable concernant les éléments biographiques sur Perrin et Bouët), Ch. Laurent nous apprend qu'il « *facilita la vocation du jeune poète brestois Hippolyte Violeau, malgré la divergence de leurs opinions politiques* ». Bouët n'est donc pas un paysan, loin de là, il serait même plutôt un intellectuel. Ce n'est pas un reproche, encore qu'ici et là cette « position sociale » l'amène à des considérations caricaturales. Cela dit, d'une certaine façon Bouët est un privilégié. Nul ne songerait bien sûr à le lui reprocher mais cette différence par rapport au milieu qu'il décrit revêt une importance capitale au XIXe siècle.

Le XIXe siècle voit en effet s'amorcer, non seulement en Bretagne, mais aussi en France et dans les pays les plus développés d'Europe, une révolution sans précédent : celle de l'industrie. Les bouleversements qu'elle va introduire ne seront pas seulement d'ordre économique. De nouveaux comportements, de nouvelles idéologies, de nouvelles esthétiques vont voir le jour. Les « lumières » du siècle précédent sont ainsi récompensées. Les campagnes bougent, les villes se développent. Peu à peu, la France change de visage.

Comme l'a fort bien montré l'historien américain Eugen Weber dans *La fin des terroirs*, les effets de la centralisation tant politique qu'économique se font davantage sentir. L'État, cette nouvelle puissance constituée, promulgue ses lois et ses mesures sur l'ensemble du territoire. Bientôt, il imposera l'école laïque, obligatoire et gratuite. Dans le même temps, il imposera aussi sa langue. Pour reprendre une image de la thèse développée par Weber, les paysans allaient en somme « devenir des Français ». Une réalité qui allait également se traduire en chiffres. C'est ainsi que sur le territoire français, la population agricole devait passer, au cours de ce siècle, de 75 à 40 % de la population totale.

La Bretagne n'est pas épargnée par ce mouvement, même si ses effets sont moindres. Du XIXe siècle pourtant date le déclin de sa langue et plus globalement, de sa culture. Jusqu'alors, la Bretagne avait vécu repliée sur elle-même. Michelet disait d'elle que c'était « presque une île ». Rares étaient les voyageurs (il faut quand même signaler Arthur Young : cet agronome anglais publia en 1792 ses *Voyages en France*) qui songeaient à s'aventurer sur cette terre du bout du monde réputée inculte, sauvage et peuplée d'hommes parlant une langue « inconnue ». Flaubert, visitant le marché de Rosporden en 1846, évoquera de la manière suivante le paysan breton : « *soupçonneux, inquiet, ahuri par tout ce qu'il voit et ne comprend pas, il se hâte de quitter la ville* ».

Quelques centres urbains échappent cependant à cet ostracisme : Nantes et Rennes, capitales politiques successives de la région et qui de surcroît ont l'avantage de se trouver en pays gallo (pays où on parle donc le français et non le breton). Autres enclaves « françaises », Brest, donc Colbert fit au XVIIe siècle la capitale du royaume, et Lorient, le port de la Compagnie des Indes qui dut au XVIIIe siècle sa prospérité à l'écossais John Law (l'un des premiers « banquiers » dont l'aventure se termina par une banqueroute retentissante). Longtemps, la Bretagne ne s'ouvrit donc au monde extérieur que par sa façade maritime. Une ouverture somme toute fort relative quand on sait la véritable barrière qui sépare la ceinture littorale de l'intérieur des terres. Marins et paysans, et ce n'est pas seulement vrai pour la Bretagne, ont toujours vécu dans des univers différents.

Au cours de ce siècle dominé par l'industrie, l'image de cette région va se modifier. De « terra incognita », la Bretagne va devenir un sujet d'étude pour nombre de folkloristes. Leur démarche est tout à fait dans l'air du temps. Alors que le roman de l'époque, celui de Balzac, puis celui d'Hugo et de Zola, fait découvrir à ses lecteurs la vie grouillante des faubourgs et des villes, les « chasseurs » d'histoire régionale investissent le monde paysan. Peu à peu, leurs études, leurs publications vont lui donner une image. Mieux, une identité. Le travail de Perrin et de Bouët s'intègre parfaitement dans ce courant que fréquenteront par la suite, chacun à leur manière, Paul Sébillot, Anatole Le Braz ou Emile Souvestre.

A l'échelon européen, on ne peut d'ailleurs que constater la simultanéité de cette quête de la mémoire populaire. En Allemagne par exemple, c'est en 1812 que le philologue Jacob Grimm publia, avec le concours de son frère Wilhelm, ses *Contes d'enfants et du foyer*, recueil de contes populaires germaniques. En Finlande, le docteur Elias Lönnrot parcourt les chemins de son pays natal pour collecter, surtout auprès des bardes caréliens, des fragments de chants, de récits, de poèmes. Ces textes, publiés en 1835, seront rassemblés sous le titre de *Kalevala* et constitueront l'un des monuments (largement honoré aujourd'hui encore par les romanciers et poètes de ce pays) de l'histoire littéraire finlandaise. En Bretagne, outre le *Breiz-Izel*, il faut signaler le *Barzaz Breiz*, recueil de chants populaires publiés en 1839 par le vicomte de La Villemarquée. Accusé d'avoir quelque peu complété, arrangé ou embelli (sans que l'on puisse apporter à cela aucune preuve) les textes qu'il avait recueillis, le vicomte ne fut guère récompensé de ses efforts puisque son ouvrage connut un échec retentissant. De fait, si le monde paysan commence à être reconnu, il n'en constitue pas, loin de là, un modèle. Voici ce qu'en dit Balzac en 1844 dans son roman *Les Paysans* : « *Il est nécessaire d'expliquer, une fois pour toutes, aux gens habitués à la moralité des familles bourgeoises, que les paysans n'ont, en fait de mœurs domestiques, aucune délicatesse. (...) L'homme absolument probe et moral est, dans la classe des paysans, une exception. Les curieux demanderont pourquoi ? De toutes les raisons qu'on peut donner de cet état de choses, voici la principale : par la nature de leur fonction sociale, les paysans vivent d'une vie purement matérielle, qui se rapproche de l'état sauvage auquel les invite leur union constante avec la nature.* »

Si le paysan est un sauvage, il faut l'éduquer. Et cela est encore plus vrai en Bretagne, région où l'extrême morcellement de la propriété alliée à une mauvaise exploitation des terres font de la misère le lot quotidien du plus grand nombre. On comprend que dans ces conditions, le paysan breton ait pu se révéler une proie de choix pour l'église. Dans ses *Mémoires d'un touriste en Bretagne*, Stendhal écrit en 1837 : « *La partie de la Bretagne où l'on parle breton, d'Hennebont à Josselin et à la mer, vit de galettes de farine de sarrasin, boit du cidre et se tient absolument aux ordres du curé. J'ai vu la mère d'un propriétaire de ma connaissance, qui a cinquante mille livres de rentes, vivre de galettes de sarrasin, et n'admettre pour vrai que ce que son curé lui donne comme tel.* »

L'image n'a rien de caricaturale. La corde mystique des Bretons a toujours été sensible et la religion est longtemps apparue comme un des piliers de leur existence. Reste que la mainmise du clergé n'allait pas toujours sans quelques frictions ou quelques heurts comme nous le verrons. Il faut cependant reconnaître qu'au XIXe, la religion demeure un ciment social au nom duquel s'organise et se régente la vie des communautés paysannes. Des preuves ? Une parmi d'autres. Lorsque l'Église de France lance, à partir de 1844, une série de pétitions pour la liberté de l'enseignement secondaire (pétitions qui furent des échecs puisque la plus importante d'entre elles rassembla à peine plus de cent mille signatures), plus d'un tiers des signataires sont bretons...

Dans le contexte général de ce XIXe siècle, le *Breiz-Izel* apparaît en conséquence comme un ouvrage nécessaire. Nécessaire au sens où, malgré lui, car tel n'était pas le propos de ses auteurs, il s'érige contre les redoutables images d'Epinal de l'époque. De la société bretonne, il livre en effet un paysage où l'on aurait du mal à distinguer les « sauvages » qui faisaient tant frissonner les intellectuels parisiens. Perrin et Bouët nous donnent au contraire l'image d'une société parfaitement cohérente et organisée.

Les règles qui régissent la vie des Bretons d'alors sont extrêmement précises. Les contraintes juridiques (propriété de l'exploitation), agricoles, religieuses et sociales sont essentiellement supportées par les différents groupes communautaires. Rappelons qu'au XIXe siècle, la notion de village, telle que nous l'entendons aujourd'hui, est imprécise. Dans son étude intitulée *Quinze générations de Bas-Bretons*, Martine Segalen précise : « *Les frontières communales, dessinées administrativement, ne déterminent pas de sentiment d'appartenance ou d'identification territoriale ; le hameau, au sein duquel se trouvent la ferme, le quartier regroupant quelques hameaux sont bien davantage pertinents à cet égard.* » Et d'ajouter : « *Les géographies familiales ne permettent guère de distinguer entre les classes sociales.*

Qu'on soit fils de riche fermier ou de pauvre journalier, c'est dans le même territoire que l'on cherchera travail et/ou femme. »

Ce type de comportement suppose une grille sociale très dense à laquelle il est difficile d'échapper. Alexandre Bouët nous en donne ici quantité d'illustrations concernant aussi bien la demande en mariage que le déroulement d'une veillée ou le départ des conscrits. Tous les comportements sont donc rigoureusement codifiés. Cependant, pour strictes qu'elles soient, ces règles n'en sont pas pour autant universelles. La Bretagne n'est pas une. Déjà, dans ses *Chroniques*, Froissart oppose au XIVe siècle la « *Bretaigne bretonnant* » à la « *Bretaigne gallot* ». Mais il y a aussi les « pays » dont la *Chanson de l'ogre*, du pays de Tréguier, évoque les quatre principaux tout en laissant entrevoir l'esprit de rivalité qui règne entre ceux-ci (le Léon, le Trégorrois, le Vannetais et la Cornouaille) :

> *J'aime la chair du Léonard*
> *Nourri de méteil et de lard ;*
> *Ceux du Tréguier ont un bon goût*
> *De crêpe frite et de lait doux ;*
> *Mais pour Vannes et Quimper, bonsoir !*
> *Ces gens mangent trop de blé noir.*

Cette diversité, on la retrouve qui s'exprime aussi dans les costumes, les coiffes, le mobilier, les sculptures, la céramique, tous domaines où les différentes écoles ou ateliers dont sont issus ces productions imposent des modes ou des façons qui ne sont pas seulement redevables à la tradition bretonne. Reste que cette civilisation trouve son unité dans un certain nombre de valeurs abondamment évoquées par Alexandre Bouët. C'est d'ailleurs là le propos essentiel du *Breiz-Izel* qui affirme la réalité d'une culture dans toute sa complexité. « L'esprit breton » a pris racine quelque part par là en ce sens qu'il s'est identifié à ces représentations, quitte à cultiver parfois un certain immobilisme.

Il en résulte un paradoxe. Il n'y a pas si longtemps, la Bretagne n'existait que par son folklore, c'est-à-dire ses binious, son cidre, ses crêpes et autres accessoires du prêt-à-porter touristique. Les folkloristes sont pour une grande part responsables de cet état de fait qui ont entretenu l'image d'un univers aux composantes stéréotypées. Quelques-uns ont d'ailleurs abondamment pillé le *Breiz-Izel* en oubliant de citer leurs sources... C'est peut-être ainsi qu'est née l'image du Breton (et de la Bretonne, avec Bécassine), personnage prétendument entêté, ivrogne, stupide. Les contingents de jeunes hommes et de jeunes femmes débarquant à la gare Montparnasse entre les deux guerres ont souvent payé le prix de ce mépris-là. Eh oui ! Car il n'a pas toujours été facile d'être breton.

Sur les sept enfants qu'a mis au monde ma grand-mère, cinq firent le voyage pour Paris. Ce n'était ni par plaisir ni par curiosité, mais simplement pour trouver du travail. Les circonstances de la vie firent que je fus élevé par ma grand-mère maternelle. C'est cette femme, née en 1889 à Berné (Morbihan), qui m'a donné le sentiment d'appartenir à une culture qui avait sa langue et ses traditions. Etre Breton, ce n'est pas être un « élu ». La supériorité du Breton s'exprime autrement : il sait que les arbres, les chemins, les pierres qui l'entourent ont une histoire dont il est lui-même le produit. Nul autre livre que le *Breiz-Izel* ne résume cette réalité. Sa relecture a remué en moi quantité de souvenirs : ceux de ma propre enfance vécue à Moréac (Morbihan), un village planté au milieu des terres, mais aussi ceux de l'enfance paysanne de ma grand-mère. Ils apparaîtront ici comme autant de petites vignettes que j'ai insérées à la suite de certains chapitres particulièrement évocateurs.

J'ai voulu également éclairer le mythe breton par d'autres lumières, soit en utilisant des sources de l'époque, soit en faisant appel aux travaux d'historiens contemporains spécialistes du XIXe siècle. Une façon de montrer que la Bretagne n'a pas toujours été aussi réfractaire, comme on l'a prétendu, aux influences extérieures au moins pour ce qui se rapporte au mode de vie et à certains usages. Il est cependant une chose qui n'a jamais changé. Malgré les voies express, le remembrement, les usines, « l'aménagement » du littoral, la Bretagne, grâce aux siens, a su préserver son âme. Elle est toujours restée terre de mystère, terre d'enchantement, terre de fécondité. La Bretagne est un pays, un océan, un ciel.

LE NOUVEAU-NÉ

Ann Nevez-Ganet

NON loin de Quimper-Corentin, au milieu de ces descendants des Celtes que Rome antique désigna sous le nom de Corisopiti, et la France féodale sous celui de Cornouaillais, une jeune et robuste paysanne vient de mettre au monde, en présence de son mari et de quelques parentes ou voisines, un gros garçon, premier fruit de son mariage. La nouvelle mère a été replacée sur son lit. Un linge blanc lui est apporté par la servante qui vient d'entrer, car, jusqu'après la délivrance, nul n'est admis dans le sanctuaire de la maternité, excepté le père, la sage-femme et les commères privilégiées : celles-ci se garderaient bien de ne pas user de leurs droits. L'une d'elles, d'un air capable, et comme certaine de l'infaillibilité du remède, présente à l'accouchée un verre de vin chaud pour réparer ses forces. Une autre, que ses souvenirs paraissent vivement animer, l'étourdit du récit de ses propres couches, et sollicite, du geste ainsi que de la voix, l'attention qui lui est refusée. Debout comme elle sur le banc qui, entre autres usages, sert de degrés aux lits armoricains, une troisième apostrophe en souriant le père du nouveau-né et, avec cette autorité qui n'appartient aux Bretonnes qu'en pareille occasion, l'engage à presser sa toilette pour aller remplir les devoirs que lui impose sa récente paternité. Du côté opposé, un autre groupe de commères s'entretient à l'écart et, en femmes qui ont passé par là, elles échangent gravement les remarques médicales ou autres que leur inspire la circonstance, et dont elles brûlent déjà de faire retentir le village.

Une seule, parmi toutes ces femmes, paraît être sous l'influence d'un sentiment qui ne soit pas de la curiosité, ou le besoin de se mêler des affaires d'autrui ; c'est la grand-mère du nouveau-né, cette bonne vieille, à la coiffe de laine large et pendante, qui, à genoux au bord du lit, interroge d'un œil attentif la physionomie de l'accouchée, et cherche à y démêler les heureux signes d'un prompt rétablissement. L'excepter seule pourtant, c'est faire injure à l'important personnage que nous voyons assis sur la pierre du foyer, et qui y a reçu en dépôt le nouveau-né ; car ce personnage, c'est la sage-femme, et elle aussi s'intéresse véritablement à un drame où elle joue au moins le second rôle. Pendant tout le temps que durent ses fonctions, elle exerce dans la maison une large part de l'autorité domestique : rien ne se décide, rien ne se fait de tout ce qui touche de près ou de loin au grand événement dont elle est plus fière que personne, avant qu'elle ait été consultée, et qu'elle ait rendu ses oracles, qui sont écoutés comme autrefois ceux de la sibylle ou des prêtresses de la Gaule. Faut-il s'en étonner ? Les sages-femmes ne sont pas seulement pour le paysan de l'Armorique des êtres supérieurs par le savoir qu'il leur suppose ; elles passent même à ses yeux pour être un peu sorcières. Bien loin cependant de mériter une pareille réputation, ces ignorantes matrones exercent, au sein des plus épaisses ténèbres et sans même chercher la lumière, un art qui ne consiste pour elles que dans un peu de pratique sans théorie et, ce qui est pire encore, dans quelques vieilles et barbares coutumes.

Ici, nous voyons la sage-femme, premier fléau que rencontre notre jeune Bas-Breton à son entrée dans le monde, occupée à pétrir et façonner sa tête, dont elle prend la forme momentanément allongée pour une incorrection de la nature. Sans se douter du danger, ou tout au moins de l'inutilité de ses efforts, la prétendue sorcière s'obstine à l'arrondir et, par sa stupide brutalité, arrache des cris de douleur à cette frêle créature à peine âgée de quelques minutes. Cédant à la première émotion maternelle, l'accouchée, insensible au caquetage dont on la fatigue, se penche avec anxiété sur le bord du lit pour apercevoir son malheureux enfant qu'on torture, et ne sait si elle doit s'inquiéter ou se réjouir de ces premiers cris, de ces premiers signes de vie qui font battre son cœur de mère.

Cependant le maître du logis, debout près de son armoire, fait sa toilette des dimanches pour aller inviter le parrain et la marraine. Obéissant à son instinct naturel, qui lui défend de ne jamais se hâter, il achève de passer lentement les manches d'une sorte de pourpoint nommé *jupen*. Quoi qu'on puisse lui dire, il ne se presse pas davantage ; ce serait la première fois de sa vie, et à quoi bon ? son père ne se pressait pas. Du reste, il a l'air soucieux et embarrassé ; cette nouvelle existence dans un être qui lui doit la sienne n'a excité chez lui que de l'étonnement et une sorte de honte, et il paraît moins satisfait que confus de sa paternité. Aussi s'approchera-t-il de son fils sans empressement, presque même avec répugnance, et il sera le dernier à lui donner un baiser. Il n'est pas plus expansif près de celle qui l'a rendu père ; point de caresses, point de félicitations ! il se dirigera vers elle avec nonchalance, ne lui parlera même pas de sa situation, ou lui demandera laconiquement si elle se trouve bien, et tout sera dit. Encore ne fera-t-il cet effort que lorsque les commères auront bien voulu se retirer ; car les bruyants propos de ces femmes parlant toutes à la fois, le droit qui leur est reconnu en pareille circonstance d'élever la voix et de donner seules des ordres, enfin, cette prééminence momentanée de la femme sur l'homme, qui, dans les ménages bretons, suit plutôt, à l'égard du beau sexe, les préceptes du Coran que ceux de l'Évangile, tout cela le déconcerte, et le rend sot et taciturne. Lorsqu'il lui naîtra un second, un troisième, un dixième enfant, son air sera peut-être moins embarrassé, mais trahira la même indifférence ; ce sera toujours pour lui chose simple et naturelle. Il les verra venir comme il voit pousser son blé, ou naître une génisse ; seulement, peut-être, préférera-t-il quelquefois ce dernier cadeau de la nature, et calculera-t-il que le bénéfice en est plus clair et surtout plus immédiat.

A ces premiers traits du caractère de l'Armoricain, nous en ajouterons quelques autres qui en donneront une idée générale, et serviront comme de préface à sa vie ; les diverses situations où elle va se dérouler aux yeux du lecteur achèveront de révéler ces hommes exceptionnels qui, en France, ne ressemblent qu'à eux-mêmes. Leur franchise est proverbiale, nous l'imiterons ; notre plume fidèle à la vérité, comme les pinceaux de l'artiste, ne dissimulera ni leurs vertus, ni leurs vices, ni leurs qualités, ni leurs défauts : c'est de la Bretagne réelle que nous voulons offrir l'image, et non d'une Bretagne factice et de convention.

Plus isolé dans ses hameaux épars, plus étranger par son langage à la civilisation des villes qu'aucun autre paysan du royaume, le paysan armoricain est ce que l'on appelle vulgairement arriéré ; il est plus vieux de trois siècles ; à certains égards, il en est encore au Moyen Âge. Ainsi, son ignorance en fait un homme superstitieux qui ne prouve sa croyance que par de vaines pratiques, souvent risibles. Il a aussi les vices et les vertus de cette époque. Il est franc, mais d'une franchise qui tient de sa rudesse sauvage. Dans ses relations avec les gens de la ville, qu'il reconnaît supérieurs par leur intelligence, il est craintif et méfiant ; ce n'est qu'avec ses pareils qu'il est à l'aise, à moins qu'on n'ait su gagner sa confiance par des procédés qui le flattent. Plus on s'est montré bon et indulgent, plus il devient familier, et c'est alors qu'il vous raconte tout ce qui l'intéresse, jusqu'à vous faire perdre patience.

Le tabac, le cidre, le vin et l'eau-de-vie, dont il use avec excès, composent ses grandes jouissances. Il aime aussi la danse avec passion. Il rit et se moque d'une noce ou d'une fête à laquelle chacun a pu conserver sa raison. S'il en est autrement, il s'en ira disant partout, avec un air important et de grands mouvements de tête : *Jésus, mon Dieu ! comme c'était beau ! Oh ! ceux-là sont des gens honorables !*

Menant une vie sédentaire dans un cercle étroit et borné, il n'a généralement d'idées que celles transmises par son père, qu'il transmettra invariablement à son fils. Ses relations ordinaires se bornent à son curé, son notaire et son *maître* [1] ; aucune n'est assez importante pour influer sur son individualité. Les unes sont d'amour-propre, et les autres de nécessité.

Le paysan bas-breton, comme tous les gens qui gagnent leur vie à grand-peine, thésaurise, ou plutôt défend opiniâtrement ses petites épargnes. Entouré de gens qui l'exploitent, comment ne serait-il pas ménager, parcimonieux, lui qui eut tant de peine à réunir dans son petit sac de cuir quelques rares écus ?

S'il n'a pas l'apparence de la générosité, il est charitable envers le pauvre ; il le couche et le nourrit.

Le fond de son caractère est sérieux, mélancolique, et la nature sauvage qui l'entoure n'y est pas, croyons-nous, étrangère. Méprisant les airs évaporés des citadins, il concentre ses sentiments, les laisse peu soupçonner, et par cette raison en meurt quelquefois, comme le prouvent des exemples fréquents de nostalgie parmi les conscrits bas-bretons.

Il montre dans tous les événements de la vie une résignation profonde, parce qu'il est près de la nature, et que, comme l'a justement remarqué J.-J. Rousseau, la première loi de la résignation nous vient de la nature. De même, il n'ira pas non plus se jeter au-devant du péril ; mais une fois qu'il y est, on l'y trouve courageux et intrépide : les marins et les soldats bretons en font foi.

Tel est le fond de la physionomie armoricaine ; ses traits sont bien quelquefois divers dans les divers cantons ; mais il y a partout un cachet national qui y fait reconnaître les véritables Bretons de la Bretagne bretonnante.

> La façon dont Alexandre Bouët dépeint l'accueil que réservent les parents au nouveau-né peut sembler un peu forcée. Mais il faut savoir qu'au XIXe siècle, le Finistère et les autres départements bretons connaissent une véritable explosion démographique. Au cours de la période 1816-1820, le taux de natalité atteint dans ces campagnes un sommet : 36,4 ‰. Entre 1876 et 1905, ce taux décroît pour passer de 33,8 ‰ à 30,3 ‰ ; pour comparaison, le taux de natalité moyen en France durant cette dernière période chuta de 25 ‰ à environ 19 ‰.

---

1. Jadis son seigneur, aujourd'hui son propriétaire.

Le taux de mortalité infantile atteignit lui aussi des hauteurs puisque dans le Finistère, on enregistra des pointes de 200 °/₀₀ dans les années 1830. La cause en résidait principalement dans l'absence d'hygiène et la faible implantation du corps médical. Conscients du risque présenté par chaque naissance, les parents faisaient le plus souvent baptiser très rapidement leurs enfants afin que ceux-ci, en cas de décès, puisse « gagner le royaume de Dieu ».

Dans la Bretagne du XIXᵉ siècle, l'enfant est donc loin d'être un roi. Pour sa famille (et celles-ci sont dans leur majorité fort nombreuses), il est une bouche de plus à nourrir et il représente un surcroît de travail pour la mère qui œuvre et à la maison et aux champs.

Socialement, l'image de l'enfant n'est pourtant pas dévalorisée. Ainsi, lorsqu'une femme devenait mère, elle faisait porter du pain blanc et du vin chaud à toutes les femmes enceintes du voisinage. « L'accouchée, rapporte Emile Souvestre, reçoit ensuite la visite des mères du voisinage ; (...) à leurs yeux, l'enfant qui vient de voir le jour est un ange qui arrive du ciel ; ses lèvres innocentes sanctifient le sein qu'elles pressent pour la première fois et portent bonheur ! »

L'influence de l'église est plus que perceptible. A Saint-Pol-de-Léon, les mères ne commençaient d'ailleurs jamais à soigner leur enfant sans faire le signe de croix avant « de l'asperger d'eau bénite ».

Concernant la présentation de ce premier chapitre, on remarquera au passage qu'Alexandre Bouët y va de son couplet sur le paysan armoricain « arriéré » et « superstitieux ». Comme nous l'avons indiqué dans notre préface, c'est là un jugement courant pour l'époque qui ne va pas sans une certaine condescendance. Si Bouët avait examiné les conditions de vie et les coutumes des paysans savoyards ou auvergnats en ce début de siècle, il aurait pu en déduire que c'était l'ensemble de la France paysanne (donc les trois quarts de la population nationale) qui méritait l'appellation « d'arriérée ».

LE BAPTÊME

Ar-Vadiziant

C'EST Une des mille idées superstitieuses du paysan armoricain que de s'imaginer qu'il ne doit choisir un parrain et une marraine que lorsque son enfant a vu la lumière, et qu'en désignant d'avance ceux qui répondront de sa foi, il insulterait à la divinité. Le père de notre nouveau-né s'est bien gardé de commettre ce prétendu sacrilège. Mais le moment licite arrivé, et sa toilette finie, il s'est occupé des invitations importantes qu'il avait à faire, et en même temps, il a envoyé un valet de ferme prévenir au presbytère et au cabaret du bourg que le lendemain il y ferait une double visite ; car d'après un usage immémorial, le repas du baptême est un complément nécessaire de la cérémonie sainte.

Trois coups de cloche viennent de retentir au chef-lieu de la commune. A ce signal, qui annonce aux fidèles la naissance d'un petit paroissien, le curé s'est hâté d'endosser le surplis et de passer l'étole, puis s'est rendu sous le porche de l'église pour y attendre le nouveau chrétien qu'il va faire. Nous voyons le pasteur au moment où, s'acquittant de son ministère, il met quelques grains de sel consacré sur les lèvres de l'enfant, et répète à haute voix le nom de Corentin, patron qui lui a été choisi. A sa droite, le bedeau, qui joint à ses fonctions celle de sonneur de cloches, tient d'une main la coquille où se trouve le sel mystérieux, et de l'autre un cierge, symbole du flambeau de la foi. Il s'efforce de regarder avec intérêt l'innocent tributaire que le ciel vient encore de lui envoyer, et y réussit assez bien, tant il éprouve naturellement de tendresse pour tous ceux qui naissent, qui se marient ou qui meurent. Vis-à-vis du curé sont le parrain et la marraine. Le jeune compère, avec ses grandes *bragues* brunes, sa veste multiple, ses guêtres élégamment boutonnées, ses jarretières à petites touffes, et enfin ses longs cheveux flottant sur les épaules, nous montre, dans toute sa pureté nationale, cet antique costume armoricain qui, presque partout ailleurs que dans cette partie de la Bretagne, a été sensiblement altéré, et n'est plus qu'un costume bâtard. Ici, il n'y manque que le chapeau à larges bords, avec sa bigarrure de doubles et triples cordonnets de chenille, enrichis d'ornements argentés. Le jeune parrain porte la tête haute, et semble froncer le sourcil aux cris qu'on arrache à son filleul ; la marraine a cet air recueilli qu'inspire aux Bretonnes la vue, même lointaine, de leur église. On reconnaît à sa coiffure qu'elle n'est pas du même canton que l'accouchée. Chez les Armoricaines, cette partie de la toilette varie quelquefois d'une commune à l'autre, et leur coiffe capricieuse prend, suivant les lieux, une forme carrée, oblongue ou triangulaire, qui date des temps les plus reculés, et reste invariablement la même, aussi respectée qu'un usage traditionnel ou une antique superstition. La sage-femme, qui pendant quelques jours sert à l'enfant de bonne (suivant l'expression des villes, car il n'y a point de bonnes dans nos campagnes), se remarque derrière les jeunes gens dont les pères, attentifs à la cérémonie, en suivent dévotement tous les détails. Isolé du groupe, toujours sot, toujours honteux, le père du nouveau-né a même un air plus niais ici qu'ailleurs ; c'est que sa paternité, dont il n'est pas encore bien revenu, y a trouvé des témoins qui lui imposent davantage. La tête baissée, et sans rien voir de ce qui se passe, il semble d'une main se frapper la poitrine de longs *meâ-culpâ*, tandis que de l'autre il tient un vase rempli d'eau qui servira à laver les mains du pasteur, et sur le bras la serviette qui doit les essuyer. Cette espèce de domesticité pieuse est toujours regardée comme un honneur par le paysan armoricain.

On voit près de la balustrade un mendiant à genoux ; il a l'air de prier avec ferveur pour le nouveau chrétien ; mais, en réalité, il pense bien moins

à ce qu'il dit, s'il dit quelque chose, qu'au repas obligé qui se prépare au cabaret, et dont il attend sa part.

Le baptême achevé, le curé endosse la chape, se rend au lutrin, et entonne un *Te Deum* : quelquefois il chante seul ; le plus souvent il est secondé par un bedeau intelligent, espèce de Michel Morin, factotum religieux et politique, qui tour à tour joue les rôles les plus divers, et sait même en jouer plusieurs à la fois. Aujourd'hui, par exemple, il va se placer sous la tour d'où pendent jusqu'à terre les cordes attachées aux deux cloches ; et là, le visage tourné vers le chœur, et une corde passée sous chaque bras et fortement saisie par chaque main, il s'escrimera de son mieux pour remplir tout ensemble les fonctions de chantre et de sonneur. C'est un spectacle vraiment curieux que de voir à quelles contorsions l'oblige ce double exercice, et quelle figure plaisante lui fait faire cet emploi simultané de toutes les forces de ses bras et de ses poumons ! Il y a des orgues dans quelques églises ; mais c'est un luxe tout à fait d'exception. L'organiste, personnage important du bourg, ne manque pas alors de venir accompagner le *Te Deum*, et d'y ajouter quelques airs, qu'avec un peu de volonté on finit par reconnaître pour des airs d'opéra-comique ; un ou deux gros sous seront l'aumône faite aux beaux-arts pour avoir ainsi salué un Armoricain de plus.

Cependant le *Te Deum* est fini, et le carillon des cloches continue. Le curé lit un évangile en tenant le bout de son étole et la main droite étendus sur la tête du nouveau-né que lui présentent le parrain et la marraine. Si l'enfant est mâle, on lui fait baiser le bord de l'autel ; s'il ne l'est pas, on se garde bien de l'introduire dans le sanctuaire, et il n'en baisera que la balustrade. Nous l'avons déjà dit, et nous aurons à le faire remarquer dans une foule de circonstances, les Bas-Bretons sont tout à fait imbus des principes de ce concile peu galant, qui alla jusqu'à contester une âme au beau sexe ! Dès ses premiers pas dans la vie, comme on le voit, ils semblent prendre Dieu à témoin du dédain dont ils ne cesseront d'accabler la femme jusqu'à sa mort.

Mais la cérémonie est terminée ; notre jeune Armoricain porte un nom et le sceau du salut ; il ne s'agit plus que de le constater : tout le monde passe dans la sacristie, où après l'avoir enregistré dans le livre des fidèles, au milieu de signatures longues d'un demi-pouce, ou de ces croix, symbole d'ignorance, qu'on pourrait appeler des signatures bretonnes, tant elles sont communes en Bretagne, le curé reçoit du compère d'un côté, et de la commère de l'autre, une pièce de monnaie qui n'excède pas trente sous. Cette somme est le *maximum* de la munificence chez les paysans les plus aisés, et le casuel pastoral se grossit d'un bien plus grand nombre de quarts que de moitiés d'écus. Par écu (skoed), nous entendons, comme l'Armoricain, celui de trois francs, qui lui sert d'unité dans ses comptes ; car il ne conçoit encore d'autre système monétaire que le système duo-décimal ; c'est un des débris de l'ancien régime auquel il tient le plus. Aussi la vénérable pièce de six livres sera-t-elle difficilement détrônée par la pièce révolutionnaire de cinq francs.

Dans la sacristie, le père commence à perdre de sa contenance embarrassée ; il est moins sérieux, et même il rira avec M. le curé : mais c'est seulement au cabaret qu'il reprendra son humeur ordinaire. Déjà le cortège y est arrivé, et l'infatigable carillonneur n'a pas encore quitté son poste. Mais il sait calculer avec une exactitude qui n'est jamais en défaut dans combien de temps on doit se mettre à table ; alors il accourt, et vient se mêler aux joies de cette fête de famille, car il est né prié au repas du baptême.

Nous n'aurions pas dû quitter notre église de campagne sans jeter quelques regards sur ce qu'elle peut offrir de remarquable ; revenons-y. A droite, dans le chœur, est déposée la bannière que révère la paroisse, symbole religieux auquel on s'attache avec autant et plus de passion encore qu'à un symbole politique, et qui change quelquefois en combats acharnés de paisibles processions. A gauche, s'élève la chaire à prêcher ; elle est d'une extrême simplicité : on y monte par une sorte d'escalier qui ne diffère d'une échelle que par sa rampe. Le bénitier, formé d'une seule pierre, qui se voit contre un des piliers, révèle les richesses granitiques du pays ; ce serait ailleurs quelque chose de curieux et de rare. Derrière l'autel, une large fenêtre ne laisse pénétrer qu'un faible jour à travers des vitraux inégaux et gothiques, que le plomb fixe et réunit. Près de cette fenêtre, une Vierge, vêtue moitié en bourgeoise, moitié en reine, sert de pendant à un Père éternel, plus grossièrement sculpté encore, et auquel on a cru ne pouvoir donner un meilleur attribut de sa divinité qu'une espèce de tiare de pape. Les statues et tableaux qui décorent presque toutes les églises bretonnes ne brillent point par le mérite de l'exécution. Bien loin d'être iconoclastes, les Armoricains sont de fervents adorateurs des images, et ce n'est pas au milieu d'eux qu'on peut s'étonner qu'au Vatican le pied de la statue de saint Pierre, à Notre-Dame-de-Lorette la figure du Christ aient presque entièrement disparu sous les baisers que les fidèles y déposent. La Basse-Bretagne fourmille de monuments curieux dus à la piété de ses habitants. Un des plus remarquables est sans contredit la croix de Plougastel-Daoulas et la galerie de petites statues qui en décorent le pourtour ; elles dépassent le nombre de deux cents et représentent les principaux actes de la vie de Jésus-Christ ; c'est son histoire sculptée et pittoresque. Parmi les différents groupes, l'un surtout se distingue par son originalité : c'est celui qui représente Jésus-Christ entrant à Jérusalem, précédé par des paysans Bas-Bretons, dans leur costume national, et jouant du bigniou, de la musette et du tambourin, seuls instruments encore en usage dans les campagnes de l'Armorique. Du reste, il y a dans cette naïveté du sculpteur quelque chose qui touche et demande grâce. On reconnaît là tout l'amour d'un Breton pour son pays. C'est ainsi que, par patriotisme, Lebrigant [1] a prétendu que la langue celtique était la langue du paradis terrestre, et que Dieu s'entretenait en bas-breton avec Adam et Ève.

Les calvaires sont légion en Bretagne. Beaucoup furent érigés entre le milieu du XVe siècle et la fin du XVIIe. Ces œuvres sont le plus souvent

---
1. Auteur de plusieurs ouvrages sur la Bretagne.

anonymes. Les plus anciens furent, du moins le suppose-t-on, réalisés par des « ateliers », c'est-à-dire des groupes d'artisans travaillant à la commande. Deux types de pierres furent alors le plus souvent utilisées : le granit de Kersanton, de grain fin et de teinte sombre, et le granit de Scaër dont le grain est plus grossier.

Le calvaire de Plougastel-Daoulas fut édifié entre 1602 et 1604. Sa structure homogène laisse entendre qu'il fut achevé en une seule campagne. Il est, avec celui de Guimiliau, l'un des plus richement sculptés de toute la Bretagne puisque pas moins de trente scènes sont représentées. Sur l'un des contreforts, un escalier permet d'accéder à la plate-forme de l'édifice. Les prêtres avaient coutume d'y grimper pour expliquer, le plus souvent aux enfants, les scènes sculptées. La « naïveté » des représentations à laquelle fait allusion Bouët n'est pas si innocente. Les sculpteurs avaient conscience de mettre en forme des « images » qui devaient être comprises par tous. Moins qu'une représentation artistique, il s'agissait davantage pour eux d'ériger un monument ayant une fonction sociale. Il est à signaler que ce calvaire de Plougastel-Daoulas fut érigé en actions de grâce après la disparition de la peste de 1598.

LE REPAS DE BAPTÊME

Est ar vadiziant

A PARIS, pour être bien reçu, il faut ne pas douter qu'on doive l'être ; c'est grâce à son intrépidité d'amour-propre que la France méridionale y a toujours eu le pas sur la France du Nord. A Londres, il est nécessaire d'être ce qu'on y appelle un homme *respectable*, c'est-à-dire d'avoir beaucoup d'argent. En Allemagne, on doit avoir lu Goethe ; et en Suisse, ce pays aux mœurs patriarcales et aux montagnes perdues dans les nuages, il faut, a-t-on dit plaisamment, être bonhomme et chamois. Dans notre Armorique, deux qualités sont indispensables : parler bas-breton, et boire longtemps sans soif. Mais aussi, avec ce double talisman, on voit partout se métamorphoser en visages riants des visages graves et sévères, et presque en amis des hôtes dont la défiance ressemble beaucoup à de l'hostilité. La seconde de ces qualités indispensables est du reste une de celles qui distinguent l'homme de la brute ; et de toutes les lignes de démarcation qui les séparent, il n'en est pas que l'Armoricain mette sa gloire ou plutôt son bonheur à pousser aussi loin.

La scène se passe au cabaret. Un énorme bouquet de lierre suspendu au-dessus de la porte indique, comme la croix sur les temples chrétiens, le dieu qu'on y reconnaît, et le culte qu'on lui rend. Ce n'est ni le luxe ni une chère succulente qui y attirent ; peut-être le feraient-ils déserter. Ses murs rembrunis laissent voir à nu les pierres dont ils sont formés, et ses poutres, noires de fumées, disent dans quelle espèce d'atmosphère on est habitué à vivre. Deux bancs s'étendent de chaque côté d'une table longue et étroite, que recouvre, sans en atteindre les bouts, une nappe de toile de chanvre encore écrue. Des omelettes, des fouaces [1] frites, un ou deux plats du poisson le plus commun, composent le menu de ce festin. Le vin y domine et l'eau, est-il nécessaire de le dire, en est ignominieusement exclue. Son

---

1. Les fouaces sont des gâteaux plats, fades et indigestes, pour lesquels le Breton, qui, soit dit en passant, n'a jamais eu à supporter le fardeau de la gabelle, se montre aussi économe de sel qu'il en est prodigue dans son pain noir de tous les jours et son pain blanc des jours de fête. Cette espèce de pâtisserie se fabrique dans le genre du pain azyme des Juifs.

absence et celle du pain de seigle remplacé par du pain blanc à demi cuit, indiquent avec certitude qu'il s'agit d'un gala extraordinaire.

Trois ou quatre verres circulent sur la table, et servent pour toute l'assemblée, à laquelle ses doigts ont tenu lieu de fourchette. Parmi les Bretons, la cuillère seule est classique, et chez eux, comme chez les Romains, la fourchette est un meuble inconnu ou dédaigné ; on n'en trouve pas plus sur leurs tables qu'on n'en a trouvé sur celles de Pompéi ou d'Herculanum.

Le silence a régné au commencement du repas ; mais une fois la première faim apaisée, et lorsqu'un vin rouge épais, qui pour être estimé doit tacher la nappe, et ne se verse jamais qu'à plein verre, a commencé à échauffer ces têtes froides et à réveiller ces esprits somnolents, la scène change ; elle s'égaye, elle s'anime, et par degrés devient aussi bruyante qu'elle avait d'abord été calme et paisible.

Ici, le repas du baptême touche à sa fin ; il ne reste sur le banc de devant que le parrain et la marraine. Le jeune compère, excité par les fumées du vin, a passé un bras autour de la taille de sa commère, et lui fait d'amoureuses agaceries. Celle-ci se défend, comme a coutume de se défendre le beau sexe de nos campagnes, c'est-à-dire de manière à ce que l'attaque continue, mais ne passe pas certaines bornes. Ce n'est là du reste que le prélude de caresses plus énergiques, qui consistent à se tordre les bras, et à se donner réciproquement des coups du plat de la main sur le dos et sur les épaules ; plus ils sont appliqués fortement, et plus on se prouve d'affection. Le père du nouveau-né, assis de l'autre côté à l'un des bouts de la table, est accosté par une vieille mendiante qui tend la main pour lui demander l'aumône, en même temps qu'elle lui fait compliment sur sa paternité. Celui-ci, qui n'est plus l'homme honteux que nous avons vu si embarrassé de son titre de père, mais à qui le nectar de Marennes ou de Cahors a rendu son humeur naturelle, et dont il a même exalté la fierté, celui-ci répond à la vieille, en lui montrant Corentin : *Mab e dad !* il sera le fils de son père ! Ces trois monosyllabes celtiques, d'une concision lacédémonienne, sont dans la bouche d'un Breton l'éloge le plus complet qu'il puisse faire de son fils : c'est le *nec plus ultra* de l'éloquence et de l'orgueil paternels. On voit l'innocent héros de la fête entre les bras du sonneur de cloches, déjà ivre, qui fait partager à un autre convive l'admiration dont il est prodigue envers tous les nouveau-nés. La sage-femme, assise sur l'unique chaise de la maison, avale aussi son rouge-bord. A l'autre extrémité de la table, les pères du parrain et de la marraine achèvent de vider gaiement une bouteille et, derrière eux, le cuisinier, qu'on reconnaît à son bonnet obligé, emporte quelques plats en jetant sur ses hôtes un regard de satisfaction.

C'est en vain que les curés défendent le repas du baptême, à cause des risques que courent les enfants entre les mains de surveillants ivres qui ne peuvent se surveiller eux-mêmes [1]. La voix du plaisir l'emporte sur celle de l'homme de Dieu, et la bouteille est plus puissante que la raison. Il est rare qu'au sortir de l'église on ne s'attable pas au cabaret, et le soleil est parfois

---

1. Fort souvent des enfants perdus ont été rapportés par des officieux voisins.

couché depuis longtemps lorsque les convives songent à reprendre le chemin de leur demeure, où ils n'arrivent que fort avant dans la nuit, et souvent qu'après avoir fait un somme en route.

Le père fait les honneurs et les frais du repas du baptême.

LES RELEVAILLES

Sevel a vilioud

TROIS jours se sont à peine écoulés depuis la naissance de Corentin, et déjà sa mère, bravant les fatigues et le danger d'une longue route, s'est rendue à l'église paroissiale, accompagnée de la sage-femme, pour s'y faire purifier suivant l'usage. On voit que les Bretonnes abrègent plus qu'aucune autre femme du monde chrétien les temps d'interdiction prescrits par le Lévitique, qui n'admettait une nouvelle mère à l'entrée du tabernacle qu'au bout de quarante jours, si elle était accouchée d'un enfant mâle, et de quatre-vingts, si c'était d'une fille. Mais, accoutumées aux travaux les plus pénibles, elles sont en général d'une constitution robuste qui les rend dures au mal, et, souffrantes, leur fait feindre la santé. Il faut qu'elles y soient forcées par de bien vives douleurs, pour consentir à ne rien faire et à garder le lit. Elles poussent même jusqu'au dernier degré d'imprudence cet éloignement pour le repos, qui est chez elles une seconde nature ; car non seulement elles vont à une ou deux lieues faire célébrer leurs relevailles, alors que nos petites-maîtresses n'oseraient encore se permettre le moindre mouvement ; mais, bien plus, il n'est pas rare de les voir se lever le jour même de leurs couches, et vaquer dès le lendemain aux soins de leur ménage.

Cependant, force leur est bien quelquefois de résister à ce besoin de s'occuper qui les tourmente. Lorsque leur délivrance ne se fait pas d'elle-même, et qu'une erreur de la nature rend indispensables les efforts de l'art, les mains meurtrières auxquelles elles se livrent par économie, loin d'y porter remède, ne savent qu'aggraver encore une position déjà périlleuse ; et les pauvres Bretonnes souffrent longtemps, quand elles n'en sont pas immédiatement victimes, des secours barbares que leur administrent les sages-femmes sans mission à qui elles s'adressent de préférence. Ces ineptes matrones sont pour les accouchements ce que sont les remetteurs, rebouteurs ou renoueurs pour les ruptures et fractures, des bourreaux qu'on recherche, des assassins de confiance à qui le motif économique d'abord, et puis une ou deux guérisons dont leur savoir est bien innocent, ont donné une vogue que ne peuvent détruire les nombreux malheurs dont leur ignorance est vraiment coupable. C'est ordinairement parmi les vieilles veuves sans ressources que se recrutent ces *accoucheuses*, nom sous lequel elles désolent nos campagnes. Lorsque ces femmes, restées sans famille, ne peuvent trouver d'autre état, elles adoptent celui-ci, du jour au lendemain, sans préparation aucune, comme elles se feraient revendeuses de légumes ou servantes de cabaret ; et, moyennant que le hasard et un peu de commérage les secondent, leur réputation est bientôt établie. Une d'elles, à qui l'on demandait où elle avait fait les études nécessaires pour exercer un art quelquefois si difficile, répondait avec confiance : « Quand on a eu quinze enfants, ne doit-on pas en savoir assez ? » Elles conservent leur aplomb dans les moments les plus critiques, et, pour se tirer d'embarras, ont recours sans hésiter à des moyens atroces que la plume se refuse à décrire. Lorsque leur impéritie est à bout, elles se hâtent de proposer au père le sacrifice de la mère ou de l'enfant, et le rustre ne balançant presque jamais à sauver l'être ébauché aux dépens de l'être fini, elles consomment, dans une scène horrible à voir, leur œuvre impitoyable de destruction. Sans doute aujourd'hui l'humanité a bien moins souvent à gémir qu'autrefois de ces affreux holocaustes ; mais, pendant des siècles, telle a été en Bretagne l'épouvantable fin qui menaçait la femme féconde !

Nous voyons le porche de l'église où la mère de Corentin est venue subir l'antique cérémonie. Elle est à genoux, et tient des deux mains un cierge allumé ; tout en elle respire la foi et l'humilité. Le curé lui a posé sur la tête les deux bouts de son étole, et prononce les prières accoutumées.

Le sonneur de cloches est chargé des répons. Ce n'est plus l'homme des

saturnales du baptême ; il s'acquitte ici d'un de ses emplois sérieux, et tient gravement le goupillon, imbibé de l'eau lustrale, qui doit achever la purification. La sage-femme, à genoux plus en arrière, n'a pas apporté, suivant l'ancienne loi, deux tourterelles ou deux jeunes colombes dérobées sous l'aile de leur mère ; mais, fidèle aux usages armoricains, elle tient un pain blanc entamé d'un bout et enveloppé de l'autre, qui doit être béni à la suite de la cérémonie, et sera distribué aux membres de la famille : ce sont les dragées du baptême ou plutôt des relevailles.

Un mendiant, la besace sur le dos et un long bâton appuyé contre l'épaule, prie, tourné vers le sanctuaire, avec tous les dehors d'une sainte ferveur.

Le porche est celui de l'église paroissiale de Kerfeuteun, près de Quimper. Autour de la porte serpente, délicieusement ciselé, un cordon de pampres et de grappes entrelacés.

Au-dessus de la tête du curé, on remarque une inscription ; c'est une épitaphe gravée sur une table de marbre incrustée dans le mur. Ce monument, aussi honorable pour le magistrat qui l'a ordonné que pour l'artiste dont il consacre la mémoire, a été érigé par M. Miollis, préfet du Finistère, à François Valentin, beau-frère de Perrin, citoyen aussi dévoué à la liberté, qu'il servit de son épée, de sa plume et de son pinceau, que peintre habile et enthousiaste de son art.

LE MAILLOT

Ar vailur

A peine Corentin a-t-il respiré, que nous l'avons vu livré aux brutales manipulations de la sage-femme pétrissant l'enveloppe encore molle de son cerveau, au risque de rendre l'enfant imbécile ou épileptique. Il devient bientôt victime de tourments d'une nouvelle espèce : sa mère s'occupe de l'emmailloter. Assise sur la large pierre du foyer, notre Bretonne a étendu sur ses jambes allongées un coussin de balle d'avoine que recouvrent un maillot de grosse étoffe de laine et des langes destinés à emprisonner le pauvre enfant plus étroitement encore qu'avant sa naissance. Elle a déjà croisé le linge qui va le priver du mouvement des bras ; et bientôt elle rendra sa gêne et son immobilité complètes, en roulant par-dessus le maillot une longue bandelette de lisière de gros drap de Vire ou de Montauban, dont les anneaux multipliés et serrés avec force l'empêcheront de mouvoir autre chose que les yeux et les muscles du visage. La hauteur et l'étranglement du maillot qui forme bourrelet autour du cou obligeront la tête à rester fixe et droite. Dans cette prison de linges et de bandages, le petit Corentin ressemblera pas mal à une momie. C'est aux portes de la vie qu'il subit la triste toilette que les fils de l'Égypte réservaient à leurs morts. Le nourrisson complètement emmailloté, qu'une voisine présente comme modèle, n'est-il pas cent fois plus à plaindre qu'un criminel aux fers ?

C'est en vain que des écrivains philanthropes ont fait une sainte croisade contre les mères qui se rendent coupables de ce crime de lèse-nature ; en vain ont-ils démontré qu'en gênant la circulation du sang et des humeurs, on empêchait l'enfant de se fortifier et de croître ; en vain ont-ils répété que, dans les lieux où n'existent point ces précautions extravagantes, les hommes sont tous grands, forts et bien proportionnés, tandis que les pays où l'on emmaillote les enfants fourmillent de bossus, de boiteux, de cagneux, de noués, de rachitiques et de gens contrefaits de toute espèce : leurs raisons n'ont pas encore pu persuader les Armoricains. Le vieil usage l'emporte, et les nouveau-nés sont toujours garottés comme ils pouvaient l'être du temps d'*Alain Barbe-torte*.

On remarquera, sur la poitrine du nourrisson emmailloté, une amulette qui renferme du pain bénit, et doit le préserver des coliques et des tranchées. Il n'est pas étonnant que les amulettes, dont la vertu passa pour merveilleuse chez les peuples les plus policés, comme chez les plus sauvages, et contre lesquelles saint Chrysostôme, saint Jérôme, les conciles de Laodicée et de Tours, lancèrent des foudres inutiles, aient conservé parmi nous leur antique crédit.

Le patriarche de la famille, le grand-père de Corentin, assis sur le banc du lit des maîtres, fume paisiblement sa pipe ; il tient de la main gauche la pincette de fil de fer servant à saisir le charbon enflammé. Le bon vieillard regarde avec une douce satisfaction son arrière-héritier, qu'une seconde voisine, assise sur une grossière escabelle, montre à son nourrisson de la ville.

On trouvera sans doute surprenant qu'instruits des funestes habitudes de nos campagnes, les habitants des villes osent encore confier leurs enfants à des paysannes qui, occupées des détails multipliés du ménage, et souvent obligées de partager avec leurs maris les rudes travaux des champs, abandonnent à eux-mêmes pendant plusieurs heures de suite leurs nourrissons comprimés dans un étroit maillot, et croupissant au milieu de déjections fétides. Aussi que de fois a-t-on vu des enfants, gorgés de lait et d'une bouillie indigeste, pressés ensuite et garottés de toutes parts, finir dans une véritable torture leur carrière à peine commencée, victimes de l'insouciance de leurs nourrices, et surtout de l'aveuglement volontaire de leurs parents ! Quel cruel châtiment pour ceux-ci quand, le jour du marché, ils voient entrer le *tad-mager* (le père nourricier) qui leur annonce, sans préparation aucune, que leur fils vient d'être enlevé par une *colique*, et qu'il est enterré. « Eh quoi ! s'écrie la mère désolée, mon fils si gai, si fort, si bien portant ! — Hélas ! oui, répond en vrai fataliste le piteux *tad-mager* : c'était déjà sans doute un beau garçon ; mais il était à Dieu : *Da zouè e voa !...* Son heure était venue : *Dèud é voa hé heur.*

La négligence des Bretonnes pour les nouveau-nés ne provient pas du peu de tendresse qu'elles leur portent ; la nécessité seule les rend coupables. C'est afin de pouvoir vaquer aux travaux du ménage ou des champs qu'elles ont recours à cette commodité meurtrière du maillot. Nous avons vu plus d'une fois couler leurs larmes maternelles au reproche d'un abandon dénaturé. Mon mari, *le maître*, le veut, disent-elles : *Ann oac'h c'hour c'hémenn*. Et si l'on s'adresse à cet *oac'h* redoutable, le plus poli répond qu'il n'est pas chargé de réformer le monde, qu'il s'en tient à la pratique générale, et que son fils ne recevra pas plus de soins qu'il n'en a reçu lui-même.

> La technique de l'emmaillotage n'est pas spécifique à la Bretagne. Dans *Naissance de la famille moderne*, l'historien Edward Shorter cite le témoignage d'un médecin exerçant à la fin du XVIIIe siècle : « Les femmes étendent le nourrisson sur une planche ou un matelas de paille, lui mettent une petite chemise ou un linge grossier qui fait mille plis, par-dessus elles appliquent les langes, leur collent les bras contre la poitrine, passent une large bande sous les aisselles, arrêtent les bras par une forte compression, continuent les circonvolutions jusqu'aux hanches, toujours en serrant de plus en plus, replient les linges et les langes entre les cuisses, enferment tous ces paquets par la bande circulaire, la conduisent jusqu'aux pieds. »
>
> Dans la région de Vichy, nous apprend le même historien, « les nourrices paysannes de Cusset, après avoir ligoté l'enfant dont elles ont la charge dans des langes qui l'étranglent presque, les suspendent à un clou quand elles désirent vaquer à leurs occupations ». Même chose dans le Tarn où un médecin écrit : « J'ai vu encore quelques femmes de la campagne garrotter leur nourrisson dans un maillot fortement serré. Ce supplice de l'immobilité absolue, que ne supporterait pas un adulte, détermine des excoriations à la peau des membres et des inflexions vicieuses du système osseux. »
>
> Les Bretonnes ne sont donc pas les seules à négliger leurs nouveau-nés. Alexandre Bouët souligne très justement que les travaux des champs obligeaient les mères sinon à s'en désintéresser, en tout cas à ne pas les surveiller comme il aurait fallu.
>
> Ma grand-mère, originaire de Berné (Morbihan), m'a plusieurs fois raconté l'histoire d'une femme qui, après avoir allaité son enfant, l'avait abandonné dans un panier sous un chêne. Ayant terminé son après-midi de travail au champ, la femme s'apprêtait à rentrer afin de traire les vaches. Mais, lorsqu'elle s'approcha du panier, elle poussa un grand cri. Son mari accourut. L'enfant était mort. Un serpent, attiré par

l'odeur du lait de la mère, était venu en téter quelques gouttes sur les lèvres du nourrisson puis il s'était enfoncé dans sa bouche.

Inutile de dire que cette histoire nous faisait frémir. Nous éprouvions en conséquence une haine farouche pour tous les serpents, animaux que l'on retrouvait fort souvent dans les contes de cette région de Berné, très verte et humide.

LE BERCEAU

Ar c'havel

SI notre vieil enchanteur breton, le grand Merlin, rompant enfin le charme qui l'enchaîne invisible sous un bois d'aubépine de la forêt de Brocéliande, pouvait, lui à qui jadis rien n'était impossible, transporter endormie, de son boudoir dans l'intérieur d'un ménage armoricain, quelque petite-maîtresse parisienne, elle serait sans aucun doute de l'avis de notre compatriote Saint-Foix, le neveu et le continuateur du spirituel auteur des *Essais sur Paris*, qui prétendait que la Bretagne était non pas à cent vingt, mais à mille lieues de la capitale. Loin de rencontrer ces commodités presque royales qui abondent chez les bourgeois parisiens, et ne sont pas tout à fait inconnues chez les fermiers de la Beauce et de la Normandie, elle aurait sous les yeux l'étroite et sombre cahute aux murailles nues et enfumées, où s'entasse toute une famille bretonne. Si, à l'aspect de cet intérieur qu'elle pourrait croire fantastique, et qui cependant est bien réel, elle était péniblement émue de tout ce que révèlent de privations ces meubles misérables ou singuliers qui le décorent, elle serait également frappée du calme imposant qui règne dans cette sauvage habitation. L'air qui y circule semble imprégné de repos : c'est qu'ici les orages des villes n'ont pas troublé la monotonie d'une vie paisible et régulière.

La mère de Corentin, assise près du berceau de son fils endormi par la chanson monotone des nourrices, file une quenouille chargée de chanvre qu'a produit la ferme. Tout en elle respire la sérénité ; sans soucis, sans pensées peut-être, elle semble se borner à sentir le calme de sa situation. Le grand-père, *tad-koz*, occupe sa place accoutumée dans le vaste fauteuil de bois qui est à la gauche du foyer. Après avoir achevé de fumer la pipe qui est sur le point de lui échapper, le vieillard fait comme l'enfant, il dort près d'un feu qu'alimentent quelques morceaux de bois recouverts de mottes de gazon.

L'usage de bercer les enfants se maintient et probablement se maintiendra longtemps dans nos campagnes. Loin de croire que des secousses fortes et répétées puissent donner des vertiges et finir par rendre stupide, on s'imagine apaiser ainsi les cris de la douleur ou du besoin. Le berceau se place fort souvent sur le banc [1] près du lit principal : on l'y fixe par un ruban de laine que le frottement a bientôt usé, et il n'est pas rare que l'enfant de quatre ans, auquel est confié le soin de garder et de bercer le nourrisson, achève de rompre ce ruban, et soit lui-même entraîné dans la culbute du berceau, dont la chute occasionne des accidents graves au berceur et parfois la mort du bercé.

La coutume de laisser les pourceaux aller et venir librement dans toutes les parties de l'habitation est aussi la cause de malheurs d'une autre espèce. Quelquefois on en a vu dévorer les mains, la figure, et même la tête entière des nouveau-nés, sans que ces accidents horribles aient jusqu'à présent provoqué une plus grande surveillance et fermé l'entrée des maisons à ces animaux d'une si dangereuse voracité : on semble plutôt vouloir les y attirer. Ici, la servante a placé leur déjeuner, de son et d'eau tiède, dans un baquet peu distant de Corentin.

Derrière la jeune femme s'élève le lit *clos*, le véritable lit armoricain, espèce de coffre carré de la hauteur d'une toise au moins ; l'ouverture, d'environ trois pieds carrés, qui lui sert d'entrée, se ferme hermétiquement au moyen de deux panneaux glissant dans des coulisses horizontales. Il n'existe d'autre voie pour la circulation de l'air que l'espace compris entre quelques fuseaux très rapprochés qui se remarquent à la partie supérieure. Il est très incommode d'entrer dans ces sortes de lits et surtout d'en sortir. L'homme d'une taille ordinaire peut à peine s'y étendre ; et malheur à celui qui veut lever la tête, car il court grand risque de la briser contre le plancher supérieur. Les individus qui y couchent, souvent plusieurs ensemble, changent rarement de linge et ne se baignent jamais, même en sortant de ces fossés fangeux, où les entraînent le devoir les jours de travail, et l'ivresse les jours de fête. D'après cela, on peut se faire une idée de l'insalubrité de ces lits, qui, dans certaines maladies, propagent la contagion avec une effrayante rapidité. Pour compléter cette description, nous ajouterons que la couette et les oreillers sont de balle d'avoine, les draps, toujours trop courts, d'une toile grossière, et la couverture, de laine verte ou d'une espèce d'étoffe tissue de fil d'étoupe et appelée *ballin*. Les fermiers peu aisés se contentent de paille qu'ils arrangent le plus symétriquement possible dans ces lits, et qu'ils font disparaître sous leurs draps et couvertures. Enfin, les plus pauvres n'ont d'autre couche que cette paille placée sur la terre, ou bien, s'ils demeurent près des côtes, qu'une espèce de petit varech rubané, nommé *bizin glas*. La propriété qu'a le varech d'attirer l'humidité occasionne à ces malheureux bien des infirmités.

Edward Shorter, dans l'étude précédemment citée, évoque lui aussi l'usage qui était fait du berceau, à la même époque, dans d'autres pays européens. Ainsi, à Vienne, « la stupide et dangereuse méthode qui con-

---

1. Ce banc est une sorte de huche où l'on pétrit le pain du ménage et qui se place toujours près de la couche des maîtres.

siste à calmer les enfants en les secouant et en les berçant jusqu'à les abrutir, abandonnée par les ordres supérieurs, est encore très répandue dans les inférieurs ». Même chose à Stuttgart : « Les classes supérieures avaient renoncé au berceau pour le petit lit fixe, mais les classes inférieures persistaient à secouer violemment les tout-petits. »

Shorter rapporte également des accidents malheureux s'étant produits dans la région de Toul : « Des médecins citent les nombreux cas où des enfants, restés sans surveillance près du foyer, ont péri quand le feu s'est communiqué à leurs vêtements, ou encore le cas d'enfants laissés à eux-mêmes et dévorés par les porcs de la ferme. »

Cela dit, l'emploi du berceau en Bretagne n'est pas systématique. L'enfant pouvait parfois être placé dans le lit clos des parents. Enfin, on trouve encore (notamment dans les Côtes-du-Nord) des armoires dont le tiroir du bas était utilisé comme lit pour les nourrissons.

PASSAGE DE L'ENFANT PAR-DESSUS LA TABLE

Tréménidigez ar vuguel dreist ann doal

LA famille est réunie pour le repas du matin ; valets et maîtres mangent paisiblement la soupe dans l'humble écuelle de bois [1], quand, tout à coup, des cris se font entendre. D'où vient que la mère de Corentin, l'œil hagard, l'horreur peinte sur les traits, se lève, saisie d'épouvante et de colère ? C'est qu'un grand malheur la menace dans son fils. Une voisine jeune et inexpérimentée est venue s'asseoir vis-à-vis du père de Corentin qui tenait son premier-né dans ses bras et, comme une étourdie, elle le lui a enlevé en le faisant passer par-dessus la table à manger. Cette fatale imprudence n'a pas échappé à l'œil vigilant d'une mère ; tous ses sens en ont frémi... Mon fils périra ! s'est-elle écriée éperdue ; et elle a ordonné, avec cette énergie qui enchaîne la volonté et ne laisse pas libre de désobéir, qu'on se hâtât de repasser Corentin par-dessus la table, dans la même posture et par le même endroit, qu'elle désigne d'un geste impérieux. Le père, que le cri de terreur jeté par sa femme a terrifié lui-même, reprend son fils avec précipitation, et répare, comme elle le prescrit, la coupable étourderie qu'il vient de commettre. Mais l'épouvante est dans la maison ; les trois valets se sont levés involontairement. L'un d'eux en vide son écuelle avec une promptitude inaccoutumée ; un autre, comme pétrifié, oublie à sa bouche l'antique cuillère de bois. La servante qui, assise sur la pierre du foyer, y soufflait le feu sans soufflet artificiel, s'est vivement détournée, et regarde la pauvre mère avec non moins d'anxiété que la jeune voisine qui, étonnée de sa faute, cède machinalement Corentin aux mains qui le réclament. Au milieu de l'émotion générale, le grand-père seul, sans s'émouvoir, continue de manger paisiblement sa soupe.

On a dépensé beaucoup de talent et de savoir pour découvrir la source de

---

1. On remarquera dans cette nouvelle scène d'intérieur un des vastes coffres à couvercles arrondis où l'Armoricain conserve sous clef sa récolte, la table à manger qui s'étend depuis la cheminée jusqu'à la fenêtre et occupe ainsi la partie la plus éclairée ou plutôt la moins obscure de la maison, et enfin un lit découvert et sans panneaux autour duquel tourne, comme de coutume, le coffre-banc qui lui sert de degrés et sert en même temps de siège pour la table. Ce lit découvert est naturellement plus sain et plus commode que le lit clos, qu'on n'en regarde pas moins comme seul digne d'être la couche des maîtres.

cette croyance superstitieuse qu'un enfant, passé par-dessus la table à manger, sans être repassé sur-le-champ dans la même posture et par le même endroit, est frappé d'un sort, tombe en langueur, et finit par périr chétif et malingre, comme une fleur étiolée. Cette singulière superstition tiendrait-elle à d'anciennes idées mythologiques relatives au cours du soleil, ainsi que l'a pensé M. Johanneau de l'ex-académie celtique, ou proviendrait-elle du respect que les Armoricains portent à la table à manger, *ann daol voët*, que le passage de l'enfant pourrait avoir profanée ? Quoi qu'il en soit, ce meuble est sacré chez les Bretons qui voient de mauvais œil tout ce qui semble s'écarter de la vénération dont ils l'environnent. Souvent l'étranger qui appuyait quelque partie peu noble du corps contre ce meuble respectable, s'est vu forcé de demander excuse de son irrévérence. C'est également sur la table à manger que les prêtres déposent les vases sacrés lorsqu'ils portent le viatique.

De toutes ces idées superstitieuses, qui forment les trois quarts des idées d'un Armoricain, nous en citerons encore une relative à l'enfance. A ses yeux, il est de la plus haute importance pour la prospérité d'un nouveau-né de renvoyer, sans lui rien donner, une veuve mendiante qui, avant d'avoir reçu l'aumône, se serait emparée de l'enfant pour le caresser. Il regarde d'ailleurs les vieilles mendiantes sans enfants comme de dangereuses sorcières qui possèdent des milliers de secrets pour nuire et presque aucun pour être utile : aussi a-t-il soin de se tenir en garde contre leurs maléfices, et uset-il, pour les écarter, d'amulettes qui puissent prévaloir contre ces femmes maudites et le patronage de l'enfer qui fait leur force. Ces sortes de talismans, dont nous avons déjà dit deux mots, renferment, pour l'ordinaire, soit un morceau de pain bénit, soit un peu de son, soit une petite pierre dite de *Coadri*, d'un lieu ainsi nommé près de Gourin, sur la frontière du Morbihan, où s'élève une chapelle antique en grande vénération parmi les fidèles. La pierre de coadri, qui est noirâtre, offre en relief l'image d'une croix : aussi lui attribue-t-on la vertu de préserver les enfants des frayeurs, des coliques, des sorts et des mauvais vents. Ce talisman n'est pourtant pas le seul sous la puissance duquel on pense devoir abriter les enfants de tous les maux dont il préserve ; on emploie aussi, dans le même but, un morceau de pain de seigle grillé sur des charbons. On l'introduit dans la manche du nouveau-né et, grâce à cette amulette, les méchants, les sorciers, les envieux qui jettent des sorts et soufflent de mauvais vents, sont déçus dans leur coupable espérance. Le pain absorbe les maléfices, et, en dépit des puissances infernales, le marmot demeure sain et sauf ; mais il faut avoir soin de changer ce pain tous les jours.

On voit une amulette sur la poitrine de Corentin ; sa mère se serait bien gardée de ne pas le mettre sous cette heureuse sauvegarde ; car elle appartient à une famille de Bretons de pure race, et non de ces Bretons métis qui ne nous montrent ni les temps anciens ni les temps modernes.

> La superstition des Bretons leur a souvent valu d'être considérés avec mépris. En un siècle où l'industrie, et dans une moindre mesure la science, allaient devenir les valeurs dominantes, on comprend que les histoires de korrigans, de sorcières, de farfadets et autres esprits aient pu faire sourire. On oublie assez curieusement que l'église a joué un grand rôle dans la propagation de ces superstitions comme en témoigne l'incroyable quantité de saints invoqués ici et là pour soigner, qui les rhumatismes (saint Laurent), les femmes stériles (saint Guénolé), les yeux (saint Jean du Doigt) ou plus simplement pour chasser le démon (saint Hervé). Il y avait en somme un saint pour chaque maladie, chaque corps de métier (par exemple, saint Guénolé était aussi invoqué par les femmes des marins quand leurs maris étaient absents), chaque village presque.
>
> L'église couvrait ainsi la totalité du tissu social et le culte des saints représentait pour elle autant d'occasions de « fidéliser » la clientèle de ses ouailles. Quitte à changer de têtes parfois. C'est ainsi que la vieille chapelle consacrée à saint Paol (ou saint Paul Aurélien) dans l'île de Batz passa sous le patronage de sainte Anne à la fin du XIXe siècle. Le pèlerinage continua de se dérouler dans l'île, comme avant. Saint Paol était pourtant un saint réputé en Bretagne. Ce fondateur du monastère de l'île de Batz, qui mourut en 573 à l'âge de cent deux ans, était le patron de Saint-Pol-de-Léon, de l'île de Batz et de l'île d'Ouessant, de Lampaul-Guimiliau, de Lampaul-Ploudalmézeau et de Tréglonou. Tous les fidèles atteints de surdité se rendaient à Saint-Pol-de-Léon où il

leur suffisait, prétendait-on, de se placer sous une cloche (dite « La longue verte ») ayant appartenu au saint pour recouvrer l'ouïe.

On voit qu'ainsi l'Église réussissait à associer étroitement les pratiques religieuses (celles faisant l'objet d'un culte) et les superstitions qui conditionnaient une série de comportements dans la vie quotidienne. Celle-ci était régentée par l'idée de malheur et de péché, en témoigne l'omniprésence du diable et ses serviteurs dans de nombreux contes. Le rôle de l'Église était par conséquent loin d'être neutre. Il ne fait aucun doute qu'elle fut en grande partie responsable de l'immobilisme breton dans la mesure où elle prétendait donner du monde une représentation immuable et, en toute logique, coercitive.

LA NOURRICE

Ar vagerez

LE soleil est entré dans le signe du lion, cette époque de force et de vie pour la nature, où les espérances du laboureur commencent à devenir des réalités, où les teintes vives et fraîches de la prairie font place à cette livrée jaune d'or qui y appelle la faux du moissonneur. Près de se coucher à l'horizon, le soleil y jette ses derniers feux du sein d'une auréole de nuages couleur de sang. Toute la famille se repose des travaux du jour en se préparant aux travaux du lendemain ; elle est réunie sous le chêne antique qui s'élève devant la ferme, et dont les ombres impénétrables couvrent en partie l'esplanade qui lui sert comme d'appartement d'été. (C'était aussi le chêne qui, dans les cérémonies religieuses des druides, abritait l'autel du sacrificateur, et sur lequel la prêtresse des Gaules, armée de la serpe d'or, coupait, à la sixième lune, le gui rare et précieux, qui avait la vertu de dompter le poison et de faire cesser la stérilité des animaux domestiques.) Tous les ans, cet arbre, que l'on peut appeler l'*arbre sacré*, voit briller sous ses augustes rameaux les feux fraternels de saint Jean et de saint Pierre, et n'est guère moins honoré que ces deux saints eux-mêmes. La cognée s'arrête devant lui ; jamais on ne l'abat ; bien rarement on l'émonde. Les générations passent, il reste seul debout. Tant que ses branches longues et touffues servent de toit à l'espace circulaire qu'elles rafraîchissent de leur ombre, cette place devient tour à tour salle à manger, atelier, école, etc. C'est sous ce dôme de verdure que les enfants se livrent aux jeux de leur âge, et viennent manger leur écuellée d'une soupe peu nourrissante ou d'un lait décrémé pour la ville. Là, se font les petits ouvrages de charronnage, les claies et les barrières des champs, le raccommodage des charrettes et des faux. C'est dans ce lieu que le maître d'école débite gravement ses leçons, et que l'important tailleur prélude au catéchisme du curé en faisant le sien à sa manière. Enfin, c'est le rendez-vous des hommes, qui s'y rassemblent aux heures de délassement pour y fumer leur pipe et causer de nouvelles. Ainsi, cet arbre est successivement témoin de l'activité et du repos, et tous le recherchent comme un vieil ami de la famille.

Assis sous son épais feuillage, le père de Corentin, une enclume portative entre les jambes et le maillet en main, s'occupe à réparer le tranchant de sa faux pour continuer la coupe des foins. L'enclume est fichée en terre ; après y avoir battu sa faux avec un marteau de fer, il la repassera sur une pierre imbibée d'un très fort vinaigre, qui, dit-il, lui ouvre les yeux. Le fermier pauvre, pour atteindre le même but à meilleur marché, se sert de l'eau acidifiée, où il a jeté hâchées et a fait fermenter les pommes les plus aigres que produise le pays. Fanche, le premier valet de la ferme, se livre, à côté de son maître, aux même travaux de réparation. Un autre valet, Iane, leur apporte les faux endommagées, et un troisième, Péric, prépare un palais aux abeilles du verger. Mais de temps en temps il est forcé d'interrompre sa ruche, distrait par les agaceries de la servante Soizic. Si nous étions sur les bords du Céphise et non de l'Odet, au lieu de dire tout bonnement qu'elle lui fait des niches avec son fuseau, nous appellerions, par la voix de cette autre Amaryllis, les jeux et les ris autour de ce nouveau Corydon ; mais les noms qu'on vient de lire seraient seuls capables de faire fuir tous les dieux mythologiques. Du reste, si ces noms ne sont pas très poétiques, ils sont vraiment armoricains et, aux yeux de beaucoup de gens, la vérité vaut bien la poésie. Faisons remarquer en passant que Soizic est une abréviation de Françoise, et que la terminaison *ic* est un diminutif dans la langue celtique, comme la terminaison *ette* en français, *fille, fillette*, et la terminaison *ulus* en latin, *parvus, parvulus*.

Personnage principal dans cette scène rustique, la jeune nourrice, les

pieds nus, est assise sur un escabeau adossé à l'arbre vénérable. C'est là, sur ses genoux, que son fils, délivré des entraves du maillot, vient de puiser en liberté aux sources de la vie, qu'il presse encore d'une main, tandis qu'il passe l'autre sur la joue de son père. Celui-ci, qui a suspendu son travail pour se prêter à ses caresses enfantines, y répond par un sourire de tendresse. Joyeux de leur joie, Fanche, pour mieux en prendre sa part, interrompt également son travail, et fixe des regards déjà pleins d'amitié sur le jeune héritier de son maître. Mais c'est dans un cœur de mère que se résument toutes les félicités que donne le premier-né qu'elle nourrit ; elle n'est pas seulement fière de sa maternité, elle l'est encore du sexe de son enfant ; aussi veut-elle déjà qu'il soit distingué parmi les enfants de son âge, et elle tient de la main gauche un bonnet de garçon qu'elle montre avec orgueil à une vieille voisine qui file à ses côtés. Celle-ci paraît frappée de tant d'élégance, et prodigue surtout son admiration à la vive couleur du ruban. En effet, un ruban bien éclatant est pour nos paysannes ce qu'est une parure de diamants pour nos grandes dames ; elles y tiennent autant, elles y tiennent plus peut-être : ainsi le veulent les lois de la nature. Le sauvage, qui n'a jamais vu sa figure réfléchie que dans l'eau de ses fontaines, donnerait toutes les richesses du Potose pour un miroir de quelques sous.

LA BOUILLIE

Ar rod

L'ARMORICAIN, matinal comme tous les peuples près de la nature, en été, se lève avec l'aurore, qui est pour lui le signal des plus rudes travaux, et, en hiver, quitte sa couche longtemps avant que le soleil ne soit venu l'éclairer. Les étoiles, le chant du coq, les ombres que projettent dans ses champs le rempart boisé qui les sépare, et, devant sa chaumière, l'arbre vénéré sous lequel la famille transporte si souvent ses dieux domestiques, lui disent tour à tour que l'heure du lever, du coucher ou d'un de ses quatre repas, vient d'être marquée là-haut, et il s'y conforme comme à un ordre du ciel.

Il est à peine cinq heures, déjà le déjeuner se prépare ; une vaste marmite est suspendue sur un feu ardent, et lorsque les valets que le jour a trouvés à leurs travaux, en reviendront vers sept heures avec un appétit vivement aiguisé par l'air du matin, il leur sera servi une soupe de choux au lait et au beurre. Mais avant le déjeuner de la famille, que l'impassible *tad-koz* attend à sa place privilégiée, la pipe à la bouche, la mère de Corentin a levé et démaillotté son fils, à qui elle donne pour son premier repas la bouillie que Soizic, agenouillée, lui présente dans un poêlon de fer. Le père, un instrument de labour sur l'épaule, va rejoindre les valets aux champs, et jette à son héritier un regard d'adieu, où la satisfaction paternelle ne perce qu'à peine à travers un air grave et froid ; sa manière de passer la main dans la ceinture de cuir que ferme une large boucle de cuivre lui est commune, ainsi que sa marche lente mais ferme, avec tous les paysans de la contrée. Cette ceinture, qui ailleurs est d'une étoffe de coton, aux couleurs vives et variées, se serre fortement autour des reins.

L'usage de donner de la bouillie aux enfants est général dans l'Armorique ; soixante-douze heures au plus après leur naissance, il faut, bon gré mal gré, que leur débile estomac soit, deux ou trois fois par jour, surchargé de cette nourriture indigeste. Il est pourtant reconnu que le lait de leur mère, surtout lorsqu'elle est forte et saine, suffit aux nouveaux-nés pendant trois et même quatre mois. Nous ne voulons pas dire cependant que toute espèce de bouillie doive être proscrite ; c'est une nourriture aussi saine qu'agréable, lorsque au lieu de la faire avec du lait cuit et de la farine crue, on se sert de farineux torréfiés ou fermentés, et qu'on n'en surcharge pas prématurément les organes digestifs de l'être chez qui tout est encore faiblesse et débilité. Du reste, la manière dont nos Bretonnes donnent à leurs enfants l'espèce de colle dont elles les gorgent, corrige un peu de moins ce qu'un pareil aliment a de pernicieux. La mère en charge le bout de l'index, souffle dessus à plusieurs reprises, le met dans sa bouche, l'en ôte, l'y remet, et recommence ce manège jusqu'à ce que la bouillie n'ait plus que le degré de chaleur qui convient à la bouche de l'enfant. Comme celui-ci ne peut pas avaler en une fois la quantité de bouillie présentée par le doigt nourricier, ce qui reste est repris, repassé dans la bouche de la mère, et offert de nouveau à son avidité. Les sucs salivaires que la nourrice mêle de la sorte à l'indigeste bouillie ne peuvent qu'être un puissant auxiliaire pour les sucs gastriques que fournissent les organes si délicats du nourrisson.

Cependant, les mauvais effets de ce régime alimentaire, accrus encore par la torture du maillot, enlèvent un certain nombre d'enfants dans les premiers mois de leur existence. « Le pauvre petit ! dit la nourrice en trouvant le matin l'enfant mort dans son berceau, il avait hier au soir mangé si gaiement sa bouillie. » ... *Ar c'hest ho deuz e vouget !* Les vers l'ont étouffé ! dit une commère en réputation, d'un air qui ne permet pas le doute ; l'oracle a prononcé, la fatale expérience est perdue, et nul ne soupçonne que l'enfant a péri victime d'une indigestion. En cela, comme en tout, la coutume est un argument qu'on n'est pas près de parvenir à réfuter. Mais ce qui contribuera particulièrement à rendre longtemps la bouillie pernicieuse, c'est qu'une pieuse superstition en consacre l'usage. Il n'existe peut-être pas une nourrice armoricaine qui ne soit convaincue que le Christ et sa mère assistent à la façon *de la bouillie à l'enfant*, et qu'il ne sort pas un poêlon du feu qui n'ait reçu la bénédiction de la sainte Vierge ; chacune d'elles peut citer vingt commères vivantes et le double de défuntes qui ont vu, de leurs propres yeux vu, la bienheureuse Marie procéder en personne à cette bénédiction, assistée de l'enfant Jésus : c'est sans doute la protection divine, spécialement accordée à *la bouillie à l'enfant*, qui la fait regarder dans quelques cantons comme un saint remède et comme une sorte de panacée universelle. Aussi, la nourrice chez laquelle il se trouve des malades a-t-elle le soin de faire la portion de bouillie plus forte, afin qu'ils puissent la partager avec l'heureux enfant à qui elle est destinée. On jugera, par cet exemple, combien il est difficile de détruire chez nous les antiques habitudes, même les plus funestes, puisque toutes ou presque toutes y ont des racines sacrées.

LES PREMIERS PAS

Ar c'henta kammed

JUSQU'A présent nous avons vu notre pauvre Corentin emprisonné dans des langes étroits, garotté dans son berceau, ou gorgé avant le temps d'une bouillie indigeste. Soit hasard, soit force de constitution, il a résisté à ces soins pernicieux auxquels tant d'enfants ne résistent pas. Voici enfin le moment où la nature méconnue va recouvrer ses droits et réparer tout le mal qu'a pu faire cette première éducation. Un grand événement de famille se prépare ; Corentin se sent enfin capable d'essayer ses jeunes forces : tour à tour laissant et reprenant la main de sa mère, il se hasarde à faire sans elle quelques pas. Témoin de ces efforts, son père, qui s'occupait avec un des valets à dépouiller l'aire à battre des herbes et débris qui en sont comme le vêtement d'hiver, quitte brusquement son travail, va s'asseoir vis-à-vis de Corentin, et lui tend les bras pour exciter son audace. L'enfant voudrait aller et n'ose, il hésite longtemps ; mais enfin, enhardi par les gestes et la voix de son père, il prend son aplomb du mieux qu'il peut et, tout à coup, échappant à sa mère dont les mains et les regards attentifs suivent tous ses mouvements pour prévenir une chute, il fait quelques pas vacillants, précipités, et va se jeter fier et joyeux dans les bras qui l'appellent. Le valet, appuyé sur son croc à trois branches, veut savoir, avant de reprendre son travail interrompu, quel sera le résultat de l'heureuse témérité de Corentin, et Soizic, tranquillement assise, le regarde s'élancer avec autant d'intérêt que de confiance dans le succès qui va couronner ses efforts. Tout semble applaudir à ce premier acte d'audace du petit Bas-Breton, jusqu'au dogue, au collier hérissé de dards, ce fidèle gardien de la ferme qui vient lécher les pieds de Corentin que dès ce moment, dirait-on, il reconnaît aussi pour son maître.

Chez tous les peuples, dans toutes les familles, les premiers pas d'un enfant sont remarqués avec satisfaction par ceux dont il reçut le jour. Mais sous le chaume breton plus qu'ailleurs ce moment est un véritable moment de fête. *Bala a ra ar paotr !* Le garçon marche ! répètent la mère avec joie et le père avec orgueil, aux amis, aux voisins, à tous ceux qu'ils rencontrent.

47

Ce jour-là, le bonheur interrompt de monotones et laborieuses habitudes, et le grand événement est célébré, comme tous les grands événements, par d'abondantes libations.

Les enfants de nos campagnes sont lents à marcher seuls, retard qui provient de l'espèce d'abandon où ces petits êtres languissent dans leur berceau jusqu'au dixième ou onzième mois. Un enfant breton, vers cet âge est ordinairement confié à la garde d'une jeune mendiante de cinq à six ans, qui ne peut servir à autre chose, et n'a que la force nécessaire pour asseoir sur ses bras le nourrisson encore débile dont la tête se penche de faiblesse vers les genoux, et parfois même y touche. Cette charge ne tardant guère à fatiguer la petite porteuse, elle s'en débarrasse en la déposant au hasard, quelquefois sur un fumier, souvent sur le sol humide, et puis court jouer sans plus s'en occuper. Vers le douzième mois, on a recours aux lisières qu'a proscrites plus d'un philanthrope, comme accoutumant à se jeter en avant dans une attitude où la poitrine devient le centre sur lequel porte le poids du corps. Ces lisières, tenues et dirigées par les mains d'une gardienne aussi étourdie, occasionnent à l'enfant des saccades qui, en multipliant les chutes, lui ôteraient de son audace naturelle, s'il ne profitait des moments où l'insouciante conductrice l'abandonne à lui-même pour faire l'essai de ses forces. C'est alors qu'on peut le voir ramper, se soulever avec efforts, tomber, et se relever pour retomber encore. Ces exercices répétés pendant quelque temps rendent à ses jeunes membres l'énergie que leur avaient fait perdre les longues entraves du maillot et, plus vigoureux dès qu'il est plus libre, il se trouve bientôt capable de faire ses premiers pas. C'est par suite d'une liberté semblable que les petits nègres commencent dès le second mois à se traîner sur les genoux et sur les mains, et peuvent marcher seuls de très bonne heure ; leur agilité précoce démontre combien cette liberté leur est salutaire.

Le chef de la famille bretonne, après avoir célébré l'heureux événement, se hâte de prononcer le renvoi de la petite gouvernante et, dès ce moment, l'enfant n'a plus de gardienne. Il marche comme il peut, en essuyant de fréquentes chutes, mais sans verser de larmes ni faire entendre de plaintes ; car sa jeune expérience lui a fait connaître que ses cris n'attirent l'attention que dans le cas d'un danger imminent. C'est peut-être à cette première habitude de la douleur qu'est dû le caractère stoïque qui distingue tellement les Bretons de nos jours, que c'est une espèce de phénomène que de voir pleurer un Armoricain.

LA FONTAINE SALUTAIRE

Ar wammen iec'hedus

Bien que le travail qui aiguise l'appétit, et la tempérance qui empêche d'en abuser, soient sans contredit les deux meilleurs médecins de l'homme, il est malheureusement une foule de maladies indigènes ou d'importation étrangère qu'on ne saurait combattre qu'avec les secours de l'art ; ces secours, qui abondent dans nos villes, manquent entièrement dans nos campagnes. On y rencontre quelquefois, il est vrai, de ces hommes nés observateurs, c'est presque dire nés médecins, qui, à force d'expérience et de pratique, savent, au bout de vingt ans, ce que l'étude leur eût appris en deux heures ; mais ces quasi-docteurs, pour une ordonnance presque raisonnable, en donnent par centaines qui sont funestes ou ridicules. C'est presque toujours, non pas la science, mais la foi qui les inspire. La médecine merveilleuse doit avoir, en effet, plus de crédit que la médecine naturelle parmi ces Armoricains qui vivent au sein d'un monde fantastique : chez eux les miracles des saints ont continué les enchantements des fées.

Depuis trois ou quatre mois, Corentin était brûlé par une fièvre opiniâtre ; sa mère ayant eu vainement recours, pour l'en délivrer, non à des remèdes, mais à des amulettes, s'est enfin décidée à faire une neuvaine au saint protecteur de la fontaine qui guérit miraculeusement de la fièvre. Elle a, suivant l'usage, loué trois mendiants pour aller prier neuf jours de suite auprès de la fontaine sacrée. Elle s'y est rendue elle-même, accompagnée de Soizic, et portant son fils sur ses bras. Nous voyons ici le petit patient tout nu au moment où la servante va lui passer une chemise qu'elle a trempée dans l'eau salutaire. L'enfant, aux approches du linge mouillé et froid, crie et cherche à l'éviter ; mais il faut que le vœu s'accomplisse, et bon gré malgré, le jeune malade endossera la chemise imbibée de l'onde fébrifuge, heureux si, après n'avoir que souffert du mal, il ne meurt pas du remède ! La vieille mendiante qui vient d'allumer aux pieds du saint une petite bougie jaune, l'autre vieille qui prie les mains jointes, et enfin le pauvre qu'on voit à genoux en face de la statue, forment le trio de mendiants qu'a loué la mère de Corentin. Une femme, qui se lave le visage avec l'eau miraculeuse, est également malade de la fièvre. Cette ablution terminée, elle ira se plonger les pieds dans le petit bassin d'eau vive qui fournit au mendiant celle qu'il porte à ses yeux. L'écuelle, placé sur une pierre près de la niche sacrée, sollicite et reçoit les offrandes des fidèles. Deux mendiants qui passaient se sont également agenouillés, et ont soin de prononcer leurs prières à haute voix, afin qu'elles leurs soient payées.

On s'évertue aujourd'hui à chercher de la poésie ; il ne faut, pour en trouver, que faire un pèlerinage aux fontaines de la Bretagne. C'est là qu'elle s'est réfugiée, et que le Moyen Âge se redresse vivant devant vous avec ses lutins, ses fantômes et toute sa féerie sacrée. Le Bas-Breton, bien qu'il ne s'en doute guère, est le dernier champion de l'esprit poétique qui s'en va, contre l'esprit prosaïque qui étend chaque jour davantage ses ailes de plomb sur le monde civilisé. Dans nos campagnes, presque toutes les fontaines ont des vertus miraculeuses ; leur culte jadis fut établi par les druides, et les apôtres du christianisme trouvèrent plus facile de le sanctifier que de le déraciner. Au lieu de ces naïades, dont la riante imagination des Grecs peuplait les bords des ruisseaux et des sources limpides, l'Armoricain leur a donné des gardiens à l'aspect sombre et sévère, mais qui, s'ils ne sont pas aussi gracieux, n'en inspirent par cela même que plus de crainte et de respect. C'est près de ces sources mystérieuses qu'il a placé le purgatoire et ces légions d'âmes qu'a souillées le péché, et qui sont condamnées à demeurer plongées pendant des siècles dans les eaux lustrales, ou à voltiger à leur surface. C'est dans ces mêmes lieux que les génies du mal, *ann diaolou*, viennent promener leurs spectres hideux, et tendre des embûches aux vivants. Mais le saint ou la sainte qui préside à la fontaine sait connaître et déjouer leurs desseins, et, grâce à sa protection, le pouvoir des mauvais génies se borne à tourmenter les mânes dont ils sont les geôliers. Il arrive même assez souvent (et il n'existe peut-être pas un marguillier de village qui ne l'assure) que le bienheureux patron de la fontaine, voulant faire diversion à ces funestes apparitions de spectres, apparaît lui-même au milieu des nuits orageuses, la tête ceinte d'une auréole de lumière et revêtu de toute sa gloire céleste, et signale sa présence par quelque miracle ou prophétie dont on parle longtemps dans la contrée. Mais il est à remarquer que si le saint se laisse quelquefois surprendre dans ses apparitions nocturnes, que si sa voix est entendue au milieu des tempêtes, ce n'est guère que par de vieilles et saintes femmes, auxquelles une longue pratique de la dévotion a mérité cette insigne faveur.

Tant que la saison le permet, les statues des patrons et madones des fontaines sont couvertes de fleurs, et leur niche devient un véritable bosquet. Mais là ne se bornent point les pieuses attentions des fidèles ; ils jettent en outre au sein des sources sacrées ces nombreuses épingles que la limpidité des eaux permet d'apercevoir, et donnent à leur pavé un véritable aspect de mosaïque en y plaçant une multitude de débris de faïence diversement coloriés ; c'est qu'ils savent que les morts sont naturellement tristes, et cette bigarrure doit réjouir leurs mânes mélancoliques, lorsque, s'asseyant autour de ces eaux, ils viennent y former un cercle dont on vous indique les bornes précises. Ces épingles, dans les longues et froides nuits d'hivers, leur servent à rattacher les lambeaux du suaire, leur dernier et unique vêtement. C'est aussi par piété que la mère de famille, en proie à quelque inquiétude ou chagrin domestique, loue une vieille mendiante pour aller, à son intention, vider et nettoyer la fontaine sacrée, ce qui doit lui rendre le saint favorable ; mais il faut qu'elle veille à ce que les épingles et les fragments de faïence soient religieusement remis à leur place.

Le remembrement a vu disparaître en Bretagne bien des fontaines. Elles n'étaient pas toutes l'objet d'un culte particulier, mais on savait qu'en bordure de tel ou tel chemin conduisant à un hameau, derrière un rideau d'herbes, se trouvait une source le plus souvent considérée comme mystérieuse. Des mains anonymes y déposaient parfois des bouquets de fleurs, comme au pied de certaines croix et les passants se signaient parce que le lieu était tenu pour sacré.

Un chroniqueur du siècle passé rapporte que « les paysans bretons croient que la fontaine de Languengar a la propriété de donner du lait aux nourrices ; aussi les jeunes mères s'y rendent-elles le jour du Pardon, et boivent-elles l'eau de la fontaine consacrée. La tradition rapporte qu'un homme en voulut boire par raillerie, et qu'il se trouva, à l'instant même, dans l'état d'une femme qui nourrissait depuis trois mois. Il fallut un grand nombre de prières pour le délivrer de son lait ».

Dans *Les Derniers Bretons*, Emile Souvestre évoque la fontaine de Saint-Michel, dans le Trégor : « Quiconque a eu à souffrir d'un vol n'a qu'à s'y rendre à jeun le lundi, et à jeter dans l'eau des morceaux de pain d'égale grandeur en nommant successivement les personnes qu'il soupçonne ; lorsque l'un des morceaux va au fond, le nom qui a été prononcé en le jetant est celui du voleur que l'on recherche. » Toutes ces coutumes n'ont pas disparu. Il faut aller à Sainte-Anne-d'Auray (Morbihan), le jour du grand Pardon, pour voir, au fond de la fontaine qui jouxte la basilique, une multitude de petites pièces de monnaie jetées là par les fidèles (malgré l'interdiction qui en est faite par le clergé local) dans l'espoir de voir un de leurs vœux se réaliser.

LE PETIT BERGER

Ar meseric

SI la fécondité du peuple est une calamité dans nos villes, elle est une richesse dans nos campagnes. Les enfants du laboureur, qui un jour seront ses premiers garçons de ferme, commencent à lui être utiles dès qu'à peine ils sont sevrés. Plus il est content d'eux, plus il se hâte de les faire travailler. C'est certainement, parmi les premières idées que reçoit l'enfance, lui en inculquer une à la fois noble et féconde, que de lui montrer le travail comme une récompense et la possibilité de rendre service comme un honneur. Le père de Corentin, pour lui témoigner sa satisfaction de l'avoir vu sortir de la dernière épreuve du sevrage, lui a promis de tirer bientôt parti d'un garçon si raisonnable ; la promesse ne tarde pas à s'accomplir. Un matin que le petit Bas-Breton se disposait à aller rejoindre, comme de coutume, les jeunes compagnons de sa vie vagabonde, sa mère l'arrête, et lui mettant une énorme *crêpe* de blé noir dans une main, et dans l'autre une longue gaule, insigne de l'autorité qu'elle lui délègue, elle lui dit : *Kea da gas ar zaout d'ar park tri-c'hornek* : Va conduire le bétail au champ des trois angles. Car ils ont tous leur nom, ces champs encaissés par d'informes remparts du sein desquels s'élèvent des souches de chênes séculaires, qui, s'émondant tous les neuf ans, tantôt entrelacent leurs branchages impénétrables, tantôt attristent les regards de leurs squelettes dépouillés. La mère de Corentin, après l'avoir investi de ses fonctions nouvelles, ouvrant la porte des étables, en a fait sortir le bétail et en remet la direction au jeune pâtre improvisé, qui l'accepte, étonné mais fier de la confiance dont on l'a trouvé digne. Nous le voyons ici, son sceptre à la main, chassant devant lui les bœufs qu'il va faire boire, et leur criant : *Boït, boït* (l'expression *boït* n'est pas plus celtique que le *dia-hu* des rouliers n'est français), mot dont il a entendu les valets se servir, et qu'il répète avec un air d'importance. Lorsque les bœufs se seront désaltérés, il les conduira dans le pâturage dont on aperçoit l'entrée close derrière lui, en fermera la barrière et, courant retrouver la bande joyeuse au rendez-vous convenu la veille, ne manquera pas de lui annoncer de quel emploi il vient d'être honoré. Au moment où le soleil disparaît à l'horizon, Corentin, fidèle à ses instructions, fera sortir les bœufs du pâturage, les mènera boire de nouveau puis, les reconduisant jusqu'à la porte des étables, y terminera la première journée de son noviciat de pâtre.

Des animaux qu'on peut classer parmi les meilleurs serviteurs de l'homme, le bœuf est celui qui s'utilise le plus dans beaucoup de contrées, et spécialement dans une grande partie de l'Armorique. On y doit concevoir sans peine que l'Égypte, qui déifiait tout ce que la création offre de plus utile, en ait fait un dieu et se soit prosternée devant le bœuf Apis. Patient, robuste et laborieux, le bœuf s'emploie tour à tour dans nos fermes à la culture des terres et au transport de leurs produits. Tant qu'il est jeune, le front courbé sous le joug et les flancs amaigris par la fatigue, ce véritable forçat agricole traîne le soc ou la lourde charrette, et quand il est usé par l'âge ou le travail, on l'engraisse et on l'immole. Pour prix de ses services, telle est sa destinée ; la richesse des sucs nutritifs que sa chair fournit à l'homme le condamne à ne jamais mourir de vieillesse. Sa docilité est telle que, pour prendre telle ou telle direction, il n'attend que l'indication d'un maître quel qu'il soit, qui n'a pas besoin de le forcer, mais seulement de l'avertir. Du reste, ce n'est pas le seul animal que les enfants bretons soient chargés de conduire ; tous leur sont confiés. Rien de plus comique que de voir ainsi un roi-pygmée dicter ses volontés de cinq ans à des sujets qui, presque tous, n'auraient qu'un mouvement à faire pour l'écraser.

Sous son air lourd et apathique, le bœuf ne manque ni d'instinct ni de courage. Il sait se défendre du loup, et même protéger contre ses attaques les vaches, les génisses et les veaux qui ont été remis à sa garde. Si l'ennemi commun du troupeau se présente, les bœufs se réunissent en cercle, et placent au centre les faibles qu'ils veulent préserver de sa dent meurtrière. Le loup tourne alors vainement autour de ce vivant rempart pour y faire une brèche ; il ne rencontre partout que des cornes prêtes à le repousser, et reçoit quelquefois des blessures mortelles. Ce courageux instinct des bœufs est si bien connu de nos cultivateurs que, lorsqu'ils envoient de jeunes élèves aux champs, ils ont soin de les faire accompagner par deux paires de bœufs ; c'est avec une entière sécurité qu'ils laissent alors ces élèves passer dehors les nuits d'été, tant il est rare qu'ils aient à se repentir de leur confiance.

Les animaux de l'Armorique ne sont pas généralement d'une haute stature. La taille ordinaire des bœufs est de trois pieds et demi ; dans quelques cantons, à Pont-l'Abbé par exemple, ils n'y atteignent même pas. On essaie d'élever leur taille en les croisant avec des races exotiques, mais le type breton n'est-il pas dû, avant tout, à notre rude climat et à la nature de nos herbages ? Remarquons d'ailleurs que la chair de nos petits bœufs est excellente, et l'emporte peut-être sur celle de leurs énormes frères des autres provinces. Nous en dirons autant de nos moutons ; leur race chétive semble demander et, sous plus d'un rapport, a besoin sans doute qu'on l'améliore : en est-il cependant qui fournisse une chair préférable à celle des moutons du Cap ?

Le cultivateur breton, dans les foires, s'attache beaucoup à la longueur des cornes d'un bœufs et à la régularité de leur direction, ainsi qu'à la grosseur du cou et de la queue. La couleur ne lui est pas non plus indifférente. Il fait peu de cas des bœufs blancs et leur préfère les fauves et les noirs. Il ne connaît pas l'usage de les ferrer ; aussi les bœufs de l'Armorique ne peuvent-ils faire de suite une dizaine de lieues sans éprouver une fatigue excessive.

LE NID DE PIE

Ann neiz pik

CORENTIN va bientôt compter sept ans. La nature, qui d'ordinaire ne se montre marâtre que parce qu'elle est contrariée, a de plus en plus développé ses forces depuis qu'elles peuvent croître en liberté. Tout présage dans l'enfant l'homme agile et vigoureux ; tout en lui révèle cette race bretonne qu'aucune fatigue n'étonne ni ne rebute. Sa bonne humeur, heureuse compagne d'une bonne santé, ne se dément jamais, et, comme on lui a appris, aussitôt que possible, à se passer des services d'autrui et à en rendre lui-même, il recherche avec empressement toutes les occasions d'être utile. Déjà il supplée un troisième valet en sa qualité de pâtre ; c'est lui qui surveille les pourceaux, ces dangereux maraudeurs, et fait la chasse aux volailles qui, à travers leurs vertes barricades, se glissent dans les champs ensemencés. Enfin, il berce et garde sa jeune sœur, et sans manquer à aucun de ces emplois, il est de plus en possession de celui de commissionnaire de la ferme. Un jour, qu'accompagné du chien, son fidèle ami d'enfance, il revenait du bourg voisin, et en rapportait quelques chandelles noires pour sa mère, et une pipe et du tabac pour les valets, il rencontre plusieurs de ses camarades qui regardaient avec envie, au haut d'un arbre, un nid de pie dont aucun d'eux n'osait aller faire la conquête. Leur timidité ajoute encore à son audace, et lui, il n'hésite pas longtemps. Il dépose à terre tout ce qui peut l'embarrasser, mesure de l'œil la hauteur qu'il lui faut atteindre, recueille tout ce qu'il a de force et d'ardeur, et s'aventure pour la première fois sur un arbre aussi élevé. Ce n'est pas sans peine qu'il est parvenu au terme de son voyage aérien, et sa gloire lui coûte plus d'une écorchure cruelle ; mais il les compte pour rien. Il sait déjà ce qu'on a le plus besoin de savoir ici-bas ; il sait souffrir. Sensible seulement à la joie d'avoir réussi, il montre un des oisillons à ses camarades émerveillés d'un si beau succès et, en dépit du père et de la mère de l'innocente famille, qui, ne pouvant le toucher par leurs cris plaintifs, le menacent de leurs becs, l'impitoyable ravisseur met successivement dans son sein ses jeunes captifs au plumage noir et blanc, descend aussi lestement qu'il est monté et, conquérant généreux, partage entre ses compagnons les dépouilles *opimes* qui sont le prix de son courage.

La pie est pour les Armoricains un oiseau de mauvais augure. Les *bazvalan*, ces singuliers entremetteurs de mariages, ces Willaumes bas-bretons, qui ont précédé de plusieurs siècles dans la carrière l'entrepreneur des mariages parisiens, se garderaient bien, quand ils rencontrent une pie, de continuer leur route ; ils rentrent aussitôt, car leur demande serait rejetée. Le paysan marié, lorsqu'il entend plusieurs pies babiller autour de sa demeure, en conclut que l'harmonie domestique sera bientôt troublée dans son ménage ; et si, formant un tumultueux rassemblement, ces oiseaux prophétiques, plus nombreux et plus bruyants que de coutume, attristent au loin les échos de leur caquetage rauque et sinistre, ce n'est pas seulement une tempête conjugale qu'ils lui prédisent, mais des tempêtes publiques, quelque tourmente révolutionnaire, quelque guerre longue et sanglante. Il se fait alors un devoir d'aller interrompre cette réunion aux pronostics funestes, et il ne rentre chez lui qu'après avoir, par ses cris ou à coups de pierres, forcé le club de malheur à lever sa lugubre séance. Il n'est pas étonnant que, sous l'impression d'idées semblables, les pères et mères excitent leurs enfants à détruire ces sibylles ailées. Quelque forte cependant que soit l'aversion de nos paysans pour la pie, c'est l'oiseau qu'on trouve le plus communément apprivoisé parmi eux ; il est même rare dans certains cantons de rencontrer un village qui n'offre pas une pie dressée, parcourant légère et fringante les champs et les cours, et ne différant en apparence de l'espace sauvage que par une paire de guêtres écarlates. C'est une parure qu'elle doit au fils de la maison, et que porte l'oiseau babillard comme un signe éclatant de servitude et d'avilissement. Du reste, soit que nos jeunes Bretons ne cherchent en réalité qu'à se procurer des élèves, soit qu'on les charge de dépeupler le pays d'une race si tristement prophétique, toujours est-il qu'ils font une rude guerre aux nids de pie, et que cet oiseau les construit en vain, pour échapper à leur atteinte, au sommet des arbres qui par leur élévation défient le plus l'intrépidité de l'oiseleur. Une guerre de cette nature ne peut que rendre leste et agile ; aussi, rien de comparable à l'adresse et à la célérité avec lesquelles les enfants de dix à onze ans arrivent au haut d'un arbre qui a presque sa tête dans les nuages. Ils deviennent ainsi sans le savoir des quasi-matelots ; et lorsqu'un navire relâche dans les anses de l'Armorique, on les voit, souples et alertes, se faire un jeu de grimper le long des mâts, et rivaliser avec les vieux marins d'agilité et d'audace.

La pie n'est pas le seul oiseau dont l'aspect et les prédictions jettent l'effroi dans l'âme de l'Armoricain ; il redoute également ceux du corbeau, du chat-huant, de la fresaie, de l'épervier, et en général, des oiseaux de proie, surtout lorsque, dans le silence des nuits, ils viennent se percher solitaires sur son toit de chaume, et de là troublent son sommeil par des cris aigus ou gémissants, langage mystérieux, mais sinistre, qui lui annonce avec certitude qu'un malheur le menace. Pythagore et Apollonius de Tyane se vantaient de comprendre la langue des oiseaux : une antique tradition, héritage des Celtes, fait croire dans nos campagnes qu'en effet les animaux, et les oiseaux principalement, en ont une dans laquelle ils prédisent l'avenir, et révèlent une foule de secrets merveilleux dont seuls ils sont dépositaires. Autrefois, disent les vieillards, il existait des savants qui étaient initiés à ces mystères ; mais cette science s'est perdue, et Dieu seul en a maintenant le secret. Si nos Bretons avaient eu connaissance des rêves spirituels et amusants de Dupont de Nemours sur le langage des animaux, ne l'auraient-ils pas pris pour un de ces savants ressuscités ?

La pie faisait beaucoup parler les Bretons. Ma grand-mère nous racontait sur cet animal et quelques autres quantité d'histoires dont nous ne savions, nous les enfants qui l'écoutions, si elles étaient empruntées à la légende ou à la réalité.

Elle rapportait ainsi l'histoire d'un homme qui, de retour chez lui, après une journée passée aux champs, fut dans l'impossibilité de regagner sa maison. La clef de la porte, qu'il avait dissimulée derrière une pierre, avait disparu. Il chercha autour de la ferme, mais en vain. C'est alors qu'il entendit un cri. En levant la tête, il aperçut, juchée sur le toit de son habitation, une pie qui semblait le narguer. Persuadé que l'oiseau lui avait volé sa clef, le paysan prit une échelle pour grimper sur le toit. L'oiseau se mit alors à sautiller sur le chaume. En voulant se saisir de lui, l'homme fit un faux pas et se tua en tombant sur une pierre de la cour. Après ce drame, la pie disparut à tout jamais et nul n'osa entrer dans cette maison que les gens du voisinage considéraient désormais comme maudite.

Le hibou passait quant à lui pour un animal annonciateur de mort. « Un jour, racontait ma grand-mère, un étranger avait demandé à passer la nuit dans la ferme où elle vivait avec ses parents. L'homme s'était à peine couché que le cri du hibou avait retenti. Nous avons alors su que quelqu'un parmi nous allait mourir. Au petit matin, le lit de l'étranger était vide. On a retrouvé son corps glacé sous l'arbre où le hibou avait hululé toute la nuit. »

Ces oiseaux, pour maléfiques qu'ils fussent, n'étaient pas le moins du monde considérés avec mépris. On leur vouait au contraire une sorte d'admiration. Nombre d'enfants élevaient d'ailleurs des pies ou des corbeaux qu'ils ne traitaient pas toujours avec le plus grand soin puisqu'un de leurs jeux consistait à faire boire de l'alcool aux malheureux volatiles.

LE PREMIER HABIT D'HOMME

Ar c'henta saé-gwaz

LE jour si impatiemment attendu, où Corentin doit briller à tous les yeux de l'éclat de son habillement complet d'homme, ce grand jour vient enfin de luire. Ses parents ont attendu une occasion solennelle : car cette métamorphose, qui se faisait à Rome dans le temple de Jupiter Capitolinus, reçoit également dans l'Armorique une espèce de pieuse consécration. C'est au milieu d'une fête que Corentin fera son entrée dans le monde, et les fêtes bretonnes sont presque toujours des fêtes religieuses. Celle-ci s'appelle *pardon* ; c'est le saint auquel est dédiée l'église du bourg ou quelque chapelle renommée qui en est l'objet et y préside. Ce saint appartient la plupart du temps à la Bretagne, car notre patriotisme breton s'est étendu jusqu'au calendrier ; nous y avons détrôné plus d'un saint étranger pour y donner droit de cité à nos martyrs et à nos premiers évêques. Quant à ce nom *pardon*, particulier à notre pays, il est probable qu'il vient des indulgences qui se gagnaient jadis par un pèlerinage à la chapelle révérée, et que ces fêtes patronales, d'abord exclusivement religieuses, n'ont pris qu'à la longue le caractère semi-profane qui leur donne aujourd'hui beaucoup de ressemblance avec ce qu'on appelle ailleurs une assemblée. Réveillé de bonne heure par ses rêves joyeux, Corentin a passé toute la matinée au milieu des doux embarras d'une première toilette, et en dépit de son inexpérience a été le premier prêt à partir pour la grand-messe. Fier de son costume d'homme, malgré la gêne qu'il lui cause, il désire, il appelle les regards, et jouit d'avance de les voir tous fixés sur lui. Enfin, il s'est mis en route, accompagné de sa mère qui est aussi heureuse que lui-même de son bonheur, et au moment d'arriver il vient de rencontrer sa marraine, qui s'arrête émerveillée et tend les bras pour y presser celui que son amour-propre est flatté de nommer son filleul. Corentin ôte respectueusement son chapeau en le glissant le long de l'oreille droite à la manière des Bretons ; ses traits respirent à la fois l'orgueil et la timidité ; sa mère est obligée de le pousser légèrement par les épaules vers sa marraine, dont l'admiration et la tendresse se traduiront en plusieurs baisers et quelques gros sous pour étrenner ses poches et acheter des guignes noires, cette variété armoricaine du fruit de Cerasoute. Une jeune mendiante qui s'est mêlée à la conversation, familiarité qui est en Bretagne un des privilèges de la mendicité, se montre plus prodigue encore de surprise et d'éloges que notre marraine, et pour cause. Détaillant avec complaisance toutes les beautés du costume vierge, elle fait remarquer la richesse de ces *bragues* brunes aux plis amples et nombreux, de ce *jupen* bleu garni de boutons d'étain et bordé de rubans roses, qui paraît si merveilleusement piqué, et dont les manches d'une nuance foncée tranchent si bien sur un fond plus clair, de ce blanc gilet de flanelle aux élégantes broderies, de ces jolis cordonnets d'argent et de chenille qui font quatre à cinq fois le tour du chapeau aux larges bords rabattus ; enfin, de ces guêtres d'une étoffe semblable à celle de la culotte, et de ces souliers neufs surmontés d'une belle paire de boucles du même métal que les boutons du *jupen*. Ce qu'elle admire surtout, chez le brillant *paôtr*, ce sont les manchettes de dentelle qui ornent sa chemise de toile de chanvre, dentelle pourtant un peu grossière, qu'on retrouve dans les églises et sur l'oreiller nuptial, et qui passait peut-être il y a plusieurs siècles, pour un chef-d'œuvre industriel.

Mais le plus beau triomphe a toujours ici-bas quelque chose d'amer, et Corentin, comme ces triomphateurs de l'antiquité que suivait un esclave, chargé de leur rappeler sans cesse qu'ils étaient hommes, Corentin est réveillé tout à coup de son ivresse par d'insultantes provocations. Un de ses rivaux de jeu, témoin jaloux de ce nouveau succès, s'est approché de lui en relevant et balançant son *pennbaz* (bâton à gros bout), comme pour le défier, et a fait retentir à son oreille ces dédaigneuses paroles : *Brao oud, hogen n'oud ket keu paôr ha me !* Tu es beau, mais tu n'es pas aussi luron que moi ! Le coup a porté et ne s'oubliera pas.

Cependant la cloche s'est fait entendre ; les paysans arrivent de toutes parts, et forment déjà divers groupes dans le cimetière et sous les tentes, tentes modestes qui consistent en simples draps attachés aux arbres. C'est là que s'escriment les cabaretiers-restaurateurs qui, avec les marchandes de fruits installées sur le passage le plus fréquenté, seront jusqu'au soir les ministres chargés d'alimenter la joie populaire.

Comme on le voit, l'habillement de Corentin ne diffère en rien de celui d'un homme fait ; l'usage le veut ainsi. Un garçon, après le tardif abandon de sa robe, est, sur-le-champ et pour la vie, revêtu du costume national, tel pour la forme et la couleur que le porte son père et que le portaient ses aïeux ; nulle part, plus que dans l'Armorique, les enfants ne sont de petits hommes, du moins quant aux habits ; de même la jeune fille porte toujours le même costume que sa mère. Vers l'âge de quinze ans, on ajoute à sa toilette les dentelles et les rubans, et on les prodigue même jusqu'après le mariage. Mais à mesure que le nombre des années augmente, celui des rubans diminue, de manière qu'ils ont tout à fait disparu à l'approche du huitième lustre. Une femme ne pourrait, à cet âge, se parer d'un ruban sans se faire montrer du doigt, et se couvrir de ridicule. Quant à la couleur et à la forme des vêtements de femmes, on n'y remarque pas moins de variétés que dans la coiffure, mais sans qu'il se trouve jamais deux costumes différents dans la même paroisse ni même dans des cantons entiers. Cette uniformité, qui s'arrête à certaines limites, ne doit-elle pas provenir des démarcations seigneuriales, et des caprices somptuaires que la féodalité imposait pour modes aux aïeules de nos Bretonnes ?

Le Breton ne serait pas ce qu'il est sans son costume, du moins dans l'image qu'on en donne. Il n'a cependant pas toujours été aussi chatoyant et ouvragé. Ainsi, « à Quimper, écrit Emile Souvestre, les paysans portent de larges braies tombantes qui rendent tous leurs mouvements embarrassées et ne permettent point de courir. La noblesse, dit un ancien auteur, imposa ce costume aux gens de servage afin qu'ils ne puissent marcher trop vite sur la route de la révolte ».

Le XIXe siècle fut la grande époque de l'élégance paysanne. C'est un paradoxe que de constater que malgré la misère, le costume s'enrichit énormément. Mais ce serait « une lourde erreur, écrit V. H. Debidour dans *L'art de la Bretagne*, d'imaginer que les costumes bretons émanaient directement d'une tradition immuable héritée du fond des âges. En fait, il s'est passé dans ce domaine ce qui s'est passé dans les autres : la Bretagne, très ouverte aux influences extérieures, a été largement " importatrice " d'idées et même d'objets (les passementiers de Lyon, les bimbelotiers de Bohême y eurent une belle clientèle) ». Le même auteur nous apprend par ailleurs que « c'est un tailleur de Quimper, grand-père de Max Jacob, qui lança le décor " celtique ", vers 1860 seulement, en disposant par bandes, sur la poitrine et à mi-manches, spirales, plumes de paon, arceaux, dents de loup, chaînes sans fin, fougères, étoiles. Pour les femmes, les brodeuses sur toile fine de Quintin passèrent vers 1870 à la broderie à l'aiguille sur tulle, puis à la dentelle au crochet, à point d'Irlande. »

Bien entendu, ce costume ne se faisait pas en un jour et les familles économisaient parfois plusieurs années avant de pouvoir offrir aux jeunes gens ou aux jeunes filles cette parure qui le plus souvent restait une pièce unique dans la garde-robe de son propriétaire.

Ma grand-mère conservait dans l'armoire qu'elle avait héritée de ses parents le bien qui semblait lui être le plus précieux. Il s'agissait d'une jupe de velours noire et d'un gilet du même tissu orné de fleurs aux couleurs sombres réalisées à l'aide de petites écailles. Les jours de fête (et il n'y en avait guère plus d'une ou deux par an), elle revêtait cet habit rehaussé par un tablier de soie noire décoré sur le pourtour de rangées de perles également noires. Elle mettait ensuite sa coiffe soigneusement amidonnée, ce qui nécessitait de longs et laborieux préparatifs.

Pour les Bretons et les Bretonnes, ces riches costumes paraissaient, sans que cela fût jamais exprimé, une façon de masquer leur humble condition et d'affirmer dans le même temps leur identité culturelle. Cela dit, ils ne restaient pas insensibles aux influences extérieures d'une époque où l'art populaire multiplie l'exploration et l'exploitation de thèmes empruntés à des âges antérieurs.

LA PREMIÈRE LEÇON D'IVROGNERIE

Ar centel kenta a vez venti

La grand-messe est terminée ; jamais Corentin ne la trouva si courte ; sa fatuité enfantine ne doute pas qu'il n'y ait été l'objet d'une admiration générale, qu'il n'ait obtenu autant de regards que Dieu de prières. Le souvenir de son injure sommeille pour le moment dans son âme, et il ne songe qu'à inaugurer dignement ce premier habit d'homme qui le gêne et lui plaît tant. Mais l'inauguration serait incomplète si à l'ivresse morale ne se joignait quelque peu d'ivresse physique ; car le plaisir pour nos Bas-Bretons est un dieu à la démarche incertaine, armé d'un verre et couronné de pampres : c'est Silène ou Noé. Au sortir de l'église, toute la famille est donc allée s'asseoir près d'un cabaret ambulant, et là, avec l'abri d'un chêne pour salle de festin, et le gazon pour nappe, elle s'est fait servir un glorieux ragoût de veau, luxe bien rare, et que ces vrais Spartiates ont savouré avec délices, grâce surtout aux bouteilles de vin dont ils l'ont arrosé. Le repas est presque achevé. Le Véry bas-breton, soigneux de conserver sa vaisselle, vient d'enlever le plat ébréché et les assiettes dépareillées ; il ne reste que la bouteille et les verres, comme à la fin d'un repas de John Bull. Le *tad-koz* tient sur ses genoux son petit-fils dont le jus perfide a déjà troublé la cervelle ; le jeune adepte ne recule pas cependant devant un nouveau verre de vin, que les buveurs qui l'entourent lui ont versé et l'excitent à boire, curieux d'éprouver la force de sa tête. Le vieillard l'y engage lui-même, et lui dit : *Evit buhan*, bois vite. Le nouvel initié a pris goût aux mystères de la bouteille, et il écoute, sans en profiter, les avis de sa marraine qui, debout devant lui, l'avertit de prendre garde, ou que, déjà à moitié ivre, il le sera bientôt tout à fait. La mère, sans inquiétude, répond à celle-ci de le laisser faire, que ce jour est pour lui un jour de fête et qu'il lui est bien permis de le célébrer comme il faut, c'est-à-dire par quelques excès. Le père assis, une jambe pliée et l'autre étendue, charge tranquillement sa pipe en souriant aussi des craintes de la marraine, tandis que cet ami de la famille, aux cheveux à moitié relevés, qui frappe la joue de Corentin, lui crie : *d'al'ch mad*, tiens bon ; et qu'un autre, à genoux derrière l'ivrogne naissant et penché vers lui, relève le bord de son chapeau pour mieux l'examiner. Tous sont impatients de voir comment il se comportera après cette première rasade, et si, présage d'un bon ou mauvais caractère, l'ivresse sera chez lui un rêve heureux et riant, ou bien un cauchemar. Personnage obligé dans le drame de la vie armoricaine, un mendiant apparaît encore ici, le chapeau à la main, et son *pater* à la bouche. Sa présence qu'il sait imposer, comme témoin, à toutes les joies et douleurs de famille, ne pouvait manquer au baptême bachique du jeune Bas-Breton.

Lorsque les pardons ou fêtes patronales, dont nous voyons un épisode, n'ont pas une célébrité qui surpasse les limites de la paroisse, les réunions y sont infiniment plus gaies, plus cordiales et plus propres à fournir des remarques curieuses à l'observateur que ces tumultueuses assemblées où accourent en foule les pèlerins de douze ou quinze lieues à la ronde. Dans les premières, les mœurs patriarcales brillent de toute leur grossière simplicité ; ce sont des réunions où la nature fait seule les frais sans se cacher sous l'écorce de la civilisation. Confiance naïve, bruyante gaieté, conversation ne roulant que dans un petit cercle d'idées, et presque uniquement sur des sujets analogues à leurs occupations journalières, mais surtout force libations et enivrement complet chez les hommes et rare chez les femmes, voilà ce qu'offrent ces orgies de famille, qui deviennent de véritables *babel* bachiques où bientôt on ne s'entend plus, mais qui du moins n'entraînent pas à leur suite ces rixes sanglantes qu'on a trop souvent à déplorer au milieu des innombrables pèlerins dont un saint en grande vénération peuple pour quelques jours le lieu le plus désert.

On reproche avec raison aux Armoricains un penchant à l'ivrognerie auquel ils ne savent pas résister. Chez eux il n'y a pas d'âge pour boire ; il n'y a ni buveurs en perspective ni buveurs émérites. Le vieillard se souille comme l'homme mûr de toutes les fanges de l'intempérance ; les enfants allaités de vin et même d'eau-de-vie, qu'on devrait plutôt appeler eau-de-mort, jouissent à peine de la raison qu'on leur apprend à la perdre, et plus ils contractent jeunes cette espèce de maladie, plus elle passe promptement à l'état chronique. Du reste, ces honteuses habitudes s'expliquent d'une manière assez naturelle. Il est incontestable que les privations appellent les excès : or, même au sein du superflu, personne plus que le paysan breton ne se prive du nécessaire. Dans plusieurs cantons, les cultivateurs ont leurs celliers remplis de barriques de cidre. Eh bien, excepté lorsqu'il sort du pressoir, ils n'en font jamais leur boisson habituelle, même pendant les chaleurs de l'été et leurs travaux les plus rudes. Ils le vendent en totalité, et il faut, pour qu'ils y touchent, quelque circonstance extraordinaire, comme un homme en place à fêter, une noce, un enterrement : hors de là, ils ne boivent que de l'eau chez eux. Aussi, lorsque leurs affaires les appellent à la ville ou les rapprochent d'un cabaret, se dédommagent-ils amplement de leur sobriété ordinaire dont ils ont ainsi fait un vice ou du moins la source d'un vice.

Alors ils ne regagnent guère leurs foyers que dans une ivresse complète. Il est vrai de dire que souvent c'est moins la quantité de liqueur que le défaut de son usage habituel qui les fait déraisonner et rire ou pleurer, suivant leur humeur particulière. On ne s'aguerrit contre les boissons fermentées que par l'habitude d'en boire, et les buveurs d'eau, comme les Armoricains, qui n'en usent qu'accidentellement, seraient, dans le champs clos de l'orgie, des champions peu capables de tenir tête à un Anglais, un Allemand ou un Suisse.

> Les Bretons, à l'image de leurs cousins irlandais, ont toujours eu un petit faible pour les spiritueux. Au Moyen Age, les Bas-Bretons se contenaient encore d'eau miellée, de petit lait ou de cervoise fabriquée avec de l'orge et du blé fermentés. Par la suite, lorsque le pommier fut introduit en Bretagne, la consommation de cidre et d'eau-de-vie s'imposa. Quant au vin, les marins en abusaient depuis longtemps lors de leurs périples sur la côte Atlantique ou en Méditerranée. Nombre de paysans découvrirent pour leur part les « vertus » de ce breuvage (dont on devine la médiocre qualité) dans les rangs de l'armée française.
>
> Il existe en Bretagne d'innombrables chansons à boire, telles *Les parvenus*, *Le petit pauvre* (« Mon père mangea sa fortune, de peur qu'on ne la lui volât ; ma mère but le reste, et moi, pauvre petit ! j'ai hérité d'un peu moins que rien. ») et surtout *Le franc buveur* : « Le prêtre, avec sa théologie, le médecin avec son ordonnance, veulent me persuader que le vin me fait tort ! Je les laisse dire, et je vais toujours mon train. Au diable le docteur ! Je vivrai jusqu'à ma mort !

« Vous autres imbéciles, quand vous êtes au lit et que vous souffrez, allez porter votre argent au médecin pour qu'il vous fasse crever de ses tisanes ; moi, au plus fort de la maladie, Bacchus est mon médecin ; j'ai l'habitude du remède et le vin est tout pour moi !

« Si je vois mourir (mais je tâcherai que cela n'arrive pas !) Bacchus, mon patron bien-aimé, faites que je sois enterré sous la tête d'une barrique, la bouche demi-ouverte, de sorte que, lorsqu'on ouvrira la clef, je puisse profiter des gouttes qui tomberont.

« Si je pouvais toujours être ivre je ne me croirais jamais malade ! Souvent je suis resté pour mort, dans un fossé, faisant ma cuvée, alors j'étais joyeux, et je n'avais ni peine ni souci ! J'aurais voulu fourrer ma tête dans une barrique pleine, pour y nicher mon âme comme dans un paradis ! »

Mais cela, c'est le folklore. La réalité était moins rose. Dans le village de mon enfance, j'ai souvent entendu parler de suicides dus à l'alcool : dans tel hameau, un homme s'était pendu, dans tel autre, un désespéré s'était fait sauter la cervelle en s'enfonçant un fusil dans la bouche ; dans notre voisinage, une femme d'âge mûr, en pleine crise de delirium tremens se jeta dans le puits de sa ferme. Son mari réussit à la sauver. Le lendemain, elle recommença : cette fois, la mort fut au rendez-vous.

Ce fameux delirium tremens fournissait matière à nombre d'histoires dont les protagonistes (que nous connaissions bien) se mettaient un beau jour à grimper sur les murs de leur ferme en hurlant que des armées de souris, d'éléphants ou d'araignées géantes les encerclaient. Paradoxalement, ces récits ne nous effrayaient pas le moins du monde ; ils nous semblaient au contraire des lucarnes s'ouvrant sur un monde fantastique bien plus attrayant que l'enfer dont ne cessaient de nous menacer les prêtres.

Les alcooliques n'étaient pas rejetés par la communauté. On les affublait de sobriquets, tels Jean Musette (avoir sa musette, c'est être ivre) ou Raphaël, qui devait son surnom à une célèbre marque d'apéritif. Si leur vie n'était pas donnée en exemple, on les plaignait cependant, quitte à leur servir le verre de vin ou de cidre qui allait accroître leur ébriété.

LE PETIT GARÇON IVRE

Ar paotrik mezo

UN cabaret est presque toujours le vestibule d'une arène, et les parents de Corentin n'ont pas tardé à apprendre, s'ils l'ignoraient, quel était l'inévitable fruit des leçons qu'ils lui avaient laissé prodiguer. L'apprenti buveur, la tête et le sang en feu, a quitté le théâtre de ses premiers exploits bachiques, sans but, sans volonté, mais disposé à faire quelque sottise. Tout à coup il aperçoit, au milieu d'un groupe de jeunes garçons jouant à la toupie, celui qui, le matin, l'a si impertinemment apostrophé en brandissant son *pennbaz*. Un éclair a jailli sous sa pesante paupière, éclair de joie et de vengeance où se révèle le projet de rendre au jaloux qui l'a défié bravade pour bravade, insulte pour insulte. Ce projet est presque en même temps conçu et exécuté. Armé du long bâton de son grand-père, l'étourdi a couru, autant que possible, en droite ligne, vers le groupe où s'escrime le porteur du *pennbaz*, et l'apostrophant à son tour, a essayé de faire tournoyer au-dessus de sa tête, comme une menace et une injure, le bâton pacifique du *tad-koz*. Mais, ô disgrâce ! son corps déjà chancelant n'a pu supporter le poids nouveau qu'il ajoutait au bâton en lui faisait décrire un cercle dans l'air, et perdant le peu d'équilibre qui lui restait encore, le malencontreux querelleur est tombé sur le nez au milieu des rires et des huées de la bande d'espiègles qu'il a déchaînés contre lui. Ses parents ont vu de loin sa mésaventure et sont accourus à son aide. Sa mère l'a relevé, et retient le petit forcené, dont la chute a encore augmenté l'irritation. La marraine essuie avec son tablier le bâton du *tad-koz* qui, d'une marche que les ans et le vin rendent mal assurée, arrive le dernier au lieu de la scène, en tendant les bras à son petit-fils. Il doit prendre part plus que personne à une infortune qu'il a si souvent éprouvée dans sa vie. Le père ramasse le chapeau de Corentin, et lance un regard menaçant à cette meute d'aboyeurs impitoyables, qui le déchirent de leurs quolibets. Mais, loin de s'en épouvanter, ils n'y prennent même pas garde et continuent de harceler à qui mieux mieux la victime qui est venue si bénévolement s'offrir à leurs railleries. Celui-ci fait les cornes ; celui-là, les deux poings fermés sur les joues, simule l'affliction et grimace des pleurs ; ce troisième, en avant du groupe, qui tient d'une main sa toupie, agace de l'autre le fanfaron impuissant, qu'on semble avoir enivré pour leurs menus plaisirs. Tous enfin l'accablent à l'envi des feux de file de leur malice criarde et de la mitraillade de leurs gros bons mots armoricains, et l'infortuné, en proie à une fièvre de colère et de vin, grince des dents, frappe l'air à coups de poing et leur jette pour toute réponse des regards frénétiques et quelques paroles sourdes et entrecoupées : mais on peut juger que, devenu homme, Corentin sera le vrai fils de cette race à l'extérieur froid et apathique, qui ne semble jamais être tout à fait éveillée mais, qui, dans ses colères, se révèle d'autant plus terrible qu'elle a été plus lente à s'émouvoir. Nous avons appelé pacifique le bâton du *tad-koz* dont s'était saisi Corentin ; ce n'est pas sans raison ; ce bâton est un appui, le signe de l'âge et de la faiblesse, tandis que le *pennbaz* ou bâton à gros bout est une arme et le signe de la force et du courage. Un vieillard, armé du *pennbaz*, ferait rire à ses dépens. Le sexagénaire n'a plus le droit de porter cette égide de la virilité ; son bouclier à lui, c'est le respect qu'il inspire. Mais autant un vieillard, armé du *pennbaz*, paraîtrait ridicule, autant et plus encore le serait un paysan qui l'abandonnerait avant d'avoir accompli son douzième lustre ; le bâton long et uni, entre les mains de celui qui n'aurait pas atteint cet âge, le ferait montrer au doigt. L'usage en est exclusivement réservé aux vieillards, aux infirmes et aux tailleurs. Ces derniers, qui sont au ban de la société armoricaine, en ont prudemment garni l'extrémité d'une fourchette de fer, pour se défendre des chiens quand ils vont en journée ; car ils savent que les paysans ne se hâtent jamais de rappeler les gardiens alertes et menaçants qui font si bien sentinelle dans leurs fermes, lorsqu'il s'agit d'en préserver un tailleur, un huissier ou un gendarme. C'est un trait de plus à ajouter à la physionomie des tailleurs bas-bretons, cette caste si méprisée de l'altier laboureur, qui paraît la regarder comme une superfétation du genre humain. Nous avons dit qu'ils ne manquaient pas, il est vrai, de consolations, et on aura deviné sans doute qu'elles leur venaient de ce sexe tendre et compatissant (trop quelquefois) qui semble ici-bas pour réparer les rigueurs du sort et l'injustice des hommes. C'est dans les femmes en effet qu'ils trouvent leurs anges consolateurs. Plus on se montre méprisant et dur envers eux, plus elles les accablent d'attentions et les vengent de leur humiliant ilotisme. Quand ils vont en journée (ils ne travaillent guère autrement), c'est en enfants gâtés qu'elles les accueillent et les traitent. Dès le matin, elles leur préparent pour leur déjeuner une soupe au lait, où rayonne en étoiles appétissantes le beurre roux qu'elles y prodiguent. Lorsque le dîner consiste en bouillie d'avoine ou de sarrasin, chaque tailleur reçoit une écuelle de crème presque sans mélange de lait ; et comme leurs prévenantes hôtesses savent que les hommes de la ferme ne permettraient pas à de pareils convives de prendre place autour du bassin commun, et qu'ils ne mangeraient qu'après les autres, elles ont soin d'avancer l'heure de la cuisson de la bouillie, afin que leurs protégés mangent les premiers, et que, si le dîner doit être froid pour quelqu'un, ce ne soit pas pour eux. Vers les trois heures de l'après-midi, elles font des *crêpes*, et les plus chaudes et les mieux beurrées sont encore pour messieurs les tailleurs. Enfin, le soir une soupe au lard, délicatement préparée, vient mettre le comble à tant de petits soins, et couronner dignement pour ces malheureux artistes les compensations de la journée.

LE CATÉCHISME DU TAILLEUR

Katechis ar c'hemener

PAR quel charme, demandera-t-on, les tailleurs ont-ils su fasciner à ce point le beau sexe de l'Armorique ? Quel est donc leur talisman ? Sans parler de ce qu'il peut y avoir de sympathique entre deux classes d'êtres déshérités, qui sont considérés par les laboureurs, ces hauts barons de la chaumière, comme appartenant à une nature inférieure, nous dirons que les tailleurs possèdent vraiment, pour obtenir les bonnes grâces des femmes, un secret que leurs seigneurs et maîtres ne connaissent pas ou plutôt qu'ils dédaignent : ce secret, c'est d'être aimables. Les Bretonnes, accoutumées à des visages austères et taciturnes, ne peuvent qu'accueillir avec faveur des hôtes toujours prêts à causer et à rire, dont la présence vient rompre la monotonie de la ferme, et égayer pour elles de quelques entractes joyeux le triste drame de leur vie.

Le tailleur, qui sait tout ce que lui rapportera sa gaieté, a soin de se faire un caractère jovial et caustique ; c'est un répertoire vivant de fables, de contes et d'historiettes, et il chanterait toute une journée sans épuiser le fond intarissable de complaintes et de rondes, qu'il tient complaisamment en réserve. Promenant son industrie de ferme en ferme, il peut facilement s'initier dans les secrets des familles, connaît à merveille l'histoire amoureuse du canton, et lui-même n'est pas timide en matière de galanterie. Tant de titres expliquent suffisamment l'extrême bienveillance que prodiguent les femmes à ces séduisantes victimes de la civilisation bretonne. Ajoutez-y qu'à l'insu des maris, les tailleurs piquent souvent pour elles des collets de chemise et des coiffes où se déploie tout leur art, et cela, pendant le temps qu'ils sont supposés consacrer à l'antique *jupen* ou à la culotte bouffante. On doit bien penser que cette conspiration perpétuelle ne peut suivre son cours sans que le mari entrevoie la vérité. Aussi la présence des tailleurs le rend-elle encore plus brusque que de coutume. Il ne parle guère alors que pour dire à sa femme des choses désagréables, ou s'informer si ces hommes, qui le gênent, n'ont pas encore achevé leur besogne, et ne vont pas bientôt partir. Plus leur séjour se prolonge, plus sa mauvaise humeur augmente, et chaque fois qu'il rentre au logis, il y a dans l'atmosphère domestique un orage près d'éclater.

Cependant il arrive quelquefois qu'un tailleur, surtout lorsqu'il n'est plus ni beau ni jeune, parvienne à se concilier la bienveillance d'un sexe comme de l'autre. C'est qu'habile à user de tous les moyens pour se rattacher à cette société qui le rejette, il ne s'est pas contenté d'être aimable avec les femmes, il a aussi tâché de se rendre utile aux hommes ; c'est qu'il s'est fait ce que se font ces esclaves qui, pour mériter les bons traitements et l'affection d'un maître superbe, courent au devant de toutes les occasions de le servir et semblent s'ingénier à lui paraître bons à quelque chose. Il doit alors à cette complaisance, qui devient sa seconde nature et ne se dément jamais, le double avantage de multiplier ses bénéfices en multipliant ses pratiques, et d'atteindre dans l'échelle sociale un degré supérieur à celui qu'autrement il ne lui serait pas donné de dépasser. Ainsi, celui qui réunit à une longue expérience le talent de la lecture, a soin de se proposer pour enseigner le catéchisme aux enfants. C'est ordinairement le dimanche, après les offices, ou pendant l'été, lorsque sa journée est finie, qu'il vaque à cette pieuse instruction. En se constituant de la sorte le suppléant du curé, le tailleur parvient à faire oublier son état, et au lieu de porter le sceau de la réprobation, semble bientôt rayonner d'un reflet de la considération sacerdotale. Ce n'est plus alors cet homme, l'objet public des mépris et des duretés de ses compatriotes ; c'est une espèce de sage consulté par les familles, réglant leurs affaires et prononçant sur leurs intérêts. Il était ridicule d'humilité, il a maintenant l'air grave et le ton doctoral. Plus d'une fois, les affranchis à Rome et les eunuqes à Constantinople passèrent ainsi du dernier degré d'avilissement à une puissance réelle, et à force d'adresse devinrent les têtes les plus importantes de l'État, comme nos tailleurs de leur paroisse. Ceux-ci, losqu'ils ont acquis cette heureuse influence, servent ordinairement de *baz-valans* ou entremetteurs de mariages ; ils sont les orateurs obligés du canton, et jouent dans les noces armoricaines un rôle qui les y rend indispensables : nous le verrons plus tard.

Le tailleur que voilà gravement assis sur un banc de bois, sa tabatière de corne à ses côtés et la jambe droite pliée d'une manière qui seule révélerait sa profession, est un de ces catéchistes à la suite qui, grâce à leur savoir et surtout à leur savoir-faire, finissent par devenir d'importants personnages. Il s'est chargé d'enseigner les premiers éléments de la foi à cette troupe de jeunes garçons et de jeunes filles rangés devant lui en demi-cercle. D'une main, il tient le livret religieux, et de l'autre, une gaule blanche assez longue pour atteindre les plus éloignés de ses auditeurs, réveiller leur attention ou redresser leurs torts. Il vient d'en faire usage aux dépens de Corentin. L'espiègle, au lieu de se montrer respectueux et attentif à la parole évangélique, a trouvé plaisant de jeter une poignée de terre aux yeux d'une jeune fille à genoux non loin de lui. Ce trait d'irrévérence et de malice n'a point échappé au grave instituteur, et la peine suivi de près l'offense. Il a fait tomber lourdement sa gaule sur les oreilles de Corentin, à qui la honte et la douleur arrachent une laide grimace, tandis qu'une amie console et vou-

71

drait soulager la victime de sa méchanceté, et que toutes ces physionomies enfantines se sont animées des sentiments divers qu'a fait naître la correction infligée au coupable. Non loin de là, le grand-père récite dévotement son chapelet, à demi couché sur un tas de paille où des enfants encore trop jeunes pour profiter des pieuses leçons du tailleur, s'amusent à faire l'espèce de culbute qu'ils appellent *lamm chouk-he-benn*.

Il faut neuf tailleurs pour faire un homme, disait-on dans le Morbihan. Un dicton qui marquait bien le mépris dont étaient l'objet les membres de cette corporation. « Le tailleur, écrit Emile Souvestre, est en général, contrefait (...), boiteux parfois, bossu le plus souvent. Un tailleur qui a une bosse, les yeux louches et les cheveux rouges peut être considéré comme le type de son espèce. » Ils n'étaient pas les seuls à souffrir de l'ostracisme général : en Basse Bretagne également, les cordiers étaient méprisés.

Outre les raisons précises qu'énumère ici Alexandre Bouët, on peut penser que ce rival des hommes (il s'adresse toujours à leurs épouses hors leur présence) est par ailleurs un personnage qui en sait beaucoup sur la vie des gens. De plus, c'est un homme aux mains blanches, il ne partage pas le rude labeur des paysans. Beaucoup le tiennent d'ailleurs pour un parasite, ce qui ne les empêchent pas de faire appel à ses services pour réaliser des costumes dont il importe qu'ils soient réussis, ne serait-ce que pour en imposer au voisinage.

L'ÉCOLE DU PRÊTRE

Skol ar belek

Les paysans de l'Armorique sont peut-être ceux de la France qui jusqu'à présent ont fait le moins de cas de l'instruction ; c'est une source à laquelle ils ne sont jamais pressés de faire puiser leurs enfants, lorsque encore ils se décident à les en laisser approcher. Aussi y a-t-il peu de contrées qui plus que la Bretagne soient restées pauvres d'écoles, où le bon peuple souverain pût apprendre à épeler tant bien que mal un almanach, et à s'assurer quand il y aura de la lune et quand il n'y en aura pas. Par une conséquence nécessaire, les conseils municipaux étaient et sont encore composés, pour la plupart, de membres incapables de signer leur nom, et dans plus d'une commune on a parfois cherché comme une merveille un maire ou un adjoint cultivateur qui sût lire. Ce régime d'ignorance a fini son temps. Le plan d'instruction primaire qui va doter chaque hameau d'un instituteur, ce plan magnifique qui semblait un rêve et bientôt sans doute n'en sera plus un, jettera sur notre sol des germes plus féconds de révolution intellectuelle que les quarante mille lois faites et défaites depuis un demi-siècle. Sans doute, pendant quelque temps, ce ne sera qu'un mouvement souterrain, on ne le sentira pas ; mais il finira par se montrer à fleur de terre, et peu à peu se révélera l'œuvre de la transformation armoricaine. Avant cette ère nouvelle, la presque totalité des écoles était tenue par les curés, qui conservaient dans nos campagnes le monopole du savoir dont les moines furent partout les seuls dépositaires au Moyen Âge. Mais nos curés ne distribuaient l'instruction qu'avec parcimonie ; peu d'élèves étaient appelés à participer au trésor qu'ils gardaient comme sous clef, et encore qu'apprenaient ces élèves ? A lire en latin et en celtique, mais point en français, dont un seul mot n'était jamais prononcé devant eux. Les pasteurs bretons voulaient ainsi tracer autour de leurs ouailles comme un cordon sanitaire, pour les préserver de la contagion de tant de livres français qu'on dirait l'évangile du vice et du crime.

Du reste, on devait savoir gré à nos curés bretons, au milieu de la disette d'instruction qui stigmatisait le pays, d'ajouter aux charges de leur ministère en se faisant ainsi maîtres d'école, et ils auraient encore plus mérité d'éloges, si le sacrifice avait été entièrement désintéressé de leur part, et n'eût pas caché quelque peu d'égoïsme clérical. En effet, l'école du presbytère s'ouvrait surtout aux enfants des familles aisées ou qui s'étaient fait remarquer par leurs dispositions naturelles, et dont la conquête était par conséquent précieuse pour l'Église bretonne. Elle se perpétuait dans cette pépinière sans cesse renouvelée, et c'est grâce au zèle des curés à l'entretenir que nos principaux cultivateurs se sont accoutumés à faire presque toujours entrer un de leurs fils dans les ordres sacrés. Rarement ces futurs lévites commençaient à apprendre à lire avant l'âge de douze, treize et quatorze ans ; on concevra sans peine combien leurs progrès devaient être lents. Aussi plus d'une fois a-t-on vu en cinquième, dans les collèges, des écoliers de vingt-quatre ou vingt-cinq ans parmi les paysans destinés à la prêtrise ; cette destination définitive les faisait passer de l'école du curé aux collèges de Quimper ou de Saint-Pol-de-Léon qui leur étaient presque exclusivement consacrés.

Corentin, quoique âgé de douze ans, connaît donc à peine son alphabet, et s'il se montre habile à manier un palet ou un *bazik kamm*, nous sommes forcés d'avouer qu'il ne jouit pas d'une grande réputation dans l'école de M. le curé. Ce n'est nullement un de ces caractères avec lesquels le pieux instituteur puisse se promettre les joies du prosélytisme ; l'humble posture où nous le voyons et le geste dont il est menacé annoncent suffisamment qu'il aime plus le jeu que l'étude et la vie vagabonde que la vie de l'école. Mais garde à lui ! La sévère réprimande que lui vaut sa leçon mal apprise va peut-être, comme cela arrive souvent, se terminer par le fouet, châtiment plus commode que philosophique mais qui, s'il est jamais excusable, doit le paraître avec des élèves à l'enveloppe grossière que, la plupart du temps, toucheraient fort peu d'autres punitions. Corentin, malgré son air honteux, n'en laisse pas moins percer son espièglerie naturelle. Pendant qu'on le sermonne, il retient malicieusement du pied la toupie échappée à l'un de ses camarades, qui s'efforce de la reprendre en cachette, certain, s'il était aperçu, de recevoir un coup de la longue gaule du curé sur les oreilles. Tous les élèves de ce groupe paraissent étudier avec attention, excepté un seul qui se sent coupable de la même négligence que Corentin, et voit avec anxiété approcher le moment où il recevra la même mercuriale. De l'autre côté du curé, deux de ses plus jeunes disciples jouent au lieu d'étudier ; sa vieille servante s'est aperçue qu'ils négligent *leur croix de par Dieu*, et les menace d'une dénonciation, ce qui n'empêche pas un troisième de se glisser derrière elle et d'alléger son panier de quelques pommes.

Tout respire dans la chambre du bon curé l'antique simplicité des apôtres ; quelques pieuses images en sont l'unique ornement. La plus remarquable, placée au-dessus de la cheminée, surmonte un texte imprimé ; c'est un monument authentique, constatant qu'en telle année, M. le curé soutint publiquement une thèse sur telle question de théologie. La bibliothèque répond au reste de l'appartement. Outre la Bible et quelques volumes dépareillés de sermons et des œuvres des Saints Pères, on y voit la bouteille au goulot qui sert à la provision de tabac, et entre autres flacons, l'important flacon aux cornichons.

La servante du curé est généralement connue sous le nom de *karabasen*, mot qui semble impliquer l'idée de vieillesse et de laideur, et n'était peut-être pas en usage avant que les statuts de la discipline ecclésiastique eussent défendu à nos prêtres de prendre des servantes au-dessous de cinquante ans. Tout le monde connaît à ce sujet l'anecdote de ce bon curé qui, pour concilier sa commodité et la discipline, avait pris deux servantes de vingt-cinq ans, afin d'avoir une *karabasen* en deux volumes.

Pour ignorants qu'ils aient été, les Bas-Bretons n'étaient pas si bêtes. Dans *La fin des terroirs*, Eugen Weber cite l'exemple de deux métayers illettrés du Finistère qui, pour tenir leurs comptes, avaient « conçu un système figuratif pour indiquer les achats (une corde, un fer à cheval, un collier de cheval), les contrats de travail (un homme avec une bêche pour retourner un champ, ou un scieur de long très cher), le nombre de chevaux ou de bœufs vendus, et les monnaies (sol, réal, écu).

Dans ce contexte, le rôle joué par le clergé n'est pas négligeable qui préférait entretenir un climat d'ignorance afin de garder ses ouailles. On devine cependant que les préceptes concernant certaines coutumes et certains usages de la vie quotidienne aient pu faire grincer des dents. En 1845, le curé de Ploemeur (Morbihan) fit ainsi abattre le menhir du village que les paysans couronnaient régulièrement de fleurs ou au pied duquel ils venaient déposer de l'argent. En 1879, c'est au tour du recteur de Tredarzec (Côtes-du-Nord) de démolir le principal reliquaire de saint Yves, centre d'un culte local que désapprouvait l'Église. Celle-ci n'hésitait pas à s'immiscer dans la vie privée des gens. En témoigne la mésaventure survenue à un Finistérien qui, en 1897, refusa de suivre les consignes de vote de sa femme : depuis ce jour, il ne put plus avoir de rapports sexuels avec elle, suite à l'interdiction du curé.

Plus sérieusement, Anatole Le Braz déplorait la pauvreté du pays de Léon dans le domaine du merveilleux, pauvreté qu'il attribuait à l'interdiction par le clergé « des veillées en commun, fileries, aires neuves et, de façon générale, toutes les réunions champêtres qui se sont perpétrées ailleurs ». D'une façon générale, on peut dire que l'Église a toujours défendu ses propres conceptions en matière d'enseignement, conceptions qui, comme l'indique Alexandre Bouët, ont pour but de lui procurer de futurs séminaristes. L'Église affirmera d'autant plus cette position qu'au XIXe, déjà ! la crise de la vocation est perceptible sur tout le territoire français. Dans certains séminaires (notamment ceux de Tours, de Reims, de Nîmes) les effectifs chutent de moitié entre 1850 et 1870. Les ordonnances du 16 juin 1828 (qui limitaient volontairement les effectifs des petits séminaristes) n'étaient pas seules en cause. Les municipalités réduisirent les rétributions accordées jusqu'alors à des collégiens qui « poussaient » (on les appelait « les poussous ») pour devenir prêtres.

Le XIXe siècle verra d'ailleurs se multiplier les affrontements sur le plan local entre « blancs » et « bleus » (les anciens partisans de la Garde Nationale à l'époque de la Révolution), entre prêtres et conseils municipaux. Lors de la publication de la loi Guizot en 1833 (loi qui admettait le principe de la liberté d'enseignement en même temps qu'elle obligeait chaque commune à entretenir une école), l'église s'y opposa vigoureusement. Les instituteurs étaient présentés par elle comme ayant « une moralité douteuse » et dispensant « un savoir impie ».

A Audierne, un conflit opposa ainsi le clergé et la municipalité à propos de l'école. Finalement, le maire l'emporta après avoir déclaré que « la plupart des enfants du port appartenant à des familles de marins et de soldats et étant destinés, comme leurs pères, à défendre la patrie sur terre ou sur mer, tâche dans laquelle ils ne peuvent espérer aucun avancement s'il leur manque une instruction primaire et s'ils ne savent ni lire, ni écrire ou compter, une école semble donc nécessaire ».

Ce fossé entre les deux écoles ne se combla guère et j'ai le souvenir d'avoir assisté, lors de mon enfance morbihannaise, à des affrontements (jamais très violents, mais on tapait pour le principe) opposant « ceux de la laïque » et « ceux de l'école libre ».

LE CATHÉCHISME DU CURÉ

Katechis ar person

LE carême vient de succéder au carnaval, et les temps de pénitences aux jours de folie, folie qui du reste ne se modèle pas dans nos campagnes sur celle des villes. Parmi les Armoricains, cette joyeuse époque est plus qu'aucune autre l'époque des mariages, et pour eux le carnaval consiste surtout dans les saturnales des noces. Mais il ne se prolonge jamais au-delà des bornes que l'Église lui a fixées, et le jour où elle vient arracher l'homme à l'ivresse des joies mondaines pour lui rappeler qu'il n'est qu'un peu de poussière, ce jour-là tout plaisir cesse, et chacun se prépare pieusement à célébrer l'anniversaire auguste du premier des mystères chrétiens. C'est alors que le curé annonce en chaire qu'il va reprendre le cours de ses instructions évangéliques, et appelle au catéchisme deux ou trois fois par semaine ceux de ses jeunes paroissiens qui en sont encore à leur première ou même à leur seconde et troisième communion. Avec des ouailles pareilles la tâche est rude pour le bon pasteur ; elle est de nature à lui donner de la patience s'il n'en a pas, ou à la lui faire perdre s'il en a, et il se trouve trop heureux lorsque le tailleur, ce suppléant profane de l'homme de Dieu, lui a ouvert les voies et a déposé dans ces têtes incultes quelques-unes des vérités qu'il a mission d'y faire germer. Grâce aux leçons du vieil artiste, Corentin a quelques idées de plus que ses sauvages condisciples, mais il a moins qu'aucun d'eux la silencieuse attention que réclame avant tout son vénérable instituteur. Aussi voilà encore notre héros à genoux ; il s'est aguerri contre cette punition, et loin d'avoir l'air contrit d'un pénitent, il ne justifie que trop la sévérité du curé, en continuant de corder presqu'à sa barbe la coupable toupie dont il s'occupe plus que de la parole évangélique.

D'un côté de l'église, s'étend un triple rang de jeunes garçons, têtes variées et pourtant d'un type reconnaissable, les unes aux cheveux bouclés, les autres aux cheveux longs et plats, et dont la dureté proverbiale ouvre un accès d'autant plus difficile aux préceptes divins qu'elle s'accroît de la manière plus ou moins distraite dont ils sont écoutés. Du côté opposé sont les jeunes filles qui, fidèles aux habitudes innées de leur sexe, causent entre elles tout autant que leur vis-à-vis, ou plutôt causent encore davantage.

Le curé, après quelques autres interrogatoires, vient de poser sa longue gaule sur la tête du grand garçon qui est assis au bout du banc, ce qui lui indique que son tour est venu de répondre. Il a au moins quinze ans ; mais à cet œil d'où l'âme semble absente, à cette physionomie qui annonce une espèce de sourd-muet intellectuel, on peut se figurer combien il sera difficile d'opérer chez un pareil élève la transition de l'existence brute à la conscience de la vie morale et religieuse. Pour en venir à bout, le bon pasteur sera obligé d'avoir recours aux comparaisons les plus extraordinaires, aux paraboles les plus bizarres. On va en juger. Combien y a-t-il de dieux, demande-t-il au grand gars ? Celui-ci, après avoir baissé la tête, comme s'il allait réfléchir profondément, et fait tourner une ou deux fois son chapeau aux larges bords, répond : *Tri*, trois ! A cette réponse qui prouve quelle confusion ont produite dans sa cervelle le peu de paroles dont elle a conservé la trace, le bon curé garde un moment le silence, prend une prise de tabac, et lui dit : « *Te a zo eunn azen*, tu es un âne. Il y a bien trois personnes en Dieu, mais il n'y a qu'un seul Dieu », et il lui donne de la Trinité cette explication originale : Supposez un œuf, il est seul ; eh bien, c'est cependant un composé de trois choses : de la coque, du blanc et du jaune. La coque, c'est le Père, la première personne qui contient les deux autres ; le blanc, c'est le Fils, qui est le plus près du Père, et le jaune c'est le Saint-Esprit, parce qu'il est renfermé dans les deux premiers. Te souviendras-tu de cela ? » Et de peur qu'il ne l'oublie, le bon pasteur lui recommande de venir tous les matins recevoir dans sa chambre les leçons supplémentaires dont il paraît avoir grand besoin, ainsi qu'achever d'apprendre ses prières qu'il ne sait encore qu'à peu près.

Il y a toujours, tant parmi les garçons que les filles, quelques néophytes de cette force. Pour ménager l'amour-propre de celles-ci, le curé évite alors de les interroger en public, et les instruit en particulier de ce qu'il leur est indispensable de connaître pour leur première communion.

Le curé, ou si l'on veut M. le recteur, titre que lui donna surtout l'ancien régime qui laissait dédaigneusement le premier aux humbles desservants, connaît parfaitement l'espèce d'adeptes qu'il lui faut initier aux mystères de la religion. Il appartient à l'une de ces familles de laboureurs sur lesquelles se greffe le clergé breton, et il suit avec son jeune troupeau les voies qu'on a suivies avec lui-même. C'est une de ces figures de justes, moins éclairés peut-être que vertueux, qu'on rencontre souvent et qu'on aimerait à rencontrer toujours dans nos presbytères. Malgré l'âge et les fatigues d'un ministère si pénible dans les campagnes, il conserve encore cette force de santé, cette fraîcheur de sang, qui prouvent une organisation vigoureuse dont jamais le ravage des passions n'a diminué l'énergie. Son air habituel est bon plutôt que digne, et respire la simplicité des premiers apôtres, plutôt que les prétentions sacerdotales. La bonne société n'a jamais songé à le voir, et lui, de son côté, ne s'est pas montré plus curieux. Aussi ne la connaît-il pas plus que la coquetterie dont y font preuve nos jeunes abbés citadins. Il ne sait pas comme eux relever élégamment un pan de sa soutane pour laisser entrevoir une jambe bien faite, comme eux il n'a pas de bonnes dévotes qui lui fabriquent sept rechanges de rabats en mémoire des sept douleurs. Le sien est un peu négligé, de même que son surplis qui attend le jour où se lavent les linges sacrés, de même que sa robe noire que les années ont rendue à peu près grise. Mais il n'en obtient pas poins les respects de la paroisse, et une espèce de culte de la part de sa famille et même de son père, laboureur octogénaire, qui lui parle le chapeau bas : c'est que le prêtre dans l'Armorique est regardé comme un être d'une nature supérieure à celle de l'homme.

LA CONFESSION

Ar confession

LE curé touche au terme de sa tâche ; plus ou moins satisfait des jeunes catéchumènes qu'il est chargé de faire naître à la vie catholique, il a distribué à ceux qui y sont le mieux préparés des gages de leur zèle et de leurs pieux succès. Ce sont pour les filles des chapelets et des scapulaires, et pour les garçons de petits livres de dévotion, toujours écrits dans la vieille langue des Celtes, et des images sacrées qui, en leur rappelant sans cesse une époque solennelle, ne les rendront que plus dociles au frein de la religion. Ces images enrichiront les livrets ascétiques ou iront décorer la devanture du lit clos auprès des grotesques estampes du Juif errant, des quatre fils Aymon et autres semblables, qui se répandent par milliers dans nos campagnes et, n'y montrant que de barbares imitations des premiers essais de gravures sur bois du XVe siècle, tantôt noires, tantôt ensanglantées d'ocre rouge, mais toujours raides et informes, contribuent à entretenir leur grossièreté héréditaire, et à y faire sommeiller ce sentiment de l'art qui ailleurs sait embellir jusqu'aux instruments de l'usage le plus habituel dans la vie.

Aux difficultés d'apprendre à son troupeau le catéchisme, ce code vulgaire d'une sagesse sublime, ont succédé pour le bon pasteur les difficultés, non moins grandes du confessionnal, espèce de tribunal jeté sur les confins des deux mondes où un homme peut juger au nom d'un Dieu. Mais pour y rendre ses arrêts, il lui faut au moins des pénitents qui sachent lire au fond de leur conscience et poursuivre une pensée coupable jusque dans les replis les plus cachés du cœur. Or, comment espérer de ces jeunes rustres une connaissance raisonnée de l'arbre du bien et du mal ? Il est nécessaire de provoquer leurs aveux et non de les attendre ; autrement ils pourraient bien omettre leurs péchés et ne s'accuser que de leurs peccadilles, et cette nécessité rend encore plus pénible le ministère d'un curé prudent qui redoute de leur suggérer des idées auxquelles ils n'avaient pas songé, et de déchirer ainsi lui-même leur voile de candeur et d'innocence. Tandis que notre pasteur, préoccupé de cette crainte, est obligé en outre de ramener sans cesse dans les véritables voies de la confession une pénitente un peu bavarde qui lui parle des autres autant et plus que d'elle-même, Corentin, toujours espiègle, a quitté le banc réservé aux garçons pour venir à pas de loup écouter ce que peut raconter si longuement cette grande pécheresse. Mais le confesseur l'a entendu ; ouvrant tout à coup la porte qui le cache, il surprend le coupable en flagrant délit, et le prie, en lui tirant sur les oreilles, de vouloir bien respecter à l'avenir l'inviolabilité des secrets du confessionnal. Ses camarades qui suivaient d'un œil curieux tous les mouvements du malicieux Corentin, maintenant se moquent à l'envi de sa déconvenue, tandis que les deux pénitentes, dont le tour est venu de se confesser, s'écrient scandalisées et en joignant dévotement les mains : *O va Doué ! va Doué !* ô mon Dieu ! mon Dieu !

Au-dessus du confessionnal on remarque des têtes de morts, dont quelques-unes sont renfermées dans une espèce de petit cercueil que souvent surmonte une croix. Ces têtes proviennent du cimetière au milieu duquel s'élève l'église. Lorsque la mort, qui laboure sans cesse ce champ funèbre, force les pères d'y céder la place à leurs enfants, les ossements des premiers, déshérités d'un cercueil à part, vont s'entasser dans le charnier, cette tombe commune où les derniers débris de vingt générations deviennent successivement un peu de poussière. Mais souvent la piété filiale, qui gémit de voir ainsi troubler des restes vénérés, veut au moins recueillir les têtes de ceux qui n'ont plus droit en ce monde même à un coin de terre. On les dépose alors dans ces boîtes à formes lugubres dont l'étroite ouverture ne permet pas de les leur ravir ; et certain dès ce moment qu'elles ne seront pas confondues dans le charnier, si elles y restent, avec cette multitude de têtes étrangères qui le tapissent, on peut de plus obtenir la faveur de les faire placer dans quelque endroit apparent du saint lieu. C'est un spectacle qui choquerait dans les villes ; mais il n'a rien que de conforme à la nature mélancolique de l'Armoricain et à l'austérité dont s'est empreint dans nos rudes climats le christianisme, qui s'y greffa directement sur le culte sombre des druides, et n'y a pas succédé comme ailleurs à la riante théogonie d'Athènes et de Rome. Le *de profundis*, voilà le cantique du pays, c'est le fond de sa religion.

Ces adolescents de nos campagnes, que leur curé prépare à approcher pour la première fois de la table des fidèles, ne termineront pas leur carrière catholique presque aussitôt qu'ils l'auront commencée ainsi que l'adolescent des villes. Après avoir appris un culte qui puisse les guider dans la société des hommes, ils ne le désapprennent point en y entrant, et ne se trouvent pas tout à coup sans règle fixe, sans boussole protectrice au milieu d'une mer inconnue et perfide ; car cette règle, cette boussole, ils continuent à la chercher où elle leur apparut d'abord, dans le confessionnal. Aussi n'est-il pas de lieu dont l'influence soit plus puissante sur la civilisation bretonne ; suivant que nos prêtres le voudront, elle prendra une marche plus ou moins rapide, ou même pendant trop longtemps encore ne fera que marquer le pas, comme elle l'a fait pendant des siècles. C'est donc entre leurs mains que sont les destinées de notre vieille Bretagne. Les premiers apôtres du christianisme furent aussi des apôtres de civilisation ; c'est un beau titre à reconquérir et que mériteraient parmi nous les successeurs de Saint-Pol et de Michel Nobletz en déblayant les abords du temple de ces grossières superstitions, de ces préjugés populaires qui tendent à faire dégénérer les hautes croyances du pur dogme chrétien en un culte d'erreurs et de déceptions. Les superstitions sont l'âme, ainsi que la poésie, des religions dans les âges de ténèbres et d'ignorance ; mais l'ère des siècles positifs a commencé. La vie d'un culte alors, c'est sa morale, et sous ce rapport aussi la religion chrétienne peut défier toute comparaison : quelle morale en effet l'emporta jamais sur la parole évangélique ?

LE SERMON

Ar brezegen

Le confessionnal, véritable trône du prêtre catholique, a pour premier appui la chaire d'où partent les menaces qui s'y accompliront ; et ce n'est pas en vain qu'ils entendent gronder *les foudres* de l'église, ces Armoricains sur qui tombe la parole du prêtre avec toute l'autorité d'une mission divine, avec tout l'empire que lui donne leur foi vive : la crainte d'être bannis de la sainte table, ce glaive de l'excommunication toujours suspendu sur leurs têtes, agit chez eux avec la même puissance aujourd'hui qu'autrefois ; et de là cette véritable royauté que les ministres de la religion exercent encore dans toute sa plénitude au sein de nos campagnes. On conçoit que les Massillons et les Bourdaloues bretons ne doivent pas prêcher de la même manière que leurs modèles. Leur éloquence se rapproche surtout de celle que nous offrent quelques sermons du Moyen Age. Ils appuient sur ce qu'il y a de mystérieux dans le dogme chrétien, plus encore qu'ils ne s'attaquent aux vices et aux passions de l'homme. Mais lorsqu'ils traitent cette matière malheureusement si féconde, lorsqu'ils veulent bien se souvenir que le prêtre est un médecin moral non moins que le dépositaire d'un culte, ils savent donner à leurs prédications cette tournure familière et piquante qui convient à leur auditoire, et le rappeler à la vertu par l'intérêt, ce grand mobile d'ici-bas, et surtout de ce coin du monde. Par exemple, ils conduiront au cabaret un ivrogne imaginaire, lui feront conclure au sein de l'ivresse une foule de sots marchés, puis le montreront dans sa ferme, volé, pillé, ruiné, et gémissant, mais trop tard, du désordre dont il aura été la cause et la victime. Voilà de ces images qui, souvent reproduites, seraient propres à ramener dans la bonne voie des pécheurs que tourmente plus qu'aucun autre le démon de la propriété.

Les prédicateurs bretons ne s'interdisent pas quelques accès de gaieté, et ils font parfois retentir les échos du temple de l'hilarité qu'ils excitent. A l'époque dont leurs sermons portent l'empreinte, le rire était aussi entré dans l'église, ainsi que le prouvent ces fantastiques et capricieuses figures qu'on trouve cachées dans les angles des cathédrales, ornements grotesques qui, après qu'on a longtemps admiré les majestueuses proportions de l'édifice, font naître le sourire sur nos lèvres et viennent comme nous récréer de notre admiration [1]. Mais ce qui domine dans les prédications bretonnes, c'est la terreur ; pour émouvoir des peuples presque sauvages et froids comme leur climat, le prêtre doit devoir appeler à son secours tout ce qu'une justice implacable et un Dieu-bourreau pourraient inventer de supplices et de tourments ; on le prendrait alors pour l'ange exterminateur prêt à ensevelir Sodome dans les flammes, ou la ville d'Is sous les flots ! Ce genre d'éloquence met seul un prédicateur en renom. Mais il faut que son action oratoire réponde à ses paroles d'anathème ; il faut qu'en même temps qu'il brise l'âme dans l'éternité de toutes les tortures du corps, il ébranle sa chaire de coups redoublés, et les voûtes du temple des éclats de sa voix tonnante, et qu'à la fin de son sermon, tel que la Pythonisse quittant le trépied sacré, on le voie pâle et le front ruisselant d'une sainte sueur, tressaillir encore de ses menaces prophétiques et des émotions de son éloquence convulsive. Alors l'Armoricain est content, et dit : Celui-là prêche bien.

Il est un autre point des prédications bretonnes qui, souvent encore, y occupe trop de place pour qu'il n'en soit pas fait mention ; c'est le recours à

---

1. Il est des prédicateurs dont les images sont parfois, non pas d'un comique, mais d'une grossièreté qui certes ne corrigera pas celle de leur auditeur. Nous citerons pour exemple cette peinture du péché mortel, qu'on nous permettra de ne pas traduire : *Ar pec'hed marvel a zo vil, viloc'h evid eur varriken Kaoc'h meselet gant ar vaz ribot.*

ces contributions pieuses qui, imposées du haut de la chaire, s'acquittent avec d'autant plus de ponctualité que l'administration des sacrements peut en dépendre ; c'est cette mendicité du prêtre qui n'est pas moins contraire à sa sublime mission qu'aux lois de son pays, et que le parlement de Bretagne a flétrie et proscrite quatorze fois dans le seul espace d'un siècle. Mais il s'agissait d'un abus vivace, et les quêtes sont toujours une des plaies de l'Armorique, quoique plus d'un curé, jaloux d'être l'exemple aussi bien que l'oracle de sa paroisse, *n'y veuille plus battre ainsi monnaie sur le parvis du temple*, et se contentant de l'humble rétribution de l'État et d'un casuel trop légitime, préfère une honorable frugalité à l'abondance que lui vaudraient ces dévotes *exactions*. Eh bien, le croirait-on, le paysan les accuse de fierté, ces pasteurs si dignes de l'être, tant il est profondément imbu des idées qu'on lui a inculquées au nom du ciel, et qui ne lui ont jamais fait voir dans ces quêtes qui le dépouillent, qu'une sainte et noble preuve d'humilité.

Corentin et les autres enfants qui vont faire leur première communion, sont ici sous l'impression d'un de ces sermons impitoyables dont nous venons de parler. Filles et garçons sont terrifiés, et croient respirer par anticipation l'haleine embrasée de l'enfer. Les uns, le regard fixe, ou la tête *piteusement baissée*, écoutent avidement ou s'interrogent avec effroi ; les autres pleurent à chaudes larmes, ou pressent avec ferveur leurs chapelets entre leurs mains. Tous témoignent du succès de terreur qu'a su obtenir le prédicateur breton qui finit par appeler la miséricorde de Dieu sur son tremblant auditoire. Le père de Corentin, debout près de la chaire, a les yeux attachés sur son fils qui, immobile d'attention et d'épouvante, serre des deux mains et comme par un mouvement convulsif son chapeau contre sa poitrine. Son père voit avec plaisir cet air contrit et repentant ; il en conclut que Corentin sera un homme religieux et par conséquent un bon travailleur. L'une des deux vieilles mendiantes, que l'on voit près de lui, félicite les jeunes filles qui pleurent, et les prie de ne pas l'oublier. Au-dessus d'elle, on aperçoit la tête chauve d'un cultivateur, que l'âge a rendu plus difficile à émouvoir, et qui n'a pu résister à ses habitudes soporifiques.

LA PREMIÈRE COMMUNION

Ar c'henta kommunion

LE moment est enfin arrivé pour nos jeunes néophytes, catholiques plus ou moins instruits, mais catholiques fervents, d'être admis à la table sainte et d'y recevoir le pain mystique. La pompe de cette cérémonie pieuse, la foi qui remplit leur âme, l'amour-propre enfin qui ne perd jamais ses droits, tout les pénètre d'une douce extase qui laissera chez eux des traces profondes. La procession s'est mise en marche d'un pas lent et solennel, et malgré les cantiques latins qu'ils chantent [1], cantiques inintelligibles pour eux, il y a dans leur accent quelque chose qui touche, et prouve qu'ils prient du fond du cœur, quoique ne comprenant pas leurs prières. Chacun est attentif et obéissant à la voix du guide expérimenté qui va, vient, presse celui-ci, arrête celui-là et, multipliant avec sa longue gaule les avertissements nécessaires, veille à ce que tous concourent à la belle ordonnance de la procession. C'est que chacun y met sa gloire ; le goût si vif des siècles passés pour ces dévots spectacles est encore dans toute sa force au sein de l'Armorique : aussi n'est-ce pas seulement un honneur, mais un honneur acheté quelquefois très cher, que celui d'y porter une croix, une bannière, l'image de la vierge, ou celle d'un saint révéré. Au milieu des jeunes filles qui, ainsi que les garçons, ont presque tous un cierge à la main [2], emblême, suivant saint Jérôme, des joies et des vérités auxquelles nous a initiés l'Évangile, se trouve le groupe qui est chargé du précieux fardeau d'une *itroun-varia* (Dame Marie) et, quelques pas en avant, brille Corentin sous le poids de son vénérable patron, ce saint puissant qui renouvela sur les rives de l'Odet l'un des miracles du Christ dans le désert, et vécut longtemps d'un poisson toujours coupé par la moitié et cependant toujours entier que lui vola enfin un Léonnais jaloux, ce qui a fait anathématiser ses compatriotes du sobriquet de *Laeroun ar pesq*, les voleurs de poisson.

Le pasteur qui ferme la procession proprement dite, et derrière lequel se

---

1. On leur fait aussi chanter des cantiques bretons.
2. Les plus pauvres n'en ont pas. Ces cierges, peu luxueux, comme on le pense, coûtent six sous et sont ensuite donnés à l'église.

pressent avec dévotion et dans une espèce d'ordre hiérarchique, les dignitaires municipaux et les vieillards les plus considérés de la commune, le bon pasteur porte dans tous ses traits l'empreinte d'une pieuse joie ; il vient d'ajouter un nouvel anneau à cette immense chaîne catholique qu'il a mission de continuer, il vient d'assurer à une génération de plus une croyance et un Dieu ; il est heureux. Devant lui marchent d'un air d'importance ces chantres à la voix retentissante sur qui se règlent toutes les voix d'une paroisse, personnages demi-sacrés, demi-profanes, qui vivent les jours ordinaires de la bêche, du rabot ou de la truelle, et les dimanches et jours de fêtes, de l'église et du chant grégorien. De distance en distance ont été placés, un rituel à la main, les jeunes communiants qui savent lire, chantant à peu près juste, et ne défigurant pas trop les litanies et les hymnes du roi-prophète.

Les humbles croix et les tombes au milieu desquelles s'avance la procession disent assez qu'ici comme presque partout encore, le cimetière environne l'église. Nos pères avaient voulu que pour arriver jusqu'à Dieu on foulât la cendre des morts, et c'est là sans contredit une des pensées qui imprimèrent le plus de force et de gravité à la religion chrétienne. Mais à l'époque de bien-être physique et moral tout à la fois, à laquelle nous sommes arrivés, on a dû se souvenir que la dépouille des morts est fatale aux vivants, et on a eu raison, pour qu'elle ne souillât plus la pureté de l'air qu'ils respirent, de l'exclure du centre des villes et des villages. Cette exclusion blesse vivement les sympathies et les habitudes des Armoricains. L'église en effet est leur principal lieu de réunion, et le cimetière qu'ils y joignent toujours par la pensée, c'est pour eux le forum, la place publique. De l'étroite enceinte qui les renferme l'un et l'autre, viennent presque toutes leurs joies, leurs douleurs, leurs consolations ; là se résume enfin la vie morale du paysan bas-breton, cette vie sans laquelle, abruti par la misère et le travail, il ne serait qu'une espèce de charrue organisée. Avant d'entrer à l'église ou lorsqu'on en sort, des groupes se forment sur les divers points du cimetière, et ces habitants d'une même commune qui ont vécu isolés toute la semaine, y causent, y discutent, et pendant quelques instants du moins, y vivent ensemble ; mais ce n'est jamais qu'après s'être d'abord agenouillés sur les tombes de ceux qu'ils ont perdus, qu'après s'être un moment rapprochés d'eux et du ciel sur ces autels éloquents, les plus sacrés de tous. Leurs tombes ont aussi peu de faste que la douleur qui les élève, et seules révéleraient la résignation à la mort et une profonde conviction de la vie future qui s'inquiète peu des moyens de se manifester sur la terre. Elles ne consistent guère qu'en un petit tertre recouvert de gazon, où s'enfonce l'humble vase de grès qui recevra l'eau bénite. Les pierres tombales sont rares, et les croix, sans l'être autant, quelquefois ne font pas même connaître aux hommes celui qu'elles recommandent à la miséricorde divine. Il y a presque toujours dans le cimetière quelques-uns de ces ifs, cyprès ou autres obélisques naturels, dont on a fait un symbole de résurrection ; mais ils sont là pour tous, et non pour quelques morts privilégiés.

Les garçons marchent, bien entendu, en tête de la procession. Comme on en a déjà vu un exemple frappant, la prééminence d'un sexe sur l'autre s'observe en Bretagne devant Dieu comme devant le monde. Les femmes y sont reléguées au bas des églises ; les hommes seuls entourent le sanctuaire. Elles sont toujours à genoux, leur chapelet à la main, et on trouverait même indécent qu'elles fussent dans une autre posture. Lorsque la fatigue les y oblige, elles peuvent tout au plus s'appuyer sur leurs talons. Les hommes se tiennent debout, les bras croisés et ne fléchissent le genou qu'en entrant, en sortant, et pendant les moments les plus solennels de la célébration des mystères. Tout en courbant leur front devant le Créateur, ils ne veulent pas qu'on oublie que l'homme est le roi de la création.

LA CONFIRMATION

Ar confirmation

LA veille, les cloches de l'église paroissial avaient sonné à pleines volées ; c'étaient toutes les joies dominicales un jour ouvrable, c'était donc l'annonce pour les fidèles de quelque événement extraordinaire. En effet, monseigneur l'évêque, à travers les flots d'une population qui se précipitait à genoux sur son passage pour recevoir sa bénédiction, arrivait en ce moment au presbytère, et le curé cessant d'y être chez lui, excepté pour payer un surcroît de dépenses assez lourd, n'allait plus se trouver que le premier serviteur d'une hôtellerie épiscopale. Le gouverneur spirituel du diocèse venait, par le sacrement de la confirmation, imprimer un dernier sceau catholique aux jeunes paroissiens récemment admis à la table des communiants. Nous le voyons ici à l'église, procédant à cette consécration nouvelle par l'imposition des mains et l'onction du Saint Chrême. Le recueillement règne autour de lui. La première surtout, des jeunes filles qui vont recevoir le soufflet divin, l'attend dans une pieuse extase. Près de l'évêque, un prêtre tient dans un plat d'argent les légères pelotes de coton qui servent à essuyer l'huile sainte dont il marquera tous ces fronts vierges. Des deux prêtres qui le suivent, le premier porte une plus ample provision du lainage américain, et le second la crosse ou bâton pastoral. Un abbé recueille et lit les certificats des jeunes filles ; un autre, du côté opposé, force un *gars* inattentif à se tenir la tête droite et immobile, et un troisième en chaire accompagne la cérémonie de cantiques qui ne finiront qu'avec elle. Le porte-croix et les deux enfants de chœur qui marchent à ses côtés complètent le personnel sacerdotal ; mais ces derniers sont de jeunes paysans qui n'en font partie, comme on l'a déjà dit, qu'à jour et heure fixes. Corentin, placé à la tête de la file des garçons, est absorbé tout entier par l'admiration dont l'a rempli le costume épiscopal, le plus beau qu'il ait jamais vu. Ce rochet si richement brodé, ces glands, cette étole et ces languettes à franges d'or, cette mitre surtout, coiffure resplendissante qui, par une singulière bizarrerie, passa du front des courtisanes de Rome sur celui des dignitaires de l'église, tout, jusqu'aux sandales bénites de l'évêque, l'étonne et l'émerveille, et lorsqu'il pense qu'il va voir de plus près ces belles choses, et qu'il recevra un soufflet de celui qui les porte, le cœur lui bat avec une force que trahit toute sa contenance. Son père et sa mère assistent à la cérémonie, le premier debout, celle-ci à genoux, et en face se presse la foule des curieux. Dans cette église, comme dans beaucoup d'autres, on remarque en avant du chœur une poutre transversale, du milieu de laquelle descend un Christ sur la croix, et vers les extrémités de cette poutre ainsi que dans quelques autres parties de l'édifice, apparaissent plusieurs de ces têtes infernales par lesquelles la sculpture gothique personnifiait les vices et les passions humaines, et qu'elle emprisonnait pour ainsi dire dans les murs du temple, comme un témoignage symbolique de la victoire du christianisme sur l'enfer et les faux dieux.

On concevra sans peine l'impression que produit sur nos jeunes Bas-Bretons l'éclat de ces cérémonies destinées à faire de leurs fiançailles avec l'église une union étroite et indissoluble. Cette impression ne s'afface jamais entièrement chez les esprits les plus fermes et au milieu même d'une société en proie au scepticisme ; n'a-t-on pas vu en effet, pendant la tourmente révolutionnaire, un abbé de Quimper, l'abbé Berardier, recherché et traqué dans Paris, non comme proscrit et pour subir l'arrêt de sa proscription, mais comme le vrai ministre du Christ, et pour donner secrètement la bénédiction nuptiale à Camille Desmoulins assisté de Robespierre ? Tous deux avaient été ses élèves ! Combien ne doivent donc pas être profondes et durables les convictions religieuses d'un Armoricain chez qui tout contribue à les rendre telles. D'abord le magnifique spectacle de la nature et le retour si admirablement réglé de ses prodiges ; dans les villes on voit partout la main des hommes, dans les campagnes on voit partout celle de la providence, et, malgré soi, on l'invoque et la bénit. A cette première cause de croyances vives et fortes, ajoutez un ciel brumeux, lourd et triste qui étendant son dais de plomb sur un pays sauvage, pénètre l'âme de pensées mélancoliques et sévères, et enfin l'aspect de cet immense Océan qu'une volonté mystérieuse et toute-puissante rend tour à tour calme ou terrible, et devant lequel l'homme, perdant sa confiance en lui-même, sent plus que partout ailleurs qu'il lui faut un appui, une espérance, un Dieu. Quand on réfléchit en outre que ce coin de terre est, par sa langue inconnue, isolé du reste du monde, et que le souffle du philosophisme n'a pu y dessécher la foi religieuse, on comprend que toute la ferveur des anciens temps se retrouve chez ces chrétiens primitifs qui n'ont pas désappris à courber le front et à fléchir les genoux. Aussi qu'on respecte leurs temples et leurs prêtres ! Malheur, trois fois malheur au pouvoir qui viole ici le sanctuaire ! Lorsqu'à la révolution, la noblesse fut humiliée, expropriée, proscrite, ces hommes restèrent impassibles ; lorsque le trône s'écroula, le bruit de sa chute eut à peine quelque retentissement sous leurs chaumières. Mais quand la sainte inquisition républicaine se mit à faire la chasse à leurs prêtres, que la religion fut prohibée et Dieu mis hors la loi ; quand ils virent les chartes des abbayes transformées en gargousses, les évêchés en auberges, les églises en corps de garde, et leurs saints jetés à pleins tombereaux dans les feux de joie des places publiques, ils s'émurent, ils s'armèrent, ils se firent chouans ! Et parmi eux, le culte survécut même à sa proscription ; ils continuèrent à adresser au ciel des prières catholiques en dépit du sbire qui leur disait : « Il n'y a plus de ciel, imbéciles ! » La messe se célébrait dans les greniers, au fond des bois ou sur les flots dans une barque entourée de cent autres barques, et protégée contre la tyrannie par la nuit ou la tempête ! C'est ainsi que la Bretagne, fervente chrétienne après avoir été druidesse fanatique et si difficile à convertir, rappela pendant plusieurs années ces premiers âges du christianisme ou les fidèles, trompant dans les catacombes la vigilance de leurs bourreaux, fuyaient, pour prier Dieu librement, jusque dans les entrailles de la terre.

Quoi qu'en dise Alexandre Bouët, la Basse-Bretagne ne fut pas mise à feu et à sang pendant la Révolution. Mais il est vrai que les prêtres (qui avaient évidemment pris le parti de la réaction et des chouans) se sentirent menacés, notamment par ceux qui discouraient « sur la nécessité de faire disparaître les églises, symbole du fanatisme et d'aristocratie ». Durant cette période trouble, on cite l'exemple des prêtres de Crozon qui faisaient clandestinement leur messe en haute mer sur une nacelle. Par ailleurs, un certain nombre de curés quittèrent les campagnes bretonnes pour aller se réfugier en Angleterre. Il est vrai que des événements comme ceux qui se déroulèrent à Nantes pouvaient les effrayer. En effet, un envoyé de la Convention ne trouva pas de meilleur moyen pour dépeupler les prisons de la ville remplies « de Vendéens, de prêtres et autres suspects », que de les noyer par chalands entiers sur la Loire, près de Chatenay.

En Cornouaille, dans les cahiers de doléance, c'est le régime du domaine congéable qui est le plus souvent mis en cause. Mais on réclame aussi « des routes, des médecins, des sages-femmes et... l'eau-de-vie à un prix unique pour tous (!) ». Au fond, les Bretons n'ont guère une âme de révoltés. Il existe pourtant dans leur histoire un épisode qui montre qu'ils peuvent se montrer déterminés lorsqu'ils ont conscience de subir une injustice.

Il s'agit de la Révolte des bonnets rouges. Celle-ci eut lieu en 1675 lorsque les Bretons se soulevèrent contre le pouvoir royal qui prétendait leur imposer de nouvelles taxes (sur le tabac, sur la vaisselle d'étain, sur les actes notariés et judiciaires) destinées à financer la guerre de Hollande.

En quelques mois, toute la région se soulève, de Rennes à Châteaulin, de Lamballe à Douarnenez, de Vannes à Landerneau. Les paysans pillent les maisons des fermiers des devoirs, des juges seigneuriaux et autres hommes de loi. Quatorze communes situées entre Douarnenez et Concarneau signent un Code paysan breton, véritable plate-forme économique et sociale. Parmi les mesures préconisées, citons celles concernant les ecclésiastiques — « Les recteurs, curés et prêtres seront gagés pour le service de leurs paroissiens, sans qu'ils puissent prétendre à aucun droit de dîme ni à aucun revenu pour toutes leurs fonctions. » —, les meuniers — « Il sera loisible d'aller aux moulins que l'on voudra et les meuniers seront contraints de rendre la farine au poids du blé. » — ou encore les gentilshommes — « Les droits de champart et les corvées exigées par les gentilshommes seront abolis comme contraires à la liberté Armorique. »

Comme on peut s'en douter, la répression fut impitoyable. Un quartier de Rennes (le faubourg de la rue Haute) fut rasé, des paysans furent condamnés aux galères, de nombreux autres « furent pendus aux arbres le long des grands chemins ».

L'EDUCATION EN VILLE

Al likess

L'ÉDUCATION religieuse de Corentin est terminée ; le voilà désormais attaché par mille liens sacrés à cette communauté bretonne, singulier mélange de mysticisme et de grossièreté que vivifient d'un côté ses inspirations pieuses, et qu'immobilisent de l'autre tant de préjugés bizarres qui ont poussé comme des plantes parasites sur une terre tout imprégnée de ses anciennes et de ses nouvelles croyances. Mais le père de Corentin qui, sans être riche, jouit d'une certaine aisance, a senti que son héritier ne devait pas se borner à pouvoir lire ou chanter le breton et le latin, et qu'il lui importait de s'initier à cette langue française que dédaignent les vrais enfants de l'Armorique, mais qu'il leur faut bien apprendre pour déchiffrer leurs actes de propriété, et se reconnaître un peu dans le labyrinthe des affaires litigieuses. Il a donc été décidé que Corentin irait passer à la ville six mois ou un an, court exil dont plusieurs des siens ont également reconnu et subi la nécessité, et qu'on regarda longtemps comme un des plus grands efforts de la civilisation bretonne. L'arrangement a été conclu avec une marchande qui reçoit chez elle les pensionnaires des campagnes. Moyennant deux ou trois francs par mois, elle trempera la soupe de Corentin ; à condition qu'il enrichisse de temps en temps son pot-au-feu ou plutôt sa vaste marmite d'un humble morceau de bœuf ou de vache, et de plus elle le couchera, c'est-à-dire pourvoira le lit de balle d'avoine qu'il lui a envoyée, de gros draps au tissu inégal, qui certes incommoderaient un sybarite bien autrement que le pli d'une feuille de rose. Sa famille devra fournir chaque semaine les provisions qui composeront son frugal ordinaire ; son père apporte, renfermées dans un sac, celles de la première semaine. Elles consistent en un énorme pain de seigle, une douzaine de crêpes et le beurre que peut contenir une espèce de boîte grossièrement arrondie en forme de tabatière. Corentin, à qui on a recommandé la politesse, marche en avant, son *pennbaz* à la main, et aborde le premier sa future hôtesse qu'il salue en faisant glisser comme de coutume son chapeau le long de l'oreille droite. Elle l'accueille avec intérêt ; c'est une femme d'expérience et, au premier coup d'œil, elle a jugé que, malgré la gaucherie de l'adolescent campagnard, elle en pourra tirer un bon parti. On voit du reste qu'elle s'entend à utiliser les pensionnaires de ce genre auxquels sa maison est ouverte. L'un vient de balayer le devant de la boutique ; un second porte la pâte au four banal, et les deux qui sont armés de seaux et de vases de grès, l'un arrive de la fontaine et l'autre y va. Tous examinent et écoutent avec curiosité le nouveau camarade qui vient partager leurs travaux et leurs études, si le mot études n'est pas un peu ambitieux, quand il ne s'agit que des modestes leçons d'un magister avec qui leurs parents ont presque toujours fait connaissance au cabaret, et dont ils n'ont éprouvé la capacité que le verre à la main. Qu'attendre d'ailleurs de ces instituteurs au rabais, qui s'estiment eux-mêmes quinze à vingt sous par mois, et souvent s'estiment encore trop ? Ils donnent à leurs élèves du savoir pour leur argent, c'est-à-dire qu'ils les renvoient au foyer paternel presque aussi ignorants qu'ils les avaient reçus. Lorsque parmi ces magisters de la vieille roche, il s'en trouve par hasard qui soient quelque peu dignes de leur mission, ils assujettissent nos jeunes paysans à des règles qui, en les forçant de parler français entre eux, leur font à peu près atteindre le but de leur émigration momentanée vers la ville. Par exemple, ils marquent d'un signe réprobateur le premier qui laisse échapper quelque mot celtique, et ce signe passant de boutonnière en boutonnière jusqu'à celle du dernier coupable de la semaine, vaut à celui-ci une punition ou une amende qui, la semaine suivante, fait tenir chaque *likess* sur ses gardes. Ce sobriquet de *likess*, particulier à Quimper-Corentin, change à Saint-Pol de Léon, à Morlaix et ailleurs ; il n'a pas, que nous sachions, de racine celtique, et paraît être le mot laquais bretonnisé ; la domesticité réelle qu'imposent à ces sortes de pensionnaires leurs exigeantes hôtesses, porterait assez à le croire. Quoi qu'il en soit, la qualification de *likess* est ordinairement prise en mauvaise part, ce qui ne fait pas l'éloge du système d'éducation qu'elle résume et, chose remarquable, un usage qui paraîtrait destiné à faire rayonner chez nous la civilisation du centre vers la circonférence y a peu contribué, ou même n'y a pas contribué du tout. Les *likess* se mêlent à la population des villes sans s'y confondre ; ils causent, jouent et s'amusent toujours ensemble, jamais avec les enfants citadins ; ce sont pour eux des étrangers, presque des ennemis, et pleins à leur égard d'une antipathie héréditaire, ils ne vivent, comme leurs pères, de leur vie extérieure, ils ne se dévoilent tout entiers que devant ceux-là seuls qui leur paraissent leurs semblables, leurs compatriotes. Aussi reviennent-ils vers leurs antiques pénates, purs de tout mélange et sans que le frottement de la ville ait altéré chez eux l'empreinte armoricaine.

    Outre les *likess* proprement dits et les jeunes paysans qui se destinent à la prêtrise, il en est encore d'autres que la ville attire ; ceux-ci y viennent travailler chez les hommes de loi. Les Bretons sont avides en général de se familiariser avec les mystères de la chicane ; c'est que beaucoup plus tenaces que le citadin à réclamer, par exemple, les plus faibles droits d'héritage, ils ne sont nullement portés à remplacer comme lui par la confiance et les égards de parenté, les formalités qu'exige la loi. Parfois, les apprentis légistes dont il s'agit restent ensuite à végéter à la ville, et appauvrissent ainsi les campagnes et l'agriculture en faveur de l'exubérance de nos cités ; c'est le contraire qui serait à désirer.

Ici se termine avec son troisième lustre la troisième époque de l'éducation de Corentin. Nous avons vu l'éducation de sa première enfance, son éducation religieuse et son éducation de ville ; maintenant va commencer son éducation agricole.

LE JEUNE CHARRETIER

Ar charretour iaouank

CORENTIN, qui par son courage et son adresse s'est déjà acquis une espèce de célébrité dans le canton, est impatient de recevoir, chez son père, les mêmes témoignages d'estime et de confiance, et se plaint qu'on ne réclame pas de lui tous les services qu'il se croit capable et digne de rendre. Mais ici, plus qu'ailleurs encore, un père est lent à s'apercevoir que son fils devient homme, et il ne voit en lui qu'un enfant longtemps après qu'il ne l'est plus. Cependant notre héros a fini par obtenir ce qu'il désirait plus vivement que tout le reste ; il aura l'honneur de conduire, seul au marché de la ville, la charrette qui doit y porter du blé à vendre. Depuis deux jours il ne songe qu'à bien remplir ses nouvelles et importantes fonctions ; il s'exerce constamment de la voix et du geste, et il a fait de son *pennbaz* un meuble doublement utile en y ajoutant un fouet et un aiguillon. Sûr désormais de lui-même, il est prêt à conduire toutes les charrettes du village, non seulement à la ville, mais au bout du monde, où l'on n'arrive pas par des chemins pires que ceux de la Basse-Bretagne.

Le voilà qui va partir ; la charrette, chargée de sacs de blé, est attelée, suivant l'usage de la Cornouaille, de deux bœufs et de deux chevaux. Son père lui prodigue les recommandations, et lui signale tous les dangers et toutes les fautes à éviter. Corentin, l'air décidé, et comme s'il n'avait nullement besoin de tant de conseils, les écoute à peine, et moins occupé des leçons paternelles que de ses bœufs, saisit d'une main la cheville placée sur le joug et qui sert à les diriger, et de l'autre leur pique les flancs pour les mettre en mouvement. Il a les cheveux en partie relevés ; c'est un signe auquel se reconnaît l'état plus ou moins fiévreux de l'esprit d'un Armoricain. Lorsque rien ne vient l'arracher à l'apathie dans laquelle il se complaît, ses cheveux sont épars et flottent sur ses épaules ; il les relève à moitié, s'il faut déployer quelque peu de cette activité qu'il cache sous une inertie apparente, s'il faut travailler, danser, ou même boire ; et enfin il les relève tout à fait lorsque la colère l'enflamme et qu'aussi difficile à apaiser qu'il a été long à émouvoir, il se livre à cette fougue de passion que ne laisse pas soupçonner son impassibilité habituelle.

Un des valets ferme la barrière, et le grand-père, apparaissant au milieu des arbres du courtil, y vient assister aux débuts du jeune charretier. Un voisin, qui se rend également à la ville, s'est arrêté pour l'attendre et lui servira de compagnon de route. Avec un de ces fusils à un coup, que l'on voit suspendus au manteau de la cheminée bretonne, et dont les détonations inoffensives servent à effrayer les voleurs au moment de la récolte, ou bien à célébrer les joies publiques et les joies de famille, par exemple une noce ou une procession ; avec un de ces méchants fusils, disons-nous, il a tué un lièvre qui lui fournit l'occasion, toujours avidement saisie, d'aller perdre son temps au marché. Il est muni du *pennbaz*, cette arme fidèle de nos paysans lorsqu'ils vont en pèlerinage, ou qu'ils se rendent aux marchés, aux foires, chez leur propriétaire ou leur homme de loi, le *pennbaz* indique, suivant eux, qu'ils se sont mis en route pour quelque affaire importante, et non par partie de plaisir. Ainsi que nous l'expliquerons plus tard, ce *pennbaz* ment quelquefois et même souvent.

La mère de Corentin, qui est loin de partager la confiance que montre en lui-même notre charretier novice, s'est bien promis de ne pas le perdre de vue, ni lui, ni son équipage. De peur d'effaroucher son amour-propre, elle est partie, un pot de lait sur la tête et un panier d'œufs au bras, comme si elle n'était préoccupée que du soin d'aller vendre les produits de la ferme. Elle porte, en outre, un couple de jeunes poulets et un coq au plumage éclatant, à la voix retentissante, au regard intrépide, mais qui a eu le malheur de chanter avant minuit, ce qui a fait condamner le *watchman* emplumé à être ignominieusement envoyé au marché. C'est à regret que la mère de Corentin exécute la sentence ; mais elle sait qu'il n'y a pas à hésiter : car, d'après une tradition qui se perpétue sous le chaume breton, le chant du coq avant minuit est d'un sinistre augure ; il annonce une grande calamité ou même la mort, et il n'y a d'autre moyen d'y échapper que de débarrasser promptement la ferme du prophète de malheur.

Il est assez naturel d'éprouver quelque inquiétude en remettant à des mains inexpérimentées les rênes du champêtre équipage qui doit parcourir ce qu'on veut bien appeler des chemins en Bretagne ; car, sauf de trop rares exceptions, ces chemins y sont détestables. Beaucoup n'ont été frayés que par les eaux torrentueuses auxquelles ils servent de lits après un orage, ou lorsque les sources taries en été redeviennent abondantes en hiver. La plupart sont des ornières profondes de 4, 5 et 6 pieds, et de la largeur exacte d'une charrette, que, depuis que le pays est habité, chaque siècle a contribué à creuser, en emportant après soi sa part de boue ou de poussière. Dans quelques endroits, les chevaux, pendant la mauvaise saison, ne peuvent avancer qu'à la nage, et même au mois d'août, beaucoup de ces longs sépulcres vicinaux ne cessent jamais d'être humides et fangeux. Faut-il s'en étonner ? Les chênes séculaires qui les recouvrent de leurs branchages impénétrables, laissent à peine arriver un rayon de soleil jusqu'au fond de ces gouffres bourbeux.

Il résulte de cet état déplorable de nos voies secondaires que les attelages, qui ont à y lutter, les sèment partout de leurs débris : sans cesse les roues s'y brisent et les chevaux s'y blessent ; et cependant une chose qu'on a de la peine à concevoir et qui n'est que trop réelle c'est que nos paysans n'ont jamais tenté, et certainement ne tenteront jamais d'eux-mêmes, d'améliorer ces ruineuses communications. Ils les laissent telles que le hasard et le temps les ont faites et, depuis la création, elles sont ainsi restées vierges de tout effort industriel. C'est là un des plus grands obstacles au bien-être matériel et moral du pays ; aussi songe-t-on, enfin, à y porter remède. On réussira plus ou moins promptement suivant qu'on saura combiner, avec plus ou moins de sagesse, les ressources que présentent la prestation en argent et la prestation en nature. Mais avant tout il faudra, pour une pareille œuvre, du zèle, une volonté ferme et de la persévérance.

L'ADMISSION À TABLE

Ann digemeridigez onz taol

MALGRÉ ces difficiles communications rurales qui usent si vite un attelage, et dont le triste état révèle une population qui travaille peu pour l'avenir, et croit toujours payer trop cher l'avantage futur qu'il lui faut acheter par le moindre sacrifice actuel, malgré tous les obstacles de la route, disons-nous, notre jeune charretier a conduit à la ville et ramené au village, sans malencontre, le champêtre équipage qui lui était confié pour la première fois.

Plein d'un zèle qu'excite encore cet heureux coup d'essai, il s'occupe, pendant que sa mère raconte à tous les échos de la ferme les succès et les louanges de son fils, de bien remplir jusqu'au bout les fonctions dont il est si fier : il détèle et environne de soins inaccoutumés ses chevaux et ses bœufs, remet à leur place, en cherchant à leur donner quelque lustre, des harnois misérables dont la malpropreté égale la barbarie, et visite avec une attention scrupuleuse ces roues à jantes étroites qui sont un fléau pour les chemins presque autant que les chemins sont un fléau pour elles-mêmes. Ce complément de ses travaux du jour, pour lequel il n'a pas voulu plus d'aide que pour le reste, a demandé du temps, et tout le monde est à souper lorsqu'il entre enfin dans la maison, un peu fatigué, mais ne croyant pas l'être. Dès que son père le voit arriver, lui adressant la parole d'un ton solennel, il lui indique la place que désormais il occupera pendant les repas ; ce ne sera plus sur le coffre-banc, sur une escabelle ou sur le vaste foyer, sièges réservés aux enfants et aux femmes, où nous voyons sa mère elle-même reléguée ; il jouira dorénavant d'un privilège qui n'appartient qu'aux hommes ; il s'assoira à table, et s'y assoira vis-à-vis de son père, à la place que tout à l'heure occupait encore le premier valet, qui vient de descendre d'un cran et ne sera plus que le troisième personnage de la ferme. En l'absence du maître, c'est à présent Corentin qui le remplacera et aura l'honneur de le représenter. On lui a mis entre les mains une écuelle, du pain et des crêpes, et son père lui a dit : *Va map, gra da zouben da-unan* (mon fils, fais ta soupe tout seul). C'est là une espèce de phrase sacramentelle qui presque toujours se prononce dans les mêmes circonstances, c'est-à-dire, après qu'un jeune Breton a fait ses preuves comme charretier, et peut se traduire ainsi : te voilà homme ! Cette prérogative qu'il n'avait pas encore eue, de faire lui-même sa soupe, et dont le canton tout entier va promptement retentir, est une sorte de titre pour se mêler à la société et aux travaux des hommes faits ; et il déploiera dans leurs rangs d'autant plus d'ardeur que ses forces ne répondent pas encore entièrement à l'honneur qu'il a mérité son adresse. La mère de Corentin, exclue de la table, mais se trouvant suffisamment honorée dans son fils, lui sourit avec bonheur ainsi qu'à son mari, dont la joie sobre de paroles, parce qu'il est dans son état naturel, n'éclatera que par ces simples mots : *me a zo kontent gan-ez ; te a ra plijadur d'am chaloun* (je suis content de toi, tu fais plaisir à mon cœur). Mais bientôt la joie paternelle deviendra plus bavarde, grâce au pot de cidre frais et pétillant qui va tour à tour se vider et se remplir comme aux grands jours, et la conversation dont Corentin sera le héros durera, vive et

bruyante, jusqu'à ce que l'ivresse force les admirateurs à demander au sommeil la raison que leur aura fait perdre l'excès de leur admiration. Lui, il reçoit avec un air de satisfaction modeste les compliments qu'il a su mériter, et dissimule son embarras en s'occupant à déchirer au-dessus de son écuelle une de ces crêpes de sarrasin, dont la chaleur est destinée à corriger dans la soupe des Cornouaillais le pain de seigle aussi froid que noir qui y domine. Des trois valets qu'il a pour convives, l'un est encore au premier acte de son repas du soir, il mange sa soupe ; le second, diminue d'une crêpe la pyramide qui, plus ou moins élevée, orne toujours la table ; enfin le troisième fume sa pipe, jouissance qui, dans l'Armorique, semble tenir lieu de dessert. Le *tad-koz*, assis près du foyer, vient de se détourner et de rompre son silence habituel pour mêler ses félicitations à celles que reçoit son petit-fils, et lui prédire une complète réussite dans tout ce qu'il entreprendra. Il est également muni de sa pipe, fidèle amie, à laquelle rien n'est préférable aux yeux d'un vrai Breton, si ce n'est la bouteille, et il tient d'une main la petite pince dont le charbon ardent va la rallumer. La servante Soizic qui, en attendant l'arrivée de Corentin, avait retiré du feu la vaste marmite où la soupe se puise, afin que la cérémonie eût lieu avec toute la solennité d'usage, se dispose à l'y replacer en jetant à son jeune maître un coup d'œil où se lit le vif intérêt qu'elle lui porte.

La table à manger est ici comme toujours près de la fenêtre ; à ce mot de fenêtre, qu'on ne se figure pas ces larges ouvertures des villes qui laissent passer la lumière, tantôt dans tout son éclat, tantôt à travers un prisme de soie ou de lin qui l'adoucit et la nuance. C'est surtout par la porte des maisons, dont parfois on ne peut franchir le seuil sans baisser la tête, qu'ici le jour vient et que trop souvent la fumée s'en va. La fenêtre mérite tout au plus le nom de lucarne : mais outre sa petitesse qui permet à peine, lorsqu'elle est ouverte, que l'air et la lumière pénètrent dans l'intérieur, ses volets en bois, lorsqu'elle est fermée, ne laissent passer quelques faibles rayons qu'à travers une vitre de deux ou trois pouces carrés qui y semble enchâssée comme à regret, de sorte que, même en plein midi, il ne règne la plupart du temps au sein de ces tristes demeures qu'une espèce de crépuscule. Pour leur salubrité, nous ne dirons pas pour leur agrément que l'Armoricain ne met guère en ligne de compte, que d'améliorations il y aurait à faire dans les chaumières bretonnes !

LA COUPE DES FOINS

Ar falc'herez foenn

LES printemps bretons sont d'une humidité proverbiale ; lorsque leur tiède haleine, fécondant des pluies jusqu'alors stériles, commence à rendre aux prairies toute leur puissance de végétation, c'est-à-dire vers le milieu d'avril, leurs barrières se ferment et l'entrée en est interdite aux bestiaux. Le foin, sous un climat si favorable, ne peut manquer d'être abondant, et il le serait bien davantage encore si, dans les lieux que baigne quelque source vagabonde, des mains plus industrieuses dirigeaient mieux des eaux dont la richesse la plupart du temps cesse d'en être une, et devient parfois même un fléau. Dans les premiers jours de juillet, les prairies sont bonnes à faucher et les faux s'apprêtent. Corentin, qui en a si glorieusement acquis le droit, a réclamé sa part des travaux qui vont préluder à ceux de la moisson. Mais la prudence paternelle a jugé convenable de ne confier d'abord à son inexpérience que la faucille qui tous les soirs approvisionne les étables d'herbe fraîche ; il faudra qu'il la sache bien manier, avant d'être armé de la longue faux qui sert spécialement à la coupe des foins. Son père est debout devant lui ; il lui a donné tour à tour des conseils et des exemples, et lui indique surtout la manière de faucher également et aussi près de terre que possible. Corentin met ses préceptes en action avec une telle ardeur, qu'il ne pense seulement pas au vaste bassin de bouillie qu'entoure et vide à qui mieux mieux un groupe de faucheurs dont l'appétit ne paraît pas facile à satisfaire. Comme ils trouvent que l'heure d'un de leur six repas s'est fait suffisamment attendre, ils admirent cet acharnement de leur jeune compagnon au travail, et peu soucieux de l'imiter, ils accueilleront avec joie le premier bon mot dont quelque plaisant, s'il s'en trouve parmi eux, cherchera à ridiculiser une pareille intempérance de zèle. Par bon mot, il ne faut pas entendre ici ces propos piquants et fins qui, semblables à une flèche légèrement décochée, vous effleurent sans vous blesser : leurs plaisanteries sont ou fort simples ou fort grossières. Par exemple, le farceur de la troupe dira à Corentin : *Dalc'h mad !* (tiens bon), et ces simples paroles suffiront pour exciter une bruyante hilarité qu'entretiendra dès lors le feu roulant de bons mots pareils. Si Corentin y est peu sensible et rit des rieurs, on ira l'arracher au travail, et il sera porté bon gré mal gré près du bassin, au milieu des cris joyeux de ces hommes harassés qui ont besoin de distraction et les saisissent au vol.

La coupe des foins est un travail pénible et qui exige encore plus de force que d'adresse ; aussi tant qu'il dure, la nourriture se mesure-t-elle à la fatigue qu'il occasionne. Les faucheurs font six repas, outre qu'ils sont payés un tiers de plus que les journaliers ordinaires. Le matin dès cinq heures, avant que leur rude journée ne commence, on leur sert une soupe au lard et de la viande qui est quelquefois arrosée de cidre. A huit heures, des crêpes, que doit rendre encore plus appétissantes le beurre qui les accompagne comme l'indispensable complément de presque tous les mets bretons, leur sont apportées dans la prairie même, afin d'interrompre moins longtemps leurs travaux. A onze heures, troisième repas. Celui-ci se compose de bouillie d'avoine ou de sarrasin, que chacun puise devant soi au bassin commun, en promenant successivement sa cuiller de bois pleine et fumante du bord vers le centre où il la trempe dans un morceau de beurre devenu liquide, et de là vers son écuelle où il la plonge, cette seconde fois, dans un lait pur et frais. Ce lait est servi à discrétion, et la servante que l'on voit tenant un pot de grès entre les mains à quelques pas du journalier qui passe la pierre sur la lame de sa faux, veille à ce que les écuelles ne se tarissent qu'en même temps que la soif des convives. Le quatrième et le cinquième repas ont lieu également dans la prairie à deux et à cinq heures. L'un consiste en un morceau de pain noir recouvert d'une épaisse couche de beurre et d'ordinaire suivi d'un verre de cidre, et l'autre en une seconde apparition de la pyramide de crêpes. Enfin le soir à sept heures, une soupe copieuse et un plat abondamment garni de viande attendent les faucheurs à la ferme et forment le dernier repas d'une journée, où ils ont alternativement perdu et réparé leurs forces à la manière réglée et invariable de leurs ancêtres. Ce sont le plus souvent des ouvriers du dehors que l'on emploie à la coupe des foins. Les fermiers, plutôt que d'y épuiser les forces de leurs valets qu'ils réservent pour des travaux plus importants, pour ceux de la moisson, ont recours aux *pen-ty*, sorte de demi-journaliers et de demi-métayers, qui touchent à ces deux classes sans appartenir complètement à l'une ou à l'autre. Ces *pen-ty*, dont le nom vient de l'espèce d'habitation qu'ils occupent, n'ont d'autres ressources que les salaires qu'ils peuvent ainsi gagner et le produit d'un champ et d'une vache ou d'un cochon. Ils s'acquittent ordinairement de leur loyer par un certain nombre de journées de travail, et lorsqu'ils sont robustes, industrieux et économes, se trouvent parfois en état au bout de quelques années de louer une petite ferme de cinquante écus. On en a vu parvenir peu à peu à prendre rang parmi les principaux fermiers et les premiers dignitaires de la commune, c'est-à-dire parmi les marguilliers et les conseillers municipaux. Mais la plupart du temps, chargés de famille et luttant sans succès contre le sort qui les accable, les *pen-ty* sont comme les représentants de la misère en Bretagne, et c'est parmi eux que se recrutent les mendiants, cette lèpre du pays. Nous reprochons souvent leurs récits exagérés aux voyageurs qui ont parcouru nos contrées ; mais cette exagération peut s'expliquer : c'est qu'ils n'ont vu l'Armorique que dans la hutte de ces malheureux journaliers-cultivateurs. Là en effet l'étable et l'habitation humaine ne forment trop souvent qu'un seul corps de logis ; il ne s'y trouve pour le partager qu'une simple séparation en genêt ou en branchages ; quelquefois même il n'y en a pas du tout, et une seule litière reçoit le maître et son bétail. Alors les exhalaisons réciproques se communiquent plus librement encore et, comme on l'a dit avec raison, on ne sait vraiment qui perd à cet échange, tant il y a en Bretagne de malpropreté chez le roi des animaux !

LA PREMIÈRE PROPRIÉTÉ

Ar c'henta danvez

L'AMOUR de la propriété est un des traits caractéristiques du paysan breton. Chez lui l'ambition, ce vice ou cette qualité, comme on voudra et suivant l'objet qu'on poursuit, est de voir se multiplier dans sa bourse de cuir ces belles pièces d'argent bien sonnantes, que non seulement le frottement n'a pas appauvries, mais qui pèsent même un peu plus que le poids, et puis de les échanger contre un sillon, contre un champ, contre une ferme. Son amour de la propriété n'est cependant qu'une espèce d'amour platonique ; car, devenu riche, il ne se donne guère plus de jouissances qu'aux jours de sa pauvreté : comme auparavant, il s'impose dans son intérieur de continuelles privations, et ne se satisfait, par extraordinaire, que lorsque c'est aux dépens d'autrui. L'idée qu'il est riche semble lui suffire, et telle qu'un enivrant opium, le berce de doux songes au milieu des réalités de la misère. Il est à remarquer que la vanité n'entre pas plus dans la passion qui le domine que le désir de se procurer quelque bien-être. Il connaît seul en effet ce qu'il possède, et se dit toujours plus pauvre qu'il ne l'est, à moins pourtant qu'une raison majeure ne le porte au contraire à exagérer ses ressources. Une autre remarque, qui choque les idées reçues sur la nature humaine, c'est que le jeune homme dans l'Armorique est presque aussi thésauriseur que le vieillard. Rien n'est plus rare que de le voir se mettre en frais de cadeaux, même avec les femmes, et lorsqu'il fait quelque achat, on peut être sûr qu'il espère en retirer un bénéfice. Les principes que Corentin a sucés en naissant, les exemples dont son enfance n'a cessé d'être entourée l'ont façonné comme ces jeunes compatriotes à cette économie héréditaire, à ces vives préoccupations du *tien* et du *mien*, contre lesquelles le saint-simonisme tenterait ici d'inutiles croisades. Il soupire donc après le moment où il possédera quelque chose, et son père, qui a de nombreuses ruches d'abeilles rangées comme en bataille sur l'un des fossés du courtil, l'a comblé de joie en lui promettant le premier essaim qu'un surcroît de population y pousserait à s'expatrier. Corentin s'est mis aussitôt à construire, pour le recevoir, un de ces palais de paille qui sont à la fois les meilleurs et les plus économiques, et que les abeilles lambrissent de miel et de cire avec plus d'ardeur qu'aucune autre espèce de ruches. Mais un heureux hasard est venu lui procurer ce qu'il ne devait obtenir que du temps. Un matin qu'il menait paître les chevaux dans les champs en jachère de la ferme, il aperçoit tout à coup un essaim ramassé et suspendu comme une grappe d'or à la branche d'un châtaignier. A cet aspect son visage s'épanouit ; il appelle Soizic à grands cris et, la prenant à témoin qu'il a trouvé cet essaim sans maître et que par conséquent il en est désormais l'unique propriétaire, il la prie de le garder en son nom pendant qu'il ira chercher sa ruche, de peur qu'un autre ne le découvre en son absence et n'y acquiert un droit qui, suivant l'usage, annulerait le sien. Il a été bientôt de retour, et avec une légère baguette a fait tomber l'essaim dans sa ruche, dont il a frotté les parois de crème comme d'un appât qui puisse y retenir ces abeilles vagabondes. Il s'est ensuite dirigé vers le courtil, accompagné de sa mère, de sa jeune sœur et de Soizic qui, armées de clefs ou de marteaux, frappent à coups redoublés des poêlons et des trépieds, et font retentir l'air tout le long du chemin de la musique la plus discordante. Cette espèce de charivari, prétendent-ils, produit sur les abeilles le même effet que le tonnerre, qui les fait rentrer tout effrayées dans leurs ruches, et, tant qu'il dure, les empêche d'en sortir. Corentin et son bruyant cortège viennent d'arriver dans le courtil ; notre jeune Breton, craignant qu'on ne lui dispute quelque jour sa première propriété, ne veut point que les abeilles soient confondues avec celles de son père, et il indique l'endroit où la large pierre plate qu'apporte le premier valet servira de support à sa ruche, qu'il a provisoirement déposée sur une nappe blanche. Son père, qui revient de la foire dans l'état où nos paysans ont coutume d'en revenir, a été informé de ce qui se passe, et fait admirer à un compagnon de route, plus ivre encore que lui, l'heureux esprit d'ordre et de propriété que révèle chez Corentin l'événement qu'il sait si bien mettre à profit.

Les deux voisins se sont rencontrés avec un troisième près de la ville, et ont cheminé en causant de leurs foins, de leurs bestiaux et de l'abondante récolte qui se prépare. Altérés par la chaleur et la satisfaction, n'ayant du reste pas besoin de l'être pour boire, ils sont entrés au cabaret et ne l'ont quitté qu'après une orgie complète ; car dans un cabaret le Breton n'est plus le même homme. Avare partout ailleurs, là seulement il est prodigue et délie sa bourse sans difficulté et sans regret. L'un des trois ouvriers, hors d'état de suivre les deux autres, est resté ivre-mort sur la route. Ceux-ci ont d'abord essayé de le relever ; mais, peu solides eux-mêmes sur leurs jambes, ils y ont bientôt renoncé et l'ont laissé gisant la face contre terre. Les autres passants ne s'en sont pas inquiétés davantage. Cependant presque tous peuvent se dire : voilà comme j'étais hier ! ou voilà comme je serai demain !... C'est de là peut-être que vient leur impassibilité. Ils savent par expérience qu'il y a un Dieu pour les ivrognes.

Nos fermiers les plus soigneux élèvent beaucoup d'abeilles ; ils en ont quelquefois jusqu'à 25 et 30 ruches. Outre le bénéfice qu'ils en retirent, quelques-uns, dans les années où le cidre manque, font de l'hydromel, cette boisson des anciens temps. Plus d'une idée bizarre a cours parmi eux sur les abeilles, comme à peu près sur tout ce qui les environne. Ils croient, par exemple, que vendre une ruche à son voisin c'est porter malheur aux abeilles des ruches qu'on ne vend pas, et presque les condamner à mort. Lorsqu'on prend le deuil du chef de la famille, il faut mettre dans les ruches un morceau de drap noir ou toutes les abeilles périssent. Enfin des abeilles ont-elles été volées ? Si leur propriétaire est assez matinal pour aller avant le lever du soleil uriner sur l'emplacement de la ruche il lui deviendra facile d'en reconnaître le voleur ; aussitôt en effet les cheveux lui rougiront !

LA MOISSON

Ann eost

VOICI une époque que doit redouter, autant qu'il la désire, le fermier de nos contrées : la moisson vient de commencer, et il faut que sous un ciel de feu il se livre à de violents travaux qui se prolongent plusieurs semaines et, jusqu'à leur clôture, ne lui laissent de trêve que pendant quelques courtes heures de sommeil. Corentin, dont le corps est déjà rompu à la fatigue et capable de défier les températures les plus extrêmes, poursuit avec une ardeur opiniâtre son rude apprentissage, et vaudra bientôt les valets de la ferme. Ceux-ci qui, après avoir coupé à deux pouces de terre le blé d'un premier sillon en allant et d'un second en revenant, ont l'habitude de passer la pierre sur leurs faucilles, et quelquefois en outre de fumer une pipe, prennent à l'ombre d'un chêne cette distraction, la seule qui dans la journée leur fasse perdre quelques instants. Le plus vieux n'a pas encore fini de réparer sa serpe ébréchée, et il y travaille sans que rien puisse détourner son attention. Les deux autres, munis de briquets, de blagues à tabac et de cornets d'amadou, se disposaient à fumer, lorsqu'un incident est venu leur faire oublier momentanément leur pipe. Soizic, cette servante à l'air si ouvert et si gai, qu'on voit armée d'une faucille, a osé porter défi à Corentin. Elle lui a proposé d'essayer leurs forces, et de montrer qui d'elle ou de lui serait le plus prompt et le plus habile à abattre ses deux sillons. Il n'est pas garçon à reculer devant quelque défi que ce soit ; et, à un signal donné, notre élève moissonneur et son émule en cotillon sont entrés en lice, dépouillant à qui mieux mieux, sous leurs faucilles aussi rapides que l'éclair, les deux sillons bombés que chacun s'est assignés pour sa tâche. Corentin laisse bientôt en arrière la présomptueuse Soizic, et celle-ci, acceptant sa défaite avant d'avoir fourni la moitié de la carrière, a cessé de poursuivre une victoire impossible, lorsque son ardent rival qui l'ignore, tout à coup voit partir un lièvre à ses pieds. Il pourrait l'attraper, et à l'exception du vieux valet si préoccupé lui-même, tout le monde l'y excite et s'y attend. Mais trompant ces regards si avidement attachés sur lui, Corentin, tout entier à son travail, laisse le lièvre s'échapper et n'en fait pas tomber un épi de moins ; rien ne saurait l'arrêter ni le distraire jusqu'à ce que sa tâche soit accomplie et son triomphe assuré. Tel est le caractère des fils de l'Armorique : ils marchent à leur but avec une persévérance, avec une force de volonté qui, en toutes choses, est la source première des grands succès ; c'est une qualité précieuse chez les individus et surtout chez un peuple ; elle rachète plus d'un défaut. On remarque deux pommiers au milieu du champ où s'escrime Corentin, et le fossé ou rempart qui l'encaisse est partout recouvert de bois courants. Nous reviendrons plus tard sur ce système agricole : disons d'abord deux mots de l'aspect général sous lequel se présente la culture du pays.

La Basse Bretagne passe avec raison pour être en agriculture une des contrées les plus arriérées de la France. Cependant de belles routes et des canaux la sillonnent, et sa position péninsulaire lui offre l'inappréciable avantage des débouchés maritimes. Son sol est fertile ; son climat tempéré par la mer a plus de douceur et d'égalité peut-être que sous aucune autre latitude du royaume. Ici point de grêle destructrice ; point de ces terribles orages qui anéantissent dans une heure les espérances d'une année. Les récoltes y sont presque toujours bonnes, et l'on y verrait certainement réussir une foule de végétaux précieux qu'on n'y connaît pas, et qui y seraient une source de richesse. A qui donc faut-il s'en prendre de l'infériorité agricole du pays ? A nos cultivateurs ? Oui et non. Sans doute ils repoussent trop souvent avec une funeste opiniâtreté d'heureuses innovations et les procédés les mieux justifiés par l'expérience. Cependant il ne faut pas croire qu'une aveugle routine soit toujours leur guide unique. Les vieilles méthodes qu'on leur reproche sont parfois le fruit d'observations traditionnelles ou bien de la nécessité. L'agriculture n'est point une science exacte comme l'algèbre ou la géométrie ; c'est une réunion de faits isolés et locaux dont aucune théorie ne saurait formuler la filiation. Quelques différences dans l'exposition et les mouvements du terrain suffisent pour déjouer tous les calculs, et nulle part on ne peut en faire avec certitude qu'après bien des essais infructueux. Or, la Bretagne est un des pays du monde qui présentent les aspects les plus variés. Coupée d'innombrables collines qui s'enchevêtrent les unes dans les autres, traversée par une de ces vastes chaînes de montagnes qui sont comme la charpente du globe, les sites les plus divers, les contrastes les plus heurtés s'y opposent plus qu'ailleurs à toute uniformité dans les méthodes agricoles. Aussi combien ne diffèrent pas, suivant les lieux, ses principes de culture, et surtout leurs résultats ! Comparez Pont-l'Abbé, cette terre de promission qu'il ne faut qu'effleurer ; Roscoff, le jardin potager de nos contrées, et Plougastel, petit paradis terrestre, qui semble une commune détachée de la Provence et enclavée dans la Basse Bretagne, comparez-les avec ces arides champs de landes, avec ces immenses déserts de bruyère qui, de loin en loin, offrent à peine quelques bouquets d'arbres, rares oasis de la Thébaïde bretonne, et faisaient dire à un membre des États en leur présentant un faisceau de fougère : « Voilà ce que produit mon pays... Demandez-lui donc des impôts ! » C'est principalement l'Armorique centrale qui afflige les yeux de cette triste aridité ; car presque partout le littoral peut défier les plus fertiles et les plus riches cantons de la France. Aussi a-t-on comparé notre province tantôt à un fer à cheval, tantôt à un tableau dont le fond est misérable et l'encadrement magnifique : un abbé disait plaisamment qu'elle ressemblait à sa tonsure. D'où vient, dira-t-on, un pareil contraste ? De ce que les engrais abondent à la circonférence, et manquent au centre. Des engrais et des capitaux, voilà ce qu'il y faudrait et ce qu'on n'y a pas ; voilà toute la question. Avec ce double levier, le sol et ceux qui le cultivent ne seraient bientôt plus reconnaissables. Puisse donc cette Bretagne si intéressante et si délaissée recevoir aussi sa part de la pluie d'or qu'en détourne la centralisation ! Puisse Paris, qui semble comme le soleil de l'Armorique ne l'apercevoir qu'à travers les nuages, l'apprécier enfin ce qu'elle vaut, et laisser tomber sur elle quelques regards qui la fécondent !

LES BATTEURS DE BLÉ

Ann dournerien

La séparation des grains et de la paille est une des opérations les plus importantes de l'agriculture, et dans les pays aussi arriérés que le nôtre, c'est la plus pénible de toutes. Le dépiquage qui a lieu par le piétinement des animaux et qui, pratiqué de temps immémorial chez les Hébreux et les Égyptiens, date des croisades dans le midi de la France ; l'égrenage qu'on effectue par des moyens mécaniques et qui, également connu dans l'antiquité, aujourd'hui est presque partout en usage en Grande-Bretagne, cette terre classique des machines, ces deux procédés vraiment dignes de la civilisation moderne puisqu'ils dispensent l'homme d'un travail aussi fatigant que peu lucratif, sont ignorés l'un et l'autre dans notre Armorique, et ne sont pas près d'y être adoptés. Le fléau est la seule machine à battre qu'on y connaisse ; c'est celle de la nature et des temps primitifs. On reproche avec raison à ce mode d'égrenage d'être trop lent pour sauver les récoltes qui ont souffert de l'humidité, et en outre de mal apprêter la paille pour les bestiaux. Mais l'inconvénient capital du battage au fléau, celui qui un jour sans doute le fera partout proscrire, c'est l'excessive fatigue qu'il cause et le faible salaire qu'il procure. L'ouvrier qui l'exécute lève son instrument au moins 37 fois par minute pour le faire retomber avec force autant de fois ; s'il travaille dix heures par jour, il frappe donc plus de vingt-deux mille coups. Or, en Bretagne, c'est douze heures et plus qu'il doit se livrer à ce rude exercice. Une circonstance particulière au pays y ajoute encore à ce qu'il y a de si pénible ailleurs. On ne voit pas dans nos fermes ces belles granges à battre le blé qui permettent de choisir le moment le plus favorable. Est-ce parce que la Bretagne est surtout un pays de petite culture et que les fermiers peu aisés y fourmillent, ou bien encore parce que ce serait une innovation et que, sous le rapport des granges comme sous tant d'autres, les Bretons ne veulent pas faire à la mémoire de leurs pères l'affront d'altérer l'héritage de leurs méthodes ? Pour ces deux raisons peut-être. Toujours est-il que lorsque, dans le pays où le temps est si variable et la pluie si fréquente, il s'agit de battre au fléau toute une récolte sans qu'elle éprouve de dommage, il faut travailler sans relâche et ne chercher de repos qu'arrivé à son but. Aussi le père de Corentin et ses gens sont-ils tous les jours sur pied dès trois heures du matin. Chaque soir, il observe attentivement les étoiles ainsi que la direction et la hauteur des nuages, et se couche heureux, lorsque son expérience rarement en défaut lui fait dire : *Ober a raio amser gaër warc'hoas* (il fera beau demain). Réveillé par son idée fixe, il est le premier debout. A sa voix, tout le monde est bientôt à l'ouvrage, chacun s'arme d'un fléau dont la partie battante, attachée par des courroies à l'extrémité du manche, est plate ou ronde suivant les localités, et deux lignes de batteurs se forment vis-à-vis l'une de l'autre qui, obliquant tantôt à droite, tantôt à gauche et frappant alternativement les épis qui sautillent sous leurs coups, feront retentir toute la journée les échos d'alentour du bruit rapidement cadencé de leur agile instrument. Ces batteurs ne se placent pas au hasard ; il y a parmi eux un ordre hiérarchique dont l'usage, cette charte si respectée en Bretagne, ne permet pas de s'écarter. Corentin, jusqu'à ce jour, avait été relégué comme un enfant dans un coin de l'aire où il s'escrimait à part ; depuis qu'il est homme, de droit sinon de fait, une place d'honneur lui revient en sa qualité de fils du maître ; c'est la seconde de la file que conduit le premier valet. Jaloux de s'en montrer digne, Corentin y déploie une ardeur dont tous ses traits portent l'empreinte, et qui lui vaut un regard d'étonnement et d'admiration de la part du valet, plus grand et plus fort, que son admission a fait descendre d'un rang. Le vieil ouvrier qui le suit, est un de ces *pen-ty* ou métayers-journaliers dont nous avons dit deux mots. Après lui, vient une jeune voisine qui ce jour-là, inoccupée chez son père, a offert ses services, qu'elle croirait de peu de valeur si elle ne s'armait d'un fléau comme les hommes et ne prenait sa part de toutes leurs fatigues. Le petit pâtre ferme cette première file. Dans celle dont les fléaux vont se relever, le père de Corentin marche à la tête des journaliers et de tous les voisins disponibles qu'il a pu réunir. Souvent on voit ainsi de chaque côté, dans les grandes fermes, jusqu'à vingt batteurs de blé, qui manœuvrent le fléau avec une adresse et un ensemble remarquables. La mère de Corentin les suit une fourche à la main, et dès qu'ils avancent après avoir frappé le même endroit de quatre ou cinq coups, elle retourne les couches de gerbes, pour qu'ils les battent dans cette position nouvelle en revenant sur leurs pas. Tous ces hommes ont la poitrine découverte, et sont légèrement vêtus de toile, ce qui est tout à la fois leur costume de travail et le costume des pauvres. La sueur ruisselle le long de leurs visages brunis, et cependant, quelque chaleur qui les accable, ils sont réduits à la désirer plus forte encore ; car plus il fait sec et chaud, plus les épis s'égrènent avec promptitude et facilité. C'est surtout au milieu de ces dures épreuves qu'on reconnaît vraiment dans les Bretons une race de fer : harassés de fatigues, ils oublient alors jusqu'au repos et à l'heure de sommeil, que pendant le reste de l'année ils trouvent si doux de prolonger après leur repas de midi. Leur chemise, trempée et fumante, adhère à leurs corps ; eh bien ! ils croiraient déshonorant d'en changer ; ils sont fiers de la mouiller et de la sécher plusieurs fois dans la journée ; c'est une preuve de force qui leur vaut des félicitations, mais que leur font payer cher les maladies qui en sont la suite, et dont la tombe a seule le secret, faute de médecin pour les constater. Mêlées à tous les travaux des hommes, les femmes comme eux ne sont qu'à demi vêtues. La coiffure et les cheveux en désordre, le sein haletant et à peine caché sous une toile flottante qui en trahit les formes et les mouvements, elles abandonnent leurs charmes aux regards mêmes d'un étranger, sans seulement y prendre garde. Il est vrai que le danger n'est pas grand : leurs figures chargées de raies crasseuses, leurs pieds, leurs mains, leur gorge, que recouvre comme une enveloppe la poussière noirâtre, rendent alors fort peu séduisantes nos robustes vierges villageoises.

ON RAMASSE LE BLÉ SUR L'AIRE

Ann er a zo restellet war al leur

La récolte n'a plus rien à redouter. L'àvoine, l'orge, le seigle et enfin le froment ont été battus successivement avec un temps favorable ; désormais il n'y a de dommage à craindre que pour le sarrasin, récolte importante, il est vrai, puisqu'elle fournit, plus qu'aucune autre, à la nourriture de nos campagnes, mais qui, semée seulement entre la Saint-Jean et la Saint-Pierre, ne sera bonne à battre que vers cette époque de l'automne qui a usurpé le nom d'été de la Saint-Michel.

La joie règne donc à la ferme. Tous les saints à l'intercession desquels a eu recours le père de Corentin, soit lorsqu'à Pâques il est allé s'approvisionner d'eau bénite et qu'il en a aspergé ses champs au levant, au midi, au couchant et au nord ; soit surtout lorsque, s'armant de la faucille et du fléau, il a eu besoin d'une suite non interrompue de beaux jours, tous les saints invoqués, disons-nous, recevront une ou deux pochées de blé, prémices de la récolte qui leur ont été promises sous la condition expresse qu'ils obtiendraient de Dieu, à qui il n'est pas d'usage de le demander directement, que la moisson serait bonne et qu'elle se terminerait heureusement. Ils l'ont obtenu : le marché sera fidèlement exécuté. Voici en effet les derniers travaux du dernier jour de battage. Ainsi qu'à la fin des journées précédentes, la paille, vivement secouée à l'aide des fourches, vient d'être ramassée en petits tas que leur réunion a bientôt réduits à cinq ou six. Le premier valet, qui a le privilège de faire ce qui exige le plus de force et d'adresse, s'est alors occupé d'en débarrasser l'aire et de les porter vers le courtil. C'est dans ce petit enclos, qui longe un des côtés de l'aire et qu'on appelle *liors*, que s'emménagent les pailles et les foins ; c'est aussi là qu'on plante quelques légumes coriaces et quelques modestes fleurs, et que s'élèvent ces poiriers aux fruits amers et sauvages, qui jamais ne se greffèrent, et ne sont encore aujourd'hui que ce qu'ils étaient dans les forêts des druides. Le fermier breton n'a pas d'autre jardin, ni sa langue d'autre mot que *liors* pour en désigner un.

sa fourche couronnée du tas de paille où il l'enfonce, qu'il lui faut une vigueur de reins plus qu'ordinaire. Corentin, à qui ses forces ne permettent pas encore de rivaliser avec cet athlète de la ferme, le regarde d'un œil d'envie, et se demande, en soupirant, quand il n'aura plus à subir de la part d'un autre l'humiliation d'une pareille supériorité. En attendant il partage avec les hommes l'honneur d'être armé d'un de ces râteaux pleins qui leur servent à former un vaste mulon de la nappe de blé étendue sur l'aire. Cet honneur, qui ne lui suffit plus, est refusé aux femmes ; elles doivent se contenter de suivre les hommes, un humble balai à la main, et ne sont chargées d'amener à leur destination que les grains échappés aux râteaux. En ceci comme en toute chose, chacun a sa place marquée, et va la prendre si naturellement qu'on dirait que le ciel lui-même la lui avait assignée ; c'est que la police de l'aire, ainsi que celle de la ferme, ayant été consacrée par les siècles, leur semble avoir acquis de la sorte une consécration divine.

Nous avons déjà dit combien nos paysans, dont le visage sévère et les habitudes taciturnes sont loin de révéler un semblable penchant, saisissent avec empressement, au milieu de leurs rudes travaux, toutes les occasions de plaisanter et de rire. Plus à plaindre que les forçats eux-mêmes, si toutefois l'homme libre, quelque accablé qu'il soit de travail, peut se comparer à l'homme qui travaille peu mais qui travaille enchaîné, les hôtes de nos bagnes agricoles cherchent et trouvent du moins dans leur gaieté un soulagement à leurs peines ; plus ils en sentent le poids, plus elle éclate. Le long de la journée, les dandys rustiques qui font aux moissonneuses quelque brutale gentillesse, les farceurs de profession dont on est toujours disposé à trouver les propos plaisants, les défis enfin, que suit ordinairement quelque punition infligée aux vaincus, excitent tour à tour des accès de joie et des éclats de rire, qui leur rendent le fléau plus léger et le soleil moins ardent. Le chef de famille, quelque réservé qu'il se montre toujours, a soin d'encourager ces joyeuses dispositions. Il sait bien que plus ses gens riront, plus ils braveront la fatigue, et il n'aurait garde de négliger une recette aussi efficace que peu coûteuse. C'est surtout à la chute du jour que redouble leur bruyante hilarité ; ce sont alors des chants et des cris qui, mêlés aux sons rauques d'un cornet ou limaçon de mer, courent de colline en colline et semblent imprégner de joie et de bonheur les échos de la vieille Armorique. Souvent les *iouc'haden* se répondent d'un village à l'autre, et le voyageur qui ne connaîtrait ni le pays ni sa langue, pourrait croire que ces singuliers cris de joie ne sont rien moins qu'un appel à la révolte qui gagne de proche en proche et va bientôt embraser la contrée. Le jour où se battent les dernières gerbes de la moisson, ce jour de fête qu'annonce au loin le bruit plus rapidement cadencé du fléau, les hurlements joyeux prennent une nouvelle force, d'autant plus qu'un souper copieux et d'abondantes libations viennent ranimer les moissonneurs épuisés, et font enfin succéder une soirée de débauche à tant de jours de sobriété. La fatigue du travail est bientôt oubliée, et comme celle du plaisir n'en est pas une pour eux, ils dansent sur l'aire toute la nuit ou à peu près, soit à la clarté économique de la lune, soit, si elle se couche, à la lueur d'une lampe solitaire suspendue aux murailles de la grange.

Cette grange, qui est toujours construite sur de petites dimensions, renferme le pressoir et les ustensiles du labourage. Elle ne peut contenir la récolte que réunie en mulons élevés, et encore ne contient-elle pas tous ceux qui en proviennent. On en laisse sur l'aire, où une double et triple enveloppe de paille les préserve de l'humidité, jusqu'à ce qu'on puisse les vanner. En attendant, un garçon couche dans la grange, c'est-à-dire presque en plein air, pour prévenir les vols nocturnes ; de temps en temps il se lève, tire un coup de fusil à poudre et, lorsqu'il a ainsi prouvé aux voleurs qu'il veille, s'en retourne dormir. Du reste il n'est pas seul en vedette ; comme lui et mieux que lui un bon chien de garde fait toujours sentinelle.

LE VANNAGE

Ann nizerez

LES grains séparés des épis par le battage, et réunis provisoirement en tas énormes, comme nous l'avons vu, y sont mêlés de balles ou menues pailles, de graines d'herbes parasites et, grâce à l'imperfection de nos aires à battre, de beaucoup de poussière et de petits corps terreux ou pierreux qui malheureusement ont à peu près la grosseur et la configuration du blé lui-même. La seconde séparation que ce mélange nécessite s'effectue par le vannage qui termine les travaux de la moisson. Il ne s'opère pas chez nous avec cet antique instrument en osier appelé *van*, où l'on fait sautiller les grains et les substances étrangères qui s'y trouvent mêlées, de manière que les plus légères s'envolent, et que les autres, se rassemblant à la surface, puissent être enlevées à la main. On vanne dans nos campagnes en laissant tomber perpendiculairement, à travers un fort courant d'air, le grain réuni dans un crible qu'on incline et qu'on remue doucement. Par l'action du vent, la poussière, les balles et les corps légers sont rejetés en arrière, tandis que les grains et les corps pesants tombent en avant. On voit tout de suite combien ce procédé, qu'un vent trop fort ou trop faible rend également impraticable, laisse la séparation du bon et mauvais grain imparfaite dans les circonstances même les plus favorables ; ces deux systèmes de vannage ne valent guère mieux l'un que l'autre. Ici encore les populations industrieuses ont eu recours à la mécanique, cette science inépuisable dans ses ressources, qui décuple et régularise les forces de l'homme, lui rend tant de services, quand elle ne lui fait pas de miracles, et promet à nos petits-neveux, pour peu qu'elle suive pendant quelque temps encore la voie si rapidement progressive où elle a marché pendant ce dernier demi-siècle, un avenir dont l'imagination elle-même ne saurait aujourd'hui rêver les réalités. Le tarare est né de ses efforts, et cette machine où l'art a fini par réunir toutes les conditions naturelles qu'exige le nettoyage des grains, cette machine, qui l'opère sans fatigue et avec une promptitude qui prévient leur détérioration, sera sans doute quelque jour l'un des premiers meubles de toutes nos fermes ; mais nous sommes encore bien loin de ce temps, et il faut avouer qu'aujourd'hui le tarare n'y remplirait pas son but aussi complètement qu'ailleurs ; nos aires, presque partout si mal préparées, y seraient un obstacle qu'il importe de faire d'abord disparaître.

C'est la mère de Corentin qui, les bras levés, laisse peu à peu s'échapper du crible le blé qu'elle jette contre le vent et qui tombe nettoyé, autant du moins qu'il peut l'être, sur les draps étendus pour le recevoir. Cette opération rentre entièrement dans les attributions des femmes, et Soizic est seule chargée de présenter à sa maîtresse les deux cribles que l'une remplit et que l'autre vide sans cesse.

Les fonctions des hommes de la ferme consistent pendant ce temps à porter sur le placître où souffle un vent propice le blé qu'il s'agit de vanner, à le mesurer après le vannage, et à le remettre en sacs pour le reporter à la ferme. Corentin, qui veut prouver qu'un boisseau lui pèse maintenant à peine sur les épaules, porte et vide ses sacs avec une aisance et une célérité que ne déploie pas au même degré le vieux valet qui le suit. Son père tient ouvert le sac où le premier garçon tâche de verser sans en rien perdre le boisseau qui vient d'être mesuré et marqué par une coche sur la taille, ce seul livre de comptes de nos fermiers. C'est par ce grossier oracle qu'il apprendra avec certitude ce qu'il ne sait qu'approximativement, quelle sera pour lui la récompense des peines d'une année. Voici les résultats qu'il trouve : le froment, le seigle, l'orge et l'avoine, dont il a semé par hectare d'un hectolitre à un hectolitre et demi, lui ont rapporté, terme moyen, de sept à huit pour un. Le sarrasin, qui a la tige plus touffue, demande la moitié moins de semence et par conséquent lui rapportera proportionnellement le double ; mais c'est un blé délicat dont la récolte, la plupart du temps, ne parvient à sa maturité, que diminuée d'un quart, d'un tiers, de la moitié. Pendant qu'elle est en fleur, il suffit d'une nuit d'éclairs pour la brûler entièrement. Ses champs de pommes de terre lui donneront, comme le sarrasin, quinze pour un, et environ quatre cents hectolitres par hectare. Nous n'avons pas besoin de répéter qu'il s'en faut de beaucoup que ces produits soient partout les mêmes. Le littoral du nord et le littoral du sud, par exemple, dont les blés affluent sur les marchés de Lesneven et de Pont-l'Abbé, ces deux greniers de l'Armorique, doivent au varech une telle fécondité que le froment ainsi que l'orge y rapportent communément vingt pour un, et quelquefois jusqu'à trente et trente-cinq. On y remarque deux espèces bien distinctes de froment, qui cependant se vendent confondues ; le tendre, *guiniz bourn*, et le glacé ou barbu, *guiniz barvek*. Plus on s'éloigne de la côte, et plus on trouve de blé glacé ; il s'accommode des terres légères, tandis que le blé tendre veut des terres riches. Celui-ci, dont la pellicule est plus épaisse, donne plus de son à la mouture, mais d'un autre côté donne une farine plus blanche. Cependant nos boulangers ont toujours décrié cette farine si belle, parce qu'elle a le défaut de produire une pâte trop courte et moins liée que celle du froment glacé. Cela vient de ce que le blé tendre contient une trop grande quantité de fécule, tandis que dans l'autre au contraire c'est le gluten qui surabonde ; de là le mélange auquel on a recours et qui rétablit la proportion nécessaire pour obtenir une pâte facile à travailler et qui néanmoins ne manque pas de blancheur. Il est une autre espèce de blé que cultivent beaucoup certains cantons et que recherchent vivement nos boulangers, c'est le blé de mars, blé précieux, qui peut réparer les désastres d'un hiver rigoureux d'une inondation ou de tout autre fléau ; mais qui dans notre Armorique, le pays de la France peut-être qui en a le moins à redouter, est surtout apprécié, malgré sa couleur un peu terne, comme donnant, à la panification, des résultats plus avantageux que le meilleur blé d'hiver.

LE MOULIN

Ar vilin

C ORENTIN, initié aux travaux agricoles dont il prendra désormais sa large part, ambitionne en outre toutes les fonctions qui peuvent ajouter à son importance, et c'est lui qui, à la place du premier valet, aura maintenant la charge d'aller faire moudre le blé nécessaire à la consommation de la ferme.

La récolte, qu'on a séchée aux derniers rayons du soleil d'été, remplit les vastes huches de chêne qui, avec le lit clos et l'armoire aux riches ciselures, forment le fond d'un ménage armoricain et datent souvent de plusieurs siècles ; c'est dans ces coffres-magasins, suffisants pour un pays de petite culture, que se puisent tour à tour l'orge et le seigle dont on fabrique un pain noir et trop souvent aigre ; l'avoine, qui est la nourriture de luxe des chevaux auxquels on ne la prodigue pas, et qui se transforme pour les hommes en une des variétés de leur bouillie ; le sarrasin, dont on leur fait une autre bouillie et surtout des crêpes, ce mets national si cher à l'Armorique ; enfin, le froment, le plus nourrissant des grains connus, et le seul précisément dont ne se nourrisse pas un Breton. C'est pour la ville qu'il l'arrose de ses sueurs ; son froment s'y vend en totalité, et s'il en conserve, c'est tout juste ce qu'il faut pour célébrer, avec du pain blanc, les événements extraordinaires et les grandes époques de la vie. Corentin a donc rempli de seigle les deux extrémités d'un sac qu'il a chargé sur la selle de bois du vieux bidet, et arrivé avec sa modeste monture à peu de distance du moulin, il interroge un voisin qui va passer le pont grossièrement jeté sur le déversoir, pour savoir s'il y a beaucoup de monde au moulin et s'il sera promptement expédié. Le meunier, une barre de fer à la main, s'apprête à relever la vanne perdante pour laisser s'écouler le trop-plein de l'étang. On voit près de lui et à sa porte quelques pratiques, dont les unes partent et les autres arrivent, et qui, souvent, n'apportent à moudre qu'un tiers ou un quart de boisseau à la fois. Cette pauvreté d'une partie de leur clientèle oblige les meuniers à conserver leurs moulins dans l'état d'imperfection où les leur a légués la féodalité qui, assurée de ses droits abusifs, se souciait très peu de rien améliorer.

Ces moulins, aux roues antiques, qui ne marchent qu'à l'aide d'une chute ou d'un volume d'eau deux fois plus considérable qu'il ne faudrait, n'ont jamais qu'un étage, et la trémie qui livre le blé à l'action des meules est aussi rapprochée que possible de la bouche informe par laquelle il sort en farine. N'est-il pas en effet nécessaire que le meunier, attentif à la qualité de sa mouture, soit prompt à la corriger ? S'il lui fallait constamment monter et descendre d'un étage à l'autre, les quarts de boisseau qu'il doit moudre séparément auraient en totalité passé sous la meule avant qu'il eût le temps d'en rectifier le jeu ; il importe donc qu'il puisse veiller à tout sans se déplacer.

Dans les moulins pourvus de deux paires de meules, il y en a une en pierres de Rouen, et l'autre en pierres de Champagne. La première, qui est très poreuse et déchire mieux la pellicule du blé, sert pour l'orge, le seigle et l'avoine. La seconde, qu'on appelle le moulin blanc, a la surface plus unie et donne une farine plus douce ; elle est spécialement consacrée au froment et au sarrasin. Il est inutile de dire qu'il ne s'agit ici que de la mouture rustique ou à la grosse. La mouture économique, qui consiste à moudre le grain plusieurs fois, n'est chez nous en usage que dans de vastes établissements industriels qui n'ont rien de commun avec nos moulins de campagne. Ceux-ci sont presque tous d'anciens moulins seigneuriaux et ne livrent jamais la farine qu'en rame, c'est-à-dire mélangée de son et non blutée. Le prix de la mouture ou plutôt ce que les meuniers prélèvent en nature sur chaque boisseau, varie du 12ᵉ au 16ᵉ ; la coutume de Bretagne leur accordait le 14ᵉ ; mais on serait heureux que leur conscience, généralement très large, leur défendit de prélever au-delà du 10ᵉ. Grâce à leur réputation de friponnerie, le paysan, si méfiant avec tout le monde, l'est encore plus avec eux qu'avec personne ; quoique la plupart aient des garçons pour aller chercher dans les villages le grain à moudre, il vient le porter lui-même au moulin, sur son cheval, quand il en a un, ou courbé sous le faix quand il n'en a pas, et il ne perd pas un instant son blé de vue depuis le commencement de la mouture jusqu'à la fin. Précautions inutiles ! Il a beau chercher à rendre aux meuniers la probité facile, à en faire pour eux une vertu de nécessité, ils ont mille manières plus ou moins ingénieuses d'être fripons, et ne savent pas se passer d'un grain illégitime. Le plus communément, ils se ménagent d'invisibles soupapes, et augmentent, en l'humectant avec adresse, le poids de la farine ; de la sorte, le paysan trouve toujours son compte, mais les meuniers y trouvent encore mieux le leur. Aussi n'est-il pas rare d'en rencontrer qui jouissent d'une véritable aisance. Il est vrai qu'à ces moyens coupables d'y arriver, ils en joignent d'autres qui ne méritent pas les mêmes reproches et ne prouvent que leur industrie. Par exemple, ils engraissent beaucoup de cochons, et élèvent de nombreux canards qu'ils ont soin de n'aller vendre à la ville que lorsqu'ils peuvent en obtenir le prix le plus avantageux. Du reste, quelque fortune, bien ou mal acquise, qu'ils parviennent à amasser, jamais elle ne les élève jusqu'aux laboureurs, cette noblesse de nos campagnes. Ils restent toujours aux derniers degrés de l'échelle sociale de l'Armorique, et la fierté d'un fermier regarderait comme une mésalliance le mariage de sa fille avec le fils d'un meunier. Si c'est préjugé, c'est aussi justice. Outre leur probité douteuse, pour ne pas dire leur mauvaise foi avérée, leur ignoble ivrognerie paraît choquante même à des gens peu scrupuleux sur ce chapitre ; et, pour achever leur réputation, ils affichent des mœurs relâchées qui sont en contradiction flagrante avec les mœurs sévères et patriarcales du pays. Une jeune femme redoute plus la rencontre de leurs garçons que celle d'un grenadier, tant il y a chez eux de dispositions à s'imaginer que le libertinage est un privilège de leur état ! Aussi pour venger la morale publique de tant d'iniquités, les curés, autrefois surtout, apostrophaient-ils souvent les meuniers du haut de leur chaire ; ceux-ci s'y étaient faits et n'en rougissaient même plus.

LE FOUR

Ar forn

VOICI pour Corentin un nouvel apprentissage à faire. Ce sont les femmes qui travaillent la pâte dans les ménages bretons ; mais il n'appartient qu'aux hommes de chauffer et de préparer le four : tout ce qui le concerne rentre entièrement dans leurs attributions. Il importe donc que Corentin sache bien remplir ces fonctions de quasi-boulanger, d'autant plus importantes, qu'il faut s'en acquitter à la satisfaction de toutes les commères du canton. Son père, qui tout à l'heure va lui mettre dans les mains la pelle à enfourner, l'a d'abord armé de la fourche de fer avec laquelle s'attise le feu blanchâtre des landes et des bruyères. Il recommande surtout à son fils de chauffer d'une manière égale les diverses parties du four, et lui indique à quels signes on reconnaît que ses parois ont atteint le degré de chaleur nécessaire. Deux respectables commères joignent leurs leçons aux siennes, et l'apprenti fournier, tout étourdi de ce feu croisé de préceptes, ne sait plus à qui prêter l'oreille. Une de ces bruyantes conseillères, à genoux devant son escabelle, finit d'y pétrir sa pâte, et l'autre en fait autant sur un large couvercle de bois que supportent quelques pierres branlantes. C'est bien là cette absence, non seulement de luxe, mais de toute commodité qui accuse si haut l'apathie bretonne. Sur un second couvercle, une tourte de pâte vient de recevoir sa dernière forme et n'a plus qu'à être mise au four : à côté, une écuelle contient le reste de la farine qui a servi à la saupoudrer. Trois autres femmes apportent leur pâte dans des baquets ou jattes de diverses contenances, et la querelle de deux vieilles servantes que la colère enlaidit encore achève de rendre aussi vrai que piquant le tableau d'une réunion de ménagères bretonnes un jour de fournée. Elles aiment beaucoup ces jours-là ; ce sont pour elles de véritables parties de plaisir que de passer ainsi quelques heures ensemble, sans autre occupation que de vociférer, à qui mieux mieux, les nouvelles vraies ou fausses du pays. Le four, comme le lavoir, devient alors une école de médisance et de commérages, et l'on ne trouve plus que des femmes dans ces Bretonnes dont le caractère a quelque chose de mâle, lorsqu'il faut travailler ou souffrir.

Il existe un four dans la plupart des fermes ; il est ordinairement isolé de la maison d'habitation, et exposé à toutes les intempéries de l'air. Aussi ces fours, d'ailleurs si misérablement construits, dévorent-ils beaucoup de combustible, d'autant plus qu'ils se chauffent rarement. Les fermiers ont l'habitude, très bonne du reste, de cuire alternativement l'un chez l'autre, et de supporter ainsi chacun à son tour des frais qui, en se divisant, deviennent peu de chose et seraient exorbitants s'ils portaient sur le pain d'un seul ménage. Celui dont le jour de cuire est arrivé, l'annonce dès la veille à ses voisins par le son du *korn-boud*. Le jour même, et une demi-heure avant que la chaleur soit suffisante, la trompe marine, qui est comme la cloche des fours bretons, donne de sa voix sourde et barbare un second et dernier avertissement. C'est le signal d'arriver, et bientôt le fournier, qui est ordinairement le chef de la famille, voit accourir à la file toutes les fermières du voisinage ou leurs servantes, portant leur provision de pâte au bras ou sur la tête. Quelquefois on en charge le vieux bidet, ou même la charrette ; car il est des fermes qui cuisent en une seule fournée le pain de tout un mois. Chaque tourte pesant au moins 40 à 50 livres, elles peuvent, grâce à cet énorme volume, conserver longtemps leur fraîcheur. Il n'y a jamais de pain de froment dans les fournées faites en commun ; on l'achète ou on le fait chez soi, lorsqu'une circonstance exceptionnelle en exige. Le pain ordinaire, comme nous l'avons dit, est, suivant les localités, le pain de seigle ou d'orge ; à peine les plus riches fermiers se permettent-ils celui de seigle et froment. Le prix des divers grains semble parfois rendre inexplicable la préférence qu'on accorde aux moins bons sur le meilleur. En effet, il arrive que le boisseau ou les 120 livres d'orge coûtent jusqu'à onze et douze francs, lorsque le boisseau ou les 150 livres de froment n'en coûtent que quatorze. Eh bien ! même alors, le paysan ne mange que du pain d'orge, et si vous lui en demandez la raison, il vous répondra qu'à la vérité le pain de froment ne lui coûterait pas plus cher, mais qu'il le mangerait avec trop de plaisir, et que, par conséquent, il en consommerait plus qu'il ne doit. Une pareille réponse briserait le cœur, si l'on n'avait vu celui qui la fait gisant quelquefois ivre-mort dans un fossé ; il ne se prive d'un pain bienfaisant que pour pouvoir se gorger d'une boisson funeste. C'est donc par de meilleures habitudes morales qu'il faut l'amener à plus de bien-être matériel, et cette régénération si désirable, c'est à l'école primaire et à la chaire évangélique qu'il faut surtout la demander. Un peu plus d'industrie hâterait aussi le moment où nos campagnards ne seront plus réduits à calculer ainsi ce qu'ils mangent ; car il est bien reconnu que s'ils savaient tirer meilleur parti du froment, ils en extrairaient une nourriture plus saine et moins chère que leur mauvais pain de seigle ou d'orge. Naguère encore, toutes les villes de la Basse Bretagne ne mangeaient qu'un pain, sinon noir, au moins d'une blancheur fort équivoque, et pour s'en procurer d'autre, il leur fallait, dans un pays qu'on peut justement appeler l'un des greniers de la France, il leur fallait, disons-nous, recourir à des farines étrangères. De vastes minoteries, établies d'après les meilleurs systèmes, ont enfin affranchi nos villes de ce honteux tribut, et livrent aujourd'hui à leur consommation une farine perfectionnée et digne des progrès industriels de l'époque. C'est ce bienfait qu'il faudrait étendre à nos campagnes ! Il serait certainement possible, tout en les délivrant des rapines de leurs petits meuniers, de leur procurer une farine de froment, qui, mieux moulue, mieux blutée, et donnant, au lieu de 35, moins de 20 pour 100 de son, produirait près d'un tiers de plus en pain que ne saurait le faire leur mouture imparfaite, et dont la seconde qualité coûterait moins cher, au prix actuel du blé, que la farine de seigle ou d'orge. Mais il s'agit là d'un commencement de révolution dans leur manière de vivre, et l'on sait que, sous quelque rapport que ce soit, il n'est pas facile de révolutionner la Bretagne.

Ma grand-mère gardait du pain blanc d'autrefois un souvenir extraordinaire. Elle en décrivait la mie fondante et la croûte dorée comme s'il s'était agi d'une sorte de présent divin. Elle disait n'en avoir mangé durant son enfance (à la fin du XIXe siècle) qu'une fois par an, le jour de Noël. Ses souvenirs de privation l'avaient à ce point marqué, qu'après les repas elle ramassait au creux de sa main les quelques miettes de pain qui restaient sur la table. « Cela ferait le bonheur d'un pauvre », disait-elle avant de sortir les jeter aux poules.

LE BRELAN DÉCOUVERT

Ar brelan dizoloet

C'EST encore un dimanche ; le père de Corentin qui a une grange nouvelle à faire construire, s'est abouché avec un maçon au sortir de vêpres, et puis il est allé finir au cabaret, sous les inspirations de la pipe et de la bouteille, un marché commencé au pied de la croix du cimetière ; il ne lui faudra pas moins que le reste de la journée pour réussir à ne rien conclure. Sa femme, de son côté, ne doit pas quitter avant l'heure de traire les vaches la grave réunion de commères qui étourdit une jeune voisine accouchée la veille. Aussi la ferme est-elle triste et déserte comme toute ferme de l'Armorique un jour férié. Que fera Corentin ? Que feront les valets ? Il n'y a ce dimanche-là ni pardon ni aire neuve. Iront-ils rejoindre Soizic et quelques servantes du voisinage, qui viennent de s'asseoir sur le seuil de la porte pour se raconter des histoires de revenants et de *korriged* ? Ils les ont déjà entendues dix fois. L'oisiveté est une source de tentation, et le démon sans doute, sous la figure du premier valet, a fait briller soudain un jeu de cartes aux yeux de ses compagnons désœuvrés, si toutefois on peut dire qu'elles brillent ces cartes recouvertes d'une couche de crasse tellement épaisse qu'il n'est pas facile de distinguer la dame de trèfle de la dame de cœur, et le globe du roi Charles de la lyre du roi David. L'appel a été entendu et, réveillés de leur somnolence, tous sont allés joyeusement s'installer sur le foin comme autour d'un tapis vert. Mais, ô visite malencontreuse ! à peine les mises sont-elles faites et la première partie commencée, qu'une apparition subite vient arrêter court leur fougue de joueurs, et les arracher en dépit d'eux-mêmes au péché ! Le curé, après avoir dit ses vêpres, avait quitté le presbytère, son bréviaire à la main, et s'en allait prolongeant sa promenade solitaire à travers des champs, calmes ce jour-là et religieux comme ceux qui les cultivent. Tantôt il s'arrêtait au haut de la colline dans une douce contemplation de la nature et de son auteur, tantôt redescendant vers une chaumière connue de la vallée, il y entrait ; car un pasteur de l'Armorique aime à visiter son troupeau ; souvent il va s'asseoir devant le feu de landes du *pen-ty*, ou partager avec le fermier-propriétaire son pain noir et sa soupe au lard ; c'est qu'il n'est pas seulement pour eux un guide spirituel, mais aussi un conseiller, un arbitre, qui intervient dans leurs affaires domestiques ou d'intérêt, et y exerce la plus forte part d'influence. Cette intervention du prêtre dans le sein des familles a jadis enfanté bien des abus et des malheurs ; mais la révolution qui, semblable aux tempêtes, a purifié l'atmosphère sociale sous ce rapport comme sous tant d'autres, a fait faire un grand pas vers la réalisation plus large et plus complète de la parole évangélique, et chaque jour il y aura moins de danger sans doute à accepter cette juridiction amiable et sacrée, qui tient à la fois de la puissance paternelle et de l'autorité du magistrat. Ce qui est certain, c'est qu'elle pourrait être dans nos campagnes une source féconde de bien-être moral et physique.

Mais revenons à notre curé qui, en se dirigeant par l'aire vers le village, aperçoit tout à coup Corentin et ses complices, leurs cartes sacrilèges à la main. Plein d'une pieuse indignation, il s'interrompt au milieu d'un verset des saintes écritures, et s'écrie d'une voix sévère qui éclate comme un coup de foudre sur la tête des joueurs : « Voilà donc, mes enfants, comme vous sanctifiez le dimanche ! » Puis, fermant son livre et ôtant ses besicles à structure antique qui eussent fait nasiller son éloquence, il se met à les sermonner vertement sur cette profanation du saint jour et sur la passion funeste que leur a soufflée le malin esprit. Le premier valet qui, sans perdre la tête, s'est adroitement emparé des enjeux, répond que M. le curé les croit plus coupables qu'ils ne le sont en réalité, car ils ne jouent pas d'argent. Corentin, dont la bouche ne sait pas mentir avec cette assurance, porte sans mot dire une main respectueuse à son chapeau. Plus novice encore et surtout plus niais, le jeune pâtre cache dans le sien le corps du délit, et s'imagine faire ainsi prendre le change au courroux du pasteur. Il n'en est pas de même du plus vieux des valets, joueur endurci, qui sans sourciller écoute gronder l'orage, et semble dire : « J'en ai entendu gronder bien d'autres. »

Les Bretons sont beaucoup plus joueurs qu'on ne serait porté à le croire, si l'on ne savait déjà que leur froide enveloppe recouvre les cœurs les plus passionnés. Les jeux de hasard abondent dans les pardons ; et la foule, toujours dupe et toujours aveugle, se presse autour de ces tripots ambulants avec des espérances d'autant plus tenaces, qu'elles se nourrissent surtout de *pater* et de signes de croix.

Malgré les sévères défenses du curé, c'est ordinairement le dimanche, avant ou après vêpres, qu'on se réunit pour jouer aux cartes soit sur l'aire, soit au coin d'un champ ou dans quelque ferme connue comme un rendez-vous de joueurs. Le jeu de prédilection des pères, celui où l'on s'expose le moins à perdre, est le jeu des trois-sept *(c'hoari trois-sept)*. On y a un partenaire comme au whist, et de même qu'à ce jeu et quelques autres non moins compliqués, des *invites* et des *renonces* exigent plus de calculs et de savantes combinaisons qu'on n'aurait cru devoir en trouver dans un jeu bas-breton. La partie se gagne par les deux joueurs qui ont fait les premiers vingt et un points, c'est-à-dire trois fois sept ; de là vient probablement le nom du jeu. Mais pour ceux qui ne demandent pas seulement aux cartes un moment de récréation, et que pousse l'amour effréné du gain, pour les véritables joueurs en un mot, c'est le brelan qui est le jeu par excellence. On l'appelle aussi *trikon*, nom qui semble dériver de *tri*, trois, et de *gounid*, gagner ; c'est-à-dire le jeu des trois qui gagnent. Il en est encore un autre qu'aiment beaucoup les joueurs passionnés, parce qu'il est simple et prompt, et qu'en conséquence on y passe plus rapidement à travers ces alternatives de crainte et d'espérance qui font à la fois leur tourment et leur bonheur, c'est le *c'hoari flût*, jeu qui se rapproche du vingt-et-un et du trente-et-quarante, et où le banquier, qui tient les divers enjeux d'un liard, d'un sou, et plus, que chacun risque, peut perdre, sur une carte malencontreuse, ses gages de plusieurs mois et le fruit de bien des privations.

LE PREMIER MARCHÉ

Ar c'henta marcha

LES Français ne sont pas un peuple voyageur ; ils reçoivent de l'Europe et même de l'Amérique beaucoup plus de visites qu'ils n'en rendent. Mais de toutes les provinces dont le faisceau forme la France, celle qui a le moins l'humeur aventureuse et nomade, c'est sans contredit la Bretagne. On y compte bien peu de Christophe Colomb campagnards, s'il en existe, qui veuillent se hasarder à franchir ses limites, et s'en aller à la découverte chez ceux qu'ils appellent encore les Gaulois. Un Cornouaillais, particulièrement, ne dépasse jamais, au nord, Saint-Jean-du-Doigt, et au midi, Sainte-Anne-d'Auray, la ville sainte, La Mecque bretonne ; ce sont là ses colonnes d'Hercule. Par une bizarrerie assez remarquable, ces hommes qui hésitent à faire un pas hors de leur pays vivent cependant une partie de l'année sur les routes, grandes ou petites ; car c'est chez eux un besoin, une maladie, que de courir les foires, même lorsqu'ils n'ont ni achats ni ventes à y faire ; et comme ces foires se sont multipliées au point de devenir un des abus qu'il importe le plus d'extirper, ils se trouvent ainsi n'avoir rien gagné à la suppression de cette foule de fêtes et de saints qui ont cessé d'être officiels ; leur temps ne s'en perd pas moins, et cette cause nouvelle d'une égale fainéantise est de plus celle d'une ivrognerie plus fâcheuse encore. On jugera par un seul trait combien ils tiennent à ces véritables parties de plaisir, déguisées sous un autre nom ; c'est qu'un garçon de ferme, en stipulant ses gages, a soin d'ajouter la condition qu'il sera libre d'aller à tant de foires ou de marchés par an.

Corentin, tout imprégné de ces habitudes de l'Armorique, est le type du flâneur en *bragou-bras*. Mais si jusqu'à présent il n'a fréquenté les foires qu'en promeneur oisif, le moment est venu pour lui d'y jouer un autre rôle. Sa mère a obtenu du chef du ménage qu'une somme de 40 à 50 francs serait avancée à leur premier-né pour entrer dans les affaires par l'achat d'une génisse. Cette génisse, après avoir été saillie pour quelques sous par le taureau du voisin, aura gratuitement sa place au pâturage et à l'étable commune ; et lorsqu'elle sera près de vêler, Corentin ira la vendre, et grossira de ce nouveau bénéfice ceux que lui ont déjà valus ses abeilles. Tel est le point de départ d'un paysan breton pour arriver à la fortune.

Notre héros est ici à Rosporden. Après avoir parcouru dans tous les sens le champ de foire, accompagné des deux valets qui lui servent de conseil, il a enfin remarqué une génisse qui pourrait lui convenir ; et tout en en demandant le prix, il lui a, suivant l'usage, asséné sur le dos un vigoureux coup de son *pennbaz* ; c'est la manière d'entrer en accommodement. Le prix demandé approchant de celui qu'il se propose d'y mettre, il prend la génisse par la queue pour éprouver la force de ses reins, puis par le pied pour juger aux efforts qu'elle fera si elle a le jarret bon, et enfin par la peau des côtes, pour s'assurer si elle y est adhérente, ce qui est un heureux signe. Cet examen préparatoire terminé, il s'empare de la main du vendeur, et y frappant avec force, lui *dit* de *dire* tel prix. Celui-ci, à son tour, prend la main de Corentin, y frappe avec la même rudesse, et diminue de quelque chose sa demande primitive ; puis arrachant trois ou quatre poils à la bête marchandée, déclare qu'il ne rabattra plus rien du prix auquel il vient de se réduire, pas même une valeur égale à ce qu'il tient entre les doigts. Pendant ces préliminaires, l'un des valets interroge les dents de la génisse sur son âge, et l'autre, lui passant la main entre les cuisses, consulte ses tétines qui, trop grasses, annonceraient peu de fécondité ; mais qui, larges et flottantes, sont le présage d'un lait abondant. Lorsque les contractants en sont arrivés à ce point d'une transaction qui ne durera pas moins de deux heures, parce qu'un bon vendeur doit beaucoup surfaire, et un bon acheteur beaucoup marchander, ils se rendent au cabaret, cette bourse multiple, où le cidre et le vin sont les courtiers réels par qui se consomment tous les marchés de l'Armorique. Là, en vidant une bouteille sans s'asseoir, on se prend et on se quitte la main dix, vingt, trente fois, pour y frapper, mais sans le faire, et ce mouvement télégraphique est accompagné d'interminables demandes et refus de rabais, de digressions et de bavardages, qui exigent pour les écouter une patience toutre bretonne. Si, après avoir passé un temps considérable à s'accorder et à se refuser ainsi quelques sous, on ne peut s'entendre, la bouteille se paie par celui qui a fait la proposition première ; si, au contraire, on tombe d'accord sur le prix, ce qu'indique l'un des contractants en frappant d'un coup définitif et serrant avec force la main de l'autre, le vendeur paie à son tour une bouteille de politesse ; c'est le dernier sceau du marché. On retourne ensuite auprès de la bête pour en faire un plus minutieux examen ; on lui tâte surtout les côtes avec un soin rigoureux, et chaque côte défectueuse donne lieu à une réduction d'un réal (25 centimes), réduction qui soulève encore bien des difficultés, et ne peut naturellement se régler entre gens qui défendent si opiniâtrement leur avoir, qu'après un nouveau flux de paroles la plupart inutiles. Du reste, une fois qu'ils se sont frappé et serré la main, c'est un engagement sacré, c'est pour eux le dieu Terme de l'honneur. Cet emblème de la bonne foi fut aussi celui des Grecs et des Romains, ainsi que le constatent plusieurs de leurs médailles, et avant de l'être chez eux, il le fut sans doute chez l'aïeule des nations, chez les Celtes. Leurs héritiers directs, ceux qui, à travers les siècles et diverses civilisations successives, sont restés leurs représentants les plus fidèles, les Bretons, ont dû garder ce symbole dans toute la force de sa signification primitive. Aussi leur tient-il encore lieu, comme on le voit, de serments et d'écrits pour leurs transactions ; lorsqu'elles ont reçu cette consécration simple et antique, elles sont inviolables. Il est presque sans exemple qu'un Breton, qui a de la sorte engagé sa parole, ose la trahir. En vain lui proposerait-on un meilleur prix, et ferait-on briller à ses yeux quelques nouvelles bouteilles, cette tentation si forte ; ferme dans sa bonne foi, il résiste à tout, car il en a donné un gage certain ; il a frappé et serré la main de sa partie adverse.

LA BATAILLE

Ann emgann

CEUX qui n'ont vu les Bretons que par la portière d'une diligence, et qui dans leur ignorance dédaigneuse croient, lorsqu'ils les ont flétris du nom de barbares, les avoir jugés en dernier ressort, sont loin de se douter que ces hommes, ces sauvages, ont de très grandes prétentions à la finesse, et que le plus brillant éloge qu'ils puissent faire de quelqu'un, c'est de dire *hen-nez a zo eur paotr fur* (c'est un madré compère). Nous venons de voir avec quelle lenteur calculée ils concluent un marché ; dans toutes leurs transactions, c'est par mille détours qu'ils cheminent ainsi vers leur but, et tous les géomètres du monde ne parviendraient pas à leur persuader que la ligne droite est pour y arriver la route la plus courte. Mais s'ils font preuve entre eux de tant de rouerie, c'est bien autre chose avec les *chasker*, les habitants ou chiens des villes, ce qui est pour eux synonyme, avec les étrangers et surtout les Normands, qui ont beau se présenter sur leurs marchés, parés et brillants de civilisation et de savoir-faire, ne sortent pas toujours vainqueurs des combats de ruses qu'ils viennent y livrer. Le fils de l'Armorique nourrit contre ces derniers une haine de tradition que les ravages de leurs ancêtres ont fait passer jusqu'à lui de père en fils, et de plus une profonde défiance basée sur les mauvais tours qu'ils cherchent trop souvent à lui jouer. « Ces Normands, dit-il, qui abondent dans nos foires, aiment la Bretagne comme le loup aime les moutons, pour les dévorer. » Il a soin avec eux, comme avec tout le monde, du reste, de garder sa tête saine jusqu'à la conclusion des affaires qu'il doit traiter. Mais dès qu'il est libre de ce souci, ses idées changent totalement de direction ; il n'aspire alors qu'à se débarrasser d'une raison désormais inutile, et à se précipiter dans les stupides délices de l'ivresse. Aussitôt le vin coule à flots, que dis-je, le vin, son effet est trop lent, c'est de l'eau-de-vie qu'il faut à son impatience bachique, *ar gwin ardent*, le vin ardent, le vin de feu ! Malheureusement la liqueur étrangère, comme le chantaient les Bardes celtes, est le lait des passions, et lorsqu'elle commence à enfiévrer un Breton, elle fait éclater en lui cette énergie orageuse dont le rapport est frappant avec les tempêtes qui succèdent tout à coup dans nos climats au calme des airs. Ce n'est plus alors cet être impassible qui vous coudoie nonchalamment sans se déranger de sa route, sans vous répondre, et en ne vous regardant que de son œil oblique d'oiseau de nuit ; ce sont des hommes violents et querelleurs, des hommes-volcans qui menacent à chaque instant de faire éruption. Aussi, lorsque deux communes ou plutôt deux paroisses, car la paroisse est en Bretagne la réalité véritable sur laquelle on a cherché à greffer la commune, lorsque deux paroisses qui vivent en un état flagrant d'hostilité, ont dans une foire un certain nombre de représentants, et que la boisson en a fait autant de recrues pour une rixe, il suffit d'un mot, d'un geste, d'un rien pour les déchaîner les uns contre les autres. En un instant l'orgie s'arrête ; une sourde rumeur gagne de proche en proche, et se change bientôt en menaces et en hurlements sauvages. Un des *pennbaz* dont aux foires ils ne se séparent pas plus qu'autrefois un gentilhomme de son épée, frappe une premier coup auquel soudain mille coups répondent, et c'est le signal d'un combat terrible. De toutes parts on se saisit aux cheveux, à la gorge, partout où la rage trouve prise, et de ces cent duels pressés dans un espace étroit et qui se tourmentent comme les vagues d'une mer furieuse, se forme une masse compacte qui avance et recule tout d'une pièce, et au-dessus de laquelle s'agite une forêt de massues bretonnes. Du sein de cette horrible mêlée qu'enivrent dès lors le sang et la colère, bien plus que les fumées du vin, disparaissent de temps en temps les têtes de ceux qui tombent brisés de coups ou épuisés de fatigue. Mais le nombre des combattants diminue sans que le combat cesse. Malheur aux blessés ! amis ou ennemis, ils sont foulés aux pieds, et la lutte continue sur leurs corps !

Premiers gardiens de l'ordre public, les gendarmes ne tardent pas à intervenir. Ce sont d'indispensables missionnaires de paix dans les foires et les pardons, où ils ont constamment à rétablir la confraternité bretonne à coups de sabre. Mais la chose est souvent bien difficile, sinon impossible. Maîtrise-t-on à loisir des hommes doués d'un corps de fer et d'une volonté de bronze ? Les pauvres gendarmes retrouvent chez les Bretons en pareille circonstance cette race indomptable qui a laissé dans l'histoire des souvenirs qu'expliquerait seul leur caractère actuel. Ce sont leurs pères qui, au milieu des pompes de Babylone, répondaient à Alexandre leur demandant ce qu'ils redoutaient le plus sur la terre, « qu'ils n'y craignaient rien, si ce n'est la chute du ciel ». Ce sont leurs pères qui, ne cédant même pas à la fureur des éléments, luttaient, nous assure-t-on, contre les tourbillons de la tempête, et debout sur le rivage, dédaignaient de reculer devant les flots de la mer ! Aussi Rome disait-elle d'eux : *Quàm terribiles sunt Britones quando dicunt, torr-e-benn !* Que les Bretons sont terribles quand ils poussent leur cri de guerre, *torr-e-benn !* (casse-lui la tête !). Suivant les annales hyperboliques du Moyen Age, ces belliqueux hurlements renversèrent plus d'une fois des oiseaux étouffés dans les airs, et y troublaient jusqu'à l'aigle qui avoisine le soleil ! Le pape Grégoire n'avait, pour épouvanter les Florentins, qu'à les menacer des Bretons qui étaient à sa solde ; et l'on connaît ce mot du vicomte de Narbonne qui, pendant une sédition suscitée pour faire tomber la tête de Landais, ayant gagné, tout froissé et meurtri, la chambre du duc François II, lui dit : « Monseigneur, je vous jure Dieu que j'aimerais mieux être prince d'un million de sangliers, que de tel peuple que sont vos Bretons ! »

Corentin, chez qui nous avons vu pénétrer dès l'âge le plus tendre ces orageuses tendances des Celtes, n'était pas homme à rester paisible spectateur du combat que livre ici sa paroisse. Jamais il n'avait eu l'occasion si belle de gagner ses éperons d'émeutier, et il ne les a que trop bien gagnés. Son père, qui prévoit les suites de cette triste gloire, parvient enfin à l'entraîner loin du champ de bataille.

L'AUTEL DRUIDIQUE

Ann dolmen

CORENTIN, après s'être séparé du premier valet, a marché sans autre guide que le soleil, tantôt par ces chemins étroits qui sont comme enterrés entre deux fossés, tantôt le long des sentiers qui serpentent dans nos plaines de landes et de bruyères. Mais le soleil vient de se coucher ; une tempête qu'il semblait enchaîner a éclaté avec fureur, et Corentin n'aperçoit pas la moindre lueur qui lui indique une des rares habitations semées dans ces vastes solitudes. En cherchant à tâtons un abri contre la pluie, qui de temps en temps s'échappe à travers les déchirures des nuages, il se trouve tout à coup sous un large toit de granit ; c'était un dolmen (table de pierre), un de ces autels druidiques, composés de plusieurs pierres droites et d'une plate-forme horizontale dont elles sont les grossières colonnes. Vieilles reliques d'un culte déchu depuis tant de siècles, et que rongent lentement la mousse et les lichens, c'est du haut de ces monolithes sacrés que les druides haranguaient la multitude ; c'est là que le sacrificateur immolait les captifs à Teutatès, et brûlait au milieu de la nuit les figures d'osier qui renfermaient des victimes humaines. Des instruments de sacrifice, tels de petites haches et des coins trouvés sous ces monuments si nombreux chez nous, ne laissent aucun doute sur leur destination. Mais il paraîtrait que les rites qui s'y célébraient différaient suivant les lieux. Ici la plate-forme est horizontale et entière ; là elle est inclinée et percée d'une ou de plusieurs ouvertures. Il s'en trouve enfin qui présentent des rigoles pour l'écoulement du sang, des sculptures et même des caractères symboliques dont on a donné les plus étranges explications ; aussi peut-on dire qu'ils n'ont pas encore été expliqués. On a remarqué que ces autels, au lieu d'être érigés dans le sanctuaire des temples druidiques, ainsi que les autels des autres cultes, ne s'élevaient jamais que hors de l'enceinte sacrée, comme pour ne pas la souiller par le sang des victimes ; et quelques indices feraient croire que les plus grands de ces dolmens avaient une double destination ; que c'étaient à la fois des autels et une retraite pour l'archidruide et les collègues dont il était le chef. Du reste, les traditions populaires qui s'y rattachent sont d'une tout autre nature, mais non moins curieuses ; il n'y est plus question de druidisme ni d'histoire ; ce sont des contes fantastiques de la plus piquante originalité. Nos paysans désignent ces dolmens sous le nom de *ty ar gorriket* (la demeure des nains). Ces couriquets, courils, cornicanets, etc., sont de petits génies malfaisants, à la peau ridée et velue, à la tête difforme, aux jambes et aux bras grêles et décharnés, qui la nuit tournoyant dans les airs sur leurs ailes noires et dentelées de chauves-souris, y forment mille cercles magiques qui se mêlent, qui se fondent, qui s'effacent l'un dans l'autre au milieu de cris aigus et de rires lugubres comme le vent qui siffle à travers les ruines. Corentin, en reconnaissant la demeure de ces démons-nains, a tressailli. Il s'est rappelé l'histoire de tous ceux qui, pendant la tempête et aux pâles reflets de la lune, ayant marché sur l'herbe qui égare, se sont jetés au sein d'une ronde infernale de couriquets. Là, emprisonnés dans mille anneaux vivants, dans mille replis diaboliques, il leur a fallu, entraînés par une force irrésistible, danser, danser, jusqu'à ce qu'épuisés de leur joie frénétique, ils soient tombés morts. Si du moins, se disait Corentin, j'avais ici la petite fourche qui sert à nettoyer notre charrue, et dont la chanson des couriquets a révélé la vertu :

Les-hi, les-han ;
Baz ann arar a zo gant han ;
Les-han les-hi ;
Baz ann arar a zo gant hi.

Laisse-la, laisse-le ; laisse-le, laisse-la ;
Ils ont avec eux le bâton de la charrue.

Ce qui l'a un peu rassuré, c'est que son grand-père lui disait un jour que depuis longtemps les couriquets n'avaient pas paru dans le pays ; on va voir pourquoi. Un tailleur, bossu et contrefait, mais entreprenant et jovial, comme ils le sont tous, avait parié qu'il se mêlerait à leurs danses. Il tint parole ; il alla s'y mêler. Frappé bientôt de la monotonie du refrain si court qu'ils répétaient sans cesse, *dilunn, dimeurs, dimerc'her* (lundi, mardi, mercredi), il avisa d'ajouter : *Diziaou ha digwener* (jeudi et vendredi). Cette augmentation de mesure fut accueillie avec une allégresse délirante, et fit bouillonner plus vivement encore tous ces petits flots noirs autour de lui. Les couriquets lui donnèrent le choix de la récompense que, sans le savoir, il avait méritée d'eux, et notre bossu demanda qu'on le délivrât de sa bosse. Aussitôt saisi et ballotté de main en main, roulé dans un sens et déroulé dans l'autre, il retomba enfin à terre sans bosse et comme refait à neuf. On peut s'imaginer quel fut à son retour l'étonnement du village. Un autre tailleur bossu se promit bien d'avoir recours, dans le même but, à cette recette merveilleuse ; et dès la nuit suivante, s'étant jeté au milieu du rhombe des couriquets, il allongea comme son confrère leur refrain de deux mesures en ajoutant *disadorn ha disûl* (samedi et dimanche). Un trépignement de bonheur répondit en effet à ces mots qu'il put croire magiques ; mais plus il les répétait, moins ils excitaient de joie. Enfin la chaîne sautillante et criarde se brisa brusquement. Le moment de la récompense était venu ; envoyé de l'un à l'autre comme une balle, ainsi que l'avait été son confrère, il voltigea aussi quelque temps dans l'espace, et puis se retrouva sur ses pieds. Mais, ô disgrâce ! bien loin d'être débarrassé de sa bosse de derrière, il en avait une autre par devant ! Cette rigueur des couriquets venait de ce qu'en prononçant quelques mots de plus, *et voilà la semaine terminée*, il aurait mis fin à la longue pénitence que leur avait imposée une puissance inconnue, et qu'il ne les prononça pas. Un autre fut plus avisé par la suite, et depuis lors les couriquets ont cessé leurs danses infernales.

Corentin s'était endormi en y rêvant ; et l'on peut juger de l'effroi qu'inspirent encore ces démons-nains, par la frayeur qu'il causa le lendemain à quelques laboureurs, lorsqu'il parut à l'entrée du dolmen ou *ty ar korriket*.

LE NAUFRAGE

Ar pense

VOICI une de ces scènes trop fréquentes, où la nature humaine se montre sous le point de vue horrible, et dont il nous est pénible d'avoir à accuser notre pays qu'elles couvrent de honte. Nous ne l'appellerons pas, pour faire excuser les mœurs inexcusables de la Tauride bretonne, que chez presque tous les peuples à qui la mer sert de rude nourrice, il y a eu de ces côtes inhospitalières, non moins funestes aux naufragés que les vents et les flots, et que même de l'autre côté du détroit, la civilisation n'a point encore effacé toutes les traces de cette antique barbarie ; mais nous dirons que le hideux tableau que nous allons tracer doit allumer une nouvelle ardeur de réforme chez ceux qui veulent la régénération de notre sauvage Armorique, et se trouve en situation d'y coopérer.

Pendant qu'abrité par le *dolmen*, Corentin s'était endormi dans un monde de rêves et de fantômes, à une lieue de là, les habitants accouraient vers le rivage, appelés par la tempête, dont les rugissements sont la plus douce musique qui puisse retentir à leurs oreilles.

Le soir, ils avaient vu quelques navires s'affalant sur la côte, et au déchaînement de plus en plus furieux de la mer, qu'ils entendent de loin se briser et bondir sur ces mille rochers noirs que les siècles ont détachés de la terre ferme, ils ne doutent pas que la sainte Vierge Marie ne les exauce, et ne sème incessamment la plage de débris et de cadavres. Leurs vœux atroces sont exaucés ! La mer, avec son effrayante puissance de destruction, vient de faire un amas confus de ruines d'un bâtiment qui hier encore était si coquet et si ardent ; et du sein des roches qui lui servent de lit funèbre, les lames, emportant lambeau à lambeau tout ce qu'il en reste à dévorer, jettent ensuite çà et là sur le rivage la proie que d'avides mains y convoitent et y attirent. Ce rivage alors offre une triste ressemblance avec les champs de mort où se précipitent, après une bataille, les animaux carnassiers et l'oiseau des funérailles.

Tant qu'a duré la nuit, nuit d'angoisses pour les naufragés, et de farouches délices pour les riverains, ceux-ci ont entretenu des feux tout le long de la côte, non dans le but de sauver les infortunés qui luttent contre les flots ou de réchauffer leurs membres engourdis, mais afin de piller avec discernement, et de promptement s'assurer un aussi fort acompte que possible sur leurs dépouilles, avant que le jour et un renfort de douaniers et de gendarmes ne viennent rendre le pillage plus difficile.

Lorsque Corentin arriva sur la plage, le soleil était levé depuis longtemps, mais la tempête durait encore. Quel magnifique et effrayant spectacle pour notre jeune Breton qui n'avait jamais vu la mer si terrible, que ces vagues gigantesques qui la sillonnaient semblables à des chaînes de montagnes séparées par de profondes vallées, que ces milles crinières d'écume qu'elle agitait autour des crêtes granitiques d'innombrables rochers ! Étourdi par cet horrible fracas des flots et des vents conjurés, et croyant sentir la terre trembler sous ses pieds, d'abord il avait cédé machinalement à l'instinct de la nature, il avait fui ! Mais ses regards se portèrent tout à coup sur la chaloupe et le canot du bâtiment naufragé, où quelques malheureux, en proie à une terreur sans nom, et tendant tour à tour leurs mains suppliantes vers Dieu et vers les hommes, disputaient à la mort une existence dont chaque minute de plus était un miracle ; il revint aussitôt sur ses pas pour se joindre à ceux qu'il croyait occupés à les sauver. Lorsque à travers l'humide poussière d'écume que le vent lui fouettait au visage, il fut arrivé au milieu d'eux, il vit quelle était son erreur.

Qu'importe à ces détestables pillards que des créatures humaines soient au moment d'être englouties ? Des débris surnagent comme elles au sommet des lames, voilà ce qui seul les intéresse, voilà ce qu'ils tiennent à sauver ! Avec leurs longues perches armées de crocs, ils ne songent qu'à tirer à sec ces barils, ces caisses, ces ballots que leur envoie la tempête, et à chaque épave qu'ils parviennent à haler à terre, c'est par des rugissements de joie qu'ils répondent aux lamentations et aux cris du désespoir qui sollicitent en vain leur pitié ! Pas un seul d'entre eux ne se détourne de sa proie, pour recueillir un naufragé ou l'aider à fuir la mort, et les marins, les passagers qu'elle environne, n'ont de secours à attendre que de leurs compagnons plus heureux qui ont pu lui échapper !

Corentin, étranger à l'inhumanité des côtes, en ressent une colère généreuse, et veut par sa conduite expier celle de ses indignes compatriotes. Il vient d'apercevoir une femme qu'une lame a jetée évanouie sur le rivage, et qu'une autre lame allait emporter ; il se précipite vers elle, la charge rapidement sur ses épaules, et va la déposer non loin de là au milieu de quelques autres naufragés à demi morts comme elle.

Mais ici une scène encore plus atroce vient le remplir d'horreur. Les riverains se pressent autour de ces naufragés, les examinent avec une curiosité avide, et pendant que ceux-ci recueillent le peu de force qui leur reste pour rendre des actions de grâces à leurs sauveurs, ces sauveurs prétendus leur ravissent leur argent, leurs montres, leurs vêtements, qu'ils se disputent et s'arrachent sur leurs corps presque inanimés ! Une femme, une horrible femme s'est jetée sur l'infortunée qui doit la vie à Corentin, et ne pouvant ôter de son doigt gonflée la bague qu'elle y porte, elle la brise avec les dents ainsi que ses boucles d'oreilles d'or ! L'arrivée des gendarmes et des postes voisins de la douane n'arrête pas ces vampires de nos côtes ; ils les aperçoivent à peine, tant la soif du vol, tant le délire du pillage absorbent toutes leurs facultés, et la force seule peut leur faire lâcher les débris qu'a rendus la mer ou les dépouilles que, plus impitoyables qu'elle encore, ils ont ravies aux naufragés. Que l'on sent vivement dans ces tristes circonstances l'inefficacité brutale d'une répression toute matérielle ! C'est à la cause, en effet, bien plus qu'aux résultats, qu'il faudrait s'attaquer, et tout en s'appuyant sur un système de récompenses et de châtiments exemplaires, c'est par la régénération et morale du pays qu'on doit travailler à faire disparaître jusqu'aux dernières traces de ces épouvantables mœurs.

LA PRIÈRE DES PILLARDS

Peden ar penseerien

CORENTIN, après avoir aidé à sauver de la mort jusqu'à la dernière des proies qu'elle semblait se promettre, avait quitté cette plage barbare où il craignait d'être confondu avec les pillards acharnés, qui, sous le feu même des douaniers et le sabre des gendarmes, continuaient à se livrer à leur antique et coupable industrie. Vers le soir, il est entré dans une ferme pour y demander l'hospitalité ou plutôt pour la recevoir sans la demander. Rien de simple en effet, rien de patriarcal comme la manière dont elle s'exerce sous le chaume breton. Le voyageur errant sans gîte, ou l'un de ces nombreux lazzaroni de l'Armorique qui dans tous les temps furent accoutumés à y trouver place au soleil et au foyer, pénètre, comme si c'était chez lui, jusqu'au fond de l'humble demeure qui est presque toujours ouverte, s'assoit devant l'âtre, y allume sa pipe, et après avoir quelque temps fumé sans mot dire, fait nonchalamment connaître d'où il vient et où il va ; et si c'est pendant un des repas de la famille, en accepte sans cérémonie la part qu'on lui offre sans politesse et comme une chose naturelle. C'est qu'aux yeux des paysans ce commensal inattendu est un être sacré, et ils se garderaient bien de repousser l'hôte de Dieu ! Qui reconnaîtrait à de pareilles mœurs ces mêmes hommes, que nous venons de voir se ruer avec une joie féroce sur les dépouilles des naufragés ? Il est vrai que les peuples primitifs sont de vivants hiéroglyphes. Braves jusqu'au crime, hospitaliers et bons jusqu'à la duperie, vivant de peu et avides jusqu'au vol, c'est un mélange de vertus naïves et de mauvais penchants, où le droit naturel l'emporte sur la loi sociale. Corentin a trouvé toute une famille priant avec ferveur ; de jeunes enfants bégayaient eux-mêmes la prière maternelle. Quel contraste, a-t-il pensé, avec l'horrible scène dont je viens d'être témoin ! Et il s'est aussi agenouillé. Mais bientôt il aperçoit çà et là des débris du naufrage ; il voit arriver chargés de dépouilles, des valets et une servante qui porte dans tous ses traits l'empreinte hideuse de la frénésie de pillage et de cruauté qui s'est emparée d'elle. Bien plus ! Ces prières ferventes, il en croit à peine ses oreilles ! elles s'adressent à la sainte Vierge pour la remercier de la tempête et du naufrage qu'elle leur a envoyés, et surtout pour lui en demander d'autres. Il se lève rempli d'indignation, et se hâte de quitter ce repaire d'atroces pillards ; il fera bien de presser le pas, car on s'est aperçu que ce n'était pas un complice.

Cette inhumanité, cette soif insatiable de pillage sont encore un héritage des Celtes. Naturalisés avec la mer, que dès leur enfance ils apprenaient à la fois à braver et à révérer comme l'élément chargé de les nourrir, ces féroces prédécesseurs des Bretons voyaient, non un infortuné, mais un ennemi dans l'étranger qui se perdait sur les récifs dont nos côtes sont hérissées ; ils le massacraient et le dépouillaient. Ces dépouilles formaient leur unique richesse, et ils les regardaient comme un présent du ciel, comme un bienfait de Teutatès ! Plus tard lorsque s'établit le régime féodal et militaire, la société nouvelle, pétrie avec la poussière des druides, conserva, malgré sa bannière chrétienne, des traces de sa barbare origine ; le pillage des naufragés resta dans ses mœurs et ses privilèges. Seulement le droit de tous devint le droit d'un seul, suivant l'esprit de l'époque. Au commencement du VIe siècle, Hoël céda, selon quelques-uns, le droit de bris au seigneur de Léon, en lui donnant en mariage sa fille Aliénor ; ce fut sa dot. Six siècles plus tard, Pierre Mauclerc et puis le duc Jean Ier contestèrent le droit de bris comme droit royal à Guilhomar, héritier de cette principauté. On se le disputa à main armée, et il valait bien une guerre, puisqu'un seigneur de Léon disait qu'il avait dans ses domaines une pierre bien plus précieuse que toutes celles de l'univers, et qui seule lui rapportait chaque année mille sols. Par la suite, les ducs de Bretagne eurent la jouissance non contestée du droit de bris, soit qu'il leur fût échu de gré ou de force, et ils en firent un des privilèges de leurs amiraux. Exercé par la couronne, c'était un bien abominable droit que celui d'être plus cruel que les éléments, et de ne pas même épargner ce qui leur avait échappé. Mais combien ne fut-il pas plus odieux encore en devenant une redevance ecclésiastique ! et conçoit-on que des évêques, des apôtres du Christ, aient osé jouir pendant des siècles de ce droit barbare, d'achever la ruine des malheureux que la tempête ne jetait qu'à moitié nus sur leurs terres ? Enfin Louis XIV, par son ordonnance de 1681, mit un terme à cette législation de sauvages ; les débris d'un navire naufragé ne cessèrent plus d'appartenir à son propriétaire, et depuis cette époque ils sont religieusement remis entre ses mains quand il les réclame, et à la caisse des invalides, quand il ne les réclame pas. Mais les riverains ne sanctionnèrent jamais, en s'y soumettant, ni le régime de brigandage légal, ni celui d'une restitution généreuse ; ils ont toujours regardé l'un et l'autre comme une usurpation de leurs privilèges. Plus ou moins déracinée ailleurs, cette idée fixe que les naufrages leur sont envoyés par le ciel, et que le pillage est pour eux de droit divin, s'est surtout conservée dans la baie d'Audierne au sud, et au nord, dans les communes de Plouguerneau, Guisseny, Kerlouan et Plounéour. C'est là que se sont perpétuées les deux variétés les plus atroces de l'espèce armoricaine, sous les inspirations du culte druidique, qui, dans ces cantons, lutta très longtemps contre le christianisme victorieux. On peut en donner pour preuve que le territoire de Kerlouan s'appelle encore *Land ar Pagan*, la terre des païens. Aussi l'amour du pillage y est tellement inné, qu'un paysan devenu curé disait que la nouvelle d'un bris lui faisait, en dépit de lui-même, bondir le cœur de joie ; et il n'y a pas longues années, que non contents d'attendre les naufrages, ces survivants des Celtes allaient même jusqu'à les préparer, en attachant aux cornes de leurs bœufs une mouvante lanterne, qui prise de loin pour celle d'un navire que balançaient les flots, n'attiraient que trop souvent sur les rochers les bâtiments trompés par cet infernal stratagème !

Les naufrages et leurs conséquences ont donné lieu en Bretagne à la production d'une importante littérature. Tous les auteurs sont d'accord pour reconnaître les abus auxquels ils donnaient lieu. Les prêtres n'étaient pas toujours les derniers à se servir. Martine Segalen rappelle qu'en 1785, le recteur de Beuzec, Loëdon, reconnut avoir touché « 68 livres pour le loyer des effets de naufragés de la *Marie-Hélène d'Amsterdam* de 180 tonneaux, allant de Séville à Amsterdam ». Lors de son voyage dans le Finistère, Jacques Cambry se vit servir à la table du curé de Penmarch « du plus délicieux vin de Ségur, trouvé sur le rivage et troqué par les paysans contre quelques bouteilles de mauvais cidre ».

Dans *Les Derniers Bretons*, Émile Souvestre racontait en 1853 l'histoire du célèbre Philopen, le sauvage d'Audierne. « Déposé, tout enfant, par l'équipage d'un navire étranger, sous le porche de l'église de Tréguennec, il avait grandi sur la grève, n'entendant d'autre voix que le mugissement des flots ou, parfois, la brutale insulte d'un pâtre qui lui jetait la pierre en passant. (...) On le voyait rôder sur les récifs, les jours de gros temps, comme un loup-cervier autour d'un champ de bataille. » Et Souvestre d'ajouter que Philopent, tout comme certains pêcheurs, « faisaient des naufrages une sorte de revenu annuel ».

On pourrait croire que ces pratiques disparurent avec le siècle. Il n'en fut rien. Dans un roman publié en 1912 et intitulé *Filles de la pluie*, André Savignon prête ces propos à un Ouessantin : « Vous prétendez empêcher les marins d'attraper quelques épaves ? La mer est leur champ, ils en souffrent. Il est juste que de temps en temps elle leur rapporte quelques joies imprévues. La réglementation dont font l'objet les épaves est une des tracasseries les plus odieuses du rat de cave. On fourre en prison des braves gens pour un morceau de bois, pour un vieux bidon de pétrole ramassé sur la grève. Et vous aussi, vous voudriez les empêcher de rapporter chez eux un boujarron de vin tiré d'une barrique à moitié vide alors que les négociants des villes arrivent, le danger passé, et se font adjudicataires du tout, on ne sait comment ! Quand il s'agit de mettre à l'eau un canot de sauvetage, les avez-vous jamais vus à l'œuvre, ces amis des lois ? »

Pour la petite histoire, signalons que ce livre de Savignon fut très mal accueilli par les Ouessantins. Nous apprenons en effet sous la plume de Marie Le Franc, au détour d'un paragraphe de son roman *Dans l'île* (1932), le fait suivant : « Un livre surtout (NDA : celui de Savignon), qui peignait les Ouessantines comme de chaudes amoureuses, soulevait leur indignation. Si la plupart ne l'avaient pas lu, elles en citaient le titre et connaissaient suffisamment son contenu, disaient-elles, pour en éprouver une grande colère, prêtes à règler son compte à l'auteur s'il remettait les pieds dans l'île. Une ancienne jolie fille, qu'on accusait de l'avoir renseigné sur les mœurs, criait le plus fort, afin de détourner la colère des autres, et souhaitait qu'on le renvoyât à Brest dans un casier à homards ! »

LE TOMBEAU DRUIDIQUE

Ar menhir

LONGTEMPS les richesses antiques de la Bretagne ont été comme inédites ; à genoux devant un débris d'Athènes ou de Rome, la France ignorait qu'au fond d'une de ses provinces elle avait, encore entiers et debout, une foule de monuments érigés par ces Celtes, que de leur temps les Grecs et les Romains qualifiaient déjà de l'épithète de vieux. Leurs prêtres, qui en étaient les véritables souverains, ne transmettaient que par la mémoire leurs secrets et leurs préceptes que renfermaient, dit-on, vingt mille vers. Mais la bibliothèque de granit qu'ils ont laissée éparse dans nos bruyères ou sur nos collines nous révèle en partie les mystères de leur culte ; et s'il n'en existe aucune trace dans l'ancienne Bibracte (Autun) et d'autres cités où ils avaient de célèbres collèges ; si la ville des Carnutes (Chartres), qui fut la métropole druidique des Gaules, n'a plus elle-même un écho que réveille leur nom, les monuments de la Bretagne sont des archives vivantes qui suppléent à ce silence du passé dans les lieux où leur règne jeta le plus d'éclat. Aussi notre pays est-il aujourd'hui regardé par tout le monde comme la médaille la mieux conservée qui reste des Celtes et par conséquent des âges primitifs. Mais ce phénomène de conservation ne se borne pas à leurs monuments sacrés. Vous voyez le *menhir* près duquel viennent de se rencontrer Corentin et le premier valet de son père, qui lui apporte l'ordre de retourner à la ferme et une petite bourse de cuir destinée à lever tous les obstacles de la route ? Supposez que le Celte qui repose sous cet obélisque funéraire, non pas depuis cinq ans, comme dans les fragiles tombeaux d'un cimetière moderne, mais depuis trois à quatre mille ans, s'est tout à coup réveillé de ce long sommeil, et que le fils de la France druidique se trouve en face de ces deux représentants bretons de la France constitutionnelle. Dès les premiers regards qu'il jettera autour de lui, aura-t-il beaucoup de peine à reconnaître sa vieille patrie dans cette nature immobile et ces hommes immobiles comme elle ? Voilà les immenses déserts de bruyère rose, les monts arides, les ravins et les rivages menaçants qu'il connut et pourra croire n'avoir quittés qu'hier ! Voilà les *menhirs* sous lesquels dort la cendre des braves comme à l'ombre d'indestructibles cyprès ; voilà les *dolmens*, les *barrows* ou *tumuli*, les *galgals*, les *cromlec'hs*, les *roulers*, les *carneillou*, en un mot toutes les pierres symboliques de son culte ! Enfin voilà l'idiome qu'il parlait lui-même, il y a 4 000 ans, et en écoutant ceux qui s'en servent encore, il retrouve des mœurs et des croyances qui remontent également à l'époque où il vivait ; les seules modifications qui s'y remarquent sont analogues à celles qu'a subies plus d'une pierre druidique, qu'on a rendue chrétienne en taillant une croix à son sommet. Y eut-il jamais un spectacle plus extraordinaire que celui d'une pareille immutabilité ? On n'en trouverait pas un second exemple en Europe, en Orient même, si ce n'est chez le peuple du céleste empire, et l'étonnement redouble, quand on songe que ces Bretons, qui ont si bien conservé l'empreinte des temps les plus reculés, font partie d'une nation légère et changeante, qui a passé pendant le même intervalle à travers plusieurs civilisations entièrement effacées, si ce n'est dans quelques ruines et quelques épitaphes.

Nous avons dit ce qu'étaient les *dolmens* ; les *menhirs* (*men*, pierre, *hir*, longue) ou *peulvans* (*peul*, pilier, *man*, figure, apparence) sont, ainsi qu'on le voit plus haut, des monuments funéraires au pied desquels s'enterraient les Celtes comme les chrétiens au pied de la croix. Quelquefois c'étaient aussi des monuments mémoratifs chargés de transmettre le souvenir d'une victoire, d'une alliance. Enfin des *menhirs* très élevés servaient d'emblème aux divinités celtiques ; de là cette méprise des historiens qui ont fait d'*Hirmensul* le dieu des Celto-Saxons, quand ce n'était qu'un *menhir* consacré au soleil. Plusieurs de ces monolithes ont de 40 à 60 pieds de haut, et l'on conçoit à peine comment un peuple privé de machines a pu mouvoir leur énorme et lourde masse. Nos paysans attribuent encore ce miracle aux *korriged*, et c'est une chose assez remarquable que ces travaux herculéens dont ailleurs on fait honneur aux géants, passent ici pour être l'œuvre de nains ; il est vrai que ces nains appartiennent à la famille des fées. Les *barrows* sont des monticules de pierres mêlées de terre et brillants de verdure ; on a dit avec raison que ces monuments funèbres doivent être les plus anciens, car ce sont les plus simples. Ces sortes de tombelles ou buttes artificielles, lorsqu'elles n'étaient que des monceaux de cailloux sans mélange de terre, s'appelaient *galgals* par les Celtes. Les *carneillou*, cimetières qui leur furent postérieurs, consistent en pierres informes dont on a jonché le sol au hasard et sans ordre : chacune d'elles recouvre une ou plusieurs sépultures. Les *cromlec'hs* (lieux circulaires) sont des sanctuaires ou temples que forment des blocs tantôt posés à nu, tantôt fichés en terre ; c'est là que les druides se réunissaient et célébraient leurs rites mystérieux. A quelque distance, un *menhir* placé en guise de sentinelle, avertissait les profanes de ne pas approcher de l'enceinte sacrée. Quelquefois une avenue de menhirs y conduisait, et lui servait comme de porche. Enfin, les *roulers* ou pierres vacillantes servaient à consulter le sort, et les pierres percées à guérir, par leurs vertus miraculeuses, les membres infirmes qu'on y plongeait. Les *dolmens* et les *menhirs* sont les monuments celtiques les plus nombreux ; les plus inexplicables sont ceux de Toullinguet et de Carnac. Rien de bizarre à la fois et de grandiose comme celui de Carnac. Composé de 1 200 pierres énormes (on en comptait 4 000, il y a un demi-siècle) qui sont rangées en ligne droite sur onze files parallèles, on dirait une armée de rocs, des phalanges de géants pétrifiés ! Quelques antiquaires y ont vu un camp romain, ce qui est absurde ; d'autres un ouvrage des Phéniciens ou des Égyptiens, à cause du temple qui porte le même nom à Thèbes, ce qui est peu vraisemblable ; d'autres enfin un thème céleste, prétendant que le zodiaque des Celtes n'avait que onze signes, ou bien un vaste cimetière, ou encore un temple serpentant, consacré aux divinités ophidiennes avant que leur culte n'eût été remplacé par le culte du soleil ; choisissez.

LE PREMIER AMOUR

Ar garantez kenta

LE voyage forcé que vient de faire Corentin est un de ces pèlerinages qui commencent à être à la mode parmi les admirateurs si longtemps exclusifs des sites de la Suisse et de l'Italie, et qui finiront par nous amener aussi des caravanes de visiteurs et d'artistes. Ils ne seront pas attirés dans cette baie d'Audierne par de frais ombrages, des ruisseaux au doux murmure, et autres considérations bucoliques qui peuvent contribuer au bonheur champêtre, mais accusent une nature un peu féminine ; c'est ailleurs que se trouve l'Arcadie bretonne. Ici la nature est âpre et rude ; il y a quelque chose de sauvage, mais de sublime dans sa magnificence. Tout du reste y est en harmonie. A la majestueuse tristesse de cette mer qui se confond au loin avec un ciel nébuleux et dont la voix rauque et lugubre semble râler sur les grèves, se joint l'aspect non moins mélancolique de cette mer de landes qui couvre la contrée comme d'un crêpe funèbre. Ces côtes déchirées, ces mille rochers blanchissant d'écume, qui, tels que des squelettes menaçants, sont pour le pays une sorte d'armure enchantée, y racontent les révolutions du globe auprès des ruines qu'ont faites les révolutions humaines. Voici d'abord sur cette pointe d'où s'étend au large une effrayante chaîne de récifs avec la forme qu'indique son nom (*Penmarch*, tête de cheval), voici le cadavre d'une ville du Moyen Age, qui a dû succéder elle-même à une cité celtique, tant sont nombreux, sur ce coin de terre, les autels des druides et leurs pyramides funéraires. La ville chrétienne couvrait une surface de près d'une lieue carrée, jonchée aujourd'hui de décombres ; deux villages, Penmarch et Kerity, sont les seuls restes vivants d'une de nos villes les plus florissantes du XVe siècle. Dans ces temps de piraterie, les riches habitants de cette ville ouverte et sans remparts avaient senti la nécessité d'être au moins chez eux à l'abri d'un coup de main ; aussi voit-on que leurs maisons étaient pourvues de créneaux et de mâchicoulis. Les six églises qu'elle renfermait et qui existent encore, soit entières, soit en ruine, ont servi parfois de citadelles, et avaient aussi leurs meurtrières. Les deux plus grandes de ces églises, celles de Penmarch et de Saint-Guenolé, sont remarquables par les sculptures de leur façade, qui donnent une idée des navires si bizarres de cette époque, et semblent indiquer des fondateurs enrichis par le commerce maritime. C'est qu'en effet il y était considérable : la pêche du hareng et surtout de la morue, dont un banc séjournait annuellement non loin de la pointe de Penmarch, aurait suffi à la prospérité de ce port, s'il n'eût pas été en outre l'entrepôt des produits que nous demandait alors l'Espagne, et qu'elle ne nous demande plus. La décadence de Penmarch date de la découverte du banc si poissonneux de Terre-Neuve. L'atroce brigand de souche noble, que la ligue déchaîna sur la Cornouaille, et qui, entre autres crimes, s'amusait à éprouver lesquels souffraient le plus des malheureux qu'il faisait mourir de faim ou d'indigestion, Guy-Éder, porta le coup de grâce à Penmarch ; 300 bateaux purent à peine charger le butin que lui valut le sac de cette ville. Plus loin, voilà la Torche, sorte d'îlot de rocs, fragment de la terre ferme qui y tient encore, mais auquel la fureur de l'Océan n'a laissé que sa charpente de granit. En en parcourant les anfractuosités, où le vent et la mer se livrent des combats qui retentissent parfois à 4 ou 5 lieues, vous trouverez le *Saut du Moine*, qui rappelle la témérité d'un homme voué à Dieu et cependant assez fou pour mettre sa volonté à l'épreuve ; puis la *Chaise d'Aristote*, siège que l'on croirait façonné par le fer, et que les lames et le temps ont seuls creusé. Après avoir suivi les contours arides et solitaires de la baie, sans entendre quelquefois pendant des heures, des journées entières, d'autre bruit que le bruit des vagues et le cri funèbre des goélands et des aigles de mer, vous arrivez au *Bec du Raz*, cette limite extrême, cette proue de l'ancien monde, où le deuil de la nature semble encore redoubler, où ne se rencontrent que des images et des menaces de destruction et de mort. Comment peindre avec des paroles cette pointe redoutable, cette presqu'île en l'air, carcasse nue et pelée, qui s'avance au-dessus des flots à une hauteur de 300 pieds ? On est saisi de stupeur, on est pris de vertige sur cet assemblage de rochers minés, aux pieds desquels se heurtent deux mers, la Manche et l'Océan, dont la lutte y entretient une continuelle tempête dans les jours les plus sereins ! Considérez en outre cet abîme qu'on appelle l'*Enfer de Plogoff*, cette *Baie des trépassés*, où, dit-on, errent en gémissant les âmes de milliers d'infortunés à qui la mer a servi de linceul, enfin cette plage désolée, où les pêcheurs trouvaient jadis un bateau prêt qu'ils devaient diriger chargé d'êtres invisibles vers l'île des ombres, et vous reconnaîtrez les lieux où les anciens placèrent la rive infernale et les gouffres du Ténare. Vous comprendrez aussi ce proverbe breton : *Biscoaz den ne dremenas ar Raz nen deveze aoun pe glas* (personne ne passa jamais le Raz sans peur ou mal). Ici plus qu'ailleurs tout annonce une grande catastrophe de la nature. Peut-on douter en effet que l'île de Sein, ce rocher recouvert de sable qui produit à peine quelques maigres épis d'orge, et dont la population mourrait de faim sans les secours de l'État, peut-on douter qu'elle n'ait fait partie du continent auquel la lie encore une chaîne de roches qui même la dépassent ? Mais à quelle époque en remonte donc sa séparation convulsive, puisque l'île de Sein était déjà célèbre, il y a 2 000 ans, comme la demeure de neuf vierges sacrées, sorte de Médées druidiques dont les philtres guérissaient jusqu'aux maux incurables, et qui pouvaient à leur gré soulever ou calmer les tempêtes ? Ce sont elles qui prédirent un trône à Aurélien et une défaite à Alexandre Sévère. Suivant quelques-uns, une catastrophe plus récente engloutit également en ces lieux cette fameuse ville d'Ys, qui a laissé tant de renom et si peu de traces, cité introuvable mais non problématique, sur laquelle ses dérèglements attirèrent la malédiction divine, et où la légende met si naïvement en scène saint Guénolé, l'impudique Dahut et son père le bon roi Grallon, qui seul put se sauver de cette Sodome maritime !

LE GRAND CHARROI

Ann dervez charrè

NOTRE héros, pas plus qu'aucun des Celtes modernes, ses compatriotes, ne saurait sans doute passer pour un antiquaire ; cependant les récits traditionnels qui se transmettent d'âge en âge au foyer breton l'ont quelque peu initié aux temps fabuleux ou semi-historiques de son pays. Il a souvent entendu parler de cette ville d'Ys, dont les merveilles sont encore plus populaires que celles des deux célèbres cités du Léon, Tollente et Occismor, qui ont pourtant laissé plus de vestiges. C'est que dans notre Armorique la tradition est une chaîne qui relie les débris du présent à la gloire du passé, et le peuple, fidèle au culte des souvenirs, n'y ressemble pas à ces fils dégénérés de Rome qui, presque étrangers dans leur propre patrie, ne comprennent rien au langage des ruines qui les environnent. Nous devons dire toutefois que Corentin a visité dans le cours de son voyage quelque chose d'un bien autre prix à ses yeux que d'antiques décombres et la place où furent de mystérieuses cités ; ce sont les reliques de plusieurs saints, et surtout la vraie clef de saint Ugent, cette clef miraculeuse qui prévient la moisissure, la rage et les maux de dents ! Aussi chaque année perce-t-elle une innombrable quantité de pains qui pourraient durer un siècle sans moisir, et dont le plus petit morceau jeté devant un chien enragé suffit pour le mettre en fuite, et touche-t-elle en outre des milliers de mâchoires dont aucune, de mémoire de Breton, ne souffrit jamais des dents. Désormais à l'abri de ce côté, Corentin n'a pas également trouvé de préservatif contre ce qu'on a appelé le plus grand des maux ou le plus grand des biens, et ce qui n'est ici ni l'un ni l'autre, contre l'amour. Il a 18 ans, et une première étincelle va tout à coup devenir pour lui le signal d'une nouvelle existence. Que l'on ne s'attende pas à une de ces flammes volcaniques, de ces passions désordonnées qui se développent dans l'atmosphère des villes. Si le sentiment auquel s'ouvre enfin son âme est au fond le même chez tous les peuples, l'expression en varie presque autant que leurs costumes, et c'est ici un feu calme et régulier qui circule doucement dans les veines sans y bouillonner et qui, loin de dominer toute une existence, n'y exerce qu'une influence très secondaire.

De retour à la ferme, il s'en allait un dimanche matin à la messe en jouant avec son chien, et tout aussi insouciant que lui, lorsque soudain il aperçoit deux jeunes filles qui se dirigeaient aussi vers l'église. L'une est Marie, dont le père occupe une riche métairie à l'extrémité opposée de la paroisse, et l'autre sa servante, ce qu'il a reconnu à son costume semblable par la forme mais différent par l'étoffe.

Depuis quelque temps Corentin n'avait pas vu Marie ; il est resté frappé à l'aspect de cette jeune fille, naguère enfant et aujourd'hui la merveille du canton. C'est que Marie est rayonnante de santé et de vie, et non seulement elle brille de cette vive fraîcheur que donne l'air pur des champs, mais elle y joint cette harmonie des formes dont l'attrait a tant de puissance sur les cœurs. Corentin, sans se l'expliquer, en ressent toute la fascination ; il était gai, rieur, le voilà sérieux, préoccupé. La gêne a succédé à son allure preste et dégagée ; et c'est la main passée dans sa large ceinture de cuir pour avoir une contenance, c'est en tirant à demi son chapeau d'un air timide, qu'il accoste les deux jeunes filles avec un *deiz mad déhoc'h* (bonjour) qu'il prononce à peine. Marie a jeté sur notre jeune galant un regard furtif qui est loin de lui être défavorable, et sa compagne, chez qui n'existent pas les mêmes motifs de dissimulation, l'examine d'un œil plus assuré ; on voit que c'est pour le compte d'une autre. Corentin, qui ne songe qu'à renouer connaissance, a trouvé bien court le trajet qui les séparait de l'église. Mais apprenant que le père de Marie devait entreprendre un grand charroi de bois pour lequel il aurait à réclamer le concours de tous ses amis et voisins, il s'est empressé de lui faire offrir les charrettes paternelles et leur vigoureux attelage. Tel est en effet l'antique usage du pays. Lorsqu'un cultivateur a de grands travaux à exécuter soit pour lui-même, soit pour les autres, par suite d'un marché, d'une spéculation, etc., il peut compter, à charge de revanche, sur l'assistance fraternelle et gratuite des fermiers du voisinage. Ne croyez pas cependant que ces services non rétribués ne lui coûtent rien ; les travailleurs, dans ces *dervez bras* (grandes journées) doivent nager au sein de l'abondance, et l'Amphitryon-spéculateur s'exposerait à de ruineux mécomptes s'il ne faisait entrer dans ses calculs l'excessive intempérance de ses hôtes. Quoi qu'il en soit, cette obligeance mutuelle, ces services payés par des politesses et non à prix d'argent, sont un trait caractéristique de la physionomie bretonne ; il révélerait seul tout ce qu'il y a de délicatesse et de fierté dans l'âme de nos laboureurs, qui n'accorderaient pas au devoir, à l'intérêt même, ce puissant mobile de leurs actions, ce qu'on obtient d'eux par la prière et pour une honnêteté.

Cette cour encombrée de voitures déchargées ou près de l'être, ces charretiers qui les vident avec autant d'ardeur qu'ils boivent ensuite, nous montrent dans toute leur activité les travaux d'un grand charroi, d'un *dervez bras*. Corentin vient de laisser à un compagnon en sous-ordre le soin de veiller sur son attelage. Mais il s'est bien gardé de répondre aux invitations réitérées de la vieille mère de Marie qui, sur le seuil de la porte, s'efforce, un *pichet* de terre glaise à la main, de rassasier des buveurs insatiables, et le hasard, s'il en est pour les amants, a précisément amené son écuelle sous le pot de cidre dont Marie fait de son côté les honneurs. A la posture de notre héros, à tous ses traits où respire un mélange naïf d'embarras et de bonheur, vous devinez quelles vigoureuses secousses les battements de son cœur donnent en ce moment à sa poitrine ? En vain il veut parler, ses lèvres ne donnent passage qu'à des mots inarticulés, et Marie étonnée, mais surtout bien aise d'avoir cette occasion de fixer sur lui ses regards, lui demande ce qu'il dit ou plutôt ce qu'il ne dit pas. Elle partage bientôt son trouble, et leur distraction devient telle à tous les deux, qu'ils ne s'aperçoivent pas que le cidre déborde et va couler à terre. Un groupe de vieux buveurs s'en est aperçu pour eux, et en tire des conséquences assez naturelles.

LA VEILLÉE

Ann nosvez

UNE soirée sous le chaume breton !... Vous souriez peut-être à ces mots ? Venez cependant vous asseoir au vaste foyer qui est le point de réunion, et pour ainsi dire le centre de l'humble demeure, et vous y retrouverez bien des plaisirs de votre connaissance. Ils y datent des temps les plus reculés, et bien qu'acclimatés ailleurs, n'en sont pas moins des larcins faits à notre Bretagne, dont les jeux ont été, comme sa vieille littérature, la proie des plagiaires étrangers. Vous reconnaissez ici l'un de ces jeux prétendus innocents, qui ne le sont pas toujours, et qu'on appelle la main-chaude. Ce nom indique assez qu'il a dû prendre naissance parmi des hommes près de la nature, qui, portés aux grosses gentillesses plutôt qu'aux joies froides et guindées de la ville, réchauffaient par des coups rudement appliqués la main du patient, que le bon ton permet à peine qu'on effleure. C'est Corentin qui, par calcul peut-être, s'est dévoué au rôle du pénitent, et qui, la main placée sur le dos, attend que l'une des fileuses mette à l'épreuve sa pénétration et ses sympathies ; mais pour ne pas commettre d'erreur sympathique, il a soin de regarder du coin de l'œil quelle est la main, amie ou ennemie, qui va frapper la sienne, et il voit ce qu'il aurait sans doute deviné, que ce sera celle qu'il désirait, celle de Marie. Autour de lui tout respire cette gaieté naïve qui répond si bien à la nature du jeu qui la provoque. Plus d'un fumeur, pour mieux s'y livrer, néglige jusqu'à sa pipe, et voilà bien des quenouilles oisives dont l'épaisse chevelure de chanvre ne promet pas de beaucoup diminuer. Une bonne vieille, que son âge rend peu sensible au charme des jeux innocents, est la seule qui soit restée fidèle à ses fuseaux et qui s'obstine à travailler. Mais le travail ne tient pas éveillé comme le plaisir : elle s'endort malgré les rires bruyants qui éclatent autour d'elle et la musique assez désagréable de grosses bagues destinées à prévenir ou plutôt à constater le sommeil qui gagne une fileuse. Le *tad-koz*, toujours assis dans son antique fauteuil de chêne, sert comme de pendant à la pauvre vieille. Mais moins étranger qu'elle à ce qui se passe, il suit de l'œil les amours de

Corentin et de Marie. Tout à l'heure même il remplira le rôle le plus actif de la veillée ; voici comment et pourquoi.

Lorsque la fougue des jeux turbulents s'est ralentie, et que la fatigue a ramené chacun aux plaisirs tranquilles, les commères ont d'abord pris la parole, et les propos médisants se sont bientôt succédé comme un feu de file. Ce sont, aux veillées, les propos les plus ordinaires, surtout quand les hommes, que ne gênent guère les lois peu exigeantes de la galanterie armoricaine, s'ennuient de la compagnie des femmes et les quittent pour le lit clos. Dès lors, les écluses de la médisance sont toutes grandes ouvertes, et des torrents de cancans s'en précipitent. Le vieux valet qui écoutait en bâillant cet intarissable caquetage, a tout à coup tiré de sa poche un jeu de cartes ; c'est le Beverley de la paroisse, et nous l'avons déjà vu, surpris au jeu, se rire des foudres de M. le curé. Mais le *tad-koz*, en apercevant des cartes, a froncé le sourcil. Ordinairement silencieux et calme, il s'est redressé, ainsi que cela lui arrive dans les grandes circonstances, pour rappeler à ses enfants les maximes de leurs pères et ces mœurs du bon vieux temps dont il est la tradition vivante. « Autrefois, a-t-il dit avec aigreur, on ne jouait point aux cartes ; et si la vie est aujourd'hui difficile et les familles en proie à tant de désordres, c'est à ce jeu maudit qu'il faut s'en prendre ! Mon grand-père m'a raconté cent fois que de son temps trois joueurs (on les comptait alors !) n'ayant pu en trouver un quatrième pour commencer leur partie, tout à coup se trouvèrent quatre à table. » Ici l'auditoire se serra autour du fauteuil patriarcal, et, à l'exception du vieux valet dont un éclair de scepticisme a sillonné les traits, chacun prête au *tad-koz* une attention mêlée de respect et d'effroi. Le feu pétillant du foyer s'était peu à peu éteint avec la gaieté de l'assemblée, et la chaumière ne se trouvait plus éclairée que par les lueurs faibles et douteuses d'une lampe de fer suspendue à la muraille. Cette lumière lugubre qui vacille dans les ténèbres, cette heure de la nuit où l'imagination bretonne évoque tant d'êtres fantastiques, tout contribue à imprimer quelque chose de solennel et de religieux aux paroles du vieillard ; il continue ainsi : « Bientôt l'un des joueurs, ayant remarqué que son vis-à-vis portait d'énormes gants à travers lesquels perçaient des griffes, fit tout effrayé le signe de la croix, et soudain l'étrange partenaire disparut enveloppé de tourbillons de flammes et en renversant pour adieux la moitié de la cheminée. » Un moment de silence et de terreur succède au récit de cette catastrophe, et le vieux valet voyant qu'il n'a rien de mieux à faire, jette plein d'humeur ses cartes dans son coffre, le referme avec fracas et va se coucher. Cependant le *tad-koz*, dont le fauteuil devient en pareil cas une sorte de succursale de la chaire évangélique, profite de l'impression qu'il a produite, et le reste de la veillée n'est plus que l'écho de ces poétiques superstitions, patrimoine d'un peuple-enfant qu'on berce encore avec les merveilles de sa nourrice. Le bonhomme a lu et relu *ar buez ar zent* (la Vie des Saints) et recueilli dans les dévôts pèlerinages qu'il y a fait depuis 80 ans, toutes les particularités des pardons du Léon et de la Cornouaille. Tantôt il rappelle l'aventure de la truie qui file, dont Saint-Pol a gardé le souvenir et l'image. C'était une sage et gentille bergère qui filait un jour sur le bord de la route en gardant ses brebis, et dont un seigneur débauché voulut souiller l'innocence ; mais la Vierge vint à son secours, et à sa prière lui donna la figure d'un animal assez hideux pour arrêter le libertin le plus entreprenant, miracle en mémoire duquel on a représenté une truie debout et filant avec une quenouille à son côté. Tantôt, ce sera une tradition féodale, et il effraiera les jeunes filles des galantes perfidies du célèbre Éven, ce comte Ory de la Basse-Bretagne, dont un rendez-vous de chasse, devenu depuis une ville (Lesneven), fut dans le temps un lieu fatal à la vertu. Cent autres histoires se succèdent ainsi jusqu'à la fin de la veillée, qu'il termine en lisant quelques pages de *ann hent ar barados* (le Chemin du paradis) et par la prière en commun, sans oublier un *de profundis* pour les morts.

Les veillées bretonnes ont disparu il n'y a pas si longtemps. Au début des années soixante, les soirs d'hiver, nous nous regroupions autour de la cheminée où crépitait un feu de bois. Nous jouions (innocemment) à la main chaude ou aux cartes. Parfois, tandis que nous réalisions quelques menus travaux (des tresses d'ail ou d'oignon par exemple), ma grand-mère nous parlait de son enfance en évoquant des anecdotes où se rencontraient, pêle-mêle, des loups, des sangliers, le cheval de son père ou encore des serpents multicolores qui, lorsqu'ils se dressaient, « étaient plus hauts que la maison ».

Evidemment, elle aimait aussi nous dire des contes qu'elle adaptait au contexte local. Ainsi était-ce le cas pour l'histoire du diable et de la mariée qui était censée se dérouler dans le village de Colpo, à une dizaine de kilomètres de Moréac. Voici qu'elle en était l'intrigue : « Ce printemps-là, la fille d'un riche fermier avait épousé un garçon du bourg. La noce avait mangé et bu, chanté et dansé toute la journée. Le soir venu, le cortège, toujours précédé des musiciens, se rendit à la ferme des parents de la mariée. Là, on but et dansa à nouveau. Vers minuit, un beau jeune homme fit son entrée. Nul ne le connaissait et il était d'une beauté extraordinaire. Le silence se fit quand il se dirigea vers la mariée pour l'inviter à danser. Tandis qu'ils virevoltaient au son de la musique, le jeune marié, rendu furieux par cette intrusion, poussa un hurlement en désignant les pieds du nouveau venu. En fait de pieds, celui-ci avait des sabots. Les sabots du diable ! On courut aussitôt chercher le curé et on ferma toutes les issues. Pris au piège, le diable essaya de s'enfuir par la cheminée. Mais à mi-hauteur du conduit, il resta coincé. Lorsque le curé arriva enfin, il monta sur le toit et aspergea le démon d'eau bénite. La créature se mit à pousser des cris atroces que l'on entendit jusqu'à Locminé (distant de huit kilomètres). A force de gesticuler, il réussit à se dégager enfin en passant par le sommet de la cheminée, brûlant au passage une partie du chaume sur le toit. Eprouvée par tous ces événements, la noce alla se coucher. Le lendemain, on retrouva la mariée morte dans son lit. »

Ces histoires avaient le don de nous effrayer et, dans le même temps de nous émerveiller parce qu'elles décrivaient le monde où nous vivions comme doté d'une dimension surnaturelle. Cela dit, le temps des veillées a connu sa fin. Au début des années soixante, l'irruption de la télévision a signé leur arrêt de mort. Au début, pourtant, comme pour préserver l'esprit de ces soirées, on se réunissait chez les uns ou chez les autres pour regarder cette « lucarne à images ». Et puis bientôt, chacun est resté chez soi. La voix des conteurs s'est alors éteinte.

LA FÊTE DE LA FILERIE

Goel ann nezerezed

IL est des veillées où les jeunes filles, celles surtout qui sont jalouses d'une bonne renommée, se montrent beaucoup plus laborieuses que nous ne venons de le voir. C'est lorsque, par suite de ce système d'assistance mutuelle, et de services fraternellement échangés, qui est propre à la Bretagne, l'émulation et l'espoir d'une récompense les aiguillonnent et les remplissent d'autant d'assiduité que d'ardeur. Cet heureux système qui tend à faire de toutes les familles une grande et unique famille, s'applique aux travaux des femmes comme à ceux des hommes. Nous avons vu le père de Marie réclamer pour un grand charroi le concours de ses amis et voisins, et ici c'est une riche fermière qui ayant beaucoup de chanvre à faire filer, a réclamé le concours de ses amies et voisines. Un prix est presque toujours proposé dans ce tournoi de ménage ; celle qui a fini la première sa tâche ou qui file la plus grande quantité de chanvre le reçoit comme un gage de sa victoire. Ce prix a peu de valeur, mais n'en est pas moins aux yeux des jeunes filles un précieux trophée à conquérir ; elles savent que celle qui gagne acquiert par là un titre à l'estime des anciens, et que tôt ou tard ce modeste triomphe pourra influer sur son sort.

Marie a mérité et reçut solennellement le ruban chamarré qui était promis à la fileuse la plus diligente : Corentin l'en félicite, et la jeune fille, plutôt par amour que par vanité, quoiqu'elle ne s'en doute pas encore, lui énumère avec complaisance tous les trophées de ce genre que lui ont déjà valus ses fuseaux. La servante qui l'accompagne écoute en silence, et jette un œil d'envie sur ce ruban, heureux gage d'une victoire qui lui paraît devoir contribuer à en assurer une autre plus douce encore.

Des tables grossièrement dressées sous le hangar qui abrite le four, sont couvertes d'écheveaux de fil que viennent d'y déposer toutes ces jeunes filles qui maintenant ne songent plus qu'à la danse, et les femmes de la ferme se préparent à passer ce fil au four, aidées de ces inévitables commères qui se mêlent de tout. Assis sur une modeste escabelle, deux musiciens qui peut-être vous agaceraient les nerfs, mais dont les sons même lointains réjouissent une oreille bretonne, s'y escriment aux frais du fermier amphitryon et à la très grande satisfaction de cette foule joyeuse qu'anime encore leur musique vive et criarde. Derrière eux sont une écuelle et un pot de cidre déjà vide ; car les artistes de l'Armorique ne démentent pas la réputation proverbiale que presque partout se sont faite leurs confrères ; aussi l'indigence est-elle ordinairement leur partage. Bien que ces sortes de fêtes, ainsi que les pardons, les noces et les aires neuves, soient pour eux un revenu certain et quelquefois assez productif, ils vivent dégradés par l'intempérance et la misère, et dans toutes ces brillantes assemblées où nos paysans aiment à se montrer avec leurs habits de fête, le contraste est frappant entre leur propreté et leur élégance, et les vêtements d'une toile grossière et hideuse de saleté qu'y étalent sans honte les artistes chargés de les exciter à la joie. Des deux musiciens que voilà, l'un joue de la bombarde et l'autre du *biniou* ; un troisième exécutant est nécessaire pour rendre complet un orchestre breton ; il apparaîtra plus tard.

La bombarde, instrument à vent et à anche, qui en se perfectionnant est devenue le hautbois, et se trouve aujourd'hui naturalisée dans le monde musical, a conservé chez nous sa barbarie native et avec elle la preuve de son antiquité. Cependant quelques artistes bretons ont su en faire un instrument presque harmonieux, et entre autre Mathurin, l'aveugle de Quimperlé, qui lui doit une véritable célébrité. Le *biniou* (la musette ou cornemuse) est l'instrument par excellence de l'Armorique. Voilà pourquoi on ne lui donne d'autre nom que le nom générique d'instrument (*benvek, biniou*), comme on a appelé les saintes Écritures, *biblos*, le *livre*. Le *biniou* se compose de plusieurs pièces : d'un sac de cuir, *sac'h-biniou* ; d'un porte-vent, *ar zutel* ; d'un chalumeau, *al levriad* ; et d'un gros bourdon, *ar c'hornboud*. Cet ensemble forme un instrument plus bizarre que mélodieux, mais dont les accords font bondir de joie la jeunesse du pays, et qui est le roi des instruments bretons : il est vrai que l'on n'en compte que trois. Comme tous les instruments à vent, le *biniou* exige une bonne poitrine ; on peut cependant sans cesser d'en jouer, reprendre quelquefois haleine. Lorsqu'il l'a suffisamment enflé, le *biniaouer* le laisse de temps en temps résonner pour ainsi dire tout seul, et se borne à promener ses doigts sur le chalumeau qui module les vieux airs de notre Bretagne. C'est ce que fait celui que nous voyons ; depuis quelques instants il ne souffle plus dans son *biniou*, qui néanmoins continue l'air commencé, et il profite de ce temps d'arrêt pour observer Corentin et Marie, dont les amours l'intéressent vivement ; il calcule déjà les bénéfices qu'ils lui rapporteront.

Presque tous les fermiers de la Cornouaille cultivent du chanvre, mais en général sur une petite échelle, et seulement pour en pouvoir garnir la quenouille des femmes de la ferme. Lorsque le chanvre est filé, on le porte chez un tisserand, et celui-ci, à l'aide d'un métier misérable, en fabrique pour six à sept sous l'aune la toile qui se consomme dans le ménage ; toute la toile de la Cornouaille est donc faite de chanvre. Dans le Léon, au contraire, on n'y emploie guère que le lin, et il n'y s'agit pas seulement de la consommation locale, mais d'une magnifique industrie qui répand dans le commerce une quantité considérable de toiles. Il s'en exportait autrefois en Espagne pour plusieurs millions par Morlaix et Landerneau, et la Bretagne n'a que trop ressenti le contrecoup de tous les désastres qui ont frappé ce malheureux pays. La graine de lin dont se fabriquent ces toiles vient du Nord, d'où il en arrive tous les ans à Roscoff un ou plusieurs chargements. Elle passe pour dégénérer dans notre sol ; de là le renouvellement continuel de la semence. Rien de remarquable du reste, comme l'activité et la richesse des campagnes à la fois agricoles et industrielles où se fabriquent principalement nos toiles ; tous les fermiers y sont fabricants, et toutes les fermes des manufactures, ce qui est, en fait d'économie sociale, le plus heureux système de fabrication qu'on ait encore imaginé.

ON TUE LE COCHON

Laza a rer ar penn-moc'h

DEPUIS un temps immémorial le cochon est en Bretagne parmi les animaux, ce que la pomme de terre y sera quelque jour parmi les végétaux, le trésor des chaumières et la richesse du pauvre. Ainsi ces deux inestimables présents de la Providence dont rien ne se perd, dont tout s'utilise, ont de plus cela de commun que sans être dédaignés sur la table même des rois, ils sont l'un et l'autre la principale ressource des banquets de l'indigence. On concevra facilement combien doit être appréciée dans la Cornouaille surtout la chair du porc, *kik moc'h*, en songeant que celle du bœuf ou de la vache, *kik bevin*, y est presque partout une nourriture exceptionnelle. Cet usage à peu près exclusif de la chair du porc a fait de cet animal l'hôte obligé des fermes bretonnes, ou plutôt la manière peu dispendieuse dont on l'y élève a dû en multiplier l'espèce et généraliser une nourriture qu'explique la pauvreté comparative du pays. Tous nos fermiers, sans en excepter même le *pen-ty* misérable, ont donc soin, lorsque approche la récolte des glands et des châtaignes, de se pourvoir au moins d'un *penn-moc'h* (tête de cochon, la partie pour le tout), dont le prix d'achat entre seul dans leurs calculs, vu qu'ils le laissent errer économiquement aux environs de la ferme, sur les terres vaines et vagues de la commune, et enfin le long des routes vicinales qu'il dégrade, et dont il est un des plus funestes fléaux. Là, leurs porcs fouillant dans la fange, y cherchent avidement les racines et les vers, qui sont un de leurs mets favoris, ou bien se gorgent de fruits sauvages et surtout de glands, régime qui passe pour les préparer mieux qu'aucun autre à une graisse aussi abondante que précieuse par sa qualité. Lorsque la saison des glands est passée, on renferme les cochons pour les engraisser. Omnivore comme l'est cet animal, rien n'est plus facile, et la nourriture de luxe qu'on lui donne dans ce but ne consiste guère que dans les criblures de grains, les rebuts de pomme de terre et les lavures de la ferme ; il faut que le sarrasin et surtout l'avoine soient à bien bon marché, pour que sur les derniers temps on lui fasse une fois par jour la libéralité d'une poignée de l'un ou de l'autre de ces grains. On n'a pas encore profité dans nos campagnes, et l'on n'y profitera pas de longtemps sans doute, de cette alliance si fructueuse de l'agriculture et de la chimie d'où est née, entre autres, la méthode d'engraisser les porcs avec des chairs d'animaux préparées par la cuisson, méthode qui utilise des matières jusqu'à présent perdues pour l'homme, et débarrasse en outre les populations agglomérées de substances dont la décomposition lente et l'accumulation sont un objet de dégoût et une source de dangers. Ce que dans nos fermes on donne surtout au porc comme la nourriture par excellence, ce sont les lavures du ménage, qu'on y appelle *goeden*, et que chaque jour reçoit, sans interruption depuis des siècles, une auge de pierre ordinairement incrustée dans le mur derrière la porte d'entrée. Bien des générations se succèdent sous le même chaume sans qu'aucune voie le fond de cette auge séculaire. En effet, on y garde toujours, en guise de levain, une partie des lavures anciennes ; il en résulte que les nouvelles contractent successivement une odeur aigre tellement forte que l'air est infecté, et les personnes qui n'y sont pas aguerries ne sauraient même se tenir dans la maison au moment où l'on agite ce ferment éternel pour l'épaissir également et le transvaser dans la marmite où il chauffe. Les fermières bretonnes, le matin comme le soir, comme toujours, songent aux bêtes avant de songer aux hommes qu'elles ont à nourrir, et, après Dieu, leur première pensée, au sortir du lit, a pour objet cette préparation du *goeden* et le repas du précieux animal domestique, qu'elles regardent comme un des meubles les plus indispensables de la ferme. C'est à l'importance attachée à sa possession sous le chaume le plus humble comme sous le plus riche, qu'on doit les dégoûtants tableaux qu'offre la hutte du *pen-ty*. Si celui-ci n'a pu obtenir quelque réduit pour abriter son *penn-moc'h*, il n'hésite pas à le parquer dans un des coins de la seule pièce qui forme sa demeure, et lorsqu'à force de s'imposer de dures privations, ce *pen-ty* est parvenu à la peupler de nouveaux hôtes de cette espèce, on trouve parfois logés avec sa famille dans la même maison ou plutôt dans la même étable, des porcs, une vache et de la volaille. C'est en petit l'arche de Noé ; c'est un triste et honteux spectacle ! Après deux ou trois mois du régime qui doit l'engraisser, le *penn-moc'h* est bon à tuer. On en a vu arriver dans cet espace de temps à un embonpoint tel qu'ils se trouvaient condamnés à une sorte d'immobilité, et lorsque les rats, cette vermine des étables, qu'ils attirent et dévorent, s'enhardissent de leur impuissance, et las de partager leur repas uniforme, à leur tour portaient sur eux une dent audacieuse, les pauvres porcs devenus gras ressemblaient au lion devenu vieux, ils ne pouvaient plus se défendre même contre ces misérables ennemis !

Quand le jour du sacrifice a été fixé, si la ferme ne possède pas de sacrificateur dont l'expérience et la dextérité inspirent de confiance, on appelle le boucher ou un voisin qui sache dépecer l'animal et en tirer tout le parti possible. Une seule chose s'en perdait jadis et ne se perd plus aujourd'hui : c'étaient ses soies, qu'utilisent et recherchent les fabricants de brosses. Pour rendre ces poils si rudes plus faciles à raser, on les assouplit d'abord avec de l'eau chaude ; mais on vend plus cher ceux qu'on arrache avant cette opération et dans toute leur rudesse.

Le père de Corentin, ayant à tuer un cochon gras, a fait venir un boucher-charcutier qu'il paiera une dizaine de sous, et qui de plus aura sa part du *fest ar moc'h* (le festin du cochon). La victime est prête, ainsi que l'autel ou la table sur laquelle on va l'immoler, et chacun se disposait à remplir le rôle qui lui appartient dans le sacrifice, lorsqu'un importun est venu l'interrompre. C'est un voisin dont le ministère a été employé par d'autres, mais dont on n'a pas jugé à propos de mettre le talent à l'épreuve. Il s'en est piqué, et raconte longuement à son rival en fonction, de combien d'opérations de ce genre il a été chargé lui-même. Celui-ci l'écoute avec une vive impatience, que commence à partager le reste des auditeurs, dont il suspend le travail par son malencontreux bavardage.

LA FÊTE DES BOUDINS

Fest ar goadegennon

L E voisin désappointé qui regrette si vivement qu'on n'ait pas eu recours à ses talents douteux, n'eût cependant retiré aucun salaire du service qu'il aurait voulu rendre ; c'est son amour-propre et non ses intérêts qui sont blessés. Il n'eût été payé de son obligeance que par les politesses d'usage, c'est-à-dire en devenant le convive obligé du repas du cochon et du repas des boudins. Le premier se donne le jour même où l'on tue la bête, et le mets capital en est le foie, sorte de dîme qui revient à l'exécuteur des hautes œuvres des basses-cours bretonnes. Les boudins ne se mangent, ainsi que tout ce qui ne se conserve pas du cochon, que le dimanche suivant ; c'est le *fest ar goadegennon*. On y invite seulement ses parents, et ces amis éprouvés qui peuvent passer pour être plus qu'eux encore de la famille ; les étrangers y sont rarement admis. Aussi ces réunions, qui ont lieu surtout lorsque se tiennent les joyeuses assises du carnaval, se font-elles remarquer par l'intimité des convives plutôt que par leur nombre. Il y règne un laisser-aller, une gaieté franche et naïve, qui témoignent de l'absence de tout cérémonial ; car nos Bretons ont aussi l'étiquette, et même sur ce chapitre ils pourraient rivaliser avec les courtisans les plus pointilleux, tant est grande l'importance qu'ils attachent souvent à de petites choses ! Le curé n'est pas oublié dans les invitations auxquelles donne lieu le *fest ar goadegennon*. Mais c'est un hommage qu'on lui rend plutôt qu'une invitation réelle qu'on lui fait ; on n'ignore pas qu'il ne peut s'y rendre, attendu que les offices l'enchaînent à l'église le dimanche. On a donc soin, en entrant au presbytère, de remettre à la *karabassen* quelques morceaux de choix du *penn-moc'h*, et une douzaine des boudins les mieux confectionnés : c'est un vieil impôt qui se paie presque partout encore avec une pieuse régularité. Il y a des paroisses où, en pareille circonstance, le saint qui y sert d'intermédiaire spécial avec le ciel ne reçoit pas moins exactement que le curé son offrande, lors surtout que ce saint est saint Antoine. Au Faou, par exemple, dont il est le patron céleste, il lui revient alors de droit *cunn troad moc'h* (un pied de cochon). Quand celui-ci est bien fumé et aussi noir que la cheminée où il subit cette opération conservatoire, on le dépose devant la statue révérée du saint, qui quatre fois par an (les jours où avaient lieu les quatre foires du Faou avant la révolution) est exposée près de la porte du cimetière à l'adoration des fidèles. Là, une clochette leur annonce que le saint les attend ; et bientôt la petite statue de bois, si antique qu'elle tombe presque en poussière, est comme ensevelie sous la masse de leurs offrandes naturelles ou monnayées ; c'est d'une part une montagne de pieds, d'oreilles ou autres parties du cochon, et de l'autre une véritable pluie de sous ; car il ne se fait pas un marché de porcs dans le canton qui ne s'escompte en faveur de saint Antoine, et l'acquéreur, pour être bien sûr que cet escompte sera fidèlement remis, ne manque jamais de le prélever sur le prix de la vente et de venir porter lui-même le sou d'offrande, grâce auquel ses porcs doivent prospérer et promptement s'engraisser. Mais on n'attend pas toujours l'une des quatre époques consacrées pour apporter à saint Antoine sa part du cochon qu'on a tué ; souvent on la remet dès le dimanche suivant entre les mains des marguilliers qui quêtent, et rien de comique comme de voir ceux-ci pour n'en n'être pas embarrassés, passer dans leur ceinture l'un après l'autre une demi-douzaine et plus de pieds de cochons, et puis continuer gravement leur quête, armés de ces grotesques pistolets ! Pour conserver le lard, on le sale ou on le fume ; dans beaucoup, dans trop de fermes bretonnes, ce dernier mode de conservation est par économie le seul qu'on pratique. C'est une des raisons, entre mille autres, sur lesquelles on peut s'appuyer pour combattre le droit extravagant qui décuple aujourd'hui la valeur du sel, et lorsqu'il ne l'interdit pas tout à fait, en restreint si cruellement le bienfaisant usage dans nos campagnes. On sait en effet qu'il vaut beaucoup mieux saler que fumer la viande ; la viande fumée s'évente et n'est nullement à l'abri des vers. Mais l'impossibilité d'acheter le sel qui leur serait nécessaire force une foule de fermiers d'utiliser, à sa place, la fumée de leur foyer, et voici comment ils en dirigent l'action, sinon puissante, du moins fort économique. Les pièces de lard sont rangées dans la vaste cheminée sur une sorte de civière, et lorsqu'elles y sont restées quelque temps, se placent sur une autre civière clouée aux poutres de la maison, où elles continuent à subir l'influence d'une fumée seulement moins épaisse. Car l'intérieur de nos chaumières est comme notre ciel, presque toujours chargé de nuages grisâtres ; on pourrait s'y croire au sein de l'atmosphère magique des évocations, et l'on y est bien certainement dans l'atmosphère la plus favorable à quelque opération fumigatoire que ce soit. Il est d'autres produits du cochon qu'on trouve toujours suspendus soit aux murs de la cheminée, soit au-dessus de la table à manger ; ce sont des andouilles, des saucisses, le pain de graisse qui décroît chaque jour et disparaît peu à peu dans la soupe, et enfin la vessie qu'on enfle encore fraîche, et qui, lorsqu'elle est sèche et ridée, se transforme en bourse, en blague à tabac, ou bien, clochette assez peu sonore, s'attache au cou des chevaux et y fait sourdement retentir les pois qu'on y a emprisonnés.

Le repas a lieu dans la cuisine, qui est l'appartement d'honneur de nos chaumières. Corentin, tout en buvant avec le père de Marie, cherche à lui donner une idée avantageuse de ses connaissances agricoles. Un vieil ami goguenard qui a pitié de la contrainte que s'impose notre amoureux, lui montre qu'on danse sur l'aire, et ajoute en riant qu'il ferait beaucoup mieux dans un moment pareil de songer à la fille que de s'occuper du père. Marie, à l'autre extrémité de la table, est harcelée par deux commères de la famille qui ne lui parlent qu'indirectement de ses amours, mais cependant s'en mêlent plus que ne le voudrait Corentin. Aussi un mendiant, vieil habitué de la ferme, qui n'entend pas que d'autres que lui y servent jamais de *baz-valan*, trouve que nos deux commères empiètent quelque peu sur ses droits, et il se promet de savoir bientôt positivement s'il est temps qu'il intervienne et que sa méditation matrimoniale commence.

L'AIRE NEUVE

Al leur nevez

TOUTE la récolte se battant aussi promptement que possible et sans l'abri des belles et vastes granges qui permettent ailleurs de l'égrener par tous les temps, nos fermes sont pourvues d'aires spacieuses presque toujours placées au midi ou au levant de la maison d'habitation ; celle-ci s'ouvre d'un côté sur la cour, et de l'autre sur ces aires. Diverses causes en rendent la détérioration plus ou moins rapide, et par suite elles sont réparées ou, pour mieux dire, refaites à neuf à des époques plus ou moins rapprochées. Il en existe en outre beaucoup qui, à proprement parler, n'ont jamais été ni faites ni par conséquent refaites ; ce sont les aires de ces petits fermiers, de ces *pen-ty* malheureux qui, lorsqu'un voisin plus riche ne peut ou ne veut leur prêter la sienne, sont réduits à peler un coin de leur champ, et à y battre sur un sol graveleux et inégal une récolte déjà bien maigre et dont la qualité ne s'y améliore certes pas. Les mieux préparées sont loin de valoir celles du midi, si bien carrelées, si admirables de propreté, et d'où le blé ne s'enlève guère moins net que s'il sortait de l'épi même ; on peut donc juger combien celui qu'on bat sur des aires qui méritent à peine ce nom, doit se mêler de matières étrangères qu'il est ensuite si difficile d'en séparer. Les travaux que nécessite chez nous une aire neuve sont encore de ceux que facilite le mutuellisme breton. Les amis, les voisins sont convoqués, les uns avec leurs instruments, les autres avec leur attelage : les premiers, munis de pelles et de râteaux, défoncent et labourent le terrain, ou enlèvent les cailloux dont il est semé ; les autres y transportent des barriques d'eau et des charretées de terre glaise de choix. Cette terre inerte, où se perd toute vertu germinative, y est détrempée, battue, nivelée de manière à former une surface unie et sans fentes, d'où ne puisse se détacher le moindre fragment propre à détériorer le blé. Toutefois, c'est là une perfection à laquelle il est bien rare qu'on sache ou même qu'on veuille atteindre. Aussi notre blé, en sortant de l'aire, n'est-il que trop souvent mélangé de ces petits corps terreux ou pierreux semblables, ou à peu près, par la forme au grain lui-même, et qui, lorsqu'on l'a dégagé de son enveloppe de poussière et de toutes les stériles grenailles qui l'entourent, se broient avec lui sous la meule et ternissent une farine dont la blancheur semblait devoir être éclatante.

Tout le monde ici travaille, excepté le père de Corentin qui, appuyé sur sa bêche, se délasse un moment en jetant autour de lui le regard du maître, et Corentin lui-même, qu'a détourné de son ouvrage l'arrivée du renfort qu'il guettait : ce sont les femmes et les filles des fermiers qui ont été mises fraternellement en réquisition. Comme eux, elles ont en pareil cas un tribut à payer, et toutes arrivent chargées de pots de lait et de paniers de beurre. Leurs dons, qui n'ont rien d'obligatoire, mais qu'a consacrés un usage immémorial, sont destinés à alléger les dépenses de celui qui doit, par la bonne chère et le plaisir, largement reconnaître le service qu'on lui rend. La manière dont ces présents sont offerts ne mérite pas moins d'être remarquée que l'usage même de les offrir. Attendus, mais non sollicités, les lits clos se recouvrent d'avance de nappes blanches pour les recevoir, et les fermières ou leurs servantes y vont déposer ce qu'elles apportent, sans en ouvrir même la bouche aux maîtres du logis, sans leur demander ni en recueillir le moindre remerciement. C'est tout à la fois la simplicité des premiers âges et une délicatesse qu'à défaut de notre civilisation inspire aux fils de l'Armorique leur fierté naturelle. Ils sont bien aises d'être royalement traités par leur hôte, mais ne veulent pas cependant que leur travail soit payé trop au-delà de sa valeur, et rien ne leur paraît plus convenable que de solder ainsi la différence par une sorte de contribution volontaire.

L'arrivée des femmes a excité l'attention du seul Corentin ; c'est que l'amour l'a quelque peu dépouillé de son écorce bretonne, dont il ne s'enveloppera de nouveau qu'après son mariage. Il savait que celle qu'il aime marcherait à leur tête, et il les attendait en conséquence avec une impatience que partageait Marie. Une douce joie les anime tous les deux, et il accueille sa bienvenue en caressant de sa pelle le pot de lait qu'elle a sur la tête. Voilà une singulière gentillesse, dira-t-on ? Il en est d'autres que provoque le travail des aires neuves, et qui mettent bien mieux encore dans son jour la galanterie brutalement expansive et joyeuse dont se pique un Bas-Breton. Tout le temps que la surface des aires ne forme qu'une mare bourbeuse, par exemple, les jeunes filles qui passent dans les environs sont guettées, saisies, et de gré ou de force entraînées dans ce bain de fange, où elles se débattent au milieu de longs et bruyants éclats de rire ; l'état dans lequel elles en sortent est réellement fort risible, mais comme on peut le penser, n'est pas de nature à ajouter à leurs charmes.

Il n'y a presque jamais qu'une aire par village ; ce serait trop peu, si en Bretagne comme en Normandie et ailleurs, un village était la réunion des maisons manables de plusieurs fermiers groupés sur un même point, bien que cultivant des terres dispersées çà et là et quelquefois situées assez loin de leur maison d'habitation. Mais un système diamétralement opposé nous a été transmis par nos pères. La demeure du métayer breton se trouve au centre, ou à peu près, des champs qu'il exploite. La plupart du temps elle y est isolée, et avec sa ceinture de crèches et de granges forme ce qu'on désigne chez nous sous le nom de villages. Deux motifs surtout déterminent aujourd'hui comme autrefois leur emplacement. On veut d'abord qu'ils soient à proximité des terres qui en dépendent, et puis que leur position dans les lieux les plus bas y fasse affluer les eaux et hâte la putréfaction des pailles, landes et bruyères, dont tant de fermiers sont réduits à fabriquer leurs engrais, fabrication funeste qui environne leurs habitations d'une eau fétide, et transforme les abords de chaque ferme en cloaques pestilentiels et impraticables. Ces foyers de corruption, actifs auxiliaires d'un fléau, ont donné chez nous des ailes au choléra ; mais il y a frappé à coups redoublés, sans que ses terribles avis aient été entendus : on y sait mourir, et l'on n'y saura pas de sitôt briser le joug des habitudes routinières.

DANSES DE L'AIRE NEUVE

Dansou al leur nevez

L ES réjouissances auxquelles donne lieu une aire neuve ne sont pas seulement destinées à célébrer la fin de travaux pénibles ; elles ont aussi un but utile, celui de les compléter. Lorsque des mains laborieuses ont recomposé le sol de l'aire, et qu'il ne s'agit plus que de fouler et pétrir de manière à en former une masse dense et compacte qui se sillonne d'aussi peu de fentes que possible aux rayons du soleil, les fermiers remettent au dimanche cette partie de leur besogne, et c'est le plaisir ce jour-là qu'ils chargent de la remplir. Des danses sont annoncées, et la jeunesse du pays accourt aux sons de l'orchestre national, dont le maître de l'aire neuve fait de grand cœur les frais ; c'est là en effet une dépense économique. Les meilleurs ouvriers ne s'acquitteraient pas aussi bien de cette tâche en s'épuisant de fatigue, que ne le font en s'amusant les danseurs, et surtout des danseurs passionnés, frénétiques comme nos Bretons. Ajoutons que les parents, les amis, ceux enfin qui ont participé aux préparatifs de l'aire, et qui ont été, par conséquent, tout un jour les hôtes de la ferme, se considèrent alors comme obligés de se livrer avec courage à l'amusement ou plutôt au travail de la danse, et d'y exciter chacun par leurs propos et leur air de bonheur. Cette dissimulation folâtre et rieuse est une source d'observations piquantes. Tel qui en guidant la danse à travers mille tours et détours ne semble écouter que ses gais caprices et n'obéir qu'à l'ivresse du plaisir, a soin de diriger la phalange des danseurs vers l'endroit de l'aire qui n'a pas été foulé et qui a le plus besoin de l'être. Mais voici qui est plus caractéristique encore : vous voyez ce jeune cultivateur qui vient de perdre un frère tendrement aimé ? Il ne s'en abandonne pas moins à toute la fougue, à tout le délire d'un danseur d'aire neuve, et si, étonné de sa conduite, vous lui en reprochez l'indécence, il vous répond en essuyant à la fois ses larmes et la sueur dont la danse a inondé son visage : « Je ne me divertis pas, je remplis un devoir ; je suis ici pour travailler, et je travaille. » Et il dit vrai ; ceux-là seuls restent alors oisifs qui consentent à être marqués du stigmate de l'indolence. Aussi comme chacun s'occupe, c'est-à-dire danse sur cette aire qui s'achève sous les pas lourdement cadencés de tant de joyeux ouvriers ! Tout le monde y est acteur, si ce n'est quelques femmes restées sans partenaires, ce qu'on ne redoute pas moins dans nos campagnes qu'à la ville, et quelques vieillards qui, prêts à se jeter eux-mêmes dans la mêlée si leur exemple était nécessaire, forment comme l'arrière-ban de la danse, et profitent de leur inutilité du moment pour observer, causer, ou débattre des intérêts litigieux. Assis sur un fossé ombragé qui leur sert d'estrade naturelle, les joueurs de *biniou* et de hautbois y sont soutenus par le troisième musicien que nous avons annoncé comme complétant un orchestre breton ; c'est le joueur de tambourin, exécutant moins recherché que les deux autres, mais à coup sûr le plus original des trois. Quoi de plus bizarre en effet qu'un grand gars, au cou duquel est suspendu une espèce de petit tambour d'enfant, et qui le fait résonner, en mesure ou non, avec la gravité la plus grotesque !

On vient de voir que beaucoup de gens dansent aux aires neuves pour l'acquit de leur conscience ; mais presque tous le font par plaisir bien plus encore que par devoir. Malgré sa lenteur habituelle, malgré cette apathie qui l'empêche de jamais se hâter, et qui aurait suffi pour donner naissance au proverbe *festina lente*, la danse est un exercice que le paysan armoricain aime avec passion, avec fureur. Ni la longueur du chemin, ni les chaleurs les plus dévorantes de l'été ne sont à ses yeux un obstacle, dès qu'il s'agit d'aller danser ; il fait 2, 3, 4 lieues et davantage pour se rendre à l'aire neuve où le *biniou* l'appelle. A peine y arrive-t-il, baigné de sueur et haletant de fatigue, qu'il figure déjà parmi les danseurs, et hurlant, bondissant, s'agitant comme un possédé qu'on exorcise, il y reste jusqu'à la nuit close en proie à une sorte de fièvre qui peut seule soutenir ses forces, et en faire ainsi un véritable danseur athlétique. Les femmes partagent avec les hommes ce goût si vif pour la danse, si même elles ne le portent encore plus loin ; cependant à les voir on ne s'en douterait guère : elles sont sérieuses, réservées, tristes même en dansant, et quoiqu'elles s'y laissent entraîner le plus volontiers du monde, conservent un air de décence et de scrupule au milieu de leurs plus violentes évolutions chorégraphiques. Cette attitude à demi religieuse de nos lourdes bayadères, ces yeux presque toujours baissés, qui semblent chercher une fosse plutôt que le plaisir, sont peut-être un souvenir de l'origine sacrée de la danse. Ce fut longtemps chez tous les peuples un exercice pieux, qui, suivant Platon, rappelait des idées d'ordre et d'harmonie. David dansa devant l'arche, et les prêtres de Mars exécutaient à Rome des danses que les Ombriens, émigrés celtiques, avaient importées en Italie, danses qui se sont conservées et existent encore dans notre vieille Armorique, avec leurs figures, leurs voltes dans tous les sens et même leur nom d'alors (*Red ann dro*). Les premiers apôtres du catholicisme, fidèles à leur système de sanctifier tout ce qu'ils ne pouvaient déraciner de l'ancien culte, reconnurent la légitimité de ces danses, et elles continuèrent dans les temples et les cimetières chrétiens, où malgré les foudres déjà si lointaines du pape Zacharie, elles n'étaient pas encore partout abolies au milieu du dernier siècle. On voit sur quelques vitraux de nos églises des joueurs de *biniou*, de hautbois et de tambourin précédant les ministres du Christ, et contribuant avec eux à l'éclat des cérémonies religieuses. Mais que les temps sont changés ! Excepté là, nos Orphées de village, dépouillés de leur sainte auréole, ne sont plus représentés aux fidèles que comme des agents de perdition et des hommes maudits du ciel. La danse déchue ainsi qu'eux, et de sacrée redevenue profane, est même tombée plus bas encore. Les prêtres modernes en ont fait un péché, en ont fait un crime ! N'y a-t-il pas dans cet anathème un fâcheux rigorisme ? Proscrivez l'abus, mais permettez l'usage. L'homme laborieux a besoin de distractions et la jeunesse d'amusements ; quelques heures de plaisir et de joie leur sont nécessaires comme le soleil à la plante qui longtemps en a été privée ; après leurs rudes travaux, cette joie, ce plaisir, c'est leur soleil.

LA VENTE AUX ENCHÈRES
APRÈS LA MESSE

Ar werz dre ecan coude ann oferen

CE n'est pas certainement en Bretagne qu'est né le proverbe : « Il vaut mieux s'adresser à Dieu qu'à ses saints. » S'il est au monde un pays où leur intervention soit jugée nécessaire, indispensable, et fasse invoquer leur nom avec ferveur, c'est à coup sûr le nôtre. Telle est l'idée qu'on s'y est faite de leur crédit dans le ciel, qu'on les croit capables d'y balancer la volonté divine ; et vous entendez un bon Armoricain vous dire avec une foi naïve : « Tel saint (saint Corneille, par exemple) est si puissant que, s'il l'avait bien voulu, il eût été le bon Dieu lui-même ! » Tant de confiance dans l'intercession des saints ne pouvait manquer d'en multiplier considérablement le nombre, et c'est ce qui a eu lieu surtout dans les premiers âges de l'Église, où chaque évêque jouissait du droit d'en faire, et n'avait pas encore abandonné à Rome le monopole de la canonisation. Du reste, cette multitude de saints fait honneur à nos pères, car c'est la reconnaissance qui a ainsi peuplé le paradis breton. D'autres pays ont témoigné leur gratitude à leurs bienfaiteurs en leur élevant des statues, la Bretagne en leur donnant place dans la Légende. Les principaux apôtres du christianisme y furent, d'un côté, des druides convertis qui, éblouissant le vulgaire des trésors de leur science, jusque-là mystérieuse, tournèrent contre leur ancien culte les armes destinées à le défendre ; de l'autre, des moines d'outre-mer qu'enflammait cet ardent prosélytisme qui fait des miracles, et desquels, nous raconte Albert le Grand, traversaient d'ordinaire l'Océan à pied sec, sur un nuage, dans une auge de pierre, ou pendant un rêve qui se trouvait réalisé à leur réveil. Ces pieux missionnaires, dont la plupart était des moines *irois*, ce qui a fait appeler avec raison l'Irlande la marraine de l'Armorique, y apportaient avec la charité évangélique ce reste de lumières et de civilisation dont les cloîtres, depuis l'invasion des barbares, avaient presque été l'unique foyer. Agriculteurs et industriels, médecins de l'âme et du corps, ils défrichaient un pays inculte, y naturalisaient quelques commodités de la vie, consolaient les affligés, guérissaient des maux réputés incurables, et devaient naturellement passer aux yeux de nos sauvages ancêtres pour des sorciers ou des saints. Peu à peu certaines maladies prirent le nom de ces hommes précieux, qui savaient si bien y porter remède, et faisaient servir leurs connaissances médicales et autre à la gloire du culte qu'ils enseignaient. C'est ainsi qu'on appela l'hydrophobie, *drouk-sant-Weltas*, à la lettre, le mal de saint Gildas ; la goutte, *drouk-sant-Urlou*, le mal de saint Urlou ; les écrouelles, *drouk-sant-Cadou*, le mal de saint Cadou, etc. Lorsqu'ils ne furent plus de ce monde, et qu'on ne put les invoquer sur la terre, on les invoqua dans le ciel, et l'on continua de déposer aux pieds de leur image l'humble offrande que la reconnaissance leur apportait autrefois à eux-mêmes. Un pareil usage ne pouvait qu'être encouragé. Dans ces temps-là surtout, le temple vivait du culte et le prêtre de l'autel. Aussi les encouragements ont-ils été si efficaces, qu'il n'est pas une maladie d'animaux domestiques, pas une infirmité humaine, pas une position dans la vie, qui ne soit la spécialité de quelque saint, et une excellente branche de revenus pour l'église ou la chapelle qui lui est consacrée. Nous avons vu que c'est saint Antoine qui défraie celle du Faou ; ailleurs c'est saint Joua ou saint Eloi, ces illustres vétérinaires qu'on y trouve représentés avec les attributs d'un évêque et d'un maréchal-ferrant ; là, saint Herbot, sous la protection duquel les bœufs prospèrent et les génisses deviennent fécondes ; ici, saint Yves, le plus célèbre des rares représentants du barreau dans le ciel et le calendrier ; cet avocat des pauvres, dont on disait dans son temps : *Advocatus sed non latro, res mirabilis populo* ; plus loin, saint Hervé, la terreur des loups et la sauvegarde des troupeaux ; saint Isidore, la providence des jardins, qu'il préserve des taupes ; saint Ronan ou saint Guénolé, qui font cesser la stérilité des femmes, et sainte Honorée qui leur donne du lait ; enfin, saint Conogan, saint Trégaré, saint Gouesnou et cent autres, grâce à qui les aveugles voient, les sourds entendent, les culs-de-jatte jettent leurs béquilles et se mettent à courir. La plupart de nos saints reçoivent indistinctement des offrandes de toute sorte ; à quelques-uns, cependant il en faut de spéciales. Ainsi lorsqu'on vient plonger un membre malade dans la fontaine merveilleuse de Briec, on y porte neuf poupées d'étoupe, quêtées dans neuf maisons où il y a une Marie. Saint Gildas, qui guérit de la rage, doit recevoir un poulet blanc. Un pauvre diable se désolait un jour de ne pouvoir lui en offrir de la couleur qu'il préfère : « Eh bien ! lui dit l'abbé compatissant préposé à la recette, au lieu d'un blanc donnes-en deux noirs, cela reviendra au même. » Quels que soient du reste les dons en nature, blé, beurre, toile, crin, poulets, veaux, etc., ils sont ordinairement mis aux enchères le dimanche suivant. C'est au sortir de la messe et au pied de la croix que se tient cette espèce de bazar sacré avec le Christ pour enseigne, et que la piété achète ce que la piété a donné.

Vous voyez une de ces Bourses qu'on peut appeler bretonnes, car il n'en existe peut-être de semblables qu'en Bretagne. Un marguillier étale à tous les regards le superbe lapin qu'il met aux enchères, et tient de l'autre main un morceau de beurre qu'il va ensuite y mettre. Le bedeau sert de crieur, et, adossé à une curieuse croix de granit, fait retentir les échos du cimetière des résultats de cette pieuse adjudication. Les divers groupes qui y assistent ne se disperseront que lorsqu'il n'y aura plus rien à vendre ; ils ne voudraient pas faire au patron qui veille sur la paroisse l'injure de laisser sans chalands ce qu'il peut y avoir dans ses revenus à mettre en vente. Une partie des spectateurs paraissent inattentifs et ne le sont cependant pas ; Corentin, par exemple, qui ne manque jamais après la messe d'accoster Marie et de prolonger autant que possible son entrevue hebdomadaire, dès qu'il s'apercevra que tel ou tel objet ne trouve pas d'acquéreur, se détournant brusquement, coupera par une enchère sa conservation amoureuse ; ou bien son père, qui est allé s'agenouiller sur une tombe, s'arrêtera tout à coup au milieu d'un pater ou d'un ave, pour crier : *Pemp real !... eur skoed !* (cinq réaux ! un écu !) puis il reprendra sa prière interrompue.

Les saints, en Bretagne et dans d'autres régions de France, étaient donc vécu comme des intercesseurs de la volonté divine. Leur « spécialisation » les rendait d'autant plus abordables qu'on leur demandait une chose précise : guérir une maladie, vaincre un sort ou une infirmité, etc. Mais la canonisation populaire créa elle aussi d'autres saints, dont l'histoire était rattachée à un acte ou un moment du contexte local. Le bandit Lénard, d'Andouillé-Neuville (Ille-et-Vilaine) devint un saint après s'être amendé. L'ostréiculteur Jo Camus, de Cancale, fut sanctifié après avoir donné sa vie en 1860 lorsque les huîtres disparurent ; il mourut peu après avoir fait son vœu et les huîtres reparurent.

Dans le Morbihan, le personnage d'Yves Nicolazic était très connu. C'est lui qui, en 1674 et 1675, eut plusieurs visions de sainte Anne qui lui demanda de rebâtir une ancienne chapelle dédiée en son nom. Le laboureur exauça son souhait et c'est ainsi que naquit le pèlerinage de Sainte-Anne d'Auray. Si les prêtres évoquaient Yves Nicolazic, les gens l'appelaient le plus souvent « saint » Nicolazic, ce dont l'église ne semblait guère se formaliser.

LA BANNIÈRE

Ar bannier

On peut citer quelques contrées où l'antique ferveur catholique n'est pas plus éteinte qu'en Bretagne, qui attachent aussi une importance extrême au culte extérieur, et dont la foi se manifeste surtout par l'éclat des cérémonies et l'amour des processions ; mais, nous le répétons, il n'en est pas qui ait plus libéralement livré le ciel à des saints indigènes, et qui leur y ait fait une plus large part de droits et d'autorité. On vient de voir quelques bizarres résultats de cette toute-puissance ; eh bien, ce que nous avons dit n'approche pas de ce que nous avons à dire. On croira que c'est un conte ; nous l'avons cru longtemps.

L'église, et non la maison commune, étant le centre et comme le capitole des clans bretons, la bannière religieuse est naturellement à leurs yeux d'un bien autre prix que la bannière politique. Aussi le drapeau blanc et le drapeau tricolore l'ont-ils emporté tour à tour l'un sur l'autre sans les émouvoir beaucoup. Mais dès qu'il s'agit de leur bannière patronale, s'il leur faut conquérir les faveurs du ciel en faisant un rempart de leurs corps au saint dont elle offre l'image, comme au *pardon* de saint Hervé, alors éclate toute leur énergie orageuse, alors reparaissent tout entiers *ann tud kaled euz Armorik*, les hommes de fer de l'Armorique ! *Ce pardon* de saint Hervé a lieu sur les confins du Finistère et du Morbihan. Les Vannetais et les Cornouaillais s'y rendent en foule, non seulement pour prier et y déposer leur offrande, mais encore, mais surtout, pour se disputer la bannière qu'on y porte à la procession, et qui assure à celui des deux pays dont les champions s'en emparent, une riche et abondante récolte de blé noir ! Il n'est pas de ruses auxquelles on n'ait d'abord recours de part et d'autre pour arriver à la conquête de la bienheureuse bannière, et si par hasard soit les Cornouaillais, soit les Vannetais s'en rendent ainsi les maîtres, elle est soudain mise en pièces, et c'est à qui en emportera quelque parcelle comme une sainte relique ! Mais on en appelle plus souvent encore à la force qu'à l'adresse, et d'ordinaire, le *pennbaz* finit par résumer toute la stratégie des deux camps. Venez ! voici la procession qui s'avance ! Ces Celtes baptisés, munis de leur arme terrible, y marchent, à cette homicide procession, comme on marche au carnage ! De temps en temps, ils brandissent leurs menaçants *pennbaz*, et croyant chanter des cantiques, poussent des rugissements qui seuls annonceraient le duel près de s'engager entre la Cornouaille et la Vénétie. Le moment de la lutte est venu !... Tout à coup les deux partis, ivres d'une dévotion sauvage, se précipitent sur la bannière et l'entourent d'une horrible mêlée, où ne s'entendent plus, au lieu de prières, que des imprécations et des cris de mort ; où ces sanglants pèlerins cherchent à mériter jusque par le meurtre les lambeaux et les faveurs de saint Hervé ! Ainsi que leur ardeur dévote, les femmes partagent leur ardeur batailleuse. Elles ne se contentent pas, dans leur pieuse anxiété, de faire des vœux pour l'issue du combat ; elles y jouent un rôle aussi actif que possible en animant les leurs de la voix et du geste, en leur apportant des cailloux à pleins tabliers. Cependant le sort a prononcé !... et les femmes du parti victorieux, rayonnantes d'une joie hideuse, se jettent à leur tour sur le butin sacré. Aucune ne trouve trop payés ces débris de banderole, que la victoire leur livre tachés de sang !... et pourtant les vainqueurs ainsi que les vaincus ont presque toujours des blessés, des morts à emporter du champ de bataille !... mais qu'importe aux fidèles croyants de saint Hervé quelques bras rompus, quelques crânes brisés ! Ces petits malheurs ne sont-ils pas compensés largement ?... la vénérable bannière leur est restée, et ils auront cette année une abondante récolte de blé noir !

Se peut-il, dira-t-on, que le clergé tolère un pareil abus des choses sacrées ? Se peut-il qu'il se prête à ces processions meurtrières ? On aura

encore peine à le croire : il a vainement cherché à les abolir. Un curé, il y a quelques années, déclara positivement que la procession n'aurait pas lieu. Il avait trop présumé de son autorité ; car il est à remarquer que les Bretons n'obéissent aveuglément à leurs prêtres que lorsque ceux-ci se montrent esclaves eux-mêmes de leurs antiques croyances. La bannière fut prise d'assaut dans la sacristie, et le curé dans son presbytère, et celui-ci, garotté et porté sur une civière, consacra malgré lui, par sa présence, la procession qu'il voulait empêcher et la bataille qui de temps immémorial en est le complément obligé. Ses confrères se sont donc résignés à l'abus qu'il avait inutilement essayé de combattre, et c'est à tort. On n'extirpe pas toujours du premier coup une habitude que les siècles ont profondément enracinée ; mais ce n'est pas une raison pour renoncer à la détruire, pour souffrir qu'elle s'éternise. Du reste, si quelque chose est propre à faire vivre celle-ci, c'est l'inqualifiable mesure d'exiger, avant la sortie de la procession, le prix de la bannière qui doit y être mise en pièces. N'est-ce pas là autoriser en quelque sorte la coutume barbare à laquelle on voudrait mettre un terme ? Si une pareille prévoyance ne mérite que des éloges sous le rapport fiscal, en mérite-t-elle autant sous tous les autres ?

On voit ici la procession en marche : les belliqueux pèlerins frappent l'air, en attendant mieux, de leurs redoutables *pennbaz*, qui s'y agitent par centaines. Des gendarmes, soutiens impuissants de l'ordre public, se sont placés sur la route que parcourt la procession. Leur présence est à peine remarquée, et soit qu'ils restent, soit qu'ils partent, il ne s'en donnera pas un coup de plus ou de moins. Incapables de faire respecter la loi, ils ne pourront que la venger. Sur le premier plan, une tente de restaurant vous invite à boire et à manger ; cet amas d'assiettes et d'écuelles, cette marmite aux larges flancs, cette cuisinière enfin, qu'à son costume et à l'air d'importance avec lequel elle éventre un poulet, vous reconnaissez pour une cuisinière citadine, disent assez que voilà le principal restaurateur du *pardon*. Deux Cornouaillais marchandent l'un une bouteille de vin, et l'autre un maquereau. Ils veulent prendre des forces pour le combat, bien que l'air farouche du dernier particulièrement annonce qu'il n'a pas besoin de s'y exciter.

LE DÉJEUNER

Ann dijuni

LES principes et les analogies que, suivant une expression chimique, nous avons comme dégagés du mutuellisme breton, nous ont un peu fait perdre de vue les préparatifs de la grande marrerie qui, lors de la dernière foire, a été annoncée avec tant d'éclat. Ces préparatifs avaient communiqué à la ferme une vie, un mouvement inaccoutumé ; on eût dit un de ces caravansérails solitaires et rarement visités, où le lendemain devait séjourner une caravane, et en voyant, du chemin qui serpente aux flancs de la montagne voisine, les flots de fumée que vomissaient toutes les cheminées à la fois, le passant oublieux se fût rappelé involontairement que ce jour-là était la veille d'un grand jour. Cependant la ferme n'était encore qu'une colonie de femmes, ce qui du reste ne la rendait que plus animée et plus bruyante. Suivant l'antique usage, les ménagères de ceux qui devaient participer aux travaux et au repas du lendemain, étaient venues grossir de leurs tribus la masse des provisions de bouche qu'exige l'appétit homérique des Bretons d'un *Dervez bras* ; c'est là, en effet, un véritable gouffre à combler. Elles avaient en outre offert leurs bons offices, et les plus expérimentées, les fortes têtes et les cordons-bleus du canton, s'étaient bientôt emparées de la direction culinaire de la fête, et régnaient chacune à l'un des foyers de la ferme, aidées et servies par ces capacités de second ordre qui se sentent nées pour obéir, comme les autres pour commander. Le talent le plus occupé en pareille circonstance est celui des faiseuses de crêpes, ce mets d'une consommation si générale, qu'on trouve ordinairement en pyramides sur les tables bretonnes, et qui se fabrique dans les grandes occasions par centaines et même par milliers. Il y a des crêpes de diverses sortes : elles se font avec de la farine de froment, d'avoine et surtout de sarrasin délayée dans de l'eau ou du lait et qu'on étend avec le *rozel*, petit râteau en bois plein, sur une plaque de fer, où la crêpe après avoir été cuite d'un côté, l'est de l'autre sur une seconde plaque qui l'attend près de la première. Ces deux plaques sont préalablement frottées de beurre ou de saindoux et de jaunes d'œufs, qui les décrassent et empêchent la crêpe de s'y attacher. Il est une variété de crêpe qu'on appelle galette, et qui n'en diffère que par plus d'épaisseur ; ce sont les mêmes ingrédients, c'est la même pâte ; seulement cette pâte a été moins fouettée, et ne pourrait s'enlever aussi déliée et aussi légère de la poêle qu'elle recouvre d'une couche double ou triple. La crêpe, cette antique pâtisserie de nos campagnes, a été adoptée par nos villes ; il est vrai qu'elle n'y a guère conservé que son nom, et que le sucre, la cannelle, la vanille, enfin tout le luxe de la cuisine civilisée y ont bien altéré sa simplicité celtique. Morlaix et Quimper, entre autres, font des crêpes-dentelles, figurant une main, qui jouissent d'une grande renommée et qui la méritent par leur goût délicat et fin.

Deux foyers de la ferme ont été consacrés à la fabrique des crêpes du *dervez bras*. Au premier préside une de ces commères dont, en pareil cas surtout, l'habileté reconnue et le verbe haut font un très important personnage. Elle tient l'espèce de batte d'Arlequin qu'on emploie à retourner les crêpes, et fixe sur celle qui s'achève un de ces regards puissants et sûrs, où se peint toute la confiance du génie en lui-même ; on peut garantir que cette crêpe sera cuite à point. Près de l'autre femme, à l'air humble et peu capable qui lui sert d'aide, sommeille le *tad-kos*, cette momie domestique, que les ans ont ramenée à la faiblesse de l'enfance, et qui, reléguée comme elle au milieu des femmes, ne demande qu'à exister sans s'en apercevoir et semble moins vivre qu'assister à la vie. Le second foyer est sous la direction d'une commère non moins active que la première et beaucoup plus aigre et plus criarde ; aussi accueille-t-elle, les poings sur la hanche et le reproche à la bouche, Marie et quelques autres jeunes filles, qui ont été très longues à faire une route fort courte, et apportent leur tribut un peu tard. Ce n'est pas étonnant ; Corentin s'est trouvé, sans doute par hasard, sur leur chemin ; on a causé, et pour des amants qui causent, les heures n'ont pas le même nombre de minutes que pour une vieille femme qui fait des crêpes.

Le lendemain le soleil levant a vu accourir de toutes parts vers la ferme une armée de travailleurs, gais, dispos et brûlant de se signaler dans cette fête agricole, à laquelle doivent présider tour à tour le travail et le plaisir, ou plutôt à laquelle le plaisir seul présidera ; car un travail semblable peut-il s'appeler de ce nom ? Tous ont mis bas leurs *jupens*, et les voilà dans le costume qui convient et plaît à leur ardeur laborieuse.

La vaste pièce où les a réunis le déjeuner fait face, dans les grandes fermes, à la pièce principale tout ensemble salon, cuisine et chambre à coucher, qu'encombrent les huches, les armoires et les lits clos, encombrement qui n'y laisse qu'un étroit passage. Cette pièce-ci au contraire reste ordinairement presque vide. Les convives y sont assis à une longue table, économiquement formée de deux planches mises côte à côte, et qui lui donne si peu de largeur que les chapeaux à grands bords se rapprochent et se touchent comme les derniers étages des pignons d'une rue féodale. Cette table est garnie d'énormes morceaux de lard et de bœuf qu'eussent enviés Achille et Agamemnon, et d'innombrables pots de cidre qui se vident dans des écuelles en guise de verres. On ne boit du reste que modérément ; il serait honteux de s'enivrer de si bonne heure, et il n'est maintenant question que de se donner des forces et de s'exciter au travail. Que n'en est-il toujours ainsi ? Et pourquoi faut-il qu'en fait de boissons nos Bretons tiennent plus à l'abus qu'à l'usage ? Le maître du logis remplit une écuelle avec un air de satisfaction et de libéralité qui du reste est d'obligation ; car, nous l'avons dit, l'étiquette des *dervez bras* commande une sorte de prodigalité, et, un pareil jour, la parcimonie serait trouvée de fort mauvais goût. Près de lui, la doyenne des cuisinières, cette bonne vieille dont le nez et le menton semblent destinés à se rejoindre avant peu, vient s'assurer si l'on est content, si tout va bien ; et parmi les parents ou amis intimes qui servent à table, on remarque Marie qui veille à ce que Corentin ne manque de rien, et vient, non sans être observée, lui remplacer son pichet vide.

LE TRAVAIL

Al labour

APRÈS ce premier et paisible repas, à peine troublé par les exclamations arrachées à la faim et à la soif des convives, tous se sont dirigés vers l'aride plaine que doit momentanément fertiliser le tournoi agricole qui se prépare. C'est un de ces grands et stériles lambeaux de terre, la honte de notre pays, que recouvrent à perte de vue la mousse, la bruyère et çà et là quelques buissons de landes rabougries. Les travailleurs, armés de la marre, doivent peler la surface de cette terre inculte, et des mottes qu'ils en détachent se forment de petits monticules auxquels on met le feu, et dont la cendre est ensuite répandue comme engrais sur les lieux mêmes. La vaste pièce qui doit subir cette opération de l'égobuage a été partagée en portions égales, bornées carrément par de petites gaules fichées en terre, et marquant l'espace que chacun doit écroûter. A quelques-unes flotte un bout de faveur rouge, et au haut de la perche qui domine ce pacifique champ de bataille, brille le magnifique ruban vert chamarré d'argent qui sera le prix du vainqueur, de celui qui aura le premier terminé sa tâche. Corentin espère bien le mériter, et il se voit déjà l'offrant à Marie qui, au prochain pardon, en serrera sa jolie taille. Cependant le triomphe sur lequel il compte paraît jusqu'à présent réservé à un autre. Jaouen, son éternel rival, Jaouen a de beaucoup les devants sur lui, et les curieux qui circulent autour des champions, pour juger de quel côté penche la victoire, excitent de la voix et du geste celui qui leur semble devoir la remporter. Mais enivré par ces funestes encouragements, le maladroit Jaouen se hâte, dirait-on, d'user ses forces, tandis que Corentin, plus avisé, ménage les siennes, et sait se résigner à une défaite provisoire qui lui vaudra une victoire définitive. C'est ce qu'il fait entendre au groupe ami qui lui témoigne ses craintes, pendant que, sa marre entre les jambes, il reprend haleine, crache dans ses mains et se les frotte, manière toute bretonne de se donner de l'ardeur et qui, le croirait-on, n'est pas moins efficace que singulière. A la tête de ce groupe est M. le Curé, le bréviaire sous le bras, la tabatière et le mouchoir de Cholet à la main, qui a voulu honorer de sa présence cette fête du travail. Il sait en effet, mieux que personne, que les passions glissent légères sur les natures que le travail a endurcies ; il sait qu'on y puise des idées d'ordre, de vertu, de religion, en un mot, que Dieu et le travail se touchent, et que celui-là qui travaille, prie ! A sa gauche sont deux jeunes espiègles chez qui il a reconnu des dispositions pour le latin, et dont il a fait deux enfants de chœur en attendant qu'il en fasse deux prêtres. A sa droite, vous voyez une des puissances du bourg dans cette vieille, moitié citadine, moitié paysanne, qui adresse à Corentin un sourire bienveillant et protecteur : c'est la veuve d'un militaire que l'empereur consola, il y a vingt-cinq ans, de son veuvage, en lui donnant le droit de mettre pour armoiries au-dessus de sa porte : *Butun mad*, c'est-à-dire qu'elle est la débitante de tabac de la commune, sorte de fonctionnaire qui n'y est pas moins un type et une nécessité que le curé et le maire ; car le tabac, dans nos campagnes, c'est le luxe et la consolation du pauvre ! Son petit-fils la sépare de Soizic, cette servante si éveillée, que vous vous rappelez sans doute ; elle est restée vieille fille, et s'intéresse comme une autre mère à tout ce qui regarde son jeune maître, mais pas plus cependant que la jeune fille timidement cachée derrière M. le Curé, au milieu de ses compagnes, et qu'il est inutile de vous nommer. Toutes ces femmes, fidèles à leurs habitudes laborieuses, se sont munies de leurs quenouilles et se promènent ou causent en filant. C'est là le caractère distinctif des Bretonnes ; elles ne restent jamais inoccupées, et lors même qu'elles viennent à la ville, la tête surchargée de pots de lait ou d'autres denrées de la ferme, la plupart tricotent en outre tout le long du chemin, utilisant ainsi doublement leur voyage et leur temps.

C'est à l'égobuage, triste ressource, qu'on demande surtout des engrais dans une foule de communes centrales dont la moitié, dont les trois quarts sont en friche. Quand ces sauvages solitudes ne produisent même plus l'herbe maigre que broutaient des troupeaux plus maigres encore ; quand elles se couvrent partout de bruyère et de mousse, la marre vient parfois les en dépouiller, et leur cendre rend quelques moments de vie et de jeunesse à cette terre qui sommeille presque toujours comme dans les siècles les plus barbares. On y sème alors du seigle ou du sarrasin, et à leur produit plus que médiocre succède une récolte de landes d'abord assez vigoureuses, mais qui bientôt cessent de l'être et montrent combien la terre ainsi engraissée est prompte à redevenir impuissante et stérile. Il est des cantons où le propriétaire des terrains égobués reçoit le quart de la première récolte ; ce droit, qu'on pourrait regarder comme féodal, a survécu aux autres du même genre, et les fermiers l'acquittent sans qu'on ait à les mettre en demeure. C'est du reste une sorte d'indemnité pour le préjudice qu'ils causent à la terre en la forçant de produire cet insuffisant engrais aux dépens des principes qui la vivifient.

On le voit, de tels défrichements ne sont point un progrès ; ils n'effacent réellement pas de notre carte les terrains improductifs qui y abondent ; aussi la Bretagne est-elle encore, comme il y a 50 ans, un pays (et c'est peut-être le seul en France) où l'on peut faire une grande fortune par l'agriculture. Mais elle est méconnue et dédaignée ; on envoie des colons au loin défricher le désert, et le désert est ici ! Cependant, pour réussir dans la plupart de ces colonies lointaines, il faut recourir à une espèce de bétail humain qui se vengera un jour de son avilissement, tandis que chez nous l'homme s'améliore en même temps que la terre. Mais tout conspire contre ce coin du monde ; chacun aujourd'hui semble croire qu'il faut s'occuper de l'Industrie avant l'Agriculture, ce qui est pourtant planter l'arbre par les branches. L'Agriculture est la base de la prospérité des nations, et l'Industrie n'en est que le corollaire. Que le législateur excite donc enfin aux améliorations agricoles, et que par un système bien combiné de franchises et de primes il fasse affluer dans nos campagnes les spéculateurs et les capitaux ; car sans avances, encore une fois, comment nourrir des bestiaux et se procurer ces puissants engrais dont toute terre qui produit est avide ?

LE DÎNER DES HOMMES

Lein ann ezec'h

L'HEURE du dîner a suspendu cette ardente lutte du travail ; réunis par la faim, les rivaux de tout à l'heure ne songent en ce moment qu'à se gorger, autour du bassin commun, d'une lourde bouillie de sarrasin, dont le grand mérite est de peser assez sur l'estomac pour qu'on ne le sente vide de nouveau qu'au bout d'un certain nombre d'heures. Les plus lestes se sont emparés des escabelles de la ferme ; les autres mangent accroupis sur leurs talons, et quelques-uns, qui ont laissé accaparer toutes les places, sont debout et expient leur lenteur ou leur maladresse en ne dînant que par la grâce de Dieu et des accapareurs. Chacun de ces vastes bassins de cuivre, que nos Bretonnes mettent tant d'amour-propre à étaler polis et brillants dans leur vaisselier, peut contenir le repas d'une vingtaine de convives ; on y met, avec l'eau et le ferment nécessaires, de cinquante à soixante livres de farine. Lorsque cette énorme masse de bouillie commence à épaissir, les forces d'une femme ne suffisant plus à la tourner, elle brûlerait bientôt, à la honte de la maîtresse du logis, sans la galanterie et la vigueur de quelques-uns de ses hôtes, qui n'attendent pas qu'elle les y invite pour venir à son aide et s'armer à sa place du *baz-iod*, du bâton à bouillie. C'est en triomphe et au son du *biniou* que les bassins sont portés du foyer sur les divers points de réunions ; la ménagère va ensuite de l'un à l'autre, accompagnée de servantes chargées de beurre, et en jette au moins deux livres au milieu de chacun des bassins. C'est une sorte de sauce, d'assaisonnement commun à tous les mets bretons, mais qui, pour la bouillie, n'est pas le seul : on voit en effet, comme on l'a déjà vu, que tous les convives sont munis d'une écuelle de lait, et que chaque bouchée de bouillie se trempe d'abord dans le beurre et puis dans ce lait. Un Breton comme il faut doit le faire avec une propreté dont il lui est permis de se dispenser dans beaucoup d'autres cas, et malheur à celui qui a la gaucherie de tacher la bouillie d'une seule goutte de lait tombée de sa cuiller ! Il est soudain en butte aux quolibets et aux sarcasmes de toute l'assemblée. Le convive qui se penche vers le bassin où il plonge sa cuiller vient de commettre ce crime impardonnable, et sa maladresse l'a rendu le point de mire d'un feu roulant de mots durs ou piquants. L'un, farceur de profession, le raille en ami ; mais cet autre, avec une aigreur qui perce dans tous ses traits ; le voisin d'en bas lui demande en lui approchant sa cuiller des lèvres, s'il faut lui apprendre à manger comme au petit Péric, et le voisin d'en haut cherche en lui pesant sur la tête à lui faire faire encore quelque sottise. Toutefois, la plupart n'en continuent pas moins leur repas avec une impassiblité toute bretonne, et les deux premiers à droite y mettent tant d'avidité qu'ils font les risibles grimaces de deux gourmands qui se brûlent, victimes de leur gourmandise. Corentin, trop occupé de Marie, est arrivé le dernier, et mange debout près de la cheminée ainsi que le troisième valet, dont l'air timide et niais contraste avec l'air résolu de son jeune maître ; s'il le pouvait, il disparaîtrait dans les plis des *bragoubras* de Corentin. Plus loin, trois convives, qui ont contribué à vider un second bassin, s'entretiennent en allumant leur pipe, ou les bras croisés et le corps droit et immobile comme les saints de pierre qui décorent le porche de leur église. Mais assis vers l'extrémité opposée devant une barrique en guise de table, voici deux vieillards dont la conversation mérite qu'on l'écoute.

L'un d'eux raconte à l'autre que, suivant un usage très répandu dans nos campagnes, il allait confier à ses enfants le soin de diriger désormais sa ferme, et leur abandonner, moyennant l'entretien et la nourriture, ce que soixante ans de travail et de privations lui avaient permis d'amasser. C'est là ce que dans l'Armorique on appelle une démission. — Gardez-vous bien, lui réplique vivement celui-ci, gardez-vous de vous mettre à la merci de vos enfants, si vous ne voulez mourir de chagrin et de misère ! — Allons donc, je connais leur cœur et je n'ai pas à craindre de jamais manquer de rien chez eux. — J'étais sûr aussi de ma fille, du moins je croyais l'être ! Eh bien, vous allez juger si j'ai le droit de parler comme je le fais. Je venais de la marier, et désirant ainsi que vous, à la fin d'une vie pénible et laborieuse, goûter avant ma mort quelques années de repos, je résolus de me démettre totalement de mes biens. Mon digne notaire me fit à ce sujet les plus vives représentations ; mais ce fut en vain. Je ne l'écoutai pas, je me dépouillai de tout ce que je possédais, et je me mis entièrement sous la dépendance de ma fille et de mon gendre ! Hélas ! je ne tardai pas à m'en repentir ! Peu à peu le respect filial, les égards dont jusque-là j'avais été entouré firent place au mépris, aux mauvais traitements ! Je me vis réduit à envier le sort du dernier valet de la ferme ; je ne fus plus qu'un mendiant importun, à qui l'on faisait l'aumône à regret, et que l'on trouvait bien lent à mourir ! Un jour que, ne sachant où chercher des consolations, je m'étais dirigé au hasard vers la ville, j'entrai chez l'honnête notaire dont j'avais si follement dédaigné les conseils, et le priai en pleurant de me faire la charité de quelques vêtements et d'un peu de tabac. — Si vous le voulez, me dit-il, vous pouvez avoir mieux que cela ; vous pouvez rentrer en possession de tout ce dont vous vous êtes dépouillé. Ma vieille expérience m'avait dit que vous regretteriez un jour votre aveugle générosité, et j'ai eu soin d'entacher de nullité votre acte de démission. — Il pouvait être cassé !... il le fut. Je redevins le maître des lieux trop longtemps témoins de mes larmes et de l'oubli des premiers devoirs de la nature ! Depuis lors ma fille s'est repentie ; trop faible, peut-être, j'ai pardonné et j'ai consenti à un nouvel acte de démission en sa faveur, mais sous la réserve d'une rente bien assurée et sans me mettre cette fois à sa merci.

L'histoire de ce *tad-koz* est celle de beaucoup d'autres, vrais rois Lear de nos chaumières, et montre jusqu'où l'intérêt peut pousser des hommes qui, cependant, sont restés plus fidèles que partout ailleurs au culte de vieillesse. Un usage qui a pour résultat inévitable, comme celui des démissions absolues, d'altérer à ce point leurs vertus domestiques, est un usage funeste et qu'on ne saurait trop se hâter de déraciner.

LE DÎNER DES FEMMES

Lein ar gragez

LES hommes ont fini de dîner, et dans quelques instants la pièce de terre qu'ils défrichent ressemblera à une immense ruche de travailleurs de laquelle tout oisif est banni, comme les frelons d'une ruche d'abeilles. Les femmes ont pris place après leurs seigneurs et maîtres, autour du bassin de bouillie. Il ne reste que quelques-uns de ceux-ci, qui complètent leur repas en fumant une pipe ou s'amusent, tout en conservant leur gravité dédaigneuse, à écouter les femmes babiller et faire assaut de cancans, passe-temps non moins aimé d'elles que ne l'est d'eux-mêmes l'infecte fumée qui s'échappe de leurs lèvres en légers et fantastiques nuages. L'un d'entre eux, suivant une habitude assez générale en été, fait la sieste ; il dort la tête appuyée sur une des barriques de cidre qu'on a déjà vidées. Corentin, qui vient de reprendre sa marre jette, avant de retourner au travail, un coup d'œil d'intelligence à Marie ; celle-ci, empressée de le lui rendre, ne s'aperçoit pas qu'elle verse une partie de son lait sur sa voisine, qui lui demande avec humeur si elle est bien éveillée ? Son sommeil n'est autre chose que la douce préoccupation d'une jeune fille qui aime.

La bouillie, les galettes et les crêpes de sarrasin entrent pour une large part dans la nourriture de nos campagnes. Outre ces mets partout en usage, il en est de particuliers au Léon qui, sous une autre forme, ne consistent également qu'en sarrasin. Ce sont d'abord les *poulout*, sorte de boulettes qui constituent la partie solide d'une lourde soupe au lait, et puis le *far*, grossier *pudding* qu'on renferme dans un sac, et que l'on cuit en même temps que la chair du porc et du bœuf dans la vaste marmite où, deux fois la semaine, se puise abondamment une soupe économique. La manière dont se nourrissent les Bretons, et particulièrement le grand nombre de mets composés de sarrasin dont ils surchargent leur estomac, a souvent fait demander si une pareille alimentation n'influait pas sur leur moral, et si ce peuple qui rend un son qui lui est propre et qui n'est l'écho d'aucun autre, ne devait pas en partie ce caractère exceptionnel à son régime alimentaire. On ne saurait le nier : ce régime agit d'une manière plus ou moins forte, mais agit bien certainement sur le moral comme sur le physique de l'homme, et il est tels aliments qui poussent, par exemple, à la volupté, de même qu'il y en a d'autres tout à fait favorables à l'austérité des cloîtres. Cependant il ne faudrait pas vouloir expliquer le problème de l'individualité bretonne par une influence qui, loin d'être exclusive, n'est, croyons-nous, qu'accessoire. Les faits le disent hautement, une nourriture analogue n'a pas toujours été la source d'une analogie morale entre deux peuples ; et l'on en a vu, au contraire, qui présentaient une sorte de ressemblance fraternelle, bien que se nourrissant d'une manière très différente. Le *far* a été le mets du peuple-roi comme des Bretons ; Pline nous dit en outre : *Pulse non pane vixisse longo tempore Romanos manifestum est*, ce qui valut aux Romains la qualification que leur donnèrent les Grecs, de mangeurs de bouillie. Aussi l'art de faire le pain, lorsqu'il leur fut révélé, ne leur parut-il pas moins merveilleux qu'aux Celtes, dont la pieuse reconnaissance fut telle, que pendant plusieurs siècles les druides conservèrent l'usage de porter un pain dans la cérémonie du Guy de Chêne. Ce sont les Phocéens de Marseille qui leur avaient communiqué le secret de le faire, comme les Ombriens, Celtes émigrés, avaient apporté l'usage de la bouillie et du *far* au-delà des Alpes, ainsi qu'on peut en fournir la preuve étymologique. Eh bien, y a-t-il beaucoup de rapprochements à établir entre les Bretons et les Romains ?

Quant aux inductions qu'on voudrait tirer de la grande consommation de sarrasin qui a lieu dans un ménage campagnard, on sait que ce blé est originaire de la zone tempérée de l'Asie, et qu'il ne nous en fut apporté qu'à l'époque des croisades, suivant les uns, et suivant les autres, encore plus tard, vers la fin du XVe siècle ; or, depuis un temps immémorial, le caractère breton ne paraît pas avoir subi d'altération qu'on puisse signaler. D'ailleurs, le sarrasin ne s'est pas naturalisé chez nous seulement ; il entre aussi pour beaucoup dans la nourriture des provinces voisines, ainsi que d'autres aliments bretons ; de plus, leur climat est à peu près le même que le nôtre, et le climat modifie l'homme bien autrement que le régime alimentaire ; car une atmosphère chaude, un soleil vif rendent sensible, actif, impressionnable, en un mot, centuplent la vie, tandis qu'une terre froide, un soleil rare et sans force ralentissent la circulation du sang, les mouvements du corps et les élans de la pensée. Eh bien encore, quoique placés dans des conditions, sinon tout à fait, du moins en parties identiques, de climat et de nourriture, voyez quelle différence existe entre les Normands et les Bretons ! Il y a donc, outre ces deux influences secondaires, et sans parler de celle du logement et de la propreté, une influence qui domine toutes les autres, et qui fait que le Breton est resté un être à part, ne ressemblant qu'à lui-même : c'est l'isolement dans lequel il a toujours vécu et vit encore. La position péninsulaire de la Bretagne, cette langue des premiers âges qu'elle a seule conservée intacte ont empêché qu'elle ne perdît moralement sa nationalité, lors même qu'elle la perdait politiquement. Il n'y a pas eu ici comme ailleurs des croisements de races ; le type primordial n'a pas été modifié, et de là le Breton tel qu'il existe, fidèle à sa vieille nature et pouvant passer sur la terre pour le représentant oublié des siècles passés.

En résumé, les aliments de nos fermiers un peu aisés (car nous ne parlons pas des malheureux réduits à ne manger que tout juste assez pour ne pas mourir de faim) sont grossiers, mais substantiels et propres à réparer les forces d'hommes robustes et soumis aux plus rudes travaux. Espérons, toutefois, que plus de bien-être sous ce rapport comme sous beaucoup d'autres, résultera, sans trop se faire attendre, des efforts que l'on tente chaque jour en leur faveur ; espérons surtout, que leur pain ne tardera pas à s'améliorer et que la chair du bœuf, si riche en sucs nutritifs, paraîtra plus souvent sur leur table près de celle du porc qui l'a presque exclusivement envahie excepté dans nos meilleures communes et chez nos premiers cultivateurs.

Alexandre Bouët donne de la gastronomie bretonne une piètre image. En 1788 pourtant, lorsque l'agronome et voyageur anglais Arthur Young séjourne à Rennes, il écrit : « La table d'hôte, à la Grande Maison, est bien servie ; on donne deux services, contenant quantité de bonnes choses et un dessert régulier très abondant. » Son passage à Muzillac (Morbihan), l'inspire encore davantage : « J'ai eu à dîner deux bons plats de poisson, des huîtres, une soupe, un bon canard rôti, avec un dessert abondant de raisins, de poires, des noix, des biscuits, de la liqueur et une pinte de bon vin de Bordeaux.. » Mais il faut reconnaître que c'était là des menus d'exception. Ma grand-mère disait n'avoir mangé durant son enfance que de la bouillie et des crêpes. La viande était rare et, toujours d'après ma grand-mère, on n'en mangeait dans la ferme de ses parents qu'une seule fois par semaine.

J'ai eu plus de chance que mon ancêtre mais il faut reconnaître que notre nourriture (dans les années soixante) n'était pas d'une très grande richesse. Pommes de terre (ce légume fut introduit en Bretagne à la fin du XVIIIe siècle), crêpes, châtaignes (en hiver) et parfois bouillie constituaient l'essentiel de notre pitance. La viande était encore rare. Les jours de fête cependant, nous faisions rôtir une pièce de viande ou un poulet et notre grand-mère préparait le far.

Il existe mille et une façons de préparer ce mets dont se régalent tous les Bretons. Les Ouessantins utilisaient soit du sang de porc mélangé à de la farine, du sucre, du lait et des raisins secs, ou bien de la farine de froment, des pommes de terre râpées, des morceaux de lard et des pruneaux. Dans les deux cas, ces préparations cuisaient sous un feu de mottes. Il existe nombre d'autres variantes à base de farine (de blé noir ou de froment), de lait, d'œufs, de sel et/ou de sucre, de raisins et de pruneaux. Ma grand-mère mettait un point d'honneur à réussir son far : il devait avoir une consistance assez dure et une croûte presque noire. « On revient manger dans les maisons où le far est bon », disait-elle.

Evidemment, comme nous étions des gens des terres, nous ne mangions qu'en de très rares occasions les crustacés et les poissons dont sont friands les gens de la côte. Bien que nous ne fussions éloignés que de trente kilomètres de la mer, celle-ci nous semblait lointaine, inaccessible. Aller à la mer constituait un événement. Bien entendu, lorsque nous nous y rendions, nous nous trempions dans l'eau avec prudence. « Tu vas voir, un monstre va te tirer par les pieds », ironisait ma grand-mère. Nous nous contentions alors de regarder les vagues...

OUVERTURE DE LA FÊTE

Digor ar goel

Dans la polémique engagée de nos jours sur les prétentions nouvelles des femmes, la question se traite le plus souvent en dehors du mariage, et comme si ce premier lien des sociétés humaines, rompu à jamais, n'existait déjà plus. C'est sur la femme, proprement dite, et ses facultés physiques et intellectuelles que discutent à perte de vue ceux qui prêchent la révolte, et ceux qui lui en montrent le ridicule, les uns invoquant la physiologie, les autres la psychologie, ceux-ci s'appuyant sur sa force morale et la puissance du sentiment, et ceux-là sur la faiblesse de son organisation, son inconstance et sa fragilité. Nos moralistes bas-bretons, qui ne comprendraient pas qu'on puisse vouloir battre en brèche le mariage, et par conséquent la famille, cette alvéole élémentaire de la ruche sociale, le prennent naturellement pour point de départ, et en ont fait découler toutes les règles de conduite qu'ils ont tracées à la femme. Celle dont la destinée est irrévocablement liée à une autre doit se condamner suivant eux, et se condamne, en effet, à une réserve, à une sévérité qui bientôt perce à travers toute sa manière d'être, et suffirait chez nous à faire reconnaître qu'elle est épouse et mère. Dès qu'elle reçoit ces titres sacrés, une vie intime, pleine de devoirs et de pensées austères succède, pour elle, à une vie insouciante et libre. C'est donc la jeune fille qui est l'enfant gâté de la civilisation armoricaine ; à elle la joie, la liberté, la coquetterie, non pas dans un sens absolu, si vous voulez, mais au moins d'une manière relative ! Tandis que la femme mariée baisse les yeux, et s'enveloppe chastement chez elle de sa tristesse, la jeune fille se livre à ses impressions, rit hardiment avec vous, court les pardons et les aires neuves, et quelquefois même, coquette nomade, se plaît à semer indifféremment l'amour dans toutes les paroisses voisines. C'est précisément le contre-pied de la société française, où l'on élève comme un rempart de modestie et de pudeur autour des jeunes filles, qui ne semblent devenir libres que lorsqu'elles enchaînent leur liberté, et il y a là, d'un autre côté, une curieuse analogie avec les mœurs de l'Angleterre, où cette époque de la vie d'une femme, qui est comme la préface du mariage, est, ainsi que dans nos campagnes, beaucoup plus gaie que le mariage lui-même. Est-ce un vestige de l'ancienne fraternité qui régna entre la grande et la petite Bretagne ? Nous croirions plutôt que cette coïncidence vient de ce que les deux peuples sont profondément religieux, et n'envisagent par conséquent ni l'un ni l'autre, avec la coupable légèreté qu'on reproche à leurs voisins, un engagement solennel contracté tout à la fois devant les hommes et à la face du ciel. Quant à la liberté dont ils laissent jouir les jeunes filles, il y aurait à ce sujet bien des choses à dire ; nous dirons seulement, que pour parer aux inconvénients qu'elle peut entraîner, il nous manque une ressource précieuse, c'est un *Gretna-green* bas-breton. Du reste, cette liberté ne paraît pas avoir altéré la pureté des mœurs de nos jeunes paysannes. Elles voient bientôt que si elles dépassaient certaines bornes, elles se perdraient de réputation, et la crainte du mépris public les relie et les sauve. Une autre cause diminue le danger qu'elles courent, c'est que, de la part des *paotred*, la séduction est plus apparente que réelle. Ils n'attaquent leur vertu qu'avec une sorte de discrétion, et ne poussent la licence que jusqu'au point précis où l'usage veut qu'ils s'arrêtent ; s'ils allaient plus loin, l'opinion ne serait pas moins sévère à leur égard que pour elles, et victimes de leurs mœurs dissolues, ils auraient beau mettre les *baz-valan* en campagne, ils ne trouveraient plus à s'établir. Un péril bien plus grand pour la sagesse de nos jeunes Bretonnes, c'est d'habiter près des villes, foyers de corruption, d'où se répandent sur les campagnes environnantes, ces adroits et impitoyables débauchés qui, semblables à la limace immonde, après avoir flétri sur leurs pas les fleurs les plus brillantes du parterre, ne dédaignent pas de souiller jusqu'à l'humble fleur des champs. Leur principal moyen de séduction fait naître de singulières réflexions ; ce n'est point de l'argent qu'ils offrent à nos jeunes filles, trop fières pour l'accepter ; c'est un ornement, un bijou de toilette, et lequel ? Une croix d'or ! une croix ! Ce signe de rédemption devant lequel peut-être elles se prosternaient avec ferveur quelques heures auparavant, et devant lequel, profanant un passé d'honneur et de vertu, elles viennent abjurer leur orgueil de femmes et leurs devoirs de chrétiennes ! Cela prouve qu'elles appartiennent bien à ce sexe qui est presque aussi attaché à la parure qu'à l'existence ! Cela prouve qu'il est des réformes et des améliorations beaucoup plus urgentes que celles qu'on réclame en sa faveur, et qu'au lieu d'exalter follement jusqu'à ses facultés politiques et militaires, ou de plaider la prééminence de la Pythonisse sur le guerrier et de la quenouille sur le glaive, il vaudrait beaucoup mieux s'en tenir à ce qu'a dit une femme célèbre : « Que la suprématie de l'homme est assurée, tant que le coup de poing de la femme ne vaudra pas le sien » et travailler en conséquence à faire des jeunes filles, non des hommes d'État ou de guerre, mais des ménagères intelligentes et de véritables mères de famille ! C'est là une mission large et sainte, et qui satisferait leur ambition, si elles en comprenaient toute l'étendue ! Ajoutez à une éducation plus solide quelques modifications dans nos codes et dans nos mœurs, et vous aurez, quant à la femme, l'état normal qu'on cherche avec tant d'ardeur et qu'on ne paraît pas près de trouver, parce que ce qu'il y a de plus simple est toujours ce dont on ne s'avise pas.

L'éducation chez les Bretonnes fut de tous temps plus nulle encore, s'il est possible, que chez les Bretons. On trouvait inutile de s'en occuper, et bien des gens sont convaincus, aujourd'hui même, qu'on peut, sans inconvénient, les vouer à l'ignorance ; c'est là une étrange erreur. Le meilleur moyen de conquérir à l'homme plus de bien-être matériel et moral, c'est de commencer par améliorer la femme. Qu'on n'abandonne donc plus à elles-mêmes nos jeunes paysannes, et qu'un système, poursuivi avec persévérance et discernement, en fasse, non de futures rivales de leurs maris, mais des compagnes capables de porter avec eux la moitié du fardeau de la vie et d'élever des enfants destinés à être un jour des citoyens !

LA PREMIÈRE GAVOTTE

Ann dro kenta

La vaste lande, dont le défrichement demandait tant de bras, a perdu, comme par enchantement, son aspect inculte et sauvage. Le travail est achevé ; voici le moment du salaire, c'est-à-dire voici le tour de la danse, de la lutte, de tous les plaisirs proprement dits ! L'Amphitryon, ce cultivateur dont la physionomie est un si heureux mélange de calme, de force et d'une bonhomie qui n'exclut pas la finesse, y a invité, suivant l'usage, M. le Maire, vieux notaire vraiment taillé pour une étude de campagne. Presque aussi paysan que bourgeois, il a des habitudes et des idées qui ne sont guère de son siècle et n'en valent que mieux dans sa position. Il dîne à midi, se lève et se couche avec le soleil, et ne tient pas moins à la culotte courte, à la canne à pomme d'or et à sa queue mince et longue qu'au papier timbré et aux contrats de vente ou d'hypothèques. C'est une puissance dans le pays ! Aux élections, son nom, quand il le veut bien, sort toujours triomphant de l'urne ; et s'il n'était déjà maire de sa commune, il y serait certainement, comme la plupart de ses confrères dans nos campagnes, l'héritier présomptif du trône municipal. L'Amphitryon qui est aussi une autorité (marguillier), lui fait d'un air digne les honneurs de la fête, et les voilà tous deux en tête du cortège, avec le porteur des prix et les joueurs de *biniou* et de *hautbois*, ou plutôt la marche est ouverte par le Michel Morin de la mairie, ce joyeux boute-en-train, qui, pour sceptre ou marotte, porte un fouet dont on verra bientôt l'usage, et qui s'en va riant et gambadant, d'un pied d'autant plus léger qu'il a attaché, comme cela se voit souvent, ses sabots sur ses épaules. Dans la vie ordinaire et sérieuse, c'est un de ces hommes qui ne sont jamais embarrassés de rien, parce qu'ils savent un peu de tout ; c'est le concierge, le messager, le garde-champêtre, *l'omnis homo* de la commune ; les jours de fête, c'est un de ces bouffons dont l'intarissable bavardage, dont la gaieté bruyante étourdit, anime, entraîne ; un fou, enfin, qu'on pourrait appeler, non pas le fou du roi, mais le fou du peuple, et tel qu'il en faut pour réveiller l'apathie bretonne. Ce factorum communal est souvent en rivalité avec le mendiant et le tailleur, dont la principale industrie est aussi de plaire. Mais plus redouté et mieux accueilli, il est plus qu'eux encore l'homme nécessaire des *dervez bras*, des noces et des aires neuves, où, sans parler de sa gaieté communicative, il est cité comme capable de danser au besoin jusqu'à extinction de chaleur naturelle, et c'est là un grand mérite parfois auprès des Bretons et toujours auprès des Bretonnes.

A cette brillante avant-garde succèdent les travailleurs qui se sont le plus distingués. C'est Corentin qui, en dépit des efforts de Jaouen, l'a emporté dans ce tournoi agricole, et à son chapeau flotte le beau ruban vert chamarré d'argent ! Mais il n'y est que provisoirement ; ce gage de victoire deviendra bientôt un gage plus doux encore. Le jeune triomphateur occupe dans le cortège une place qu'il a noblement méritée : il marche immédiatement après M. le Maire. On aperçoit à peine quelques femmes dans le lointain ; il est inutile de dire qu'elles ne prendront la file qu'après le dernier de leurs seigneurs et maîtres.

Mais tout le monde est arrivé au joyeux rendez-vous, vaste salle de bal dont la nature seule a fait les frais, qui a quelques fossés pour gradins, pour décoration un paysage aux accidents pittoresques et pour magnifique lustre le soleil d'un beau jour d'été. Le *Musard* bas-breton qui sert de grand-prêtre à ce temple économique de la danse, s'est assis avec ses collègues sous un vieux châtaignier. Aux premiers sons de l'orchestre champêtre, l'Amphitryon de la fête, qui sait vivre et en fera jusqu'au bout les honneurs en se conformant avec une fidélité rigoureuse aux antiques usages, à défaut de Mme la mairesse, a prié sa sœur, la débitante de tabac, de vouloir bien ouvrir le bal avec lui, ce qu'elle a gracieusement accepté ; et de son côté, M. le Maire a fait une invitation semblable à la femme du marguillier. Aussitôt ces quatre personnages imposants se sont mis en danse. M. le Maire, qui tâche de retrouver quelques élans de jeunesse, se contente, en attendant, de marquer la mesure, et sa danseuse, dont un tel partenaire chatouille si agréablement la vanité, a soin de régler tous ses mouvements sur les siens. Quant à la marchande de tabac et au marguillier, ils y vont bon jeu bon argent. Celui-ci danse avec un sérieux et des efforts qu'il apporterait à peine à l'occupation la plus importante, et elle déploie toutes les grâces que lui départit la nature il y a plus de 50 ans ; la date ne l'arrête pas, et elle ne paraît nullement disposée à renoncer au privilège qu'ont nos campagnardes de danser encore à un âge où l'on ne danse plus à la ville. Les deux couples placés sur une même ligne ne se tiennent ni ne se touchent ; ils avancent de côté à peu près comme des soldats qui font oblique à droite et à gauche. C'est ainsi que commence la gavotte, figure qui ouvre les bals bretons, et dont chaque fois qu'on se remet en danse, l'air est toujours le premier qui se fasse entendre. La chaîne n'est formée que lorsqu'il s'est réuni un assez grand nombre de danseurs pour qu'on puisse tourner sans s'étourdir, et ces préliminaires prennent quelquefois beaucoup de temps ; les couples arrivent un à un, lentement, et comme s'il s'agissait d'un travail auquel ils voudraient se dérober, et non d'un plaisir qu'ils aiment passionnément ; en cela comme en tout, le principal est de mettre les Bretons en train ;

lorsqu'ils y sont, rien ne les arrête. Corentin vient de réclamer la promesse que lui a faite Marie de danser avec lui la première gavotte, et il l'a réclamée en homme qui a le droit d'y compter. La manière dont il est accueilli, cet air de timide satisfaction avec lequel elle s'apprête à le suivre, justifie l'assurance de Corentin, qui n'est gêné que d'une chose, de celle de ses deux mains qui est inoccupée. Mais il s'en débarrasse en la passant dans sa ceinture, cette grande ressource des Bretons pour se donner une contenance. Soizic voit avec bonheur l'aplomb et les succès de son jeune maître près du beau sexe, et tout entière à ce qu'il dit, elle est sourde aux gentillesses que débite près d'elle le secrétaire de la mairie, espèce de rustre déguisé en citadin, dont l'habit trop large et la culotte trop étroite témoignent qu'il a acheté ses droits de cité dans une boutique, assez mal assortie, d'objets confectionnés.

LA LUTTE

Ar gourenn

A la lutte maintenant ! A ces jeux homériques qui chez nous, peut-être datent de plus loin encore que chez les Grecs, ces frères cadets des Celtes, mais qui y ont manqué de poètes et d'historiens pour y constater leur antique origine ! Ce qu'on sait, c'est que de temps immémorial les Bretons furent des lutteurs renommés, et lorsque aux réjouissances du Camp du Drap d'Or, sous François Ier, la France dut céder la palme de la lutte à l'Angleterre, on regretta vivement de n'avoir pas eu à lui opposer des fils de l'Armorique qui, dit l'histoire contemporaine, ne connaissaient pas de rivaux dans la gymnastique. Nos ducs l'encourageaient, et les comptes de leurs trésoriers mentionnent sans cesse des sommes données à des lutteurs ; nos cultivateurs, de leur côté, n'ont jamais négligé ce moyen national d'entretenir et d'augmenter leur force corporelle. Peu leur importa toujours de s'éclairer : à quoi bon vos lumières, disaient-ils, ce sont des muscles et des reins qu'il nous faut ! Voilà notre capital ! Mais hélas ! ce souvenir des Jeux olympiques dont il ne restait de vestiges qu'en Bretagne va également y disparaître ; les luttes y deviennent chaque jour plus rares. Hâtons-nous donc d'y assister pendant qu'on en voit encore.

Un roulement de tambour s'est fait entendre ; notre factotum communal, s'élançant au milieu de l'arène, a crié tout à coup *liç ! liç !* (place ! place !) et s'est mis à brandir son fouet avec force pour écarter la foule, courant, jurant, frappant, meurtrissant une joue à celui-ci, arrachant presque un œil à celui-là, sans que personne ait rien à dire, car c'est un droit reconnu aux constables des luttes bretonnes. Le nôtre a choisi comme aide un joyeux tailleur, qui se sert d'une arme également consacrée par l'usage et non moins efficace que la sienne pour forcer les spectateurs à former régulièrement le cercle : c'est une poêle à frire qu'il frotte, aux éclats de rire de l'assemblée, contre tout curieux qui rompt l'alignement et veut empiéter sur l'arène, ayant soin, pour noircir son monde avec plus d'impartialité, de rabattre son chapeau sur ses yeux ; c'est une grotesque variété du bandeau grec de Thémis. Vous voyez ici les lutteurs dans quatre situations principales. Lorsque l'enceinte a été libre et que la curiosité publique, suffisamment irritée par l'ombre de combats que se sont livrés ces enfants, placés maintenant, comme à un amphithéâtre sur les arbres voisins, les véritables lutteurs, les héros de la fête ont commencé à paraître. Plus pudiques que les Grecs qui luttaient entièrement nus, ils sont vêtus de leur *bragou* et d'une chemise qui doit les serrer assez pour que leur adversaire y trouve le moins de prise possible. Leur longue et gênante chevelure s'attache en faisceau sur le derrière de la tête avec une grossière tresse de paille ; l'un des athlètes, déjà sans *jupen* et les pieds nus, reçoit à genoux ce complément de sa toilette. Il est entouré des juges du camp, lutteurs émérites, que l'âge a mis hors de combat, mais qui, reconnus comme les dépositaires des bonnes traditions, donnent à leurs successeurs des conseils respectueusement écoutés, et décident sans appel dans quel cas la lutte est loyale et la victoire non équivoque. Ces préparatifs terminés, un champion s'approche de l'arbre qui, suivant l'annonce de la fête, porte des prix, comme un pommier des pommes. Cet arbre s'abaisse devant lui et il choisit un gage ; puis, avec cette audace du regard, du geste et de la voix qui distingue l'aristocratie musculaire, il fait lentement le tour de l'enceinte, appelant, défiant un rival ! S'il ne s'en trouve pas dont le bras se sente vigoureux et les genoux assez fermes pour accepter le défi, après le troisième tour, le gage est acquis à ce lutteur redoutable qui, sans combat, remporte la victoire. S'il s'en trouve un, au contraire, ce second champion sort des rangs et, touchant le premier à l'épaule, l'arrête dans sa marche présomptueuse, ou bien, agitant de loin son chapeau, lui apprend, dans les termes d'usage, que le prix lui sera disputé ! Aujourd'hui que les lutteurs sont plus rares, ils s'associent quelquefois pour se partager les gages sans se les disputer ; alors le vainqueur n'a pas même couru la chance de combattre et n'a été que le fondé de pouvoir d'une association frauduleusement commerciale : ce sont là des lutteurs et des Bretons dégénérés.

Une cérémonie touchante précède le combat : les deux adversaires s'avançant l'un vers l'autre d'un air religieux, font le signe de croix, se frappent dans la main et se jurent qu'ils resteront amis après comme avant le combat ; qu'ils sont chrétiens et n'ont eu recours à aucune herbe enchantée (*louzou*) ni à ces pactes avec le diable, grâce auxquels la force d'un cheval ou d'un taureau l'abandonne tout à coup pour passer dans le corps d'un lutteur, au prix de sa damnation éternelle ! Certains alors qu'ils combattront à conditions égales, ils prennent une attitude académique, se saisissent lentement et s'enlacent en se passant réciproquement la main droite sur l'épaule gauche et la main gauche sur le flanc droit ; puis, les jambes écartées, et tels que deux béliers, le front collé l'un contre l'autre, tantôt ils se poussent avec une force qui se neutralise et les rend immobiles, tantôt ils s'allongent ou se rapetissent, se plient en avant ou en arrière, tournoient ou bondissent tout à coup comme un seul homme.

Mais par degrés ils s'animent, s'étreignent plus vigoureusement et font craquer leur chemise en lambeaux ; à la ruse, à l'adresse ont succédé la violence et la colère, et le plus faible, étourdi, haletant, épuisé, n'a plus qu'une ressource pour éviter une défaite certaine, celle de tomber sur le côté. *Né ket lamm !* crient soudain les gars de son village ! *Lamm eo,* hurlent de leur côté les partisans de son adversaire ! *Eo ! eo ! nann ! nann !* Et le tumulte devient effroyable ! Les spectateurs se précipitent, tous les rangs se confondent, le cercle n'existe plus ! Mais le fouet et la poêle à frire viennent rétablir l'ordre ; on se heurte, on se culbute, on se remet en place, et les juges du camp déclarent qu'en effet il y a eu *costinn*, c'est-à-dire que le vaincu n'étant pas tombé à plat sur le dos, le saut n'a pas été franc comme l'exige la charte des lutteurs ; l'épreuve doit donc recommencer. *Lamm, costinn,* tels sont les deux termes principaux de la gymnastique bretonne, qui a son vocabulaire à part, et dont les coups les plus savants sont les *toll-scarge, kliket-zoon* et *peeg-gourn* ; ce dernier mot désigne le célèbre croc-en-jambe de l'Armorique.

L'ENTREMETTEUR

Ar bazvalan

TOUTES les passions sont en jeu pendant les vicissitudes d'une lutte bretonne. Les haines de familles ou de communes, l'amour, l'amitié, les liens du sang y excitent de toutes parts des explosions de joie ou de colère. Corentin, notre pauvre Corentin, entraîné par l'exaltation fiévreuse qu'on y respire, par cette exaltation qui fait faire les grandes actions, mais aussi les grandes folies, en avait été cruellement victime. Le *dervez bras* avait aussi mal fini pour lui qu'il avait commencé, et la gloire d'un premier triomphe s'était effacée sous la honte de la défaite éclatante qui l'avait suivi ; voici comment. Tous les prix avaient été remportés excepté un seul, le mouton orné de rubans qui est d'ordinaire le dernier gage qu'on se dispute. Les champions paraissaient épuisés et aucun ne se présentait ; l'impatience commençait à agiter cette foule avide d'une dernière émotion, lorsque enfin parut un athlète. C'était le doyen des lutteurs du pays, c'était le souvenir vivant des luttes les plus célèbres de tout un quart de siècle ; jeune, il n'avait jamais porté de ceintures ni de chapeaux qui ne fussent le prix de quelque *lamm kaër* ; vieux, il suppléait par la ruse à la vigueur qui l'abandonnait, et souvent encore il rapportait en triomphe un mouton enrubanné à l'étable. En voyant quel champion entrait en lice, Corentin tressaillit ; il venait de reconnaître l'oncle de Jaouen, espèce de héros qui lui était d'autant plus odieux que Jaouen cherchait sans cesse à exploiter sa gloire, et, satellite obscur, parvenait à faire refléter sur lui-même quelques-uns des rayons de cet astre de famille. Aussi le vieux lutteur marchait-il toujours au milieu d'une foule de partisans que son remuant neveu ameutait sur ses pas, et qu'on y eût pris pour les Leudes de quelque chef gaulois. Corentin, depuis le commencement de la lutte, avait eu peine à se contenir, et l'on a pu remarquer que, placé derrière M. le Maire et Mme la Mairesse, il avait fallu user de force pour l'empêcher de se précipiter dans l'arène. La voix même de Marie, qui d'ordinaire vibrait jusqu'au fond de son âme, avait perdu en ce moment toute sa puissance, et ne résonnait plus à ses oreilles que comme un vain bruit ; Marie était cependant bien pressante !

Elle ne lui disait pas, ainsi que les ménagères bretonnes, que le profit des luttes est un profit de dupes ; qu'on y déchire de bonnes chemises, des *bragou* neufs, pour un mouchoir ou une ceinture qui ne les valent pas, et que la gloire d'y vaincre, si c'en est une, y fait cracher le sang et force par suite le vainqueur à rester quelquefois au lit et sans ouvrage pendant toute une semaine ! Mais elle rappelait avec vivacité à Corentin que si les lutteurs sont admirés, ils jouissent d'assez peu de considération, et qu'il ne convenait pas au fils d'un des premiers cultivateurs de la paroisse de se commettre avec des champions pareils. Sourd à ces remontrances, mais longtemps arrêté par la vigoureuse étreinte d'un bras robuste, Corentin n'avait encore été que spectateur de ces joutes où il brûlait de se signaler, lorsque l'oncle de Jaouen parut dans l'enceinte. A son aspect, et surtout aux regards de triomphe dont l'insolent Jaouen narguait l'assemblée, rien ne peut plus le retenir. Il s'élance vers le vieux lutteur, et le touchant fièrement à l'épaule, se prépare à lui disputer le prix qu'il allait obtenir sans combattre. Bientôt les deux rivaux en sont aux mains ! Ah ! si du moins, se disait Marie, j'étais allée cueillir pour lui au clair de lune, à genoux et avec les dents, *eur melchenen peder,* un trèfle à quatre feuilles ! Ce serait un talisman qui lui assurerait la victoire ! Cependant Corentin que crispaient la jalousie et la colère, se livrait tout entier à l'impétueuse ardeur qu'il avait longtemps comprimée ; ce fut sa perte. Son vieil adversaire, calme et maître de lui-même, opposait, comme un autre Entelle, à ce jeune et fougueux Darès, une imperturbable et savante inertie ; il guettait le moment où quelque imprudence de sa part donnerait beau jeu à l'adresse sur la violence, et ce moment ne se fit pas attendre. Il sentit, après une brusque secousse, que Corentin portait tout le poids de son corps sur une seule jambe. Plus prompt que l'éclair, il lui déplante aussitôt l'autre du tranchant de son pied droit, le soulève et puis, le jetant à plat sur le dos, le cloue pour ainsi dire au sol. *Lamm-kaër !* s'écrie-t-on de toutes parts, et Jaouen à la tête des siens se rue dans la lice où, sans nul souci, lui surtout, de l'infortuné Corentin qu'ils foulent aux pieds, ils enlèvent le vainqueur sur leurs épaules, et le présentent avec orgueil aux applaudissements de la foule. Cette ovation qu'on appelle *hoppade* est une preuve, a-t-on dit, que les Bretons descendent d'une colonie grecque, vu qu'on honorait ainsi les vainqueurs des Jeux olympiques. Mais les Francs étaient-ils donc une colonie grecque, parce qu'ils élevaient sur le pavois le chef qui les avait conduits à la victoire ? Une pareille ovation doit se retrouver chez tous les peuples près de la nature, et ce fut sans doute ainsi qu'on décerna, pour la première fois, les honneurs du triomphe. Quoi qu'il en soit, pendant que l'oncle de Jaouen enlevé, étouffé, presque asphyxié par l'enthousiasme expansif des siens, s'enivrait de sa gloire, Corentin s'était avec peine dégagé de cette foule de jambes qui lui passaient lourdement sur le corps, et se dérobant aux rires insultants de ses ennemis, et, ce qui était pire encore, aux reproches mérités de tous ceux qui s'intéressaient à lui, il s'était enfui à travers les champs, et avait escaladé vingt fossés pour arriver sans témoins à la ferme. Depuis ce combat fatal, toujours seul et triste, il ne pouvait secouer les cruelles pensées qui l'assiégeaient sans cesse. Vainqueur, se disait-il, j'aurais du moins obtenu ma grâce devant Marie, mais vaincu, je ne suis pas plus excusable à ses yeux qu'aux yeux de son père, qu'aux yeux de personne. Un jour qu'en proie à ses réflexions, il était seul dans l'étable, le mendiant qui ne cherchait que l'occasion de s'offrir à lui pour *bazvalan,* l'aperçut et l'accostant, se mit à lui débiter son thème accoutumé : « Assez, assez, l'instant est bien choisi vraiment pour me parler mariage ! Prends, ajouta Corentin en lui donnant quelque monnaie, introduis-toi près de Marie, et tâche d'apprendre ce qu'elle dit et pense. Voilà pour le moment tout ce que j'attends de ton ministère. »

LA CROIX DU SALUT

Kroas ar salut

ON était dans cette riante saison, où il y a autant de fêtes patronales que de dimanches et même davantage, en sorte que la dévotion et le plaisir n'ont que l'embarras du choix. Corentin qui attendait avec impatience le pardon de sa paroisse pour s'y trouver avec Marie et savoir s'il devait renoncer à elle, avait quitté la ferme avant l'aube du jour, et, solitaire au milieu de la foule des pèlerins, le voilà qui vient d'arriver à la croix du salut. C'est ainsi qu'on appelle la croix érigée sur les lieux d'où commence à s'apercevoir la flèche de l'église patronale. Les pèlerins y fléchissent le genou et saluent d'une prière le premier aspect de la pyramide sacrée. Cette espèce d'avant-poste du pardon indique l'origine analogue du nom que portent souvent les collines qui environnent et dérobent aux regards nos églises. Dès que le laboureur de la vallée gravissant ces collines peut voir son clocher, il s'agenouille et prie ; de là leur nom de *menez ar salut*.

Les croix destinées à servir de première station aux fidèles des pardons ne sont pas les seules qu'on rencontre sur nos chemins. Il n'est pas au monde de terre catholique qui n'ait été semée d'un plus grand nombre de signes extérieurs de sa foi que la Bretagne ; chaque carrefour y a sa croix. Un seul évêque du Léon, Rolland de Neuville, en fit ériger plus de 5 000 dans son diocèse. Il avait senti la nécessité d'emprisonner pour ainsi dire au milieu des signes du christianisme un peuple chez qui les impressions sont profondes, mais chez qui elles se gravent lentement. Il n'a pas fallu en effet moins de douze siècles pour l'arracher entièrement à son antique idolâtrie. Sa conversion, commencée par saint Pol ou peu auparavant, dans le VIe siècle, ne fut réellement achevée que par Michel le Nobletz dans le XVIIe. Les premiers apôtres chrétiens, voyant combien était rebelle la matière qu'ils avaient à façonner l'Évangile, prirent le parti, comme nous l'avons déjà dit en passant, de faire à l'ancien culte toutes les concessions que comportait le nouveau, et pour obtenir le fond de transiger sans cesse sur la forme. Les Celtes, vaincus de cette manière dans leur résistance opiniâtre, furent transformés en chrétiens sans s'en apercevoir. Ils continuèrent à adorer les *men-*

hirs, les fontaines, le feu, la vervaine, cette plante sacrée des druides ; mais le symbole fut habilement changé, et le même culte ne signifia plus la même chose. La verveine baptisée devint *louzouen ar groas*, la plante de la croix, et garda sous ce nouveau nom les vertus miraculeuses qu'on lui attribue encore. Les fontaines furent placées sous la garde et l'invocation d'un saint ou d'une madone, et les feux qui s'allumaient dans les fêtes consacrées au soleil se trouvèrent être un beau jour une commémoration du martyre de saint Jean, en l'honneur duquel furent confisquées des cérémonies qui, par parenthèse, n'ayant plus leur signification païenne, n'en eurent plus aucune. ce sont surtout les pierres druidiques, ces pierres si nombreuses et l'objet d'un culte si fervent, que les nouveaux missionnaires s'attachèrent à dépouiller de leur caractère profane, pour les métamorphoser en symboles chrétiens. Une foule de *menhirs* furent taillés à leur extrémité et se couronnèrent d'une ou plusieurs croix. Celui de Pontusval, l'un des plus remarquables de ces grossiers obélisques, porte une première croix à son sommet et une seconde gravée en creux à sa base ; d'autres, comme celui de Dol, ont leur cime sanctifiée par tout un calvaire.

Mais il arriva souvent que la nature des pierres druidiques, leur grand nombre ou tout autre cause s'opposèrent à ce qu'on y arborât avec succès les emblèmes de la religion nouvelle. Alors les apôtres chrétiens changèrent de batteries. Ils cessèrent d'imiter ce roi celte qui avait employé toute son armée et les bœufs de 1 000 chariots pour transporter sur le tombeau de sa mère une pierre énorme que le peuple révérait et le forcer ainsi à révérer le tombeau lui-même ; ils mirent tous leurs soins, au contraire, à rendre peu à peu un objet de terreur ce qui ne devait plus en être un d'adoration ; ils empreignirent enfin d'un cachet infernal les idoles qu'ils ne baptisèrent pas. C'est ainsi qu'ils s'accoutumèrent à voir dans les débris d'un immense *dolmen*, non loin du *Menhir* de Pontusval, des jeunes filles maudites et pétrifiées pour avoir continué leurs danses pendant que le Saint-Sacrement passait. A Pont-Aven, c'est toute une noce païenne changée en pierre, ou bien encore un avare inhospitalier puni de sa dureté impie par le même châtiment. A Lanrivoaré, sept blocs énormes, qui recouvraient peut-être sept tombes celtiques, sont devenus sept pains, ainsi transformés pour châtier un boulanger qui avait inhumainement repoussé saint Hervé. Près de Saint-Herbot, le *dolmen*, autel et tombeau d'un druide qui, autant qu'on peut percer le voile des traditions populaires, paraît avoir longtemps été un obstacle à l'établissement du christianisme dans ces montagnes, passe pour recouvrir la dépouille d'un géant, que vainquit dans une lutte acharnée le saint patron du lieu, et dont l'horrible cadavre ne put entrer dans cette vaste tombe que coupé en soixante-dix-sept morceaux. Enfin Carnac, la page la plus curieuse du livre de granit que nous ont laissé les Celtes, n'est autre chose, suivant la légende populaire, qu'une armée de païens pétrifiés par Cornéli. Nous pourrions citer cent autres exemples de ce genre, et partout on y retrouverait le double système que suivirent chez nous, selon les circonstances, les premiers propagateurs de la foi chrétienne. celles de nos innombrables pierres druidiques qu'ils ne sanctifièrent pas, ils en effrayèrent les populations, et pendant que l'on continuait à s'agenouiller devant les premières, on finit par éviter, surtout la nuit, toutes celles qui provenaient de quelque métamorphose terrible ; celles que, leur disait-on, le diable dans un accès de dépit avait lancées contre leur église naissante, ou dont tel saint pour se venger de quelques impies célèbres avait hérissé leurs champs et leurs collines, ou celles enfin que les courriquets, ces nains démons avec lesquels le lecteur a déjà fait connaissance, avaient choisies pour leurs palais nocturnes. Ainsi s'expliquent naturellement quelques-unes des anomalies que présente notre pays celto-chrétien, qui est une terre non moins hiéroglyphique que la terre des Pharaons.

LE SALUT DES BANNIÈRES

Pok ar bannierou

PENDANT que Corentin va poursuivre Marie au pardon, et guetter l'occasion de se relever près d'elle du double échec qu'il a éprouvé aux luttes du *dervez bras*, nous allons passer en revue, de notre côté, les scènes variées et curieuses que présentent les fêtes patronales de l'Armorique, ces pardons qui attirent parfois des milliers de pèlerins, et, d'un lieu désert la veille, font soudain un camp où s'élèvent d'innombrables tentes, où s'agite une population plus considérable que celle de cent communes. Commençons par ce qui est, pour ainsi dire, l'âme d'un pardon, par ce qui y jette surtout de l'éclat et lui vaut une pieuse renommée, par la procession où brillent les reliques et la bannière du patron que l'on fête. Il n'est pas de vieux soldat qui tienne autant au drapeau de son régiment que les Bretons à ce symbole local de leur foi. Aussi veillent-ils avec une piété jalouse, à ce qu'on le révère comme ils le révèrent eux-mêmes. De là jadis bien des rixes religieuses dont le souvenir vit encore. Lorsque deux processions se rencontraient dans nos chemins creux et étroits où il fallait que l'un reculât pour que l'autre pût avancer, chaque paroisse exigeait pour son patron les honneurs de la préséance. On sait quelle est la ténacité bretonne ; malgré le caractère sacré du débat, il n'y avait d'autre transaction possible qu'un appel à la force. Le combat ne tardait donc pas à s'engager et ne finissait que, lorsqu'au milieu des hourras de ses champions vainqueurs, un des deux saints avait passé sur le corps de l'autre. Ces combats étaient d'autant plus acharnés, qu'ainsi qu'Homère qui prêtait aux dieux de l'Olympe toutes les passions humaines, les fidèles adorateurs de saint Yves ou de saint Guénolé les supposaient également animés de haine et d'envie contre le saint de la paroisse dont ils jalousaient eux-mêmes les habitants, et croyaient en conséquence mériter force indulgences en obligeant la bannière du patron de leurs adversaires à s'humilier devant celle du patron chargé de veiller sur leur propre paroisse.

Les curés, pour mettre un terme à ces luttes déplorables, feignirent entre les saints prétendus rivaux des réconciliations qu'ils invitèrent leurs paroissiens à imiter, et toutes les fois que soit par hasard, soit pour se réunir dans une même procession, comme ici, deux bannières se rencontraient, ils les faisaient s'embrasser en signe de paix et d'amitié ; cette trêve de Dieu ou plutôt de ses saints finit par rétablir entre les diverses paroisses une harmonie religieuse qui, depuis longtemps, n'y est plus troublée. Plusieurs de ces bannières, qui ont échappé au délire révolutionnaire ainsi que la curieuse clochette de saint Pol, le magnifique calice en vermeil dans le style de la renaissance, offert par la duchesse Anne à l'église de Saint-Jean-du-Doigt, et quelques autres objets sacrés, non moins précieux aux yeux de l'histoire qu'aux yeux des fidèles, plusieurs de ces bannières, disons-nous, datent d'une époque très reculée ; l'image à demi effacée du saint et leur velours rongé par le temps attestent leur existence séculaire. Mais en général les Bretons tiennent moins à l'ancienneté qu'à l'éclat des ornements du culte, et les embellissements dont ils déshonorent leurs élégantes églises font le désespoir de l'artiste et de l'antiquaire. Rien ne leur paraît plus digne de la maison du Seigneur que la dorure et le badigeonnage. Au lieu de laisser leur vénérable aspect de vétusté à ces antiques pierres brodées à jour, à ces pampres, à ces acanthes de granit qui serpentent autour des porches, et que leur teinte grise rend encore plus déliés et plus admirables, ils les encadrent symétriquement dans de larges raies de chaux de coquille d'une éclatante blancheur, qui leur éblouit la vue et enchante leur vandalisme. Ils n'épargnent pas davantage ces saints et ces madones de kersanton ou de chêne, que de pieux et habiles ciseaux ont jadis multipliés dans leurs églises. Poussés par je ne sais quel besoin d'enlaidir ce qui est beau, ils les bariolent de rouge, de bleu, d'argent et d'or, ou bien encore affublent les saints de *jupens* et de *bragoubras*, et les saintes de riches cortumes de noces.

Tout le monde n'est pas admis à l'honneur de porter les bannières ; tout le monde d'ailleurs n'a pas la force qu'exige un tel honneur. Ces bannières sont extrêmement lourdes ; on décuple leur poids par le fer et le plomb qu'on y prodigue. Aussi ne se hasarde-t-on à s'en charger publiquement qu'après plus d'une épreuve. Les jours de fête, quand l'office est terminé, les jeunes gens les plus vigoureux succédant aux hommes faits s'essaient à soulever ce pieux fardeau et, par des exercices préliminaires, se préparent de loin à le porter dans les grandes solennités paroissiales. Ce qui est surtout difficile et glorieux, c'est, lorsqu'on sort de l'église ou qu'on y rentre, de faire passer les bannières, sous une porte quelquefois étroite et basse, presque horizontalement et sans les heurter nulle part, puis de les relever avec une majestueuse lenteur ; il y a là de quoi se rompre les reins. On en peut juger ici par les violents efforts et la figure crispée des porteurs de ces bannières, au moment où ils les inclinent l'une vers l'autre pour qu'elles se donnent le *pok* consacré. Ce risque-là cependant s'achète parfois assez cher. Après l'honneur de porter les reliques, celui d'être chargé des bannières est le plus ambitionné, et on se le dispute avec une dévote ardeur dans les adjudications publiques où il se décerne. Les statuettes des saints qu'on fixe au bout de bâtons coloriés ne viennent qu'ensuite, ainsi que les croix d'argent ou de cuivre qui, dans ces enchères spirituelles, sont toujours poussées d'après l'ordre hiérarchique des métaux dans ce monde temporel. Les fervents adjudicataires à qui reste le droit de porter les reliques à la procession, s'affublaient naguère d'un costume bizarre que le clergé a eu le bon esprit de faire peu à peu disparaître. Il fallait qu'ils fussent revêtus d'aubes ou de chemises blanches, que leur serrait au milieu du corps une ceinture éclatante, et leur coiffure consistait en un bonnet de coton ridiculement orné de plusieurs rangs de rubans tuyautés, aux couleurs tranchantes et diverses. Ce grotesque accoutrement était aussi celui des gens armés de *pennbaz* qui escortent les reliques et dont l'office est de rappeler un peu brutalement aux fidèles qu'ils ne doivent pas s'oublier dans une trop longue extase sous le brancard sacré.

L'OFFRANDE

Ar prof

IL est d'un certain intérêt pour la caisse des fabriques d'entretenir l'usage de mettre aux enchères les bannières et les reliques des processions. Aussi les curés et surtout les marguilliers qui tiennent plus qu'eux encore à la splendeur de leurs églises, ne négligent-ils rien de ce qui peut conserver tout leur crédit à de pieuses pratiques, auxquelles leurs pères attachaient d'autant plus de prix qu'elles ne leur furent pas toujours accessibles. On sait que la noblesse ne se contentait pas de ses privilèges terrestres ; elle s'en réservait aussi près de Dieu et des saints, et c'était un droit seigneurial que celui de porter aux processions les reliques célèbres. Le jour de l'Ascension, par exemple, celles de saint Gouesnou se chargeaient, à l'aide d'un brillant brancard, sur les épaules de deux gentilshommes revêtus de surplis, et plusieurs ducs de Bretagne briguèrent eux-mêmes l'honneur de les porter, entre autres Charles de Blois, Pierre II et Arthur ; de pareils souvenirs se gardent précieusement dans les sacristies. Mais nos ardents marguilliers ne se bornent pas à invoquer le passé, ils savent faire tourner toutes les gloires du présent à la gloire de l'église et de ses cérémonies. D'un côté, le maire et ses adjoints y apportent l'éclat de leur ceinture tricolore ; de l'autre, quelques jeunes gens armés de tambours et de fusils, et la tête militairement couverte au milieu de toutes ces têtes nues, y interrompent de temps en temps les chants sacrés par une musique et des détonations guerrières. C'est un simulacre de garde nationale et le seul que l'on rencontre dans la plupart de nos communes rurales, où l'on ne comprend guère qu'elle puisse être bonne à quelque chose de mieux qu'à augmenter la pompe d'une procession. On concevra sans peine que la contemplation des objets qu'il révère, que ces hommages réunis des dépositaires du pouvoir temporel et de la puissance divine, que cette multitude de pèlerins dont une partie, marchant pieds nus, sont autant de témoignages vivants d'un bienfait miraculeux, et de la foi qu'on peut avoir dans le crédit céleste du saint patron ; enfin, que cet imposant spectacle, à l'écart duquel ajoutent encore les cloches sonnant à pleines volées, les nuages d'encens et la pluie de fleurs dont se parfume la route de

211

la procession, agisse vivement sur un peuple aux impressions vierges et primitives, et entretienne chez lui comme une sorte d'ivresse chrétienne. On concevra aussi sans peine qu'au sein de cette atmosphère religieuse, nos Bretons, quelque peu disposés qu'ils soient naturellement à se détacher des biens de ce monde, quand ils parviennent à les posséder, en déposent au moins une petite parcelle au pied du saint populaire. Ils trembleraient pour leurs bestiaux, leur récolte, leurs enfants et leur femme, s'ils avaient la conscience de ne s'être pas acquittés d'une redevance aussi sacrée. Des offrandes abondent donc un jour de pardon, dans l'église patronale. Les marguilliers ont soin d'ailleurs qu'on ne pèche pas à ce sujet par oubli ni par omission. L'un d'eux, assis non loin de l'autel devant une table ou, si vous le voulez, un comptoir presque toujours encombré de pyramides de gros sous, agite continuellement une clochette chargée de rappeler aux fidèles que leurs prières ne suffisent pas, et qu'il faut au saint quelque preuve matérielle de leur dévotion. Mais quel est ce groupe de femmes qui se pressent ici d'un air mystérieux autour de l'image de saint Guénolé ? En arrière les indiscrets ! Car il s'agit d'un miracle qui a besoin d'ombre et de voiles, et vous voyez qu'une des commères réprime la curiosité d'un jeune drôle qui voudrait voir ce qui se passe entre elles et ce saint renommé ! Ce sont des femmes stériles, qu'attire le privilège dont il jouit entre tous les saints, de faire cesser leur stérilité. Ces Sara bretonnes ne se contentent pas de réciter leur chapelet ni d'allumer un cierge devant sa statue ; elles s'y frottent dévotement le ventre, et une chose remarquable, c'est qu'un pareil frottement se pratique dans un but analogue de fécondité, contre l'un de nos plus beaux *menhirs*, celui de Plouarzel. La vertu qu'a saint Guénolé de faire concevoir les femmes jusque-là stériles ne se manifeste pas partout de la même manière. Dans une chapelle célèbre dont on ne voit plus que les ruines sur les bords de la Penfeld, c'était d'une cheville râpée qu'on attendait le miracle. Quant à l'efficacité de l'intervention du saint, on n'en doute nulle part, et ici le couple stérile, que voilà agenouillé contre la balustrade, soupire après le moment d'y avoir recours, tandis qu'une jeune femme qui en a éprouvé les heureux effets et sera bientôt mère va pieusement déposer dans le plat sacré l'humble tribut de sa reconnaissance.

On ne s'explique guère ce qui a pu faire ainsi de saint Guénolé une espèce de Priape chrétien. Neveu de Conan et fils d'une belle et noble dame appelée *Guen* ou Blanche, il avait reçu lui-même ce nom de Guénolé comme un présage de la candeur et de la pureté dont il devait être le modèle. Son père Fragan le confia à saint Corentin, et il en fut bientôt le plus digne élève. Dédaigneux, comme ce grand saint, du monde où l'appelait sa naissance, il se retira dans une île déserte, et quand le temps fut venu de la quitter, il se mit en prières, frappa la mer de son bourdon, et la mer devint sous ses pas ferme et solide. Saint Martin de Tours le nomma abbé de Landévennec, et toujours marqué du sceau de Dieu, il continua à se signaler par des miracles. Quelque opinion qu'on s'en forme, il en est que personne ne refusera d'admirer, c'est celui d'avoir rendu son abbaye un point lumineux au milieu des ténèbres, d'avoir fait briller la vertu au sein de la corruption de la ville d'Is, et lorsque la Sodome bretonne eut comblé la mesure et que Dieu l'abîma sous les flots, d'en avoir providentiellement sauvé son royal ami, le bon Grallon. Après une telle vie que couronna la mort la plus sainte, il faut que ce prétendu Priape ait été victime, comme l'héroïne de Vaucouleurs, de quelque railleur impie, et sa réputation flétrie si injustement mérite aussi qu'on la réhabilite. Du reste, les Bretons, qui ne plaisantent pas sur ces matières, ont pris au sérieux la mission spéciale qu'on a imaginée pour lui dans le ciel, et c'est avec une foi sincère qu'ils comptent sur l'intercession de saint Guénolé pour faire cesser la stérilité de leur femme.

LA FONTAINE DU PARDON

Feunteun ar pardoun

ON ne compte que trois saints bretons qui aient eu les honneurs juridiques de la canonisation : saint Yves, saint Vincent et saint Guillaume. Mais si la Bretagne est pauvre en saints officiels, tel est le nombre de ses saints populaires, qu'ils suffiraient à remplir un calendrier national, et comme chaque saint a son pardon, c'est la plupart du temps cette série de fêtes patronales qui seule tient lieu d'almanach aux fils de l'Armorique. Ces pardons se ressemblent sous plus d'un rapport ; mais beaucoup présentent quelques traits qui leur sont propres, et ajoutent une originalité de plus à celle de leur physionomie générale. Dans l'impossibilité de les mentionner tous, nous nous bornerons à en indiquer quelques-uns parmi les plus remarquables.

De ce nombre est sans contredit celui de Saint-Herbot, village pittoresque qui réjouit d'autant plus les yeux qu'il est adossé à une crête aride des montagnes d'Arès. C'est par les sentiers qui serpentent dans les bruyères de ces montagnes, tels des rubans jaunâtres capricieusement jetés sur un fond de pourpre flétrie, qu'arrivent surtout les pèlerins qui y affluent. Nous ne parlerons pas de tous les titres qu'a ce coin de la Bretagne à être visité ; du voisinage des mines, des ruines du château du Rusquec aujourd'hui converti en ferme, et où le pèlerin attache sa monture à des débris d'armoiries ; de la cascade de Saint-Herbot, l'une des plus belles de la France et peut-être du monde, qu'on appelle aussi le ménage de la Vierge et qui, suivant une tradition encore plus curieuse, a été formée de rochers que le géant Guéor (un druide sans doute) y transporta par haine pour saint Herbot, et par reconnaissance pour un médecin dont il en débarrassa les terres. Mais ce qui seul suffirait pour faire faire le pèlerinage, c'est le spectacle du pardon même ! C'est cette élégante église gothique qu'entourent des milliers de pénitents d'une continuelle et mobile ceinture ; ce sont les bizarres offrandes (d'innombrables queues de vaches et de bœufs) qu'ils font pleuvoir sur les autels de Saint-Herbot en sa qualité de patron des bêtes à cornes, c'est ce bras en bois argenté vers lequel se précipite et s'étouffe dévotement la foule, et qui porte l'empreinte de tant de baisers ardents ! Les trois jours que durent la foire et le pardon, tous les bœufs de la Cornouaille se reposent ; ce sont pour eux trois jours de vacances. Jadis on leur faisait faire comme aux pèlerins le tour de l'église, et quand on ne les y menait pas, disent les vieillards, ils y venaient tout seuls. Saint-Herbot les en dispense aujourd'hui, moyennant des offrandes qui produisent annuellement près de mille écus et plus du double après une épizootie.

L'église de Saint-Jean-du-Doigt, *sant van ar bis*, plus remarquable encore que celle de Saint-Herbot, n'est pas moins célèbre par ses miracles et son pardon. La relique qu'on y révère est la dernière phalange d'un doigt, index ou médius, qu'enveloppent des parchemins dont l'écriture remonte au XVe siècle et a beaucoup jauni. Suivant la légende, une jeune vierge appelée Técle l'apporta en Normandie, d'où un adolescent de Plougasnou, d'une dévotion ardente, l'enleva sans le savoir ; le doigt s'était placé au-dessus de son poignet entre peau et chair, ce qui l'avait pénétré d'une joie ineffable qu'il ne pouvait s'expliquer. Sur son passage, les arbres s'inclinaient, les cloches sonnaient d'elles-mêmes, et, pris pour un sorcier, il fut jeté en prison. Mais il y invoqua saint Jean, et le lendemain se réveilla dans son pays natal. Lorsqu'il entra pour lui en rendre grâce dans la chapelle de Saint-Mériadec, la seule que possédât alors ce riant vallon, la cloche s'ébranla et les cierges s'allumèrent : la relique venait de sauter sur l'autel ! Ce miracle y attira des offrandes de toutes parts, et entre autres les libéralités ducales qui ont permis d'élever le beau monument gothique de Saint-Jean-du-Doigt. La reine Anne, dont les largesses l'achevèrent, se trouvant affligée d'un mal d'yeux à Morlaix, eut l'idée assez naturelle, bien qu'un peu leste, d'y faire venir cette précieuse relique qui a la vertu spéciale de les guérir. Mais le brancard qui l'apportait se brisa, et la relique retourna d'elle-même à Saint-Jean ; la reine fut donc obligée d'en faire le pèlerinage. Ce pardon est aujourd'hui quelque peu déchu. Autrefois, un ange éblouissant de lumière partait, au milieu de l'obscurité, du sommet du clocher, pour aller sur la montagne voisine allumer le feu de Saint-Jean, puis retournait au clocher sans qu'on sût comment, et soudain disparaissait dans les airs. C'étaient là de poétiques superstitions ! Rien de mesquin comme ce qui les a remplacées. A l'ange lumineux, on a substitué ce que les artificiers appellent un dragon ; le dragon s'arrête souvent en route, à la grande hilarité de la foule, et ce qui surtout ajoute au grotesque de cet entracte de la procession, c'est le feu d'artifice qui précède le feu sacré, et qui jette un si misérable éclat ou plutôt n'en jette pas du tout, en face des magnifiques lueurs du soleil couchant ! Du reste, les feux de Saint-Jean qui la veille du pardon s'allument dans tous les villages de l'Armorique la font briller pendant quelques heures d'une gigantesque illumination, unique en son genre. Un vieil usage rend ce spectacle encore plus fantastique, c'est celui où sont les enfants de s'armer de torches goudronnées auxquelles ils font décrire dans l'air mille cercles enflammés ; on dirait de loin une orgie d'esprits follets, ou d'innombrables étoiles qui se croisent en filant.

Le pardon de Sainte-Anne-de-la-Palud a une physionomie plus grave et plus sévère. Il a lieu sur le penchant d'une montagne nue et déserte où s'élève seule la chapelle, et où accourent cependant presque autant de pèlerins qu'à Sainte-Anne-d'Auray. Rien de plus propre à exalter l'âme qu'une belle nuit d'été passée au milieu du pieux bivouac de Sainte-Anne-de-la-Palud ! Ces pénitents agenouillés qui psalmodient et se pressent contre les portes fermées de l'église, ces cantiques qui résonnent sous chacune des tentes basses et arrondies où s'abritent, éclairés par une lumière vacillante, de 100 à 200 pèlerins ; tout respire dans la veillée solennelle qui succède à la procession, un parfum religieux, une fraternité chrétienne dont peuvent à peine vous désenchanter tous ces mendiants qui, tels que des ombres sacrilèges, errent gaiement parmi les tombes, ou qui, groupés contre un mur du cimetière, se délassent et rient, ainsi que des acteurs dans les coulisses, de la contrainte et de leurs cris lamentables de la journée.

LE CHANTEUR DE COMPLAINTES

Ar c'haner

Nous aurions à citer encore bien de pardons qui le méritent, comme celui de saint Gildas, où les chiens font d'eux-mêmes, dit-on, le tour de l'église pour se préserver de la rage ; celui de saint Éloi, dont les chevaux vont entendre la messe ; de Lanrivoaré, où les pèlerins font, les uns pieds nus, les autres à genoux, le tour du cimetière des 7 777 saints ou plutôt des 7 777 martyrs, car c'est sans doute une peuplade chrétienne massacrée tout entière, qui y repose ; de Saint-Jean-de-Plougastel et de Toulfoën, de Quimperlé, pardons qui offrent une exposition annuelle de nos richesses ornithologiques, et où des milliers d'oiseaux qui gazouillent, gémissent, sifflent ou roucoulent, forment un si bruyant et si étrange concert ! Il faut aussi mentionner les pardons de la Vierge qui, seulement dans le Léon et la Cornouaille, dépassent le nombre de cent, et dont la plupart jouissent d'une grande célébrité ! Par exemple, *Notre-Dame-de-Kerdévot*, rendez-vous de plaisir non moins que de dévotion pour les Quimpérois ; *Notre-Dame-des-Portes*, dont l'image fut trouvée dans le cœur du plus magnifique chêne qu'ait jamais nourri le sol breton ; image qui, réelle le jour, devient fantastique la nuit, et qu'on voit errer dans les bois d'alentour revêtue d'une robe lumineuse, devant laquelle les vrais croyants se retirent à reculons, comme leurs aïeux sortaient jadis des forêts druidiques ; *Notre-Dame-du-Folgoët*, fondée en mémoire de Salaun, ce pauvre idiot sans feu ni lieu, qui n'avait jamais pu apprendre à dire que : *Ave Maria*, et sur la fosse duquel s'éleva un lis miraculeux dont les racines partaient de sa bouche, et dont le calice contenait en lettres d'or les mots qu'il prononçait si fervemment : *Ave Maria !* Enfin, *Notre-Dame-de-Rumengol* qui date des premiers siècles du christianisme, et dont le nom a empêché de dormir plus d'un étymologiste, bien que l'origine en soit due à quelque marguillier inattentif et ne remonte qu'à une époque assez récente. En effet des titres authentiques portaient primitivement, non pas *Notre-Dame-de-Rumengol*, mais *Notre-Dame-de-Remedoll*, notre dame de tous remèdes. La Vierge y fut peut-être invoquée de la sorte à cause des vertus de la fontaine voisine, et y avait probablement hérité de la vénération font le druidisme environna jadis ses eaux restées sacrées. Presque tous les pardons en crédit possèdent une de ces fontaines qui dont des miracles, et dont le culte est un bizarre mélange d'idées celtiques et de croyances chrétiennes. Les druides qui adoraient Dieu dans les divers phénomènes du monde, et, sous ces mythes naturels, dérobaient aux profanes la cause unique et créatrice, ne pouvaient manquer de se prosterner devant les sources, les fontaines, l'eau enfin dont quelques philosophes ont fait le principe, l'élément générateur de toutes choses ! De leur côté, les missionnaires bretons, fidèles à leur système d'adopter les pratiques qu'ils ne pouvaient détruire, creusèrent des niches de saints dans le mur des fontaines druidiques, ou même bâtirent des églises, comme à Lanmeur, sur la crypte antique et sombre qui recelait les eaux consacrées. C'est donc un culte aussi vivace aujourd'hui qu'il y a 2 000 ans, et qui, les jours de pardon surtout, offre des curieuses particularités. Ces jours-là, une foule de mendiants, milice déguenillée de toutes nos fêtes patronales, s'emparent pour ainsi dire de la fontaine, et là, munis de *pichets* qu'ils remplissent sans cesse, ils assiègent, ils poursuivent tout pèlerin qui se présente pour faire ses ablutions, afin qu'il ne les fasse que par leur ministère, et au prix d'une aumône. La cérémonie ne se borne pas pour les fidèles à se laver avec l'eau sainte les mains, les yeux, le visage ; il faut encore qu'elle leur soit versée d'abord sur le derrière du cou pour leur descendre le long du dos, et puis dans les deux manches qu'ils agitent vivement en l'air pour qu'elle y coule et pénètre jusqu'à l'aisselle !

L'usage des ablutions est aussi vieux que le monde ; toutes les religions les ont admises parmi leurs rites comme gage de la propreté du corps ou comme symbole de la pureté de l'âme. Mais ni les Celtes ni aucun peuple à coup sûr n'ont jamais rien consacré d'aussi absurde, d'aussi funeste que les ablutions bretonnes. Elles n'ont pas pour objet, comme on voit, cette propreté salutaire qui, suivant saint Augustin est une demi-vertu ; les ablutions sont ici un remède ou un préservatif contre des maux qu'elles doivent plutôt empirer ou faire naître qu'écarter et prévenir. Peut-on rien imaginer de moins hygiénique que de venir, baignés de sueur, comme le font nos campagnards, s'asperger d'eau froide et en imbiber ceux de leurs vêtements qui touchent au corps même ? Les curés qui devraient être un peu médecins ainsi que l'étaient les druides et les premiers apôtres peuvent seuls attaquer avec succès ces pieuses folies ; à eux appartiendra donc l'honneur de les déraciner ou la honte de les laisser vivre.

Le pèlerinage ne serait pas complet si, après les offices, la procession et les ablutions à la fontaine sacrée, on ne rendait visite au chanteur de cantiques et de *gwersiou*, et à la boutique industrieusement placée par sa femme sous le patronage de la sainte Vierge. C'est là qu'on fait emplette pour soi et pour ceux du logis qui n'ont pu venir au pardon de jolis chapelets en verroterie et de longs rosaires en os dont les dizaines sont plus nombreuses qu'élégantes, de croix, d'amulettes, de *pennou*, sortes de médailles grossières, qui présentent en relief la tête du saint que l'on fête, ou enfin d'images coloriées à grands traits et encadrées de leur légende. Une chaise est l'humble théâtre sur lequel chante, en s'accompagnant d'un aigre violon, le successeur des bardes de l'Armorique. Adossé à une vaste enseigne où des pinceaux au rabais ont à peu près traduit quelques scènes de ces chants religieux et nationaux, il a presque toujours un auditoire attentif et des acheteurs nombreux. Ainsi que tous les peuples primitifs, les Bas-Bretons aiment avec passion le chant comme la danse ; aussi toute leur littérature consiste-t-elle en chansons sévères ou piquantes. Mais elles sont innombrables, et, promptes à se répandre dans nos campagnes, semblent y avoir des ailes comme la presse périodique dans nos villes. On en a conclu, et peut-être avec raison, que les *gwersiou* seraient un des moyens les plus efficaces d'amener enfin la Bretagne au même niveau que le reste de la France.

Comme le laisse entendre Alexandre Bouët, les pardons n'étaient pas qu'affaire de piété. Stendhal raconte que dans un village près de Lorient, « le curé gagnait, disait-on, près de 1 500 francs par an grâce au crin qu'on lui donnait pour bénir les chevaux ou le bétail ». A Carnac, écrit quant à lui Eugen Weber « le pèlerinage aux reliques de saint Cornély, patron des bêtes à cornes, était très rentable. On lui offrait des bœufs et des brebis ; on les faisait s'agenouiller devant sa statue, qui se trouvait au-dessus du portail de l'église, puis bénir par le curé sous la bannière du saint ». Mais en 1906, les prêtres refusèrent de bénir les bêtes rassemblées. « On ne les a pas payés assez, expliqua un colporteur qui vendait ses jouets à la foire locale. L'église ne donne pas sa bénédiction pour rien. »

Parfois, la situation économique imposait de nouvelles contraintes. C'est ainsi qu'en 1886, lorsque les forges locales des Forges-de-Lanouée (Morbihan) fermèrent leurs portes, l'affluence au pèlerinage dédié à saint Éloi, patron des maréchaux-ferrants, diminua fortement, d'où un certain manque à gagner pour le clergé des environs. Un prêtre eut alors l'idée d'instituer une bénédiction des chevaux : il retrouva ses ouailles et les finances de l'église locale ne s'en portèrent que mieux.

Aujourd'hui encore, il suffit d'aller à Sainte-Anne d'Auray pour constater à quel point le commerce des pardons est encore florissant, comme en témoignent les nombreuses échoppes entourant la basilique où l'on vend des statuettes, bijoux et autres souvenirs n'ayant souvent aucun rapport avec le lieu et le culte qu'on y célèbre.

LA LOTERIE

C'hoari sac'h

JUSQU'A présent, nous n'avons montré que le côté religieux des pardons, et l'on a pu voir combien il y a d'originalité dans les pieuses fêtes de cette vieille Armorique dont le sol n'a pas été balayé ainsi qu'ailleurs par la bourrasque chrétienne, qui, bien loin de là, porte encore le cachet des druides comme celui des saints, et prouve à chaque pas que le Christ y fut obligé de transiger avec Teutatès. Mais ce côté religieux n'est pas le seul digne de remarque, bien que ce soit le principal, et qu'il influe si puissamment sur les mœurs immuables du pays, qui s'y renferme comme une châtaigne dans son écorce hérissée. Nous allons donc, après les heures de la prière, suivre les pardonneurs au sein de la vie matérielle et joyeuse, et ne plus voir dans nos fêtes patronales qu'un pèlerinage gastronomique et une journée de plaisirs. Le trajet à faire étant quelquefois considérable, 5, 10, 15 lieues, et le plus grand nombre le faisant à pied, on n'a garde d'ajouter à la fatigue d'une longue route celle de cheminer chargé de provisions et avec d'autre bagage que le *pennbaz* du voyageur. A peine ceux qui partent à cheval emportent-ils de quoi entretenir la vigueur du vieux bidet qui est leur monture ordinaire. Tous savent bien qu'ils peuvent compter sur l'hospitalité bretonne ou sur les caravansérails ambulants que l'industrie, providence profane de la fête, ne manque pas d'y établir pour la satisfaction économique de leurs besoins. C'est une des occasions où brille dans tout son lustre la générosité hospitalière de nos cultivateurs. Ceux de la paroisse qui célèbre son pardon en font noblement les honneurs à leurs amis et à leurs connaissances des autres paroisses, qu'ils ne se contentent pas de bien accueillir, mais que dans une tournée vraiment fraternelle, ils vont inviter de la manière la plus pressante à venir ce jour-là s'asseoir à leur foyer et à leur table. Tous les lits clos de la ferme sont mis à la disposition de leurs hôtes qui encombrent même quelquefois jusqu'à leurs greniers et leurs granges, et la ménagère, bien qu'assistée de ses proches, n'a pas une petite tâche à remplir dans celle d'apaiser l'appétit de tant de faméliques pèlerins. Mais elle, si économe, elle qui vit, ainsi que sa famille, de privations toute l'année, elle est alors dépensière et prodigue ; les plus voraces comme les plus épicuriens des Bas-Bretons seraient satisfaits de sa cuisine, et ce qui vaut mieux encore, c'est que cette libéralité qui lui coûtera comme à son mari bien des heures d'un rude travail leur paraît la chose du monde la plus naturelle, et s'exerce chez eux avec une simplicité, avec une bonhomie toute patriarcale. Nous venons de le dire, ceux qui ne connaissent personne, et n'ont pas la ressource d'une auberge gratuite ont celle des restaurants et des tavernes en plein air, où ils trouvent au prix le plus modique le nécessaire et même le superflu. Les cabaretiers improvisent leurs buvettes à l'aide des débris de voiles de quelque navire naufragé sur nos récifs, d'une table où brille l'antique verre évasé du pays, en concurrence avec la série décroissante des mesures métriques, et enfin d'un plus ou moins grand nombre de barriques dont le robinet, presque toujours ouvert, laisse couler ou du cidre, ou un épais vin rouge, ou ce vin de feu, cette eau-de-vie si funeste, qui est un des fléaux de la Bretagne ! Voilà les cabarets. Quant aux cuisines, elles peuvent à plus juste titre encore s'appeler celles de la nature. On creuse, pour les établir, et on environne d'un parapet de gazon un espace de quelques pieds carrés, afin que le vent ne disperse pas avec trop de facilité leur feu sans abri, et c'est là que des brasiers toujours ardents font bouillir d'un côté d'énormes marmites où chacun pour un sou peut venir tremper sa soupe, et de l'autre font rougir des grils couverts de poissons et de pièces de viande qui jettent aux passants comme un appât leur fumée appétissante. Tous les traiteurs ne sont même pas aussi bien installés. Les plus pauvres n'ont pour toute batterie de cuisine qu'une plaque de fer qu'ils posent sur un trépied formé de gros cailloux, et qu'ils chauffent avec quelques faisceaux d'ajoncs et de bruyère. Ils y grillent des maquereaux et surtout des sardines, cette manne maritime, que son extrême bon marché met à la portée des bourses les plus humbles, et fait rechercher de l'habitant de nos campagnes qui, cependant n'est guère ichtyophage. Il y a bien aussi dans chaque pardon quelques produits de la cuisine civilisée ; mais les Bretons même les plus riches n'y touchent jamais. Leur patriotisme les laisse aux profanes citadins, et s'en tient religieusement aux mets nationaux. Le café seul a obtenu grâce à leurs yeux ; il figurera bientôt, il figure déjà, comme depuis longtemps l'eau-de-vie et le tabac, parmi les superfluités étrangères dont ils ne peuvent plus se passer ! Chaque objet nécessaire à ces repas des pardons s'achetant séparément dans des boutiques spéciales, il s'en forme, surtout aux abords de l'église, de longues rues où s'engouffre incessamment la foule, dont les flots poussés en sens inverse s'y pressent comme ceux d'un fleuve qui va rompre ses digues. Ici, des marchands étalent sur une litière de paille des monceaux de pommes et de poires sauvages, telles qu'on les mangeait sous Conan Mériadec, ou, suivant la saison, d'autres fruits presque toujours verts. Là, ce sont des paniers remplis de pains blancs à moitié cuits seulement, pour ne pas paraître trop légers à des estomacs dont la nourriture ordinaire est si lourde ; plus loin, enfin, des gâteaux dont le nom de gâteaux-cuirs indique assez la nature et qui pour avoir du débit, doivent provenir de certaines localités privilégiées dont le monopole date d'un temps immémorial.

Ajoutez-y les boutiques que les marchands forains font sans cesse voyager d'un pardon à l'autre et qui, soigneusement disposées, rappellent presque seules la France au milieu de ces campements de Celtes, et vous aurez une idée de la partie culinaire et industrielle de nos fêtes patronales. Ces bazars ambulants offrent, ainsi qu'ailleurs, tous ces jeux d'enfants, toutes ces inutilités qu'on achète comme un souvenir, mirlitons, tambours, sifflets, trompettes, et en outre une foule de petits objets qu'a mis en honneur la coquetterie bretonne, tels que lacets et cordonnets aux couleurs éclatantes, bagues en cuivre et en verroterie, boutons en étain pour gilet et *jupens*, boucles d'oreilles en fer, épinglettes à double et triple étage, etc.

LA FIN DU PARDON

Divez ar pardoun

L ORSQUE les pardons cessant d'être exclusivement religieux, on commença à y exploiter la faim et la soif des pénitents, le plaisir chercha bientôt comme l'intempérance à y supplanter la prière. Les bateleurs, les charlatans accoururent, et le diable quelquefois n'y fit pas moins bien ses affaires que le saint. Sans parler de la danse qui, surtout dans le voisinage de la chapelle, est proscrite comme pompe et œuvre de satan, mais à laquelle, fascinés par l'appel irrésistible du biniou, se laissent si souvent entraîner les pèlerins qui viennent de prier avec le plus de ferveur ; sans parler des cartes, autre tentation satanique, que tant de Bretons aiment passionnément comme tout ce qu'ils aiment, une foule de divertissements se disputent leur préférence. C'est d'un côté, Polichinelle dont le *pennbaz* italien divertit si fort nos paysans ; de l'autre, un nain ou une géante, vers lesquels attire un paillasse, qui a soin de déprécier ensuite les bagatelles de la porte pour exalter les merveilles de l'intérieur. Plus loin, c'est un de ces bruyants et aveugles empiriques qui frappent au hasard de leur bâton le mal et le malade ; ou bien encore un diseur de bonne aventure qui pour un sou promet généreusement de belles récoltes et d'excellents maris ! Des jeux de hasard appellent ailleurs d'autres dupes. Les chances favorables, qui y sont rares, y font gagner des gâteaux, de la faïence, des miroirs, des couteaux. Ici, cette dernière séduction réunit les amateurs de loterie autour d'un hâbleur infatigable qui, à l'aide d'un bizarre chapeau auquel il donne mille formes plaisantes qu'accompagnent autant de quolibets, les a fait accourir vers son humble boutique, et les y retient par ses cris d'énergumène et ses promesses non moins magnifiques qu'étourdissantes. Un père gourmande son fils de s'y laisser prendre ; celui-ci, pour excuse, lui montre un couteau qu'il aura, dit-il, presque pour rien, s'il le gagne ! — Si ?... lui répond le vieillard. Du côté opposé, un joueur peu chanceux exprime son désappointement d'une manière toute bretonne, en se grattant l'oreille. A son air, on peut jurer que, malgré ses hésitations, il tentera encore la fortune. En attendant, le combat intérieur qu'il se livre l'absorbe au point qu'un chien le salit sans qu'il s'en aperçoive. Un mendiant, accoudé sur l'une des barriques qui servent momentanément de piédestal à ce bazar portatif, prend ses aises et donne son avis avec un aplomb digne de cette caste privilégiée qui, en Bretagne, se glisse partout, et partout a sa place.

On retrouve, en outre, dans les pardons tous les jeux qu'on a vus ailleurs, la galoche, le palet, la fossette, les boules, les quilles, le tir au fusil ou à l'arbalète, souvenirs de l'antique et féodal exercice du papegaut ; les jeux de change-part, des quatre coins et du renard, jeux si chers aux jeunes filles, et aux Bretons devenus français, et enfin le décollement de l'oie, jeu barbare qui heureusement tombe en désuétude, et n'aurait jamais dû appartenir qu'à l'un de ces peuples qu'enivre de joie un combat de coqs ou de taureaux. Mais nous oublions un jeu ou, si l'on veut, un péché contre lequel les curés lancent avec raison leurs foudres, et qui ne s'en commet pas moins publiquement dans toutes les fêtes bretonnes ; il s'appelle *fouil Jakot*, et consiste, de la part des *paotred*, à tâcher de s'emparer de noix ou de pommes que les jeunes filles cachent comme un défi au fond de leurs poches. Le but avoué de l'attaque et de la défense ressemble plutôt à un prétexte qu'à autre chose, et ces assauts brutalement voluptueux ne paraissent destinés ou du moins ne sont propres qu'à faire circuler dans les veines d'une jeunesse qu'ils enflamment un poison aussi doux que dangereux.

Mais le pardon touche à sa fin ; les enfants se hâtent de jouer une dernière partie, et dans celle où figure ici un petit mendiant que poursuit sa mauvaise étoile, son œil hagard et ses traits crispés contrastent avec le bonheur tranquille d'un jeune et riche *paotred* que la fortune au contraire

s'obstine à favoriser. Quelques femmes, dont la sobriété du reste est exemplaire, boivent, avant de partir, un verre de vin ou de cidre. Elles ont en effet besoin de prendre des forces, non seulement pour faire une longue route, mais pour la faire faire à leurs maris ivres morts, ou bien pour s'interposer entre eux, lorsque la boisson n'a encore que réveillé leur instinct de bêtes fauves, et que la fraternité bretonne a fait place à d'aveugles colères et aux coups redoublés du *pennbaz*... Cependant peu à peu tout s'écoule, le bruit cesse, et le lieu du pardon, ce vaste rendez-vous qui vient d'être comme le prélude vivant de la grande réunion de la vallée de Josaphat, demain, ainsi qu'il l'était hier, sera redevenu désert et silencieux.

C'est surtout après la grand-messe que la Basse-Bretagne tout entière semble se résumer dans les pardons en crédit, avec cette physionomie si vive et si variée qu'on chercherait en vain chez les peuples avancés en civilisation ; car l'uniformité est leur type moral et physique : c'est le règne de l'équerre et du niveau. Ici, au contraire quelle diversité, quelle originalité de modes ! Tour à tour vous passez en revue les habitants de Plouguerneau que leur veste échancrée, leurs braies plissées, leurs jambes nues et leur calotte bleue feraient prendre pour les descendants de quelque colonie grecque ; ceux de Roscoff dont les vêtements et le chapeau presque citadins annoncent l'industriel plutôt que le cultivateur ; ceux du Bas-Léon à l'habit aux couleurs sombres carrément coupé comme sous Louis XIV ; les riches Cornouaillais dont on connaît déjà le costume brillant et gai ; ceux des montagnes à qui leur pauvreté ne permet que des vêtements de toile grossière ou de berlinge ; ceux du Faou avec leurs boutons rouges, de Dinol avec leurs habits puce, de Penmarch avec leurs gilets étagés, etc. Mais les femmes attirent bien plus encore vos regards par leurs costumes si diversement bariolés. Un volume ne suffirait pas pour peindre tant de modes qui serviraient seules à faire connaître les divisions du territoire. Parmi les plus curieuses nous en mentionnerons deux qui sont les deux extrêmes : celles des femmes de Plougastel dont les coiffes portent d'énormes ailes reployées sur elles-mêmes qu'on prendrait pour des voiles enflées par les vents, et celles des femmes de Pont-l'Abbé qui, sur le sommet d'un chignon bien nourri, bâtissent le léger et agaçant édifice appelé *Bigouden* !

LA CONSCRIPTION

Ar conscription

PRESQUE tous les Bretons se marient jeunes ; mais ce n'est pas le code qui détermine, à leurs yeux, l'époque de l'âge nubile, c'est la loi du recrutement. Dès qu'on y a satisfait, on est bon à marier. Corentin, il y a quelques mois, entrevoyait donc un prochain avenir matrimonial. Son choix était fait, et comme, au moyen de la bourse commune que forment d'ordinaire les principaux cultivateurs d'une paroisse, son père pouvait facilement le mettre à l'abri des caprices du sort, il avait longtemps désiré, bien loin de le craindre, le moment du tirage ; car ce devait être pour lui le prélude d'une cérémonie beaucoup plus gaie. Mais les choses avaient bien changé ! Les nuages qui s'étaient élevés entre celle qu'il aimait et lui, et que la ténébreuse méchanceté d'un rival avait habilement épaissis autour d'eux, semblaient l'avoir jeté dans cette triste situation d'esprit d'un voyageur qui marche sans but et sans espérance. Aussi tout à coup avait-il pris la résolution de partir comme soldat, si le sort décidait qu'il dût l'être, et s'était-il opposé à ce que son père cherchât à le garantir de ce qu'il avait cessé d'appeler une mauvaise chance. Du reste, son père, prompt à se flatter de ce qu'il désirait, comme on l'est toujours, ne s'était guère fait tirer l'oreille à ce sujet ; il lui avait été trop agréable de se persuader qu'il pouvait compter sur sa bonne étoile ou plutôt sur monsieur son saint patron pour garder à la fois son argent et son fils. Il n'en était pas de même de la mère de Corentin ; sa tendresse s'était vivement alarmée de cette subite résolution de braver les chances du tirage et, s'il le fallait, celles de la guerre ! Plus on approchait du jour fatal, plus ses alarmes s'accroissaient des rêves sinistres qui l'obsédaient sans cesse ; car un cœur de mère est surtout disposé à voir dans un rêve l'intervention divine et comme une révélation de l'avenir ! Aussi les pèlerinages se multiplièrent-ils à Notre-Dame-de-Rumengol, à Notre-Dame-du-Folgoët, à toutes les églises et à toutes les chapelles célèbres, consacrées à cette pauvre mère de Judée qu'invoquent avec tant de ferveur les mères bretonnes, et, le jour du tirage, Corentin s'y rendit les poches pleines, sans qu'il le sût, de préservatifs et de talismans que dans ses terreurs si tendrement superstitieuses avait de toutes part réunis sa mère !

C'est dans l'église du bourg que se fait ordinairement cette opération. Symbole d'une civilisation toute religieuse, l'église est encore le seul édifice public qu'on y trouve ; la mairie et l'école, conquêtes nouvelles et profanes, y sont reléguées dans quelque grenier ou quelque reliquaire enlevé aux morts et recrépi à neuf. Le curé ne livre pas son église sans difficultés, et souvent il faut, pour qu'il batte en retraite devant le sous-préfet, les gendarmes et la garde nationale, s'il y en a, qu'on lui présente auparavant un ordre de monseigneur l'évêque. Il dépouille alors le lieu saint de tout ce qui en faisait la sainteté, et sort par une porte, tandis qu'entrant par l'autre, le pouvoir usurpateur s'empare des quelques chaises qui lui tombent sous la main, et élève l'autel modeste où, du sein d'un chapeau de marguillier en guise d'urne, le sort va prononcer ses arrêts.

Déjà quelques jeunes et paisibles cultivateurs viennent d'être condamnés par leur numéro à la gloire militaire. On appelle Corentin ; il s'avance d'un pas ferme et avec une contenance presque guerrière. Mais si son cœur est tranquille, d'autres cœurs tremblent pour lui. Son père ose à peine croire maintenant à ce qui lui paraissait certain tout à l'heure, et sa mère en pleurs a perdu confiance dans ses amulettes, et n'écoute plus que ses tristes pressentiments. Il ne la trompaient pas ! Corentin tire le n° 2 !...

Malgré l'anxiété générale, malgré l'attitude religieuse de ces jeunes paysans qui la plupart ont fait quelque dévot pèlerinage, se sont confessés et ont communié la veille, et ne prennent le billet fatal qu'après un ou deux signes de croix, des scènes comiques viennent de temps en temps arracher l'assemblée aux réflexions douloureuses qui l'assiègent, et ce sont alors des éclats de rire et une explosion de gaieté à faire crouler les voûtes de l'église ! Tantôt ils sont causés par un Jean-Jean, point de mire habituel des quolibets de sa paroisse, dont la main malencontreuse tire le n° 1, ce numéro qui a toujours le privilège d'exciter une véritable bourrasque de cris et de bons mots ! Tantôt c'est un malin tailleur, gros et court, qui, pour ne pas atteindre la taille indispensable aux héros, se fait aussi petit qu'il lui est possible en passant sous la toise officielle ; mais hélas ! c'est en vain, et il ne peut dissimuler un excédent de quelques lignes qui le rend propre à briller dans les voltigeurs ! Vient ensuite le chapitre des réclamations : l'un est sourd, l'autre n'y voit pas ; celui-ci est bègue et celui-là boiteux. On dirait que chaque paroisse qui est appelée à fournir son contingent devient soudain le réceptacle de toutes les infirmités humaines ! Bien mieux, ce n'est pas assez des maladies passablement nombreuses que l'on connaît déjà, nos jeunes Bretons, pour ne pas être exposés à devenir maréchaux de France, en imaginent qui jusqu'à présent ont été inconnues à la faculté, et en désespoir de cause, ils vont jusqu'à faire valoir, comme motifs d'exemption, les maux que souffrent leurs parents les plus éloignés ! La loi, l'inflexible loi rend à la santé cette multitude de malades et d'infirmes qui ne le sont ni en apparence ni en réalité.

Jaouen était du même tirage que Corentin, et beaucoup moins disposé que lui, comme on s'en doute, à se faire soldat. Le moyen auquel il avait eu recours pour ne pas l'être vient nous rejeter en pleine Armorique, au milieu de ces scènes toutes modernes de recrutement et de conscrits ! Il s'était adressé à une espèce d'être qu'on ne retrouve plus que dans notre Bretagne, à un vieux sorcier, vivant de la sorcellerie comme d'une profession qui ne diffère des autres que parce qu'elle ne paie pas patente ! Sage et sorcier ont été souvent synonymes dans les anciens temps, et les Celtes, nécromanciens si célèbres que, suivant Pline, Zoroastre lui-même s'était instruit à leur école, possédaient sans doute d'autres secrets qu'un sorcier bas-breton. Quant à celui qu'avait consulté Jaouen, logé quoique riche au milieu d'un labyrinthe de masures en ruine d'où la nuit surtout, l'on n'approchait qu'en tremblant, il était également renommé dans le canton comme thaumaturge et rebouteur, c'est-à-dire qu'il savait aussi bien découvrir l'auteur d'un vol, souffler ou neutraliser un mauvais vent, vous enrichir ou ruiner votre voisin, que remettre un bras ou une jambe et guérir votre vache ou vos cochons. Ses remèdes ou ses talismans avaient tout à la fois quelque chose de religieux et de cabalistique ; car c'était en même temps l'homme de Dieu et l'homme du Diable ! Sorcier de bonne foi du reste, il ne croyait pas moins à la puissance de ses sortilèges que ceux qui les payaient, et il était d'autant plus porté à rester sa propre dupe, comme tout le monde, que le métier était bon. Jaouen lui avait acheté dix écus le secret de tirer un bon numéro ; le hasard voulut qu'en effet le numéro fût bon, et voilà comment se perpétuent de ridicules croyances que l'événement cesse une autre fois de justifier sans entamer leur crédit !

LE DÉPART DES CONSCRITS

Disparty ar soudarded nevez

LORSQUE le dernier numéro est sorti de l'urne improvisée, le jour du tirage se célèbre comme toutes les circonstances extraordinaires de la vie d'un Breton, c'est-à-dire avec cette gaieté brutale qui produit l'ivresse et qui a besoin pour se satisfaire de querelles et de batailles. On remet les réflexions au lendemain et, en attendant les cabarets se remplissent, le *guin ardent* coule à flots et la douleur se cache sous le délire ! Le numéro fatal fiché au chapeau, les victimes, comme les privilégiés de la fortune, se font même une espèce de trophée du signe de leur enrôlement involontaire ; mais le Diable n'y perd rien, et souvent, lorsqu'à travers les fumées de la boisson, les nouveaux conscrits viennent à calculer le petit nombre de malheureux que dans le contingent général a fourni telle ou telle paroisse, charmés de pouvoir se venger sur quelqu'un de leur mésaventure, ils s'attaquent aux gars de ces paroisses, et leur font payer à coups de pierre et de *pennbaz* l'impardonnable tort d'avoir été trop chanceux. L'intérieur des familles, quand chacun y envisage plus tard de sang-froid la réalité des choses, prouve combien paraît lourd dans nos campagnes cet impôt du sang, cette loterie guerrière où la patrie prend au hasard ses défenseurs. Les chaumières qu'a frappées le sort sont plongées dans la tristesse et les pleurs, tandis que celles qu'il vient de libérer d'une dette si redoutée accueillent leur libération comme l'événement le plus heureux qui pût y apporter la joie ! Les scènes de désolation se renouvellent encore plus vives au moment du départ ; mais ce jour-là, aussi, le remède souverain des Bretons contre le chagrin et l'infortune, la bouteille, vient de nouveau adoucir et même égayer les adieux de nos conscrits. Celui-ci, après avoir reçu mystérieusement du *tad-koz* une petite bourse de cuir ; celui-là, après s'être attendri avec sa mère dont la prévoyance bourre en pleurant son bissac, tous enfin, après avoir prodigué de gros et tristes baisers à leurs parents et à leurs amis, trinquent avec eux, une première, une seconde, une troisième fois ; peu à peu les pleurs se sèchent, le cœur s'épanouit, la raison s'envole, les hourras, les vivats font retentir les échos du vieux clocher, et ce bourg de Celtes paraît alors céder ses enfants à la patrie française sans répugnance et presque avec joie !

Ce sont en apparence de bien gauches et de bien lourds conscrits que ces conscrits bretons à la physionomie impassible, à la chevelure flottante et sauvage, aux vastes et incommodes *bragou* qui les feraient prendre encore pour d'honnêtes vassaux de la duchesse Anne. Mais ne vous y trompez pas ; quand ils auront quelque peu dépouillé leur épaisse écorce, on sentira tout ce que valent à la guerre ces hommes forts, braves et tenaces, qui, habitués aux travaux les plus rudes et à la vie la plus dure, supportent le froid, le chaud, la faim, la soif, toutes les privations, toutes les fatigues, avec une admirable constance ! Quelle longue marche les rebuterait, eux qui parcourent si lestement leurs immenses steppes de bruyères, eux pour qui la moindre tradition semble rapprocher les distances et abréger leurs lieues interminables ? Un évêque, en allant de Quimper à Pont-l'Abbé, s'enfonce dans un bourbier ; des paysans l'en retirent et refusent la récompense pécuniaire qu'il leur offre. Eh bien ! dit-il, il n'y aura désormais que trois lieues de Quimper à Pont-l'Abbé, et depuis lors nos bons paysans ont cru la route raccourcie !

A la force physique joignez une énergie morale et un esprit de subordination qui a sa source dans le sentiment religieux le plus profond ; joignez-y enfin cette loyauté antique d'un peuple qui prit pour emblème l'animal qu'effraie le plus la moindre souillure, l'hermine, et pour devise ses mots célèbres : *Potius mori quam fœdari*, plutôt la mort que l'infamie, et dites si ces conscrits à l'enveloppe grossière et trompeuse ne doivent pas renfermer en germe l'élite de l'armée française ? Aussi de pareils soldats ont-ils été appréciés dans tous les temps. Charlemagne et Napoléon, ces deux génies fraternels qui ont aspiré à la papauté militaire et, faisant un vaste camp de l'Europe, en mobilisèrent tous les peuples, ont à dix siècles de distance témoigné tout le cas qu'ils faisaient de cette race bretonne qui fournit aux champs de bataille de véritables murailles de chair scellées au sol et y formant comme des citadelles vivantes ! A l'époque intermédiaire où les nobles ne combattaient que recouverts d'armures tellement impénétrables qu'ils ressemblaient à des statues de fer plutôt qu'à des créatures humaines, les serfs bretons, bien que nus ou à peu près avec leurs minces sarraus armoriés, suppléaient par leur courage à l'abri puissant qui leur manquait et contre lequel s'émoussaient leurs armes. Ils donnèrent même alors plus d'une leçon terrible aux orgueilleux châtelains qui trouvaient une si grande différence entre le sang d'un gentilhomme et la liqueur rouge qui coule dans les veines de simples paysans ! Mais ces simples paysans ont pu être surtout appréciés à toute leur valeur intrinsèque, depuis qu'un moine broyant la féodalité au fond du mortier d'où il faisait sortir la poudre a égalisé pour tous les chances de la guerre et par suite nos droits et nos devoirs ! Comment, dira-t-on peut-être, les Bretons ont-ils si peu de renommée et en mériteraient-ils une si grande ? C'est là une injustice qu'il est facile d'expliquer. Il n'y a pas d'êtres plus maladroits qu'eux, dès qu'il s'agit de se faire valoir ; ils sèment et d'autres recueillent, parce que le charlatanisme leur est antipathique, et que c'est le charlatanisme qui la plupart du temps ouvre le chemin de la gloire ! Il doit donc être rare qu'ils y arrivent, aimant mieux faire beaucoup de besogne que beaucoup de bruit, et pénétrés de la vérité du vieux proverbe qui leur dit : *Falla ibill a zo er c'har a vigour da guenta*, la plus mauvaise cheville de la charrette est celle qui s'y fait le plus entendre ! Il est un Breton qui, à cet égard, peut être considéré comme le type du caractère national, de son héroïque simplicité, de sa modestie sublime ! Un Breton qui fut républicain pur et grand au milieu des infamies et des horreurs républicaines ; un Breton qui, après avoir commandé des armées, ne voulut jamais porter que l'humble épaulette de capitaine, et qui, proclamé le premier grenadier de France, en accepta le titre glorieux, mais refusa les émoluments qu'y fit attacher la reconnaissance publique !... Tout le monde a nommé La Tour d'Auvergne.

Si l'Armorique est une pépinière précieuse pour l'armée, elle ne l'est pas moins, elle l'est plus encore pour la flotte. Les marins sont une variété à part de l'espèce humaine, qui dans les autres provinces présentent un mélange plus ou moins heureux de défauts et de qualités. Le matelot gascon, par exemple, est spirituel et communicatif, mais souvent plus fanfaron que brave ; le Normand, sous de belles apparences, est lent, égoïste et chicaneur ; le Provençal, plus vif, est aussi plus libertin et parfois pusillanime ; franc, généreux, intrépide et discipliné, le Breton seul réunit toutes les qualités du vrai matelot : c'est le premier matelot du monde !

LA LETTRE

Al lizer

IL y avait six mois que Corentin avait rejoint le régiment, et il y en avait déjà trois que le paysan gauche et lourd, métamorphosé en soldat alerte et intelligent, n'était plus reconnaissable. On recevait régulièrement de ses lettres à la ferme ; dans aucune il n'était question de Marie, mais il ne manquait jamais de prier sa mère de lui apprendre tout ce qui pouvait l'intéresser, et sa mère, chaque fois qu'elle mettait à contribution, pour lui répondre, le talent épistolaire du vieux tailleur, son premier maître, ne manquait pas de mentionner Marie parmi les personnes qui, tous les dimanches après la grand-messe, lui demandaient avec le plus d'empressement de ses nouvelles. Elle espérait ainsi réveiller ses regrets et le faire revenir plus vite sur le coup de tête qui l'avait jeté du lit clos sur un lit de camp. Du reste, ce qu'elle lui disait de Marie était bien moins un mensonge que l'exagération de la vérité. La jeune fille n'avait pas juré à Corentin une guerre éternelle, et, malgré les efforts de Jaouen, elle n'aurait probablement pas tardé à lui accorder la paix. Aussi ce départ inattendu lui avait-il fait pousser en secret bien des soupirs ! Lorsque surtout elle vit que Jaouen n'avait cherché à rester maître du champ de bataille que dans le but de devenir le sien en l'épousant, son indifférence pour lui se changea en haine, et elle se reprocha amèrement de s'être montrée si favorable à celui qu'elle n'aimait pas, et si sévère pour celui qu'elle aimait ! Bientôt, les lettres que recevait Corentin commencèrent à agir sur lui avec d'autant plus de force qu'il était déjà atteint d'un mal inhérent à la nature des Bretons, et qu'aucun autre peuple n'éprouve au même degré, le mal du pays !

L'Arabe, vous savez, parcourant sans cesse son océan de sables, y dresse passagèrement sa tente dans les lieux les plus éloignés les uns des autres ; l'Américain, ainsi que le voyageur sans patrie, se regarde seulement comme campé sur le sol qu'il défriche, et, après l'avoir fécondé de ses sueurs, s'enfonce plus avant dans le désert. Eh bien, s'il y a ici-bas un peuple qui offre un contraste parfait avec ces peuples, et dont l'esprit soit tout le rebours de leur esprit aventureux et nomade, c'est sans contredit celui de l'Armorique ! Pour le Breton pur sang c'est une expédition d'Argonautes que de franchir les limites de son pays, et aucune considération d'amour, d'ambition ou de fortune ne saurait le décider à l'abandonner sans retour ! Lorsque la force des choses l'oblige à le quitter momentanément, ni la distance ni le temps n'affaiblissent l'affection profonde qui l'y attache, et loin de ces lieux si chers où sa vie s'était comme immobilisée, il languit, il succombe au regret de la patrie absente ! Au milieu de ce que nous appelons les merveilles de la civilisation, il ne rêve qu'à ses sauvages pénates et à sa hutte enfumée ! On a souvent parlé du désespoir des Suisses loin de leurs chalets, et de l'effet que produit alors sur eux leur fameux *Ranz des Vaches*. Qu'est-ce auprès des moment d'ivresse que procure aux Bretons exilés leur chant populaire, leur joyeux et naïf *Ann hini goz* ? Pendant un quart de siècle, il a successivement retenti dans toutes les capitales de l'Europe, et les y consolant d'être obligés de vaincre tant de peuples inconnus, il les y faisait pleurer de bonheur au souvenir des paisibles joies de la veillée, de l'aire neuve et du pardon ! Cet amour passionné des Bretons pour leur pays est un lien qui sur la terre étrangère les unit de la manière la plus étroite ; toujours ils s'y recherchent, s'y soutiennent et y vivent ensemble, à part, comme si entre eux ils se retrouvaient sous le ciel de la Bretagne et respiraient encore l'air natal ! Et ce n'est pas seulement dans une classe de Bretons que se manifeste une si remarquable fraternité, mais dans toutes les classes, dans tous les rangs, depuis les plus humbles jusqu'aux plus élevés !... A la bataille de la Roche-Derrien, Charles de Blois, vaincu et harassé, ne combattait plus depuis longtemps que pour vendre chèrement sa vie ; en vain le suppliait-on de se rendre et de cesser une résistance inutile... « Eh bien, dit-il enfin, qu'au moins je ne me rende qu'à un chevalier breton ! » Tanguy-Duchâtel se présenta alors, et il lui remit son épée sans la croire déshonorée ! On dirait que ce trait est d'hier, tant s'est conservé intact le sentiment qui l'inspira !

Les Bretons qui avaient fait partie du contingent de Corentin n'étaient pas les seuls au milieu desquels il se trouvât au régiment. On y voyait, comme à peu près dans tous, quelques-unes de ces victimes de la misère et des racoleurs, que la Bretagne a le triste privilège de fournir en plus grand nombre qu'aucune autre province. L'extrême attachement des Bretons pour le clocher de leur village et le chaume paternel ne se concilie guère, dira-t-on, avec cette propension à servir de matière à remplacement. Mais une pareille propension n'existe pas, et il faut, pour arracher même les plus pauvres à leurs foyers misérables, toute la rouerie des trafiquants d'hommes ! On ne saurait s'imaginer jusqu'à quel point la poussent ces commerçants d'une nouvelle espèce ! Les anciens racoleurs, dont nos pères nous ont raconté tant de traits qu'ils trouvaient fabuleux, n'étaient que des enfants auprès des racoleurs modernes, auprès de ces véritables inventeurs de la traite des blancs, qui, dans notre Bretagne devenue la Guinée du royaume, est aujourd'hui une branche d'industrie largement exploitée et non moins comique qu'immorale. N'y a-t-il pas en effet quelque chose d'aussi affligeant pour le philantrope que de précieux pour le poète dramatique dans ces livraisons de marchandises vivantes qui, moyennant quelques écus, passent sans cesse d'un marchand à l'autre ; dans ces examens détaillés de malheureux réduits à l'état de bétail humain, et qui sont mis si plaisamment en *graisse* (terme technique) jusqu'à ce qu'ils soient définitivement proclamés... soldats ? Si du moins ils trouvaient à se vendre quelque avantage réel ! Mais ils n'en tirent aucun ni pour eux ni pour leur famille, et le marché n'est profitable qu'aux racoleurs qui, après les savoir achetés au rabais et presque sans bourse délier, les revendent parfois si cher !

Corentin n'avait pas tardé à devenir une espèce de chef pour tous les Bretons de son régiment. Il le devait au rang social qui lui appartenait d'après les idées armoricaines, et à la supériorité qu'il fallait bientôt lui reconnaître. L'occasion vint s'offrir de montrer tout ce qu'il valait et combien était légitime l'autorité qu'on lui avait pour ainsi dire reconnue. La paix régnait alors, et l'état militaire qui a besoin, pour briller, de la poésie du péril, en était réduit à la triste prose de la caserne et de la faction ! Tout à coup le bruit courut, dans le régiment, qu'on allait enfin y apprendre ce que c'était que la guerre, et que si l'on n'y avait jusqu'alors porté à dos de héros que la viande et les légumes, on était à la veille de partir chargé d'une manière beaucoup moins pacifique. Tous les cœurs tressaillirent, et la nouvelle fut accueillie par des cris guerriers ! Les Bretons, toujours impassibles, ne crièrent pas, mais ils se préparèrent, Corentin surtout, à soutenir dignement la vieille renommée de leur pays.

LE VŒU

Ar gwesti

TELLE est la grande nouvelle que cette fois annonçait Corentin. Ses lettres se lisaient ordinairement au milieu d'un cercle de parents et d'amis qui les écoutaient avec une joie avide ; mais celle-ci, aux commentaires plaisants et aux gros rires de satisfaction, fit promptement succéder un morne silence. Chacun trembla à l'idée de dangers que l'imagination grossit encore de loin, tandis que de près on n'en voit que la gloire, et tous les visages s'assombrirent de l'inquiétude qui venait de glacer les âmes. La guerre ! la guerre ! Ce mot cruel avait surtout retenti comme un glas funèbre dans le cœur de la mère de Corentin ! Elle s'était habituée à ne plus la craindre, et cette nouvelle inattendue était pour elle un coup de foudre ! Muette et le regard fixe, elle resta longtemps plongée dans une stupeur trop profonde pour lui permettre de pleurer ; enfin ses larmes vinrent soulager sa douleur, et toutes ses pensées se tournèrent alors vers Celui qui console les affligés et peut changer en joie le malheur même ! Son mari s'était également ému, et laissait percer toute son anxiété paternelle, phénomène véritable, car un Breton ne se montre père que rarement. L'un et l'autre convinrent d'avoir recours aux remèdes dont ils usaient exclusivement ou à peu près pour les maux du corps et à plus forte raison pour les maux de l'âme, aux remèdes religieux. Ils louèrent d'abord trois de ces mendiants dont le métier est de faire des neuvaines pour les riches et de rendre le ciel favorable à leurs désirs, espèce d'êtres qui font presque partie du mobilier des églises et qui, tels que la cloche indifférente dont les sons gais ou lugubres célèbrent tour à tour les naissances ou pleurent les funérailles, psalmodient, sans rien ressentir, des paroles de bonheur ou d'affliction, le *Te Deum* ou le *De Profundis* ! M. le curé fut chargé en outre de dire un certain nombre de messes à l'autel de *Ann itrounvaria guir sicour*, Notre-Dame du vrai secours, au pied de laquelle les deux époux allumèrent un cierge et déposèrent un sac de leur blé le plus beau. Ce n'est pas tout ; après une de ces ferventes prières qui partent de l'âme, ils firent vœu de ceindre son église, si Corentin échappait aux dangers qu'il allait courir, d'un double cordon de cire blanche, et d'en faire eux-mêmes trois fois le tour à genoux ! Un peu rassurés par ce vœu à la patronne qu'invoquent si ardemment les mères et les jeunes filles menacées de devenir orphelines de leurs fils ou veuves de leurs amants, ils attendirent alors des nouvelles de Corentin avec une impatience plus calme et plus résignée.

L'étranger qui assiste à nos pardons renommés est frappé du nombre immense de vœux semblables qui s'y accomplissent avec une fidélité aussi ponctuelle qu'ils ont été faits avec une foi sincère. Ce ne sont que pèlerins à la file, tantôt la tête et les pieds nus, tantôt les épaules même dépouillées de leurs vêtements, ou se déchirant les chairs en faisant à genoux le tour du lieu saint. Une multitude de cierges et plus souvent encore d'humbles chandelles se succèdent sans interruption devant l'image révérée et la font étinceler d'une illumination perpétuelle. La niche brille en outre d'une foule de bras, de jambes, ou de corps d'enfants en cire, précieux témoignages des guérisons qu'obtiennent les fidèles qui y mettent leur confiance, et les parois extérieures de la chapelle, enlacées elles-mêmes d'une double et triple guirlande de bougies effilées, ajoutent encore à la masse de cire qui voyage sans cesse de chez le cirier à la sacristie et de la sacristie chez le cirier. D'autres vœux ne sont pas moins dignes de remarque ! Ici des mères, qui s'y sont engagées au milieu des douleurs de l'enfantement, viennent déposer leur anneau nuptial pour le racheter ensuite à la vente aux enchères qui aura lieu au pied de la croix ; il en est qui rachètent ainsi leur anneau chaque fois que le ciel les rend mères. Là, ce sont des marins, des équipages entiers, surpris par la tempête ou précipités dans les flots par le naufrage et qui, pendant que leurs femmes et leurs enfants répandaient à plein cœur des prières dans les églises, ont eux-mêmes fait un vœu et ne se sont soutenus sur l'abîme que grâce au courage et aux forces surnaturelles qu'ils y ont puisés. Ils accourent l'accomplir et consacrer à Dieu, comme un gage de leur pieuse reconnaissance, quelques débris du navire où ils viennent de voir la mort de si près, et parfois ce navire lui-même qu'ils ont fait revivre en miniature et qu'ils suspendent à la voûte avec ses voiles et ses agrès, et à la poupe son nom en lettres d'or, ainsi qu'avant la révolution certains plaideurs suspendaient, comme ex-voto, de vieux sacs de procès aux voûtes de la chapelle que les écoliers bretons de Paris y avaient fait élever en l'honneur de leur compatriote saint Yves. Quelques marins, dans leur ferveur, font des vœux plus difficiles et surtout plus périlleux à accomplir. On en voit qui, après une tempête ou un naufrage, montent au sommet de la flèche de nos clochers les plus élevés et qui, la tête en bas et les bras tendus, y récitent dévotement un *Pater* et un *Ave*, si c'est là toutefois de la dévotion et non de la folie, et si l'on peut, sans calomnier la providence, supposer qu'elle ne vous ait délivré d'un danger qu'à la condition d'en courir un autre encore plus grand peut-être ! Ajoutons que les vœux de cette nature deviennent chaque jour plus rares, et qu'il n'en restera bientôt que le souvenir. Il est une curieuse remarque à consigner sur la dévotion de nos marins, c'est qu'elle est pour ainsi dire subordonnée au service qu'ils font et à l'espèce de navires qu'ils montent. Quand ce sont des bateaux de pêche ou des bâtiments de commerce, ils y apportent toutes les pratiques dévotes auxquelles ils ont été habitués dès leur jeune âge. Mais qu'ils soient jetés par une levée de l'inscription maritime dans la batterie d'une frégate, vous verrez soudain ces croyants fidèles se conformer à la philosophie grossière du gaillard d'avant des navires de l'État, et ne plus dépouiller cette écorce d'impiété tant qu'ils seront loin de leur bateau ou de leur chaumière ; mais aussi dès qu'ils y rentrent, ils reviennent à la foi naïve et aux inspirations religieuses qu'ils avaient momentanément mises en oubli !

On a déjà vu qu'il n'était pas une maladie, une infirmité humaine qui ne fût la spécialité de quelque saint breton, et que la Vierge comptait surtout un grand nombre de chapelles et de pardons célèbres. C'est elle en effet, c'est cette *étoile de la mer*, comme on l'appelle, qu'invoquent de préférence nos marins et toute la population des côtes plus encore que celle de l'intérieur. Le pieux instinct de tant de mères et d'épouses qui tremblent sans cesse pour ce qu'elles ont de plus cher leur a fait chercher quelle intercession elles pouvaient le plus compter près de Dieu, et elles y ont choisi comme le cœur le plus prompt à sympathiser avec le malheur celui d'une femme, et comme la voix la plus tendre et par conséquent la plus puissante, celle d'une mère ! Ceux-là seuls peuvent méconnaître tout ce qu'il y a de touchant et de poétique dans un pareil culte, dont la sécheresse mathématique du siècle a tari l'imagination et matérialisé l'existence !

LA SOULE

Ar vell

LES vives préoccupations de la guerre avaient entièrement arraché Corentin, ainsi que les autres Bretons du régiment, à ces dégoûts, à ces regrets, à ce mal du pays enfin, que contribue principalement à développer chez eux l'oisiveté monotone de la vie de garnison. Tous avaient reçu le baptême du feu en dignes fils de l'Armorique, et continuaient à déployer ce courage sans ostentation qui ignore ce qu'il vaut et le laisse ignorer aux autres. Plus qu'aucun d'eux, intrépide, obstiné, indomptable, Corentin se montrait âpre et terrible en face de l'ennemi et semblait en toute rencontre rire des obstacles comme du péril. Cependant il n'avait pas encore franchi le premier degré des honneurs militaires, il n'était pas même caporal !... Une circonstance qu'il pensa lui être fatale et qui finit par le rendre à la seule carrière qu'il se crût appelé à parcourir dans ce monde, nous en donnera la raison, en mettant dans tout son jour, ainsi que sa valeur et sa générosité, cette modestie excessive, vertu que les Bretons poussent jusqu'à la duperie, et qui a pour résultat inévitable de leur faire enlever par d'autres les récompenses qu'ils ont méritées.

Dans un combat inégal où sa compagnie battait en retraite accablée par le nombre, son capitaine atteint d'un coup de feu tomba grièvement blessé sur la place, et c'en était fait de lui, si Corentin blessé lui-même, mais n'écoutant que son dévouement et son audace, ne se fût précipité au-devant d'une grêle de balles pour le charger sur ses épaules. Son sabre d'une main, et soutenant de l'autre son précieux fardeau, il était miraculeusement parvenu à se mettre avec lui hors de tout danger, il le croyait du moins ; mais une balle morte l'ayant frappé à la tête, il chancela, le laissa tomber, et tomba lui-même à ses côtés. Un autre soldat de la compagnie, un Gascon, s'en aperçut et, accourant vers son capitaine, le transporta à l'ambulance et acheva ainsi sans aucun risque ce que Corentin avait héroïquement commencé au péril de sa vie. Au moment où son sauveur de seconde main le déposait en lieu de sûreté, le capitaine reprit connaissance, et dès qu'il eut réuni ses souvenirs et qu'il put juger que, s'il vivait, il en était redevable au dévouement intrépide de celui qui, en l'enlevant du champ de bataille où il allait être foulé aux pieds, l'avait pour ainsi dire enlevé à la tombe, il témoigna à notre Gascon la plus vive gratitude, et dans son effusion pour un brave à qui il croyait devoir la conservation de ses jours, il lui jura de veiller sur son avenir comme sur le sien même. L'enfant de la Garonne n'eut garde de chercher à diminuer une reconnaissance qui allait faire sa fortune, et se laissa prodiguer, en attendant mieux, les remerciements et les éloges. Le surplus commença bientôt à arriver ; huit jours après il portait déjà la croix d'honneur ! Et Corentin, ce vrai fils de la Bretagne dont un adroit Gascon exploitait ainsi l'action héroïque, ne lui en revint-il donc rien ?... six mois d'hôpital et une double cicatrice !...

C'eût été cependant un spectacle curieux et intéressant que de voir briller un jour la croix d'honneur sur son *jupen* bas-breton ; car ces jeunes Cincinnatus que le recrutement arrache à nos campagnes et qui, après avoir traversé l'armée, rentrent avec tant d'empressement dans leurs chaumières, y reprennent aussitôt le costume ainsi que les mœurs nationales ; au bout de huit jours on ne croirait plus qu'ils se sont chauffés au foyer des lumières de la France comme au feu de ses bivouacs. Il est quelques-uns de ces soldats redevenus cultivateurs qui en ont rapporté l'étoile des braves ; mais ils sont en fort petit nombre, et l'on peut juger qu'avant d'en être décorés, des hommes d'un tel caractère ont eu à déployer trois fois plus de courage, ont eu à rendre trois fois plus de services qu'il n'en eût fallu à d'autres pour l'obtenir. Cette idée doit les faire contempler avec respect ! Mais ce n'est pas la seule dont on soit frappé en voyant le *jupen* de la vieille Armorique orné d'une croix d'honneur. N'y a-t-il pas en effet un contraste tout à fait piquant entre ce costume et cette décoration qui, réunis sur la même poitrine, y rappellent des époques si disparates et deux civilisations séparées par un abîme qui ne se comble peu à peu et si difficilement que sur quelques points ?

Corentin, comme on vient de le voir, n'était pas destiné à augmenter le petit nombre des soldats bas-bretons qui, après l'avoir méritée, obtiennent la croix. Peut-être sera-t-il un jour plus heureux comme laboureur, et s'il vient à bout de secouer le joug de la routine, ce fléau du pays qui rend inutiles pour son bien-être les améliorations les plus fécondes, comme l'herbe parasite arrête dans son développement les plantes les plus précieuses et trop souvent les étouffe sous sa stérilité, s'il donne, disons-nous, à ses compatriotes un tel exemple, plus rare chez eux que celui du courage, la France en ne le récompensant pas se rendrait coupable d'une seconde ingratitude plus répréhensible encore que la première. On peut espérer toutefois qu'il n'en sera point ainsi. La force des choses ramènera peu à peu vers l'agriculture les regards qu'aujourd'hui l'on s'obstine à fixer exclusivement sur l'industrie, et le moment n'est peut-être pas loin où une révolution complète s'opérera à cet égard dans les esprits. Déjà nous venons de voir la charrue traitée enfin à l'égal du glaive, et la décoration a brillé pour la première fois aux champs sur la veste du travail ! C'est l'agriculture, c'est la classe tout entière des paysans qui a été honorée dans la personne de

Grangé, le garçon laboureur ! Que l'on continue à marcher dans cette voie, c'est la bonne, et surtout que l'on encourage les cultivateurs bretons qui, en dépit des dédains et des pronostics fâcheux, ne reculent pas devant les innovations que l'expérience a consacrées ; plus qu'ailleurs ils ont ici besoin d'encouragement, ces véritables Curtius agricoles !

Nous voilà subitement revenus de l'armée au village et du camp à la ferme. On devine sans doute qu'il en a été de même de Corentin. Après avoir glorieusement payé son tribut à la patrie, ses blessures lui avaient permis d'aspirer au repos, et il avait revu sa chère Armorique, bien décidé à ne plus la quitter. Les absents ont toujours tort, dit le proverbe, et le proverbe dit vrai. Pendant son absence, Jaouen, son rival en fortune, en amour, en influence locale, avait naturellement gagné du terrain, excepté toutefois près de Marie, dont l'aversion pour lui semblait augmenter en raison de ses succès et de ses prétentions. Cette importance nouvelle de son rival avait troublé chez Corentin la joie du retour, et l'occasion s'offrant dès le lendemain d'y porter une vigoureuse atteinte au milieu d'un de ces jeux antiques qu'on ne retrouve plus qu'en Bretagne, il se promit bien de ne pas laisser échapper cette bonne fortune, et de figurer au premier rang parmi les champions de la soule.

LE COMBAT DE LA SOULE

Kann ar vell

L E jeu de la soule est très ancien et offre toute la brutalité des temps primitifs et barbares. Il consiste à lancer dans les airs tantôt un ballon de cuir rempli de foin ou de son, tantôt même une boule en bois plein, dont quelques paroisses limitrophes ou seulement des sections de paroisses, partagées en deux camps, se disputent ensuite la possession, chacune s'efforçant de l'amener sur son territoire ou à telle distance donnée du point de départ. L'origine de ce jeu et l'étymologie de son nom ont exercé la perspicacité de plus d'un antiquaire. La Tour d'Auvergne, dont l'érudition égalait la bravoure, et les pères Pezron et Grégoire de Rostrenen y voient un souvenir du culte solaire et des jeux pythiens, et font dériver soule du mot celtique *sul*, soleil, dont les Latins ont fait *sol* et les Grecs *solos*. Suivant eux, la soule lancée perpendiculairement à une très grande hauteur, comme pour atteindre le soleil même, devenait, après ce voyage aérien, un objet de vénération publique. Lorsqu'elle retombait, mille bras élevés pour la recevoir rendaient hommage, par ce pieux empressement, à l'astre dont on célébrait le jour ; car ce jeu, ou plutôt cette cérémonie était particulière au dimanche, jour que les Celtes avaient consacré au soleil. Ajoutons que d'autres, dépouillant la soule de ce caractère religieux, n'y ont vu qu'un simple exercice qui se rapporte à la sphéristique des anciens. Quoi qu'il en soit, passée depuis trente siècles ou plus dans les habitudes du pays, la soule a longtemps résisté, ainsi qu'une foule de vestiges de l'idolâtrie de nos pères, à toutes les atteintes qui lui ont été portées. L'esprit féodal contribuait à entretenir cet usage guerrier ; la féodalité en tombant l'a entraîné dans sa chute, et aujourd'hui on n'en trouve guère de traces que vers la partie centrale de notre péninsule. Dans quelques cantons, c'est l'issue funeste des combats acharnés auxquels la soule donnait naissance qui, suivant la tradition, y a fait renoncer. Par exemple, elle fut proscrite à Pont-l'Abbé après une lutte mémorable où une cinquantaine de champions se noyèrent dans l'étang qui baigne les murs de cette ville ! On va voir en effet qu'il ne devait pas être rare qu'on eût à déplorer des accidents de ce genre.

L'arrivée inattendue de Corentin sur le champ de bataille, de Corentin redevenu breton par le costume comme il l'était resté par le cœur, fit sur les deux camps une profonde sensation. Les gars de sa paroisse l'accueillirent par des hourras, et les incertains, ceux qui n'ont confiance en eux-mêmes que lorsqu'un autre la leur inspire, ceux qui se ralliant toujours aux forts constituent ce qu'on a appelé la suite de la providence, vinrent se presser en foule autour de lui, assurés désormais de la victoire. Du côté opposé, les impressions étaient bien différentes : chacun s'y interrogeait du regard, et Jaouen, tout à l'heure si superbe, avait peine à dissimuler les tristes pressentiments qui soudain l'avaient assailli. Cependant le héraut de la soule s'est placé au milieu d'un vaste placître communal que domine une antique chapelle de Saint-Corentin. Les deux troupes rivales, groupées à la droite et à la gauche du héraut, sont prêtes à engager la lutte et en attendent le moment avec une impatience fébrile. Une multitude de femmes auxquelles les attachent les liens du sang, de l'amour, de la paroisse, ajoutent encore à leur ardeur, et les premiers mots qui ont annoncé le signal du combat ont produit sur les combattants l'effet du clairon sur un cheval de race. S'il les voyait alors, l'étranger qui les croit éternellement plongés dans une somnolence apathique, il reconnaîtrait quelle énergie cache leur impassibilité extérieure, et que le Breton est de tous les peuples la plus fidèle image du volcan qui brûle et bouillonne sous la glace !... Mais la soule a été lancée ! Tout à coup les deux armées, n'en formant plus qu'une, se mêlent, s'étreignent, s'étouffent ! A la surface de cet impénétrable chaos, on voit mille têtes s'agiter comme les vagues d'une mer furieuse, et des cris inarticulés et sauvages s'en échappent, semblables au bruit sourd de la tempête. Enfin, grâce à sa vigueur ou à son adresse, l'un des champions s'est frayé un passage à travers cette masse compacte, et fuit emportant au loin la soule. On ne s'en aperçoit pas d'abord, tant l'ivresse du combat met hors d'eux-mêmes ces combattants frénétiques !... Mais lorsque ceux à qui il reste un peu plus de sang-froid qu'aux autres voient enfin qu'ils s'épuisent en inutiles efforts sur un point où ne se décidera pas la victoire, cet immense bloc d'une seule pièce se rompt, se divise, se disperse. Chacun vole soudain vers le nouveau champ de bataille, et en y courant, on s'insulte, on s'attaque, on se culbute, et vingt actions partielles s'engagent autour de l'action principale. Quelquefois il arrive qu'un souleur aux pieds légers disparaît avec sa proie dans le labyrinthe de nos chemins creux ou à travers ces champs environnés de rustiques remparts qui hérissent le pays de milliers de citadelles. Ses adversaires dépistés franchissent, pour retrouver sa trace, haies, clôtures, barrières, sans que rien les arrête ni leur paraisse même un obstacle ! C'est une véritable course au clocher, mais dont l'honneur revient ici tout entier au champion qui paie seul de sa personne, et non au coursier héroïque qui remporte la victoire pour son maître. On conçoit maintenant combien de dangers peuvent courir ces athlètes intrépides et passionnés, surtout lorsque à l'ivresse d'une lutte pareille se joint quelque inimitié violente à satisfaire, quelque vengeance à exercer, une de ces vengeances bretonnes qui sont patientes parce qu'elles ne meurent jamais ! Jugez du reste jusqu'où leur ardeur les emporte souvent par le champ de bataille où se dispute ici la victoire ! c'est le lit d'un torrent !... Corentin, possesseur de la soule, y a entraîné sur ses pas les plus acharnés de ses adversaires, Jaouen en tête ! Longtemps Jaouen et lui se sont mutuellement observés avec toute la vigilance de la haine. Ils ont maintenant trop d'expérience l'un et l'autre pour user leurs forces dès le début d'une longue lutte, et ils savent attendre le moment de frapper les meilleurs coups et de mettre hors de combat un rival détesté ! Car il ne s'agit plus entre eux de ces petites rivalités du jeune âge, de ces rixes enfantines qui ressemblent à une tempête dans un verre d'eau ; c'est maintenant une frénésie jalouse, une haine ardente et implacable comme toutes celles au fond desquelles se trouve une femme ! C'est l'Océan déchaîné qui rugit, écume et submerge ! Cependant Corentin, sur le point d'atteindre la rive où il doit être proclamé vainqueur, voit la victoire près de lui échapper ! En ce moment comme dix fois pendant le combat, il en soutient seul tout le poids contre le camp ennemi. Jaouen avait recommandé aux siens d'accourir à son aide chaque fois qu'ils le verraient attaquer son redoutable rival ; mais ici le péril est tel que la plupart hésitent à s'y précipiter, ou sont retenus par des amis plus prudents qu'eux. Aussi Corentin victorieux suspendra-t-il ce soir comme un trophée au foyer paternel cette soule si longtemps disputée et si glorieusement conquise !

Au milieu du XIXe siècle, la soule était surtout pratiquée dans le pays de Vannes. Un épisode de l'une de ces parties dramatiques a été superbement décrite par Emile Souvestre dans *Les Derniers Bretons*. Voici un extrait de ce morceau d'anthologie :

« Un seul homme avait disputé la supériorité à François de Pontivy, ce grand souleur. C'était un paysan de Kergrist, nommé Yvon Marker. Mais François lui avait enfoncé une côte à une soule qui eut lieu à Neuliac, en 1810, et Yvon en était mort. Son fils, Pierre Marker, avait succédé aux prétentions de son père sans être plus heureux ; François lui avait crevé un œil à la soule de Cléguérec, et cassé deux dents à celle de Séglien. Depuis ce temps, Pierre avait juré de se venger.

« Une soule eut lieu à Stival, et les deux antagonistes s'y rendirent. Tout se passa d'abord comme d'ordinaire. François remarqua seulement avec surprise que Pierre évitait de l'approcher pendant la mêlée. Il l'avait vainement appelé en lui disant : " Viens ici, chouan, que je te prenne ton autre œil. "

Le paysan n'avait pas répondu et était demeuré à l'écart (...). Cependant la nuit commençait à tomber ; la plupart des souleurs, accablés de fatigue, se retiraient ; quelques-uns des plus acharnés se disputaient encore seuls le prix. François profita de cet instant pour s'emparer de la soule et fuir à travers la campagne. »

Suit le récit très détaillé de la poursuite à l'issue de laquelle les deux rivaux se retrouvent face à face : « François veut traverser d'un bond le court espace qui lui reste à franchir ; mais, roidi par la fatigue, il retombe lourdement sur les pierres aiguës qui forment le lit de la rivière.

Au même instant, un genou s'appuie sur sa poitrine, et la figure de Pierre s'approche de la sienne avec son œil borgne et sa bouche sans dents, qui sourit d'une manière terrible ! Par un mouvement instinctif, François étend la main vers la rive gauche, car cette rive est la commune de Pontivy, et s'il la touche il est sauvé ; mais le paysan a saisi cette main de son poignet de fer :

— Tu es en Stival, bourgeois, dit-il ; j'ai droit sur toi.
— Laisse-moi, chouan, crie l'ouvrier.
— Donne-moi la soule.
— La voilà. Lâche-moi, à présent.
— Tu me dois encore quelque chose, bourgeois.
— Quoi donc ?
— Ton œil ! hurla Pierre. Et pendant qu'il criait ces mots, son poing fermé s'abattait sur l'œil gauche de François et le faisait jaillir de son orbite.
— Laisse-moi, assassin, criait celui-ci.
— Tu me dois encore tes dents, bourgeois. »

Et les dents du Pontyvien tombaient brisées dans sa gorge. Alors un délire furieux s'empara du paysan. Tenant sous son bras gauche la tête de François, il se mit à lui marteler le crâne avec son sabot qu'il tenait de la main droite. Cela dura sans doute longtemps, car le lendemain on trouva près du ruisseau François qui ne donnait aucun signe d'existence.

Telle était cependant la force du vieux souleur, qu'il revint à la vie ; mais il fallut le trépaner, et depuis ce jour il resta borgne et idiot. Pierre traduit en cour d'assises, ne répondit rien à toutes les questions du président, sinon que François « était en Stival lorsqu'il l'avait rencontré, et que c'était comme ça qu'on jouait à la soule ».

Il fut acquitté mais les soules furent défendues.

LE MENDIANT EN AMBASSADE

Ar paque baz-valan

L'INFORTUNÉ Jaouen, ne comptant plus que sur le succès d'une prompte et vive attaque matrimoniale, s'était adressé à un tailleur renommé, dont l'existence se passait presque tout entière au milieu des péripéties de ses négociations amoureuses, et qui avait la réputation de faire encore mieux les mariages que les *jupens* et les *bragoubras*. Habitué à diriger heureusement la barque de ses clients au milieu des récifs de la jalousie, de l'amour-propre et de l'intérêt, il avait achevé de relever, par la confiance qu'il montrait en lui-même, les esprits abattus du vaincu de la soule, et s'était immédiatement mis à la poursuite de celle qu'il s'agissait d'abord de se rendre favorable ou dont il fallait au moins obtenir la neutralité, ce qui a lieu dans la plupart des mariages bretons. Il était allé guetter Marie à son retour du marché de la ville et, l'accostant comme par hasard, avait d'abord causé avec elle d'un air d'indifférence de ce qui intéresse tout le monde, de l'état des récoltes, du prix des denrées, de l'arrivée du nouveau recteur, ensuite s'animant peu à peu et prenant un ton confidentiel pour obtenir ses confidences, il lui avait parlé des derniers pardons, de toutes les conjurations amoureuses qu'il y avait découvertes, de celles que son entremise avait déjà fait réussir et de celles qu'il était en train de dénouer. Par une transition naturelle, il passa du chapitre des autres à celui de Marie même, lui démontra, sans qu'elle cherchât à lui prouver le contraire, qu'il était temps de songer au mariage ; et puis il entreprit une démonstration moins facile, celle des perfections de Jaouen et de tous les titres qui le recommandaient à son choix. « Il est riche, jeune et beau, disait-il, vous êtes riche, jeune et belle ; j'ai fait des mariages plus difficiles que celui-là et je ne puis manquer de le faire, n'est-il pas vrai ? »

Les réponses de Marie n'étaient pas propres à le confirmer dans la certitude qu'il feignait d'avoir à ce sujet ; tantôt c'était un sourire ironique, tantôt quelques paroles brèves et amères, qui étaient loin d'annoncer des dispositions bienveillantes ou plutôt qui en révélaient d'une tout autre nature. Marie avait revu Corentin ; la paix, ardemment désirée de part et d'autre, venait d'être faite ; dans un pareil moment pouvait-il y avoir place en son cœur pour Jaouen, qui dans les circonstances les plus favorables n'avait pas su en trouver le chemin ? « Diable, pensa notre *bazvalan*, ce n'est pas de ce côté que je dois dresser mes batteries ! Évidemment il ne s'agit pas ici d'un mariage d'inclination ; c'est donc l'obéissance filiale et non l'amour qu'il faut appeler à mon aide : laissons-là la jeune fille et ne songeons qu'aux grands-parents. » En conséquence, il prit congé de Marie et tourna toutes ses vues vers le père et la mère de l'intraitable *Pennerez*. Mais hélas ! ils avaient été travaillés par elle, et notre diplomate de village était condamné d'avance à l'humiliation d'un second et irréparable échec. Dans quelques cantons, lorsqu'un *bazvalan* vient faire une demande en mariage, on met la poêle sur le feu, et, suivant que cette demande agrée ou n'est pas accueillie, on pose la poêle comme à l'ordinaire et on fait une omelette qui se mange en famille, ou bien on met ladite poêle le dos en l'air. Cette manière originale de répondre épargne d'un côté l'embarras et de l'autre la mortification d'un refus. L'émissaire de Jaouen était destiné à en éprouver toute l'amertume, à boire ce calice-là jusqu'à la lie. Peu accoutumé à échouer au premier choc contre un obstacle insurmontable, il perdit la tête, et au lieu de sa souplesse habituelle, il montra une raideur, une impitoyable opiniâtreté qui n'étaient pas propres à le faire réussir, si le succès eût été possible. Aussi, après ces réponses évasives dont un père bas-breton, tout Bas-Breton qu'il est, se sert honnêtement comme un autre pour éconduire les prétendants non agréés, on en vint aux propos aigres et durs ; l'importunité produisit l'impolitesse, et Marie étant arrivée sur ces entrefaites, ajouta encore à l'exaspération du malheureux tailleur en refusant de remplir de cidre un verre qui ne lui avait pas été offert, mais dont il s'était emparé. Or, ne pas boire avec un *bazvalan*, c'est le congédier de la manière la plus formelle. *Kenavô ! kenavô !* au revoir ! au revoir ! lui dit enfin le père de Marie d'un ton significatif, et en prenant sa marre pour retourner lui-même aux champs. *Kenavô !* répéta la mère, qui lui conseilla en riant de s'adresser à Jeannic, sa servante, qu'il allait trouver sur son passage et dont il aurait peut-être plus facilement raison. Jeannic, occupée à puiser de l'eau, se retourna vivement à ces paroles ; il y avait longtemps qu'elle soupirait en vain après un mari, et restée sour le charme du peu de mots qui venaient de faire vibrer dans son cœur la corde sensible, elle n'entendait plus autre chose et laissait s'égosiller le premier valet de ferme qui lui montrait ses vaches brisant leurs liens et toute l'étable dans le désordre et la confusion ! La pauvre fille ! Son illusion devait être de peu de durée ; tout entier à son désappointement, voilà le *bazvalan* qui s'éloigne sans lui parler ni même la voir !

Bien que jamais ambassade n'eût plus mal réussi, le vaniteux ambassadeur ne se tenait pas pour battu, et comptait revenir à la charge ; Corentin ne lui en laissa pas le temps.

Le vieux Gildas, ce mendiant qui le premier avait lu dans le cœur de notre héros et s'était promis d'exploiter tôt ou tard ses amours, n'avait pas manqué, dès qu'il fut de retour du régiment, d'accourir près de lui, et de lui offrir de nouveau ses services. Chronique vivante du pays, c'est cet hôte vagabond de toutes les fermes du voisinage qui l'avait mis si bien au courant des faits et gestes de Jaouen pendant son absence ; c'est ce galant messager qui l'avait si promptement réconcilié avec Marie, et il en est de pareils messages comme des parfums, celui qui les porte en conserve toujours un peu l'odeur. Gildas était donc devenu le conseiller intime de Corentin, et il avait été décidé entre eux qu'il irait faire sans plus de retard des ouvertures de mariage aux parents de son jeune client qui n'avait pas tremblé devant la mitraille, et qui devant eux était non seulement respectueux, mais timide comme une fille. Le voyez-vous caché derrière le mur du puits, et attendant, plein d'anxiété, le consentement qu'on demande en son nom ? Son père, et sa mère surtout dont il comble les vœux les plus chers n'auraient garde de le refuser ! Elle vient de remettre au vieux mendiant un tronçon de pain comme premier gage de sa satisfaction, et lui donne toutes les instructions nécessaires pour entrer en négociation avec la famille de Marie. Soizic, qui s'en allait, un pot de lait à la main, sustenter quelques veaux récemment sevrés, a tout entendu ; elle a vu naître Corentin et, trop vieille pour avoir des prétentions à son amour, elle en a à son amitié, et lui fait un signe de reproche d'avoir gardé le silence avec elle sur son mariage.

Les mendiants étaient le plus souvent respectés en Bretagne. On prétendait même que « le Christ les comptait parmi ses élus ». Enfant, ma grand-mère me disait : « Si tu ne manges pas ce morceau-là, garde-le pour le mendiant. » Les soirs d'hiver et d'automne, lorsque j'étais blotti sous mon édredon de plume, elle me disait encore : « Avant de t'endormir, pense à ceux qui sont dehors et qui n'ont pas de toit. » Au XIXe siècle, le nombre des mendiants est très élevé en Bretagne. Sur 155 ménages recensés à Saint-Jean-Trolimon (Finistère) en 1836, 96 sont cultivateurs, 17 journaliers, 10 tisserands, 7 tailleurs et 10 mendiants...

On prétendait que tous les mendiants suivaient un seul chef. Nombre d'entre eux se réunissaient à Pré-à-Gueux, près de Kerospec. En 1858, la princesse Bacciochi fit même chasser de Colpo une bande de gueux commandée par un dénommé Coesre.

LES PREMIERS ACCORDS

Ann divezou kenta

LE vieux Gildas, qui avait su se faire accepter par Corentin comme le confident de ses amours et le négociateur de son mariage, était le rejeton d'une de ces dynasties de mendiants dont nous venons de parler, qui, un double caducée à la main, exercent dans le pays les importantes fonctions de *bazvalans* et de gazettes ambulantes. Jamais grand seigneur ou cheval arabe n'eurent une filiation mieux prouvée que la sienne, et jamais non plus descendants d'une illustre race ne furent plus religieusement élevés que ne l'étaient ses enfants dans les préjugés et les traditions de famille. A peine sortie du premier âge, sa fille avait déjà reçu le baptême de la mendicité, et, grâce à ses heureuses dispositions et aux leçons paternelles, elle avait bientôt acquis assez d'expérience pour ne jamais revenir des pardons ni des foires sans un butin très satisfaisant. Son fils figurait depuis longtemps parmi ces petits chanteurs infatigables qui, dans les parties montueuses de nos grandes routes où les voitures ne peuvent avancer qu'au pas, sautent et gambadent autour de la colossale diligence ou de l'élégant cabriolet, sollicitant la charité publique avec le chant du pays, avec l'antique et naïf *Ann hini goz*. Nul, mieux que lui ne savait arracher, grâce à cet air national, un sourire et une aumône à l'indifférence des voyageurs ; et, lorsque quelques sous tombant au milieu de la bande déguenillée, ces apprentis mendiants se les disputaient avec fureur, parfois même les avalant pour mieux les défendre contre leur avidité mutuelle, nul n'était aussi adroit à recueillir, de cette rosée misérable, le plus de gouttes possible, en sorte que la manne monnayée qu'il récoltait sur les grands chemins était devenue l'une des principales ressources de sa famille. Cette famille, image de tant d'autres, où l'on croit à l'hérédité de la misère comme ailleurs à l'hérédité du trône, promettait, on le voit, de ne pas dégénérer, et les enfants du vieux Gildas étaient vraiment dignes de porter le nom que ses aïeux et lui avaient rendu populaire. Mais revenons à notre *bazvalan*, et suivons-le dans les diverses phases de sa mission matrimoniale.

Il avait fait sa toilette des grands jours, toilette où il a eu soin, comme de coutume, de laisser percer le mendiant, et, brillant de ses haillons de cérémonie, du moins troué de ses vieux chapeaux, et d'une paire de sabots que débordait un bourrelet de paille fraîche, il s'est en toute hâte dirigé vers la demeure du père de Marie. Arrivé dans une cour-placitre, dont les arbres multipliés à dessein abritaient la ferme contre la violence des coups de vent de nord-ouest, il y a trouvé réunis une partie de ses habitants. Marie y était occupée à vanner du blé noir, et son père à graisser l'essieu de la grande charrette qui devait approvisionner le marché du lendemain. En passant près de la jeune fille, le Mercure bas-breton lui a lancé un regard et un sourire d'intelligence, et puis a repris soudain, pour entrer en matière avec l'autorité du lieu, l'air grave et solennel, non plus d'un mendiant, mais d'un ambassadeur véritable.

Les Bretons de toutes les classes, les pauvres comme les riches, s'étant fait de la pipe une habitude, un besoin même, le tabac est pour eux, presque autant que leur pain noir, un objet de première nécessité, et l'on trouve tout naturel que le mendiant dont le dénuement est le plus complet, manque de toute autre chose, mais ne jeûne pas de tabac. Il est vrai que sa pipe ne s'allume guère qu'aux dépens de la charité publique, et les gueux expérimentés se sont donné et exploitent largement un privilège qui maintient constamment leur approvisionnement au niveau de la consommation. Lorsqu'ils aperçoivent un groupe de cultivateurs qui causent et fument, ils vont aussitôt s'y mêler et, toujours munis de deux blagues dont une est vide, ils en étalent à propos toute la pénurie, et obtiennent ainsi en aumônes le renouvellement de leur provision épuisée ou qui paraît l'être.

Le vieux Gildas connaissait et pratiquait mieux que personne ce moyen de fumer économiquement ; mais il savait aussi qu'il devait au caractère dont il était en ce moment revêtu de ne pas tendre la main comme de coutume et, vu que toute négociation en Bretagne doit être conduite la pipe ou le verre à la bouche, il était venu assez bien approvisionné de tabac pour faire lui-même une politesse, si elle était nécessaire. Après avoir annoncé le but de sa visite, il tira sa blague et présenta gracieusement au père de Marie sa boîte d'amadou allumée, afin que leurs pipes s'animassent au même foyer d'une vie pour ainsi dire sympathique et commune. En le voyant prendre sans balancer la boîte, et y introduire amicalement sa pipe, le vieux Gildas, plus que jamais certain que l'ambassadeur comme le sujet de l'ambassade étaient également agréables, poussa plus vivement encore sa demande qui, dès cette première entrevue, accordée au fond, n'aura désormais à l'être que dans la forme ; il est vrai que cette forme entraîne souvent la rupture des mariages bretons. Aux premières paroles du *bazvalan*, Marie et les deux servantes qui vannaient le blé noir à quelques pas de là étaient soudain devenues tout oreilles : ce mot magique de mari produit toujours une si vive impression sur les jeunes filles ! Voyez, l'une d'elles, avidement penchée du côté où s'agite cette douce question matrimoniale, sourit avec malignité à chaque phrase qu'elle croit saisir, et tant qu'il lui en arrivera quelques lambeaux, on peut être sûr qu'elle ne songera pas à remplir son crible. Les deux autres, non moins attentives, s'oublient également dans une espèce d'extase curieuse, et ne s'aperçoivent seulement pas qu'elles remuent un crible depuis longtemps vide. Mais les hautes parties contractantes en s'éloignant les ont rendues, à leur bien vif regret, au travail qu'elles laissaient interrompu.

Après être entré en négociation d'une manière qui annonçait les dispositions les plus favorables, le père de Marie avait continué de témoigner sa satisfaction par les égards ou, si l'on veut, par le cérémonial usité envers les *bazvalans* les mieux reçus. Il avait bientôt pris la route du cellier, et de toutes les politesses qui se font en pareil cas, ce n'était pas celle que le vieux Gildas, qui buvait sec, attendait avec le moins d'impatience. Le cellier était richement approvisionné, et l'heureux messager, en pénétrant dans ce sanctuaire, a été émerveillé des nombreuses barriques de cidre qui lui ont ébloui la vue et chatouillé l'odorat ! C'est là, qu'animée par de fréquentes libations, la conversation a pris une tournure de plus en plus décisive, et déjà tout respire dans le père de Marie cette bonhomie extrême qui remplace chez un Breton la défiance et la ruse, lorsqu'il croit avantageux de s'abandonner sans réserve à celui avec qui il traite.

Cependant poussées, l'une par l'amour et l'autre par une curiosité non moins inquiète, Marie et la plus éveillée des servantes ont bientôt quitté le placitre et l'ouvrage. Cette dernière, n'y pouvant plus tenir, vient même d'entrer dans le cellier sous le prétexte d'y chercher quelque chose qu'elle sait bien n'y pas devoir trouver. Marie plus timide, parce qu'elle est la plus intéressée à tout ce qui se passe, n'ose la suivre et se contente d'écouter aux portes.

LES ACCORDS AU CABARET

Ann divezou en hostaliri

LORSQUE les deux parties contractantes eurent enfin, en vidant une dernière écuelle, ratifié leur protocole matrimonial, notre *baz-valan* prit congé du futur beau-père de Corentin, et se mit en mesure d'annoncer le plus promptement possible à celui-ci le succès complet que venait d'obtenir son ambassadeur. Ivre de joie, et quelque peut de l'excellent cidre, réservé aux grandes occasions, qui lui avait été prodigué, le vieux mendiant ne sentait plus le poids de l'âge et, profitant de ce retour de jeunesse, il s'était empressé de se déchausser, puis, un sabot de chaque main, s'était mis à courir plutôt qu'à marcher vers la demeure de son jeune client. Il avait déjà fait près de la moitié de la route et, plein de douces préoccupations, passait en revue avec complaisance tout ce qu'allait lui valoir l'importante mission dont il venait de s'acquitter si heureusement, à savoir : l'énorme tranche de lard que lui avait promise la mère de Corentin, le boisseau de seigle qu'il espérait du père, et le broc de vin dont ne manquerait pas de le gratifier Corentin lui-même qui connaissait ses goûts ; tout cela, sans parler de la vogue et des profits ultérieurs que devait lui assurer la conclusion de cette illustre alliance entre deux représentants de l'aristocratie rurale. Mais hélas ! dans ce monde, chaos de bien et de mal, le bonheur n'est pas longtemps sans mélange, et lorsque la joie arrive, la peine n'est pas loin ! Tout à coup le pauvre Gildas fut réveillé de ses songes dorés par une apparition qui ne le terrifia pas moins que n'eût pu le faire une bande de Korrigets ou l'aspect inattendu du *buguel noz*, de l'enfant de la nuit ! c'était Jaouen et le tailleur désappointé ! Jaouen qui, armé du *pennbaz* et le regard étincelant de colère, venait, sinon mettre obstacle à des négociations qu'il ne pouvait empêcher, au moins s'en venger sur le négociateur maudit. Dieu sait ce qui serait advenu des épaules de celui-ci, sans l'arrivée presque au même instant de Corentin, que son amoureuse impatience faisait accourir à la rencontre de nos *bazvalans* ! Dès qu'il l'aperçut, le vieux Gildas qui, la bouche béante et l'œil hagard, hésitait encore s'il avancerait ou s'il reculerait, se redressa soudain comme un homme pour qui le ciel se déclare, et fit retentir l'air de hourras joyeux qui s'adressaient encore plus à son libérateur qu'à l'amant heureux et agréé. Mais Corentin, les interprétant au gré de ses désirs, n'y vit que le gage du consentement si ardemment attendu, et s'en vint sauter au cou de celui qui l'apportait, sans songer ni à Jaouen ni à ses embûches. Il n'en eut connaissance que plus tard, et il était d'ailleurs trop heureux pour ne pas pardonner quelque chose à son infortuné rival ! Quant à celui-ci, toujours trahi par le sort et frustré même de la consolation d'une quasi-vengeance, il lui fallut bien renoncer à une victoire amoureuse qui ne lui était pas réservée, et il se résigna dès ce jour à épouser une *pennerès* moins difficile à convaincre de son mérite. Sa longue rivalité avec Corentin sembla donc cesser à cette époque ; mais elle se réveillera plus vive que jamais, lorsque à l'âge de l'amour succédera celui de l'ambition, et qu'un jour ils aspireront tous deux aux honneurs municipaux et politiques de la paroisse.

Le dimanche suivant, Corentin et ses parents d'un côté, Marie et les siens de l'autre furent exacts au rendez-vous ménagé par le vieux Gildas. C'était au bourg, suivant l'usage, au cabaret le plus renommé et après l'heure des vêpres. Corentin les trouva ce jour-là d'une longueur démesurée, et à peine l'office fut-il fini que, se frayant un chemin à traver la foule, il entraîna ses parents vers l'illustre enseigne de la *Croix Verte*, sans leur laisser même le temps de respirer. Cette impatience ne devait cependant pas hâter la réunion projetée ; l'étiquette, sur laquelle les Bretons sont très rigides, ainsi que nous l'avons déjà fait remarquer, ne permettait pas à la *pennerès* et à ses parents d'avoir ou du moins de montrer autant d'empressement. Ils cherchèrent donc à gagner du temps, et jamais on ne les avait vus si prodigues de salutations ni si avides de nouvelles, quelque peu importantes qu'elles fussent ; mais tout en y prêtant l'oreille, ils s'étaient assurés, sans en avoir l'air, qu'ils ne seraient pas les premiers au rendez-vous, et qu'on les attendait, comme cela devait être, pour les fiançailles du cabaret. Cependant, Marie, fatiguée de tant de délais et de cette feinte indifférence, n'avait pas tardé à maudire comme Corentin le joug de convenances si tyranniques ; mais rien au monde n'aurait pu l'y soustraire ! Quoique la foule se fût peu à peu écoulée, et que les alentours de l'église fussent presque déserts, ses parents ne trouvaient pas qu'il fût encore de leur dignité de se diriger vers le lieu du rendez-vous, et Dieu sait quand ils s'y seraient décidés si le *bazvalan* n'était enfin venu abréger ces interminables façons. Les voilà réunis dans la pièce élégamment blanchie à la chaux de coquille, et tapissée çà et là de pieuses images achetées au pardon. En sa qualité de grand maître des cérémonies, le *bazvalan* a eu soin de recommander tout ce qui est le corollaire indispensable d'une entrevue matrimoniale ; car c'est *inter pocula et dapes*, au milieu des séductions de la bouteille et d'un plat de tripes ou de merlus, que doivent se débattre les conditions du mariage. Cet usage rappelle les festins diplomatiques des Celtes qui, suivant César et Tacite, ne concluaient jamais qu'à table leurs traités et leurs alliances. Fidèlement conservé pour faciliter les affaires même minimes, à plus forte raison s'observe-t-il, lorsqu'il s'agit de l'un des actes les plus importants de la vie. Mais ce n'est pas le cidre, dans les lieux où il s'en fait, qui préside aux fiançailles du cabaret, c'est une boisson plus relevée, plus aristocratique, c'est le vin et voici comme s'en répartit la dépense. Le père du jeune homme fait venir une première bouteille, et dès qu'elle a rendu le dernier soupir dans le verre de l'un des convives, le père de la jeune fille en fait venir une seconde ; tous les deux alternent ainsi jusqu'à ce que l'amour et l'intérêt aient été mis d'accord. Ce n'est pas ordinairement chose prompte et facile. Les conditions sont débattues de part et d'autre avec une extrême vivacité. Habitués, pour la moindre emplette, à marchander des heures entières et à témoigner tout ce qu'il leur en coûte pour se séparer de la plus petite parcelle de leur avoir, on peut juger combien il est difficile de leur arracher des sacrifices quelque peu considérables, et que de verres de vin il faut boire avant de lever la séance ! Et puis, les grandes concessions obtenues, restent les petites à enlever, et c'est encore là une cause fréquente de rupture. Il n'est pa rare de voir manquer un mariage, parce que le père qui se propose de recevoir chez lui les nouveaux époux, en consentant à leur donner tant de paires de sabots chaque année, se refuse à leur en fournir les clous ! C'est une différence de deux francs par an tout au plus, n'importe ! Cela suffit pour faire rompre l'union la mieux assortie ! En pareil cas, celui dont l'obstination amène une rupture, paie seul toute la dépense inutilement faite au cabaret, et tout est dit.

LA REVUE
(LES TITRES DE PROPRIÉTÉ)

Gweladen

TOUT s'est passé le mieux du monde au cabaret ; les deux pères, les deux mères et surtout les deux amants ont bu tour à tour au même verre, et scellé de cette dernière preuve d'intimité l'étroite alliance qui va les unir. Les bases en ont été arrêtées, et il ne leur reste plus qu'à en dresser l'acte authentique chez le notaire. Mais d'abord ils se sont donné jour, suivant l'usage, pour le *Gweladen*, espèce de visite domiciliaire qui prélude dignement à toutes les scènes bizarres d'une noce bretonne. Avant de commencer cette singulière visite, on ne sera pas fâché de savoir ce qui a facilité des négociations souvent hérissées de difficultés insurmontables. L'une des causes, la cause principale de ce prompt accord, c'est le rang social des deux familles, qui appartiennent l'une et l'autre à l'aristocratie rustique. Car les classes, en faveur desquelles réclament le plus ces farouches apôtres de l'égalité absolue, qui marchent le niveau d'une main et une torche de l'autre, ces classes mêmes protestent par leur équité naturelle et surtout par leurs mœurs contre les services qu'on prétend leur rendre, et les chaumières bretonnes offrent particulièrement une amère satyre du donquichottisme niveleur. Là, plus qu'ailleurs peut-être, il y a diversité de classes et de rangs, et toutes ces distinctions humaines que crée la force des choses, abstraction faite des droits abusifs et des privilèges iniques. Aussi y accueillerait-on, le sourire du dédain sur les lèvres, ou plutôt à coups de fourche et de *penn-baz*, les stupides égalitaires qui voudraient y venir opposer à l'œuvre de Dieu même, leur œuvre absurde et spoliatrice ! Au haut de l'échelle sociale dans l'Armorique, apparaissent d'abord les laboureurs que nous avons déjà appelés, et non sans raison, la noblesse de nos campagnes. Cette noblesse se subdivise elle-même en fractions bien distinctes : la plus considérée est celle des laboureurs propriétaires ; puis viennent les domaniers, et enfin les métayers ou fermiers proprement dits ; ce sont comme les ducs, les comtes et les chevaliers de nos chaumières. Les premiers, qui affichent la fierté de véritables patriciens, lorsque surtout leurs richesses proviennent d'héritage et qu'on n'en connaît pas l'origine, croiraient déroger en s'alliant hors de leur caste, et la vanité préside à leurs mariages non moins que l'arithmétique. On retrouve en partie dans ces paysans gentilshommes, les allures hautaines des anciens seigneurs du pays, qui poussèrent, comme on sait, jusqu'à ses dernières limites l'enivrement de l'orgueil nobiliaire, et qui nous en ont laissé de si singuliers monuments dans quelques-unes des devises de leurs armoiries, dans celle-ci par exemple : *Roi ne puis, Duc ne daigne, Rohan je suis*, et dans cette autre encore plus curieuse :

> *Kenta dud a voa er bet*
> *A voa Guicaznou a Kerret.*

(Les premiers habitants du monde furent les Guicaznou et les Kerret.)

Ce qui expliquerait jusqu'à un certain point les prétentions aristocratiques des laboureurs propriétaires, c'est que beaucoup d'entre eux sont des nobles déchus, que d'un côté l'impossibilité de soutenir leur rang, et de l'autre leur profonde ignorance firent passer peu à peu dans la classe des cultivateurs, et qui y conservent le sentiment, et quelques-uns même un vague souvenir de leur illustre origine. Parfois leurs maisons d'habitation la révèlent à leur insu, consistant en manoirs que l'indigence de leurs ancêtres les obligeait de construire à peu près comme des chaumières, mais dont cependant l'humble architecture en diffère par une tour placée à l'un des angles ou à la porte d'entrée : c'était un dernier témoignage de leur grandeur passée, c'était comme une protestation adressée aux siècles à venir contre l'édifice indigne dont le malheur des temps les avait réduits à se contenter ! Cette pauvreté de la noblesse bretonne prouve en effet combien furent calamiteuses ces longues années, ces siècles entiers de guerre qui désolèrent la Bretagne. Le pacte féodal n'exigeait par an de chaque noble que 40 jours au plus de service militaire ; mais au milieu des dissenssions intestines et de l'effroyable désordre auquel le pays fut si souvent en proie, il n'y avait guère de sûreté que sous la bannière suzeraine, et les seigneurs, en y restant à la tête des vassaux qu'ils défrayaient en plus ou moins grand nombre suivant leurs titres et leurs fiefs, s'imposaient d'énormes sacrifices qui devaient finir par dévorer leur patrimoine. C'est ce qui arriva surtout pendant la lutte interminable de Montfort et de Charles de Blois (qu'on a canonisé, afin sans doute que la guerre civile n'eût aussi son patron !), et plus tard pendant l'épouvantable incendie qui, allumé par la Ligue et Mercœur, embrasa, d'un bout de la péninsule à l'autre, les villes et les campagnes, les châteaux et les chaumières. Bien des maisons s'écroulèrent à ces désastreuses époques, bien des noms alors célèbres cessèrent de briller parmi ceux de la noblesse, et ne furent, au bout de quelques générations, que de simples noms de paysans. L'obscurité où ils tombèrent était du reste l'inévitable conséquence de préjugés qu'un jour on aura peine à comprendre. Les gentilshommes bas-bretons croyaient à la noblesse comme à Dieu, et dans le culte qu'ils se rendaient à eux-mêmes, il leur paraissait presque sacrilège de chercher à réparer leurs pertes par le travail, et de tourmenter vulgairement leur existence pour fonder sur des profits multipliés leur bien-être présent et l'avenir de leur famille. Néanmoins, comme avant tout il fallait vivre, on admit en principe que ce ne serait pas déroger que de labourer ses terres, et, quand se tenaient les États de Bretagne, on voyait les gentilshommes laboureurs s'y rendre modestement habillés en paysans, mais avec l'épée au côté ! Quelques-uns portaient même cette épée dans les champs qu'ils cultivaient de leurs mains, et l'y déposaient auprès de leur bêche et de leur charrue. il y avait là quelque chose d'antique et qui plaît à l'imagination ; ce sont toutefois de ces tableaux qu'il faut voir à travers le prisme de la poésie, sans s'aviser d'y jeter le regard de la raison. En 1644, un édit reconnut aux nobles le droit de se livrer, sans déroger, au commerce et à l'industrie. Le parlement refusa de sanctionner cet édit, et il fallut enregistrer au grand conseil les lettres patentes qui leur ouvraient ainsi un recours contre la misère. Depuis lors, il fut de maxime en Bretagne que la noblesse du commerçant sommeillait, et qu'elle ne revivait pure et entière que, lorsque plus tard, il cessait son commerce. Mais les mœurs étaient plus fortes que les lois et ses fictions, et ce fut exceptionnellement que les gentilshommes, même les plus pauvres, consentirent à en profiter. Le titre d'industriel resta pour eux un titre de réprobation, si ce n'est dans les forges et dans les verreries, et plutôt que de le subir, ils se confondirent imperceptiblement dans la classe des laboureurs propriétaires dont un grand nombre, comme on voit, doivent l'emporter par l'antiquité de leur race sur beaucoup de nobles du jour. Aussi parfois est-on fort surpris de rencontrer dans nos campagnes la trace de familles jadis illustres. Deux descendants du Décius breton, de l'héroïque amiral Hervé de Portzmoguer, servaient naguère obscurément sur le gaillard d'avant d'un navire de l'État ; ils avaient quitté le chaume pour être matelots !

LA REVUE (LES TROUPEAUX)

Gweladen

APRÈS les laboureurs propriétaires, qui se présentent en première ligne ou plutôt hors ligne, viennent les domaniers, colons d'une espèce à part, demi-propriétaires inconnus partout ailleurs ; car le domaine congéable n'existe qu'en Bretagne. Ce système crée deux propriétés sur le même terrain, celle du sol et celle des édifices qui le recouvrent, la première comprenant les arbres forestiers, et la seconde, les arbres fruitiers et d'agrément. A une époque où tous les peuples, à l'envi l'un de l'autre, cherchaient à s'environner du prestige d'une origine extraordinaire et poétique, les Bretons prétendirent trouver des titres de famille dans les chants d'Homère et de Virgile, et un auteur du temps crut avoir démontré que le domaine congéable nous venait en droite ligne des Troyens nos ancêtres. Suivant un autre, la tradition attribuait cette espèce de bail emphytéotique aux Romains et à César. Mais une opinion plus commune ne le fait remonter qu'à l'époque où des fugitifs de la Grande-Bretagne, chassés par les Jutes et les Angles vers le milieu du Ve siècle, vinrent implorer un asile dans l'Armorique. Accueillis comme des frères, on leur donna, à des conditions franches et libres, des terres incultes à défricher, et telle fut, dit-on, l'origine du domaine congéable. De quelque époque, du reste, qu'on le fasse dater, ce mode de culture est une conséquence naturelle de l'état où se trouvait la Bretagne, et où elle se trouve encore sur une foule de points. Les possesseurs de ses immenses et stériles déserts, ces propriétaires pour ainsi dire sans propriété, voyant qu'une pareille fortune n'était qu'une pauvreté superbe, imaginèrent une très bonne manière de rendre leurs richesses quelque peu plus réelles, ce fut de distraire çà et là des portions de cette masse de terres improductives, et de les concéder, moyennant une redevance annuelle, à des colons qui s'y établirent et les défrichèrent. Ces concessions eurent lieu sous l'expresse condition que le propriétaire se réservait bien le fonds des terrains concédés, mais s'obligeait à n'en évincer le domanier qu'en lui remboursant le prix des constructions de tout genre, édifices et superficies, qu'il y ferait pour se loger et les exploiter. D'après la jurisprudence convenancière, le droit de provoquer le remboursement n'appartint qu'au propriétaire foncier, et cela s'explique. S'il en eût été autrement, le domanier n'aurait eu qu'à grever le fonds pour en ruiner le propriétaire et le devenir promptement lui-même. Avant 89, il était rare que le seigneur foncier profitât de son privilège et eût recours au congément. Cependant sur plusieurs points, par exemple, le long des montagnes d'Arès et des montagnes noires, la redevance domaniale a toujours été supportée avec impatience et souvent même a excité des révoltes ; c'est que là avait été refoulée la plus vieille race de l'Armorique, et, quelque légères que fussent ces redevances, comparées surtout à celles du littoral, elles n'en étaient pas moins regardées par ces anciens maîtres du pays comme une usurpation et la marque honteuse de leur dépendance.

Lorsque éclata la révolution et qu'une nouvelle organisation sociale sortit des débris d'une société décrépite, on poursuivit à outrance tout ce qui paraissait entaché de féodalité. Le domaine congéable n'avait aucun caractère féodal, et s'il fallait être noble pour posséder un fief, chacun avait le droit de transformer ses terres en domaines. Néanmoins l'assemblée nationale, méconnaissant la nature de cette espèce de propriété, l'altéra essentiellement en accordant des droits égaux au domanier et au propriétaire foncier. La convention, qui ne savait pas être spoliatrice à demi, fut plus loin encore, et expropria complètement celui-ci au bénéfice du premier. A la chute du régime monstrueux qui pouvait seul sanctionner une pareille spoliation, on revint sur cette jurisprudence inique, et le domaine congéable fut régi de nouveau par la loi de 91. Ce ne fut par conséquent qu'une demi-réparation, et depuis lors on a vainement réclamé pour que la législation remontât aux conditions du titre primordial et que la réparation fût entière. Qu'est-il résulté d'un tel déni de justice ? Ce qui arrive toujours lorsqu'une loi est mauvaise, c'est qu'on l'élude et qu'elle reste comme non avenue. Les propriétaires fonciers ont exigé des domaniers qu'ils renonçassent à jamais provoquer le remboursement de leurs édifices et que, s'ils grevaient le fonds, ce fût à la condition de ne pouvoir plus tard s'en faire indemniser. Presque toujours les tenanciers, guidés par leur équité naturelle, se sont prêtés à ces arrangements, qui n'étaient à leurs yeux que la promesse de ne point dépouiller les fils de ceux qui leur avaient aplani le chemin du bien-être. Les licitations de domaines congéables ont en outre donné lieu, dans ces derniers temps, à des plaintes bien graves contre la loi qui les règle. Tels sont les abus inhérents à ces sortes de procédure qu'une licitation, provoquée naguère par le détenteur d'une rente de 15 sols, entraîna, dit-on, 6 000 francs de frais judiciaires ! On a été jusqu'à prétendre que des bandes noires s'étaient formées pour acheter partout les rentes extrêmement minimes dans le but unique d'évincer les colons et de profiter des frais de justice ! Un pareil état de choses n'appelle-t-il pas une prompte réforme ? Ce qui est certain, c'est qu'un grand nombre de congéments ont eu lieu depuis quelques années, et que le domaine congéable tend à disparaître. Est-ce un bien ? Est-ce un mal ? On ne saurait disconvenir que les terres des domaniers sont remarquables par une culture plus soignée et des édifices mieux entretenus que ceux des simples fermes, et cela n'est pas étonnant : ils savent qu'ils n'arrosent pas leurs champs d'une sueur pour eux stérile, et que c'est dans leur propre intérêt qu'ils améliorent la terre d'un autre ; de là plus d'ardeur au travail. Dans un pays qui a encore des milliers d'hectares à défricher, et dont l'habitant apathique a besoin d'être puissamment aiguillonné, le domaine congéable offre donc d'incontestables avantages, et s'il n'y existait pas, il faudrait l'inventer.

Après les domaniers, et bien au-dessous des laboureurs propriétaires, viennent les simples fermiers ou métayers qui occupent le dernier échelon de l'aristocratie rurale. Généralement ils ne sont pas riches, et dans un pays de petite culture comme le nôtre, il est rare qu'ils le deviennent. C'est au peu de confiance qu'ils inspirent qu'on doit sans doute attribuer l'usage des commissions, sorte de paiement anticipé d'une ou deux années de fermage qui suit la signature du bail, et les prive d'une partie de leurs ressources, au moment où elles sont le plus nécessaires. Ces baux sont de neuf ans, et il serait bien désirable qu'on leur donnât plus de durée. Le loyer s'acquitte, suivant les localités, en argent ou en nature. Il doit être payé à la Saint-Michel, mais ne l'est jamais que plus tard, souvent par nécessité et plus souvent encore par suite de cette habitude si générale de chercher à se faire croire plus pauvre qu'on ne l'est vraiment.

> Le domaine congéable est longtemps resté une forme de tenure particulière à la Bretagne. Le propriétaire (il s'agissait le plus souvent de bourgeois ou d'ecclésiastiques) possédait le foncier. Au domanier (c'est-à-dire : l'exploitant) revenait « les droits réparatoires, édifices, superficies » (à savoir les bâtiments d'exploitation, les haies et les arbustes). Les « droits réparatoires » étaient les plus contraignants et ils ont constitué un obstacle, parmi d'autres, au développement des exploitations dans la mesure où le domanier était tenu de réparer ou de reconstruire les édifices exactement dans l'état où ils étaient auparavant. Cela explique qu'au début de ce siècle, on voyait encore nombre de fermes au mur en torchis et au toit de chaume. Pour les Bretons, la propriété était sacrée (c'est un état d'esprit qui n'a d'ailleurs guère évolué, surtout chez les paysans) et il convenait de ne pas remettre en cause son intégrité.

LE CONTRAT CHEZ LE NOTAIRE

Ar c'honthad e ty ann noter

ON connaît à présent le classement de nos laboureurs, et l'on pourra mieux se rendre compte des facilités qu'offrait l'union de Corentin et de Marie, issus tous deux d'une de ces vieilles familles dont le chaume est fier, d'une de ces dynasties rustiques qui ont été fondées peut-être par le glaive et se sont perpétuées par la charrue. Maintenant, reprenons le fil de leur histoire matrimoniale, interrompue au moment de l'importante visite qui suit les accords au cabaret. Auparavant toutefois, rappelons, pour compléter le tableau hiérarchique de nos campagnes, que les ouvriers qui en forment la partie plébéienne se divisent eux-mêmes en classes plus ou moins considérées, plus ou moins dignes à leurs propres yeux de s'allier l'une à l'autre. Aussi, venez donc, niveleurs aveugles, venez essayer de passer la herse de l'égalité sur ce terrain rebelle que vous regardiez cependant comme le plus favorable à vos expériences insensées !

Le *Gweladen*, qui précède la signature du contrat, est une visite d'étiquette ou plutôt de défiance toute bretonne, que nous avons à bon droit stigmatisée du nom de visite domiciliaire. Elle s'étend non seulement à tout ce que contiennent les champs, les étables et la maison, mais même aux titres de propriété, qu'il faut produire et laisser vérifier. Au jour et à l'heure convenus, le *bazvalan* et les deux familles, en habits de demi-cérémonie, se sont trouvées réunies pour procéder à cette espèce d'inventaire, à cette revue enfin, puisque c'est le mot, d'une impertinence plus ou moins déguisée, mais qui est consacrée par un long usage : leurs pères n'y ont rien vu que de naturel, et ils se garderaient bien d'y voir autre chose. Jetez en effet les yeux sur les figures de ces deux chefs de famille, dont l'un fait ses preuves de propriétaire et dont l'autre suit attentivement cette lecture obligée ; vous n'y apercevrez que les sentiments de gens qui se livrent à la vérification la plus simple du monde. Les femmes sont exclues de ce grave examen et, reléguées dans le cercle habituel de leurs occupations, elles devisent, à quelques pas, de leurs seigneurs et maîtres, sur un échantillon de la belle filasse de chanvre dont se garnissent les quenouilles de la ferme. C'est de ce côté que Corentin prête l'oreille, tout en apportant un *pichet* de cidre au lecteur altéré.

Cependant, la maison a pris un aspect inaccoutumé ; tout y respire l'abondance et plus encore l'ostentation. Le vaisselier brille du plus vif éclat ; ses rayons étalent symétriquement de nombreuses assiettes aux couleurs tranchantes, et une série de bassins de cuivre qui étincellent de propreté, et vont en croissant et se dépassant l'un l'autre jusqu'à celui qui sert dans les *Dervez bras* et dont les vastes flancs peuvent contenir assez de bouillie pour satisfaire vingt faméliques convives. Les lits clos, garnis de tout ce qu'exige le luxe bas-breton, ont leurs panneaux à demi tirés, et, entrebâillées négligemment, les armoires de chêne aux riches ciselures laissent apercevoir tout le linge qui s'y presse à chaque étage. On peut aussi voir la dernière récolte encore intacte dans les bahuts ou coffres-magasins que ce jour-là on a oublié de fermer, ainsi que la porte du cellier et celles des étables qui regorgent de litière et de fourrages. Ce qui justifierait la défiance que suppose une pareille inspection, c'est que, le croirait-on ? ce bien-être, ce superflu, toute cette opulence enfin n'est parfois qu'apparente et d'emprunt. Une grande partie du linge appartient à quelque ami complaisant ; demain ces bahuts seront vides comme ils l'étaient hier, et la plupart de ces fûts menteurs ne contiennent pas même un verre de cidre ! Tout cela n'est qu'un leurre pour pouvoir se montrer exigeant et obtenir des conditions d'autant plus avantageuses qu'on paraît être en position de s'en passer ! Le *Gweladen*, commencé à l'intérieur, se poursuit et se termine au dehors. On va mesurer de l'œil, dans le courtil, les énormes tas de foin et de paille qu'y a accumulés la dernière moisson. On examine, en passant, la grange où dès la veille ont été réunis les instruments aratoires, et l'on s'arrête surtout devant ces masses carrées de fumier dont l'aspect et l'odeur feraient fuir un citadin, mais qui ont des charmes réels pour un agriculteur, l'abondance des engrais étant le plus sûr indice d'une culture soignée et de la richesse d'une ferme. Après la revue mobilière et agricole vient celle des troupeaux, et vous voyez défiler pêle-mêle devant les deux pères arbitres, des moutons, des chèvres, des vaches, des taureaux et surtout de magnifiques bœufs engraissés d'herbe broutée en plein air sur le pré même, car la liberté engraisse, et c'est un des moyens d'hygiène de l'éleveur cornouaillais. Ces nombreux hôtes d'une ferme sont également d'irrécusables témoins de son état prospère, et lèvent les derniers doutes qui pourraient s'opposer à une alliance avec leur fortuné propriétaire. Les deux pères se sont donc frappé dans la main comme à la foire du Folgoët ou de Saint-Herbot, et dès lors le marché matrimonial a été aussi inviolable à leurs yeux que s'il s'agissait d'un marché de bestiaux ou de grains. Ils ont soin toutefois de lui donner une consécration légale, et accoutumés à recourir à leur notaire pour leurs moindres actes, ils n'ont garde de se passer de lui dans une aussi grave circonstance. Rien de plus comique que la scène dont les études de campagne, où il se passe constamment des choses si curieuses, sont particulièrement alors le théâtre. Pendant que le *bazvalan* va et vient de l'un à l'autre, se multipliant comme la mouche du coche pour accroître autant que possible son importance ; pendant que les fiancés, dans cette attente du bonheur, plus douce que le bonheur même, goûtent la paisible ivresse de deux âmes sympathiques qui vont s'associer à jamais à une seule et même existence, considérez les grands-parents, qui passent un quart d'heure beaucoup moins agréable, qui comptent la dot stipulée au contrat, et dont il leur est encore plus douloureux de faire le sacrifice qu'ils ne se l'étaient imaginé ! Regardez surtout cet infortuné père qui, l'œil fixe, la bouche béante et comme pétrifié par la cruelle séparation qu'il lui faut subir, semble être si violemment dominé par un tout autre amour que l'amour paternel ! Dans ce moment, en effet, il donnerait de bon cœur au diable toutes les joies de la paternité pour n'avoir pas à les payer si cher ! C'est un à un qu'il tire d'une bourse vieille et sale les écus dont il doit compléter les piles que forme patiemment le notaire. Pendant ce long et triste accomplissement de ses promesses, il s'arrête dix fois comme s'il espérait qu'on lui ferait grâce du reste, et l'imperturbable tabellion, qui est habitué à ces lenteurs sans fin, est constamment obligé de lui rappeler que le compte n'y est pas encore. Lorsque, par un dernier effort sur lui-même, le pauvre homme a soldé en totalité la dot maudite, il demeure longtemps sans pouvoir détourner les yeux de ces beaux écus, objet de son idolâtrie, qu'il cachait si soigneusement à tous les regards, les enterrant même afin qu'ils fussent plus en sûreté ! Car pour le riche laboureur, comme pour le mendiant, la terre est encore chez nous le principal coffre-fort.

LES ACHATS AU BOURG

Ar prenou er vourc'h

La scholastique s'est plus d'une fois amusée à développer cette thèse : lequel est le plus funeste à son pays du prodigue qui dissipe sa fortune ou de l'avare qui l'enfouit ? Dans un siècle essentiellement industriel comme le nôtre cela ne fait plus question, et aujourd'hui c'est une vérité acquise à la science économique que le dissipateur, bien qu'il devienne sa propre victime, n'en est pas moins utile plutôt que nuisible à la société où il active la circulation des richesses, tandis que le thésauriseur qui l'arrête, qui l'annule, fait à la fois tort à la communauté et à lui-même. Il faut le reconnaître, la Bretagne est sous ce rapport un fléau pour la France. Elle absorbe des capitaux considérables et, au lieu de les laisser repomper par le crédit, ce soleil si vivifiant ailleurs, elle les garde stérilement enfouis et en appauvrit d'autant la circulation. C'est une multitude de filons d'or et d'argent qui rentrent épurés dans les entrailles de la terre d'où ils étaient sortis bruts et grossiers, en sorte qu'on pourrait considérer l'Armorique comme un terrain argentifère de cent lieues carrées, où ne se trouvent guère de traces, il est vrai, d'argent natif, mais où abondent, ce qui vaut encore mieux, les gisements d'argent monnayé ? A quelle cause, dira-t-on, attribuer ces richesses souterraines et improductives ? En grande partie aux idées du clergé breton sur le prêt à intérêt, à ce préjugé funeste qui a fait un péché d'une nécessité sociale. On conçoit que le taux usuraire auquel, jadis surtout, se prêtait l'argent, ait attiré sur les prêteurs les foudres de l'église, d'autant plus que ces prêteurs étaient ordinairement des sectateurs d'un culte proscrit ! Mais les temps sont bien changés, et que l'on admette ou non ce principe d'économie politique, que l'argent est une marchandise dont il est naturel que le cours s'élève ou s'abaisse selon les besoins du moment, toujours est-il qu'il existe aujourd'hui un taux d'intérêt consacré par la loi ; or, ce que la loi permet est légitime, et à plus forte raison ce qu'elle encourage. On peut donc en toute conscience prêter ses fonds à l'intérêt légal, et la religion pas plus que la morale ne saurait y trouver à redire. Qu'on y réfléchisse en effet, et bientôt on sentira tout ce qu'il y a d'exagéré, d'illogique dans ces malencontreux scrupules dont les conséquences sont incalculables. L'argent n'est autre chose que le signe de convention qui représente la terre et ses fruits, et certes la probité la plus farouche n'a jamais songé à rejeter loin d'elle comme illicite et entaché d'usure le loyer de la terre donnée à ferme. Pourquoi donc ne retirerait-on pas du signe représentatif de la propriété le revenu qu'on demande sans scrupule à la propriété elle-même ? Acheter un champ, une maison, et puis les louer, n'est-ce pas un moyen indirect de faire produire intérêt à son argent ? Et si ce moyen indirect est innocent, comment le moyen direct serait-il coupable ? Espérons que le prêtre et le cultivateur de l'Armorique, mieux éclairés, le premier sur ses devoirs d'homme social, le second sur sa position de capitaliste, cesseront bientôt de faire à leur pays le tort réel qu'ils lui causent en entravant la circulation du signe représentatif de la richesse publique, et que leur sollicitude s'attachant aux difficultés réelles de la question ne se préoccupera plus que du soin d'éviter les mains infidèles et de trouver des placements sûrs, que les fonds publics, et surtout les caisses d'épargne peuvent déjà leur offrir, bien que d'une manière insuffisante.

Savez-vous ce qui résulte de l'état actuel des choses ? Une autre calamité sociale non moins déplorable que la première ! Voici comment. Le cultivateur qui fait quelques économies, n'ayant pas la permission d'utiliser les écus qu'il a de trop en les plaçant chez son voisin qui n'en a pas assez, saisit avidement la première occasion qui se présente d'acheter la moitié, le quart, le dixième d'un champ ; il le paie le denier, 40, 50, 60 ! Qu'importe le prix ! Son argent ainsi placé ne lui rapportera-t-il pas toujours plus que si, enfoui dans les entrailles de la terre, il y restait aussi inutile que les cailloux qui l'environnent ? Mais tous ces petits capitaux qui, faute d'autre débouché refluent vers la propriété territoriale, la renchérissent et la subdivisent d'une manière indéfinie, et la loi des successions ajoutant encore à ce tamisage du sol, il s'ensuit un morcellement qu'ici plus qu'ailleurs on peut appeler atomistique, et qui seul serait un obstacle insurmontable aux progrès agricoles d'une partie de la Bretagne. Le département du Finistère présente une superficie d'environ 660 000 hectares, et les matricules de l'impôt foncier portent à plus de 95 000 le nombre des propriétaires entre lesquels ils se partagent ! Sur une population de 525 000 habitants, c'est donc 1 sur 6 à peu près qui a sa part dans la possession du sol. Eh bien, croit-on que cette possession, aussi étroitement limitée qu'elle l'est pour le plus grand nombre, soit un avantage public ou privé ? Voici une preuve irrécusable du contraire. Sur ces 95 000 propriétaires fonciers, il n'y en a que 70 000 qui soient en état de payer la contribution personnelle, et 50 000 seulement qui acquittent l'impôt mobilier ! Ce sont donc en grande partie, malgré leur titre superbe, des propriétaires pauvres, des propriétaires mendiants ! Et en effet, de quelle ressource peut être pour son possesseur le dixième de sillon que possède quelquefois un Cornouaillais ? Et qu'arrive-t-il dans les communes qui comptent, ainsi que celle de Crozon, jusqu'à 66 000 parcelles pour une population de 8 000 âmes ? C'est que la culture ne peut s'y améliorer et que le paysan n'y connaît guère d'autre instrument aratoire que la houe. Ces résultats positifs, incontestables, de l'extrême division des propriétés, suffiraient à prouver que, la loi agraire, ne fût-elle pas aussi immorale en théorie qu'impossible à exécuter, ses apôtres seraient encore les plus grands ennemis du peuple qu'ils trompent si effrontément, et ce qu'ils lui prêchent en réalité sous ce titre menteur, c'est la misère et la barbarie ! Mais le peuple doit donc renoncer à ne posséder jamais rien ? Qu'est-ce à dire ? La propriété mobilière est-elle moins réelle que la propriété terrienne ? Et si elle peut devenir pour lui aussi productive que cette dernière est stérile, pourquoi n'en pas faire le but de son ambition ? Ainsi, dira-t-on encore, vous voudriez concentrer dans un petit nombre de mains toute la richesse territoriale du pays ? Nullement. Une chose non moins funeste que le morcellement actuel sera une agglomération démesurée de la propriété, et le retour, du reste impossible, de cette époque où, sur 88 000 feux sujets aux fouages dans la Bretagne, Clisson en possédait seul plus de 18 000. En ceci comme presque en tout, c'est le terme moyen qu'il faut adopter. Les fortunes immobilières ni trop bornées ni trop étendues, qui tout à la fois permettent une active surveillance et l'application des meilleurs procédés de culture, sont évidemment les plus favorables à la civilisation et à l'intérêt particulier. Mais cette classe précieuse de propriétés, le problème est de les faire naître et de les faire durer.

LES PRÉSENTS DE NOCE

Ann enebou gwerc'h

LES mariages viennent en aide aux achats de terre pour remettre en circulation plus d'un écu qui, depuis de longues années, n'avait pas vu le jour. Il faut alors soutenir son rang et, bon gré mal gré, on ne recule devant aucun des sacrifices que commande l'usage ou la vanité. Corentin et Marie, accompagnés de leurs parents, sont allés faire au bourg leurs emplettes de noce. Ils ont attendu, comme de coutume, un de ces jours de foire où des boutiques volantes, des restaurants improvisés, des chanteurs de *Gwersiou* et une multitude de chalands et d'oisifs opèrent une révolution complète dans des lieux ordinairement paisibles et déserts. Nous avons déjà vu Corentin à l'une de ces foires, où il faisait ses premières armes en achetant une génisse et en s'escrimant à coups de *pennbaz* avec les gars d'une paroisse rivale, et nous avons dit, à cette occasion, combien en Bretagne les foires étaient nombreuses et mal distribuées. Cette distribution est provenue des hasards de la féodalité. Tel canton en obtint à peine quelques-unes, parce qu'il ne possédait qu'un fief subalterne, tel autre en a un nombre excessif, parce qu'il dépendait d'un seigneur accrédité. Toutes les relations commerciales des Gaules avaient été interrompues par l'invasion des barbares ; elles commencèrent à se rétablir sous le règne de Dagobert qui peut être regardé comme l'instituteur des premières foires. Si les Bretons le savaient, eux qui en sont d'effrénés partisans, ils feraient un saint de ce bon roi, conformément à leur manière de témoigner leur reconnaissance ! Les foires indiquent généralement des habitudes commerciales arriérées, puisqu'elles n'offrent aux consommateurs qu'à des époques plus ou moins éloignées ce qu'un commerce perfectionné leur met dans tous les temps sous la main. C'est toutefois jusqu'à un certain point le seul système applicable dans les campagnes. Les foires bretonnes, stationnaires comme les Bretons eux-mêmes, sont invariablement restées presque partout ce qu'elles étaient il y a plusieurs siècles. A une époque où l'on stimule si vivement l'insouciance et l'avarice des consommateurs, ils pouvaient ici se livrer tranquillement à ces deux passions favorites et, jusqu'à ces derniers temps, n'ont pas eu à craindre la tentation du charlatanisme moderne, cet auxiliaire actif, tout-puissant du commerce, qu'on a plaisamment appelé sa machine à vapeur. Cependant les Normands se sont impatronisés depuis longtemps dans le pays, et leur habileté le met largement à contribution. Ce sont des voisins qui ont toujours regardé la Bretagne comme une terre taillable et exploitable à merci, et dès qu'ils ne l'ont plus attaquée, armés de la lance ou la hache au poing, ils y ont apporté une arme non moins redoutable, leur industrie ! Car jadis ce monde était au plus fort, et il est aujourd'hui au plus industrieux. Ils échangent en général avec les Bretons des produits manufacturés contre des produits bruts et naturels, circonstance qui établit d'un seul trait la comparaison la plus juste entre les deux provinces. Parmi les branches de commerce qu'ils exploitent dans nos foires, il en est une, devenue fort productive, qui donne lieu à des scènes vraiment curieuses ; c'est le trafic des cheveux. Les Normands, racoleurs du premier mérite, ayant déjà l'habitude de triompher, quoique avec peine, des répugnances de nos jeunes paysans, lorsqu'ils veulent les utiliser comme matière à remplacement, devaient encore bien mieux réussir auprès de nos jeunes paysannes si elles pouvaient leur être bonnes à quelque chose, commercialement parlant ! Près des femmes en effet, on est toujours sûr de trouver un puissant auxiliaire, leur coquetterie, et c'est à son aide précisément qu'ils attaquèrent nos jeunes bretonnes. L'un d'eux, ayant calculé qu'il pouvait tirer un excellent parti de leur chevelure, vint un beau jour étaler à leurs yeux toutes les séductions de ses fines percales et les éblouissantes couleurs des mouchoirs bariolés qui brillent à nos pardons, en disant à ces filles d'Ève : « Cela est à vous, si vos cheveux sont à moi », et leurs cheveux tombèrent sous les ciseaux normands ! Depuis lors, ce commerce a pris chaque jour une nouvelle extension, et il n'est guère de foire un peu considérable où un certain nombre de jeunes filles ne soient tonsurées. Ajoutons que la plupart ne présentent ainsi leur tête aux ciseaux qu'avec une espèce de remords et en fuyant les regards, autant qu'on peut le faire dans un champ de foire. Les jeunes filles de l'aristocratie passent même pour ne s'être jamais prêtées à cette spéculation normande.

 Tout entiers à leur affaire au milieu des scènes animées de la foire, Corentin et Marie ne s'occupent, ainsi que leurs conseillers, que des importants achats qui les y ont amenés. Corentin a déjà fait emplette de son chapeau de noce, et pour n'en pas être embarrassé, il a, suivant l'habitude bretonne, enfoncé le nouveau sur l'ancien, laissant au premier son enveloppe de boutique, ce qui annonce que cette double et grotesque coiffure provient d'un récent achat. La mère et la marraine de Marie examinent deux espèces de drap écarlate entre lesquelles elles hésitent, et Corentin la consulte elle-même sur la couleur des rubans qu'il marchande. Les deux futurs achètent et paient, chacun de son côté, tout ce qui viendra, comme parure ou toilette, enrichir la communauté ; car ici le prétendu n'est pas, ainsi que dans la civilisation française, quelque chose d'une nature mixte, un être appréciable par la corbeille de noce, qui tient à la fois de l'homme et du cachemire ; sa femme n'est pour lui, ni avant ni après le mariage, un objet de luxe qui l'oblige à bien consulter sa bourse avant d'en faire la dépense, et les seuls cadeaux qu'il ait à offrir sont une ceinture et l'anneau nuptial ; encore cette ceinture, qui coûte 4 à 5 francs au plus, tombe-t-elle souvent à la charge du marchand de vin, auquel on fait payer en outre une bouteille de liqueur pour le lendemain de la noce : c'est autant à déduire de son bénéfice ou plutôt c'est autant qu'il ajoute au prix de son vin. L'anneau, nuptial s'achète chez un orfèvre de la ville, l'orfèvrerie n'ayant pas encore de domicile dans nos foires. Cet anneau est ordinairement une bague d'argent, dite à la chevalière, et ne coûte que 2 à 3 francs. Il est d'or, lorsque les époux occupent un rang élevé dans la société armoricaine, et le prix en est alors de 15 à 20 francs. Un objet de luxe qui bientôt se sera aussi inféodé aux mœurs matrimoniales de nos campagnes, c'est le tabac à priser. Déjà dans certains cantons, il est devenu l'un des signes distinctifs des jeunes fiancées, et elles n'y comprendraient pas le mariage sans une tabatière d'argent !

Mais la foire touche à sa fin, et nos gens, encore préoccupés de leurs achats, s'apprêtent cependant à partir. Des curieux les suivent de l'œil, et à leur droite un meunier ivre cherche en vain à remonter sur son cheval, tandis que du côté opposé une malheureuse femme fait de violents efforts pour arrêter, sur le seuil du cabaret, son mari qui a le vin mauvais et ne le lui prouve que trop tous les jours de foire.

LA GRANDE LESSIVE

Ar c'houez bras

ENTENDEZ-VOUS les battements répétés du lavoir ? Entendez-vous en même temps ces cris pleins d'une folle gaieté et qui sont l'indice d'un travail précurseur du plaisir ? La mère de Marie qui, suivant l'usage des grandes fermes, ne fait sa lessive que tous les trois ou quatre mois, l'a cette fois retardée encore davantage par suite de l'heureux événement qui se prépare, et elle a mis en réquisition pour cette grande affaire de ménage quelques parentes et amies intimes, titre onéreux en Bretagne, surtout pendant les noces. En voilà quelques-unes réunies autour du lavoir que forment les eaux d'une fontaine, consacrée jadis par les druides et mise après eux sous le patronage d'un de nos saints évêques qui, crosse en main et mitre en tête, y brille dans sa niche au milieu du paysage le plus pittoresque. Ces diligentes laveuses, costumées pour la circonstance, livrent leurs jambes aux regards comme des danseuses de l'opéra, mais le plus innocemment du monde ; leur nudité, leur coiffure mal assujettie, leurs corsets entrouverts, tout ce désordre de leur toilette enfin ne cause ni surprise ni scandale ; on a l'habitude, et ce qu'elles laissent voir par nécessité, on le voit sans malice. La seule chose qui interrompe de temps en temps leur travail, ce sont ces bruyants accès de joie qui, dans tous les travaux pénibles, et particulièrement au milieu des préparatifs d'une fête, leur en allègent le poids et doublent leur ardeur laborieuse ; ce sont les défis, les gageures, les châtiments comiques qu'on inflige aux vaincus, la bascule surtout, la bascule, ce divertissement favori, qui excite toujours une explosion de rires frénétiques ! Ici le premier valet de ferme a enfreint les règlements de la police du lavoir, et subira la bascule dans l'eau. Il s'abandonne très volontiers aux trois joviales et robustes vierges qui se sont chargées de la correction, et chez lesquelles il y a peut-être quelque intention matrimoniale ; car c'est un garçon entendu, économe et déjà possesseur de deux belles génisses. Mais hélas ! à l'aspect des filles sans dot, il s'arrête soudain sur le seuil de l'hymen, ou plutôt il recule de dix pas dans le célibat ! On se tromperait fort, en effet, si l'on croyait que le carillon des églises bretonnes ne sonne que pour les mariages d'inclination. Le mariage, dans nos campagnes, est encore plus qu'à la ville une affaire commerciale, et si, pour Corentin et Marie, l'amour s'est heureusement trouvé d'accord avec la fortune et le rang des deux familles, c'est une exception et non la règle. Quelque poétique que cela puisse être, ne cherchez donc pas ici ces liens sympathiques et mystérieux, cette harmonie de deux âmes qui semblent n'avoir plus qu'une seule et même existence ! Quelquefois, souvent même, les fiancés sont deux êtres qu'on attache tout à coup sous le même joug, sans qu'ils se soient vus et sans qu'on leur ait jamais parlé de ce mariage impromptu, mais impromptu pour eux seuls. Voici comment alors les choses se passent. Le laboureur qui a un fils à marier s'adresse, sans le consulter, au père de la jeune fille qu'il veut lui donner pour femme. Dans cette affaire, il prend d'abord conseil des convenances sociales et pécuniaires, et puis de son intérêt personnel ; il fixe son choix de manière à conserver son fils à la ferme, et à pouvoir, grâce à la bru qu'il choisit, renvoyer une de ses servantes. Mais il faut que les deux pères soient de bien vieilles connaissances pour qu'ils entament ainsi directement une négociation matrimoniale, et c'est presque toujours le *baz-valan* qui est chargé de faire les premières ouvertures. Lorsque sa proposition est accueillie, les deux familles se réunissent, comme nous l'avons dit, dans un cabaret du bourg, et les futurs en se voyant placer au haut de la table, à côté l'un de l'autre, commencent enfin à comprendre qu'on va les marier, c'est-à-dire leur faire faire connaissance par une union indissoluble.

Les dispositions dans lesquelles nous venons de dire que se trouve le valet

de ferme que voilà au moment de recevoir la bascule, prouvent qu'il y a ici comme partout ce que les Anglais appellent des *fortune hunters*, des coureurs de fortune ; on pourrait même croire qu'ils y sont plus nombreux qu'ailleurs, si l'on s'en rapportait à la chanson favorite du pays, au fameux *Ann hini goz*. Ce qui est certain, c'est que cette chanson ne serait pas devenue aussi populaire, si elle n'était empreinte du cachet des mœurs nationales. Eh bien, écoutez ce qu'elle dit ! vous aurez en même temps un échantillon de notre musique bretonne.

Ila gouscoude pa é sonjan
Ann hini iaouank a garan...
Ann hini goz é va dous,
Ann hini goz éo sur.

Mé né zan morsé d'ar marc'had !
N'am bé gant-hi gwerz bouteillad !
Ann hini goz é va dous,
Ann hini goz éo sur.

Ann hini goz é deus bern ed,
Ann hini iaouank né deus ket !...
Ann hini goz é va dous,
Ann hini goz éo sur.

TRADUCTION

C'est la vieille qui est mes amours,
Oui, c'est la vieille assurément !
La jeune est bien jolie,
Mais la vieille a de l'argent...
C'est la vieille qui est mes amours,
Oui, c'est la vieille assurément !

Et cependant, lorsque j'y pense,
C'est la jeune qui fait battre mon cœur !...
Bah ! c'est la vieille qui est mes amours,
Oui, c'est la vieille assurément !

Je ne vais jamais au marché
Qu'elle ne me donne de quoi boire bouteille !
C'est la vieille qui est mes amours,
Oui, c'est la vieille assurément !

La vieille a de grands mulons de blé,
La jeune, hélas ! n'a rien !
C'est la vieille qui est mes amours,
Oui, c'est la vieille assurément !

LES INVITATIONS

Pedennou ann bured

P ARMI les obligations les plus lourdes des fiancés bretons, avant ou pendant le plus beau jour de leur vie, on peut mettre en première ligne le chapitre des invitations. La moindre noce compte au moins 3 à 400 convives, et quelquefois le double. Il faut d'abord y inviter tous les parents et alliés, les pauvres comme les riches, et ce serait mériter la censure publique que de faire peser en pareil cas une exception dédaigneuse sur ceux que le sort a relégués dans une humble position. Or, on saura que les Bretons, comme tous les peuples primitifs, se disent encore parents à la 30e et 40e génération. Pour calculer les degrés de parenté, c'est le droit canon qui leur sert de règle, s'ils en ont une. L'amitié vient ensuite agrandir ce cercle déjà si considérable, et ici ce n'est pas non plus un mince contingent que le sien. L'amitié bretonne est peu démonstrative, mais elle n'est pas oublieuse. La mémoire du cœur résiste sous cette froide enveloppe aux épreuves du temps comme de l'absence, et souvent un bon office, cause première il y a plusieurs siècles de relations amicales entre deux pères de famille, est encore le lien puissant qui unit entre eux leurs arrière-petits-fils. Ces amitiés de vieille date se renouvellent et se retrempent à l'époque des pardons, mais surtout lorsqu'une des deux familles célèbre un mariage. Enfin, la vanité y réclame aussi sa part d'invitations, et les dignitaires de la paroisse complètent avec le notaire, le marchand de vin et le maître ou propriétaire, s'il est autre que l'amphytrion, la population nombreuse qui encombre un jour de noces l'aire et les alentours d'une ferme. C'est le prétendu lui-même qui, le *pennbaz* à la main, va de paroisse en paroisse inviter cette multitude de convives ; il a pour compagnon et pour guide son parrain, personnage qui ne porte pas ici un vain titre et partage avec ceux à qui son filleul doit le jour les devoirs et l'autorité paternels. Lorsqu'il est impossible toutefois que le futur et son parrain s'acquittent seuls d'une aussi rude tâche, le fardeau se divise, et le père, assisté d'un de ses plus proches parents, se met aussi en campagne. Ce que le marié fait de son côté, il faut que la mariée le fasse du sien ; pendant qu'il court avec son parrain, elle court elle-même avec sa marraine, et si elle ne peut suffire à ces courses multipliées, sa mère et une parente lui en allègent aussi le poids et lui servent d'auxiliaires. Mais ce n'est pas tout que la fatigue de tant d'invitations faites en personne et à domicile ; l'étiquette exige que dans chaque maison on mange et on boive, un peu du moins, et pendant un semblable pèlerinage, il faut aux pèlerins un estomac bien complaisant et une tête non moins solide pour ne pas se mal trouver de tant de politesses !

Corentin vient d'arriver avec son vénérable parrain chez le premier marguillier de la paroisse qui, à leur aspect, s'est levé, laissant là sa Bible et ses lunettes, et écoute, chapeau bas comme eux-mêmes, l'honorable invitation qu'ils viennent lui faire. Son air dit assez qu'il y est sensible et qu'il l'accepte pour lui et les siens. Ceux-ci sont occupés, à quelques pas de là, des diverses opérations qu'on fait subir au chanvre, et pendant que nos deux voyageurs vont terminer leurs interminables visites, nous allons voir quels sont, au sujet de cette culture, les usages du pays.

Le lin, nous l'avons déjà dit, se récolte particulièrement dans le Léon et le chanvre dans la Cornouaille qui cependant n'en sème que pour ses besoins domestiques. Ce qui du reste serait seul un obstacle à ce qu'on en fît l'objet d'une grande culture, c'est la multiplicité des opérations qu'il exige et qui toutes doivent avoir lieu dans le même moment. Cette plante demande une terre riche en principes extractifs, fraîche et légère. Aussi l'on place la chènevière près de la maison d'habitation qui est toujours abritée par un bouquet d'arbres, et après y avoir prodigué un engrais bien consumé, on y pratique à la charrue trois labours ou, ce qui vaut encore mieux, un seul labour, mais à la bêche. La graine de chanvre, qui redoute le froid, ne se sème guère qu'au mois de mai, et parfois avec des choux et des raves qu'on retrouve plus tard. La récolte se fait à deux époques différentes ; on arrache d'abord, dès qu'ils commencent à jaunir, les pieds mâles, ceux dont les fleurs sont stériles et que les cultivateurs appellent femelles, et un mois après les pieds femelles ou ceux qui portent la graine, et que ces mêmes cultivateurs prennent pour les mâles. Des planches, séparées par des petits sentiers, faciliteraient beaucoup cette double récolte. Quelques fermiers bretons s'épargnent tout souci à cet égard et récoltent ensemble les pieds mâles et les pieds femelles ; mais la filasse qui en résulte ne peut avoir ni finesse ni force, et c'est là commettre un véritable délit agricole. Lorsque la graine est mûre, on la frappe légèrement, et elle est recueillie sur des draps. La meilleure, c'est-à-dire celle qui est lourde et grise, se garde comme semence ; le reste, trop peu considérable pour être converti en huile, se vend aux colporteurs et sert à nourrir les oiseaux des volières. Vient ensuite le rouissage qui consiste à laisser tremper les bottes de chanvre dans un courant d'eau, pendant une quinzaine de jours, afin d'y exciter un mouvement de fermentation et de décomposer le gluten qui unit les fibres entre elles et avec l'écorce ; c'est une opération funeste à la santé publique. Lorsque le chanvre est roui, on le sèche à l'air et puis dans un four chauffé modérément, et on le sépare de sa filasse, soit à la main, c'est-à-dire en le tillant, ce qui a lieu surtout pour le chanvre mâle dont on ne fait que des cordages ou des toiles grossières, soit en le brisant dans les auges qui servent à piler la lande pour la nourriture des bestiaux, ou avec l'instrument en bois qu'on voit ici et qui s'appelle *braie* : il est composé de deux parties, dont l'une est mobile et armée de lames, qui broient les tiges de chanvre en entrant dans les intervalles de la partie inférieure. Après le *broyage* vient ce qu'on appelle le *pécellage*. Un banc sur lequel se place l'ouvrier reçoit à l'une de ses extrémités un morceau de bois triangulaire qui est fixé verticalement et solidement assujetti. On y passe et repasse avec force et dans tous les sens les poignées de chanvre qu'on tient des deux bouts, et cette opération achève la rupture et la chute des chènevottes ; c'est celle que fait ici la laborieuse compagne du marguillier. Le chanvre est ordinairement porté au marché dans cet état ; il n'y a plus alors qu'à le peigner pour le filer, et cette dernière façon lui est donnée avec des peignes de fer ou de cuivre de diverses grosseurs, suivant l'usage auquel on le destine. Après ces diverses opérations restent les étoupes dont on obtient encore, en les repeignant, une 2e et une 3e qualité de chanvre, et qui finissent par ne plus laisser qu'un résidu propre à fabriquer de la serpillière, ou à former la chaîne de nos plus grossiers berlinges.

LA FÊTE DE L'ARMOIRE

Fest ann armel

UN jour tout entier a été consacré à l'achat des étoffes avec lesquelles doivent se confectionner les habits de noces. Un autre jour a été nécessaire pour faire emplette de l'anneau nuptial, attendu qu'avant de l'acheter, on en a examiné et essayé plus de cent, et que les membres des deux familles ont gravement discuté le poids et la forme de ceux parmi lesquels il convenait d'arrêter son choix. Corentin, comme le plus intéressé dans l'affaire, puisque c'est lui qui paie, a enfin mis un terme à ces longues hésitations et, tout en écoutant avec complaisance les grands-parents, il n'en a pas moins pris pour guide les désirs longtemps indécis de sa fiancée. Comme on le pense bien, il n'en est pas toujours ainsi, et nous connaissons un mariage ou plutôt un projet de mariage qui fut rompu, parce que la future avait jeté les yeux sur une alliance de 2 francs, et que loin d'imiter la galanterie de Corentin, le futur s'entêta à ne consacrer à ce premier cadeau conjugal que 1 franc 50 centimes.

Ces achats faits, il en reste un autre non moins important à faire, c'est celui du lit clos et de l'armoire. Ce dernier meuble est regardé comme indispensable pour entrer en ménage, et les jeunes couples qui ne peuvent avoir les deux à la fois se passent du lit clos même, ce meuble national, plutôt que de l'armoire. Aussi sa translation au futur domicile des époux se fait-elle en grande pompe ; c'est l'occasion d'une fête bachique, où l'on peut pressentir quelle espèce de joie dominera pendant la série de jours heureux qu'elle commence. Bien que la plupart des armoires aient à peu près la même forme et les mêmes ornements, et que leur prix n'ait peut-être pas varié depuis 200 ans, l'ébéniste de village auquel on va l'acheter doit s'attendre à rabattre successivement plus d'*un réal* sur sa demande primitive, et il faut qu'on soit de part et d'autre bien rond en affaires pour terminer en un jour cette importante acquisition. L'artiste campagnard connaît son monde, sait qu'on marchandera beaucoup, et en conséquence ne manque jamais de beaucoup surfaire : triste habitude qui lui fait perdre un temps précieux, mais le verre à la main et en buvant sa part de plusieurs bouteilles de vin et de plusieurs chopines d'eau-de-vie ! C'est là, à ses yeux, une compensation plus que suffisante, c'est le plus doux et le premier des profits !

Il y a ordinairement, dans chaque canton, un de ces rustiques artistes dont la famille a eu le privilège de fournir d'armoires plusieurs générations de fiancés. Il en a toujours quelques-unes confectionnées d'avance, et son ciseau exerçant dans le pays une sorte de droit suzerain sur les chênes-monstres qu'exige son industrie, c'est à sa voix qu'ils tombent presque tous sous la hache, c'est dans son atelier que s'exploitent la plupart de ces curieux produits d'une végétation luxuriante. Le sol breton a dans tous les temps nourri de ces arbres monstrueux qui proclament sa richesse, et parmi lesquels il s'en trouve de toutes les essences. Près de Pont-l'Abbé, au milieu d'un groupe de châtaigniers, tous remarquables par leurs dimensions, on en voit un qui est comme le roi des autres ; il a plus de 50 pieds de circonférence, et de son tronc partent d'énormes branches qui pourraient passer elles-mêmes pour de très beaux arbres. Les cimetières de Sizun et de Glomel possèdent, le premier un if, et le second un aubépinier, qui tous deux étendent au loin leur ombre comme de gigantesques parasols, et toute une noce bretonne dînerait à l'aise sous le dôme immense du figuier de Roscoff. L'orme, le hêtre et le frêne, qui aiment nos climats, y font aussi admirer parfois leurs proportions extraordinaires. Mais l'arbre du pays, l'arbre breton par excellence, c'est le chêne ! Le chêne (*dero*) qui a eu l'honneur de donner son nom aux ministres de l'ancien culte, aux druides ! Le chêne qui, plus qu'aucun arbre rival, étale sur une foule de points un luxe de végétation véritablement merveilleux ! Il n'est pas rare d'en rencontrer qui fourniraient au moins 30 voies de bois, et l'on en cite un, creusé par les ans, dont l'enceinte demi-circulaire s'est trouvée assez vaste pour qu'on pût la transformer en chapelle, offrant ainsi la triple majesté de l'âge, de la religion et de dimensions colossales. Mais hélas ! tous ces beaux arbres, l'orgueil de nos campagnes, disparaissent sans être remplacés, et bientôt il n'en restera que le souvenir ! Combien n'existe-t-il pas en effet de causes de destruction que rien ne compense ! Sans parler d'une foule de nécessités communes à toutes les époques, un seul de nos vaisseaux actuels de 74 dévore 3 000 chênes qui couvraient cent arpents de terrain. Lorsqu'on songe en outre que les générations nouvelles, avides du présent, semblent ne pas croire à l'avenir, et que cependant un chêne, pour atteindre à sa perfection, a besoin de vieillir pendant des siècles, on peut prédire que dans un court espace de temps le pays aura dissipé tout son capital forestier. Quelle différence déjà entre la Bretagne d'aujourd'hui et celle d'autrefois ! Nos montagnes arides et nues, le Ménez-Hom entre autres, étaient jadis couvertes de forêts qui servaient de mystérieuse demeure aux druides ; on n'y trouve plus un buisson ! La seule forêt de *Huelgoat* avait, il y a 300 ans, une étendue telle que François Ier ordonna que la coupe s'en ferait en 15 fois. Eh bien, une grande partie du département du Finistère, si richement boisé alors, est maintenant réduite à avoir recours, pour se chauffer ou cuire ses aliments, aux récoltes triennales de la lande, au genêt qui devient au bout de 4 ans un petit arbrisseau, aux bruyères, à la tourbe, aux débris des tanneries, et enfin au varech et à la fiente de vache séchés au soleil !

N'est-il pas temps de remédier enfin à cette disette, de mettre un terme à une imprévoyance chaque jour plus grande, dont nos pères ont été coupables et dont nos enfants surtout seront victimes ? C'est la Bretagne qui devrait donner l'exemple de cette régénération forestière, la Bretagne où il existe tant de terres dont la fécondité n'a pas été réveillée depuis des siècles, et qui sont sans valeur actuelle, mais non sans valeur intrinsèque ! Ce serait une occasion d'y acclimater des arbres exotiques qui rendissent plus productif l'assolement de ses forêts. L'Amérique septentrionale possède 140 espèces d'arbres qui excèdent 30 pieds d'élévation. La France n'en compte que 18, sur lesquelles 7 seulement peuvent être employées dans les constructions. Ces 140 espèces américaines croissent rapidement et acquièrent un développement de formes extraordinaire, mais c'est aux dépens de la densité des tissus, et les agronomes les plus expérimentés pensent que, transplantées dans notre sol moins riche et sous notre climat plus froid, elles y puiseraient cette densité précieuse sans laquelle un arbre, quels que soient son luxe de feuillage et son volume, n'est, après tout, qu'un vain et stérile meuble de paysage !

L'ENTRÉE DE L'ARMOIRE

Digemer ann armel

A UTANT que personne, nos ébénistes campagnards déplorent la rareté toujours croissante des chênes séculaires qu'exploite leur industrie, et, s'ils se préoccupent très peu d'emménagements forestiers et encore moins de l'influence funeste que peuvent exercer sur le pays ces déboisements, auxquels on attribue le dessèchement des sources, l'irrégularité des pluies et la fréquence actuelle des orages qui, ne trouvant plus d'obstacles, se développent avec une puissance auparavant inconnue, ils en prennent un véritable souci en ce qui concerne les lits et les armoires. Laissons donc à d'autres le soin de flétrir un égoïsme qui prépare à nos petits-neveux pour le moins deux calamités, un manque de combustible et une disette d'eau, et contentons-nous ici de faire remarquer avec l'artiste chargé de confectionner l'armoire du nouveau ménage que, malgré la difficulté de se procurer des matériaux dignes de son talent, il l'a faite aussi massive et l'a ornée d'aussi riches panneaux qu'aucun des meubles de ce genre qu'on admire dans la paroisse. Est-il nécessaire d'ajouter que nulle part il n'a frauduleusement substitué l'humble châtaignier au noble chêne, comme se le permettent quelquefois ses confrères, et qu'il a même à cet égard provoqué un rigoureux examen de la part des deux familles qui, réunies au grand complet dans son atelier, y ont reçu le précieux meuble tout brillant encore de son lustre virginal. Maintes rasades en ont sanctionné, au cabaret voisin, l'acceptation solennelle, et le prix y a été dix fois compté et recompté au milieu des verres et des bouteilles, et au bruit de cette gaieté bavarde qui précède l'ivresse. On a ensuite procédé à la sortie triomphale de cette magnifique armoire qui, quelque lourde qu'elle soit, doit être placée sur la charrette toute montée. C'est une opération assez difficile ; mais le fût-elle bien davantage, n'y a-t-il pas là, pour lever tous les obstacles, des bras nombreux dont la force vient d'être doublée par le *guin ruz* et le *guin ardent* (le vin rouge et le vin de feu) ? Chacun, en vidant son dernier verre, s'est versé les quelques gouttes qui y restaient dans la paume de la main, et puis se les frottant, suivant l'usage breton, y a puisé dix fois plus d'ardeur qu'il n'en fallait pour la circonstance. Avant de partir, le cortège est retourné au cabaret, et après s'être rafraîchi ou plutôt s'être échauffé par quelques coups de plus, il s'est mis en marche, faisant retentir toute la route de cette joie bruyante de gens qui ont déjà plus qu'à moitié perdu la raison. Autant leur première visite au cabaret leur avait donné de vigueur, autant la seconde leur en a ôté ; aussi leur faudra-t-il plus de temps pour retirer l'armoire de la charrette qu'il ne leur en a fallu pour l'y mettre. Pendant le trajet, ils ont été rejoints par les valets ou parents de la jeune fiancée qui amènent la génisse et les bouvillons qu'il est convenu qu'elle apporterait à la communauté, et qu'on a attachés à la file derrière la charrette, pour donner plus de pompe à son entrée dans la cour du futur. Autrefois, quelques ustensiles de ménage grossissaient en outre l'apport de la mariée ; ce complément de dot n'est plus de rigueur. Du reste, bien qu'on soit parfaitement d'accord sur ce qui doit la composer, et que les exigences manifestées à cet égard soient souvent poussées jusqu'à faire naître les plus vifs débats, l'étiquette bretonne veut que le jeune époux et sa famille feignent de recevoir avec répugnance et même refusent positivement tout ce qui indiquerait le moindre mercantilisme matrimonial. Il y a là, comme on le voit, autant de galanterie que peu de franchise, et ce n'est pas le seul démenti de ce genre que donnent chaque jour ces prétendus sauvages aux portraits de fantaisie qu'on a fait passer pour le leur. Voici donc le cérémonial qui s'observe à l'arrivée de l'armoire et de son cortège. Les sonneurs ou musiciens qui l'attendaient à table sont accourus à sa rencontre, et répondant par quelque vieil air national aux étourdissants *iouc'haden*, ils l'ont solennellement annoncée à tous les échos d'alentour. Le père et la mère de Corentin se sont empressés de faire circuler le cidre, le vin et l'eau-de-vie parmi cette foule d'autant plus altérée qu'elle a déjà bu davantage. Ce devoir de politesse rempli, tous ont plus ou moins prêté l'oreille au curieux dialogue qui s'est établi suivant l'usage, dialogue précurseur de celui que nous entendrons le jour des noces. Les portes de la maison ayant été fermées, les parents et amis de la mariée demandent, à travers l'étroite fenêtre qu'on a seule laissée ouverte, par où diable on veut que l'armoire y soit introduite. Ils ont pour interprète un vieux tailleur, célèbre dans le pays par ses discours facétieux, et qui compte peu de rivaux dans ces joutes du bel esprit bas-breton. L'orateur chargé de soutenir l'honneur de Corentin et de sa famille se recommande par un talent d'une autre nature, mais également apprécié, par une éloquence grave et sévère qui arrache des pleurs, tandis que celle de son adversaire jette à chaque instant l'auditoire dans des accès de fou rire. Il lui répond de l'intérieur du logis que l'on n'y comprend pas le soin qui l'occupe ; on y attend, il est vrai, et avec une impatience bien naturelle, la jeune épouse du fils de la maison, mais on n'y attend qu'elle, on n'y veut qu'elle, et tout ce qui n'est pas elle peut se remporter, car l'honneur de la recevoir est certes assez grand pour qu'on ne désire pas autre chose. Le tailleur, après s'être plaint gaiement dans sa réplique de l'embarras où on le laisse au milieu des bêtes qui l'entourent, déclare que si l'introduction de l'armoire n'est pas volontaire, il faudra bien qu'elle ait lieu de force, et qu'en conséquence il vaut beaucoup mieux s'y prêter de bonne grâce ; puis, sur le refus réitéré du discoureur adverse, il fait dételer la charrette et, en dirigeant le timon contre l'une des portes comme pour la défoncer, commence toutes ces jongleries symboliques que la tradition a perpétuées, et qu'on retrouve du reste chez tous les peuples exprimant la même chose avec des particularités et dans un style aussi variés que leur civilisation. L'ancien culte les avait sanctionnées ; mais l'austérité du christianisme s'en effaroucha et, dès le Ve siècle, un concile tenu à Vannes défendit aux prêtres de consacrer par leur présence ces scènes plus ou moins érotiques. Enfin la porte a été ouverte et, malgré les nouvelles protestations de l'orateur qui doit jouer jusqu'au bout la délicatesse et le désintéressement, l'armoire est introduite dans le domicile conjugal au milieu des encouragements du *biniou* et des acclamations de la foule. A sa suite entre les amis et parents qui viennent déposer sur la table leurs cadeaux de beurre, de lait, de crêpes, etc. Les plus riches offrent des quartiers de veau, de porc, et quelquefois même des animaux vivants que l'on tue pour la noce, excepté les moutons qui appartiennent de droit au nouveau ménage ; ensuite a lieu le festin de l'armoire qui, vu l'état d'une partie des convives, même en commençant, est déjà une orgie !

Lorsque c'est le marié qui va demeurer chez son beau-père, il y apporte, non pas une armoire, mais un coffre ou bahut accompagné, comme doit l'être l'armoire elle-même, de deux paires de draps, d'une couette et de deux couvertures de laine, l'une blanche et l'autre verte.

LE MARIAGE À LA MUNICIPALITÉ

Ann eured enn ti-ker

Les Bretons attachent une très mince importance au mariage civil, et la plupart s'en passeraient, s'il n'était obligatoire. Ils ne se rendent qu'en demi-costume à cette prétendue cérémonie et, lorsqu'ils en reviennent, les deux fiancés ne croient pas plus être mari et femme qu'après les accords du cabaret ou la fête de l'armoire. Il s'écoule d'ordinaire quelque temps, parfois même 15 jours, un mois, entre la célébration municipale et le seul mariage qui leur paraisse réel, le mariage religieux, et pendant cet intervalle les deux époux vaquent à leurs occupations habituelles, comme s'ils n'avaient rompu aucun des liens du célibat, comme s'ils étaient encore entièrement étrangers l'un à l'autre. Est-il étonnant qu'elle produise aussi peu d'effet sur un peuple dont on s'est toujours appliqué à frapper vivement l'imagination, cette manière prosaïque et froide de cimenter une union indissoluble par un simple *oui* et une apparition de cinq minutes dans un galetas décoré du nom de municipalité ? Quelle différence avec la pompe qui environne le mariage religieux, avec ces chants sacrés et ces cloches joyeuses, ce voile mystérieux, cette touchante bénédiction des anneaux ainsi que du pain et du vin qui, partagés entre tous les convives, serviront à une sorte de communion nuptiale ! A la bonne heure ! Voilà qui est en rapport avec l'acte le plus important de la vie de ces hommes qui ne se piquent point de la sécheresse philosophique du siècle ! Voilà qui doit laisser dans leur âme une impression profonde, de même que le cérémonial analogue qui leur a été légué par leurs pères, et particulièrement ces tournois poétiques qui précèdent le départ pour l'église et se terminent par l'enlèvement de la jeune fiancée.

Avant de donner un échantillon de ces luttes à la manière de Virgile et de Théocrite, où brillent tour à tour la finesse et la majesté de la langue celto-bretonne, disons quelques mots de cette langue même, qui n'est pas le moins curieux des antiques monuments du pays.

A une époque de frivolité où le dédain tenait lieu d'étude, on a été fort mal venu à prétendre que le bas-breton n'était nullement un de ces mille patois bâtards qui sont nés de la corruption des langues et déshonorent plusieurs de nos provinces. Mais depuis que la vérité est devenue moins ridicule, et qu'il est permis d'avoir raison, même en Basse Bretagne, on a facilement démontré que la langue monosyllabique qui s'y parle est une langue mère, et que son origine se perd dans la nuit des temps. Ce point bien établi, il s'agissait de trouver dans les migrations et la généalogie des peuples les traces de cet idiome si longtemps inconnu et méprisé des savants, auxquels il eût cependant épargné tant de bévues archéologiques. Quelques-uns, égarés par Plaute, ont soutenu que c'était un dialecte punique, et que la Bretagne avait été peuplée par une colonie de Carthaginois, dont la langue aurait également laissé des vestiges chez quelques tribus africaines. D'autres, se fondant sur une analogie de mœurs et de superstitions sanglantes, ont prétendu que les populations de l'Armorique et de la Cambrie sont les derniers restes des nations scytho-sarmatiques qui, parties du pied du Caucase, leur sauvage berceau, les premières, suivant eux, inondèrent les Gaules, et ensuite, refoulées vers l'ouest, y conservèrent et y parlent encore aujourd'hui l'idiome sarmato-breton. Mais de toutes les filiations qu'une science ingénieuse a rendues plus ou moins vraisemblables, la seule qui nous paraisse légitime et vraie, c'est la filiation celtique. Or, d'après les travaux philologiques de ce dernier demi-siècle, la langue des Celtes remonte jusqu'aux âges primitifs. Elle est pour les langues du Nord ce qu'est le sanscrit pour les langues du Midi, et le zend, premier idiome de l'Iran, pour les langues sémitiques ; en sorte que les trois plus anciens dialectes connus seraient le sanscrit, le celtique et le zend. C'est du moins ce que proclament des sommets de l'Himalaya aux Alpes norvégiennes les concerts variés des premières religions, à ces époques où la religion était la seule philosophie et la seule histoire des peuples. On voit donc que le breton, qui n'est autre chose que la langue celtique, conservée presque intacte, a un droit de primogéniture incontestable sur toutes les langues mortes ou vivantes de l'Europe. Mais, dira-t-on, qui a donné les preuves de cette identité ? Une foule d'écrivains, la plupart Bretons, parmi lesquels nous nous bornerons à citer ici le génie puissant qui étonna Daru des trésors de sa science, cet Édouard Richer, enlevé sitôt à notre admiration, et mort presque inconnu, parce que le charlatanisme parisien, qui exalte tant de médiocrités, ne l'avait pas pris sous sa protection aveugle. Resserré par l'espace, nous pouvons à peine indiquer quelques-unes des preuves que tant de philologues distingués ont accumulées, à l'aide des historiens sacrés et profanes de l'antiquité. Mais en résumé elles établissent que Gomer, fils aîné de Japhet, fut le père des tribus qui se répandirent dans les îles des nations, ce qui, chez les Hébreux, désigne, comme on sait, tous les pays où l'on va par mer, tels que la Grèce, l'Italie, les Gaules, etc. Elles les peuplèrent successivement sous le nom de Galates ou Gaulois, c'est-à-dire, en celtique, puissants, valeureux guerriers, et cette qualification se confondit plus tard avec celle des Celtes, qui étaient l'une des tribus les plus renommées, et s'appelaient ainsi de la couleur de leurs cheveux. Les Romains, après la conquête des Gaules, y mêlèrent graduellement leur langue à celle des vaincus, excepté dans l'Armorique, où ils ne pénétrèrent jamais qu'en très petit nombre ; et lorsque les Francs recueillirent eux-mêmes l'héritage du peuple-roi, la Bretagne était déjà redevenue indépendante, et sa langue resta pure et nationale, tandis que dans le centre des Gaules s'élaborait un mélange de celtique, de latin et de tudesque d'où naquit cette langue romane qu'on parla sous la seconde race, et qui devint peu à peu la langue française. Mais précisément à cette époque, objecte-t-on, une émigration de Bretons insulaires, et c'était la 3e, inonda l'Armorique sous Maxime et Conan Mériadec, qui ordonnèrent qu'on arrachât la vie aux hommes et la langue aux femmes, pour que le pays ne parlât désormais que l'idiome de ses nouveaux maîtres. Ce conte aussi absurde qu'atroce se réfuterait tout seul, si d'ailleurs il n'était prouvé que, lors de cette invasion, les deux Bretagnes parlaient à peu près la même langue ! Ce qui du reste, outre les témoignages de l'histoire et le caractère monosyllabique du bas-breton, donne tout à la fois à son antique origine et à sa fraternité celtique un degré de probabilité qui est presque de la certitude, c'est qu'il n'offre pas la moindre trace d'alliage grec ni de soudure latine ou hébraïque ; c'est qu'au contraire l'hébreu, le grec et le latin fourmillent de mots qu'il peut revendiquer ; c'est qu'enfin les noms des planètes, des dieux et d'une foule de contrées et de peuples de l'antiquité, y compris les lieux où s'arrêta l'arche de Noé, ont des racines évidemment celto-bretonnes et, à défaut d'autres preuves, celle-là, il faut l'avouer, ne laisserait pas que de peser d'un certain poids dans la balance.

> Si Alexandre Bouët avait eu quelques connaissances en linguistique (mais on ne peut lui en vouloir à son époque), il aurait su que le breton appartient à la branche celtique des langues indo-européennes, et plus précisément à la branche « P » qui comprend le gallois, le cornique (parlé en Cornouailles anglaise jusqu'au XVIIe siècle) et le breton d'Armorique.
>
> Reste que cela ne résout pas le problème du gaulois. Pour certains chercheurs, le gaulois avait été totalement supplanté par le roman lorsque les Bretons de Grande-Bretagne vinrent occuper l'Armorique et lui apportèrent leur propre langue. La légende prétend même qu'ils coupèrent la langue de leurs femmes armoricaines afin que les enfants ne puissent entendre que l'idiome de leurs pères. Pour d'autres chercheurs, au contraire, les immigrants bretons ont adopté le gaulois à leur arrivée en lui donnant des nuances propres.
>
> Il n'empêche. La langue bretonne est aujourd'hui plus que menacée. Son aire d'influence n'a cessé de reculer. Au IXe siècle, presque toute la Bretagne parle breton. Onze siècles plus tard, on ne le parle plus qu'à l'ouest d'une ligne Vannes - Saint-Brieuc. L'évolution semble inéluctable, ce qui ne signifie pas que le breton soit appelé à devenir une langue morte : elle compte encore nombre de défenseurs et de militants.
>
> Il en a parfois coûté cher aux Bretons de parler leur langue natale. En 1916, un soldat de Mellionnec (Côtes-du-Nord), François Laurent, fut passé par les armes : comme il ne parlait pas français, on considéra qu'il était un espion au service de l'ennemi.

LE DISCOURS

Ar rimou

LA langue bretonne n'est pas moins remarquable par le génie qui lui est propre que par son origine et son antiquité. Elle réunit la simplicité à l'énergie, et abonde en images, ce qui seul révélerait une langue primitive. Comme les langues de Moïse et d'Homère, elle a quatre dialectes, qui se distinguent surtout par la désinence du pluriel des noms et de l'infinitif des verbes, les dialectes du Léon, de Tréguier, de Quimper et de Vannes. On pourrait encore en ajouter un 5e, celui des Gallois d'Angleterre. Suivant Le Brigant, c'est le dialecte de Tréguier qui offre le celtique le moins altéré ; il en voit la preuve dans son extrême brièveté. Quoi de plus bref, en effet, que *a, il va*, et *e, il est*, ces deux mots où il montre la source première de toutes les langues humaines ? Le dialecte du Léon, plus harmonieux qu'aucun des autres, peut soudain passer de l'âpreté du Nord à toute la douceur méridionale. Il est ici ce que le saxon est en Allemagne, ce que l'italien est en Europe. Le dialecte de la Cornouaille n'a pas la même pureté ; celui de Vannes est bien moins pur encore. C'est au dialecte du Léon que s'est principalement attaché M. Legonidec, dans sa grammaire et son dictionnaire, et nous avons suivi ses errements dans le cours de cet ouvrage. Les Bretons de la Bretagne bretonnante, qui s'étend jusque vers Guingamp où coule leur Rubicon, appellent la langue française une langue étrangère, et plus qu'aucun peuple ils tiennent à la leur, qui est pour eux la voix de leurs ancêtres, la voix de la patrie ! Ils la parlent avec une grande propriété d'expression, sourient malicieusement aux locutions vicieuses dont on choque leurs oreilles, et ainsi que les marchandes d'herbes d'Athènes, les nôtres savent reconnaître un étranger à son accent et à son langage. *Les discoureurs* jouissent parmi eux d'une grande réputation ; ils forment avec les chantres élégiaques et religieux du pays la monnaie des anciens bardes, ces poètes d'office, ces membres d'une véritable congrégation sacerdotale, à qui les trouvères empruntèrent leur féerie et leurs héros, et qu'Édouard d'Angleterre fut réduit à mettre tous à mort, dans le comté de Galles, pour y étouffer l'amour de la liberté. Les discoureurs sont très jaloux de conserver seuls le secret des espèces d'épithalames qu'ils prononcent aux noces, et ils ne les confient guèrent qu'à la mémoire, ce qui rend leurs fonctions héréditaires ; c'est encore un trait de ressemblance avec les bardes. Voici du reste un échantillon de leur éloquence si originale.

Le Demandeur, frappant à la porte de la future : « Ouvrez ! ouvrez ! D'où vient que votre porte est fermée lorsque tout a ici un air de fête ? *Le Disputeur, ouvrant* : Quel tapage ? et que veut tant de monde ? sont-ce des amis ou des ennemis ? S'ils apportent la guerre, ils trouveront des bras nerveux et des *pennbaz* prêts à leur répondre ; si ce sont des amis, qu'ils soient les bienvenus ! Mais qu'y a-t-il pour leur service ? *Le Dem.* : Sous ce toit respire une jeune fille à qui j'amène celui qu'elle préfère parmi les hommes, et qui doit recevoir sa foi. *Le Disp.* : Les choses n'en sont pas au point où on pourrait les croire, à vous entendre. Vous êtes habile, il est vrai, et vous parlez comme un homme qui a fait sa rhétorique ; mais le meilleur avocat ne connaît une cause à fond que lorsqu'il a entendu les deux parties. Or, sachez-le donc, celle que vous cherchez, fuyant un monde perfide, veut consacrer à Dieu, dans un cloître, son bonheur et sa virginité ; elle n'est plus ici. *Le Dem.* : L'if est fait pour le cimetière, mais le lis est l'ornement des jardins ! Vous me trompez, elle n'a pas quitté ces lieux ; elle sait tout ce qu'il y a de saint dans les titres d'épouse et de mère et, comme une autre Rachel, elle attend celui dont l'amour doit les lui donner. *Le Disp* : Cela fût-il, croyez-vous qu'on la jettera au premier venu ? Vous ignorez donc la valeur d'un tel trésor ? Quelle jeune fille promit jamais une épouse plus belle et plus laborieuse ? En voit-on beaucoup qui filent avec autant d'agilité, qui portent aussi gracieusement à la ville le lait que leurs mains ont tiré, et dansent d'une manière à la fois plus chaste et plus séduisante ? *Le Dem.* : Non, sans doute ; mais celui qui veut la nommer son épouse a également des titres à faire valoir, et n'est pas de ceux qui doivent s'attendre à un refus. Il retourne seul plus de sillons que trois autres laboureurs ensemble. Lorsque la charrette est près de verser, il sait, sans aide, la retirer de l'ornière, et dans ses mains le *pennbaz* vaut une épée. *Le Disp.* : Eh bien, je vais vous présenter ce que nous avons dans la maison ; vous me direz si vous reconnaissez l'objet de vos vœux. (*Il disparaît et, au milieu de l'hilarité générale, amène une vieille femme.*) Est-ce cette rose que vous cherchez ? *Le Dem.* : A l'air calme et serein de cette femme vénérable, je juge qu'elle a bien rempli sa tâche dans ce monde, et y a fait le bonheur de ceux qui l'entouraient ; mais elle a fini ce que va commencer celle que je cherche, qui est droite comme la branche du coudrier, et n'a de la vieillesse que sa prudence. *Le Disp., présentant une jeune veuve* : En voici une qui brille de tout l'éclat de la jeunesse et de la beauté, et dont les yeux lancent des éclairs d'amour ; est-ce elle que vous voulez ? *Le Dem.* : Cette fraîcheur annonce en effet une jeune vierge, mais ce doigt usé de frottement n'indique-t-il pas qu'elle a souvent puisé dans un bassin la bouillie qu'on donne aux nouveau-nés ? *Le Disp.* : Est-ce alors cette jeune enfant qu'il vous faut ? *Le Dem.* : Voilà ce qu'était, il y a dix ans, celle que vous nous cachez ; pour que la rose soit digne d'elle-même, il faut qu'elle commence à s'épanouir ;

c'est alors qu'elle exhale un parfum qui vous trouble et vous enivre ! Cette aimable enfant pourra faire plus tard le bonheur d'un mari, mais ce qu'elle sera un jour, celle que nous demandons l'est déjà. Il ne s'agit pas avec elle d'espérance, mais de la réalité même. Cédez donc, cédez à nos vives instances, et réunissez enfin deux jeunes gens qui s'aiment et sont faits l'un pour l'autre. *Le Disp.* : Rien ne vous trouble, et vous avez réponse à tout ; jouissez donc de votre triomphe, et toi, approche, jeune homme ! Voici la compagne que tu as choisie ; c'est toi qui auras désormais à défendre sa faiblesse, c'est toi qui seras responsable envers Dieu de son avenir ! » Alors les deux familles se confondent, et le *demandeur* s'arrêtant à quelques pas du foyer commence un discours pathétique où, après avoir imploré le ciel en faveur des habitants de cette maison, et murmuré avec l'auditoire un *de profondis* pour le repos de l'âme de ceux qui y sont morts, il rappelle à la fiancée toute la tendresse que lui ont prodiguée ses parents depuis sa naissance, et la douloureuse séparation à laquelle ils vont se résigner pour son bonheur. Elle fond en larmes, et la bénédiction paternelle ajoutant encore à sa vive émotion, il faut, lorsque arrive le moment de partir, l'arracher des bras de sa mère. Une sorte de lutte s'engage ; elle est enlevée à la manière des Samnites, et portée comme en triomphe sur la croupe du coursier que monte son fiancé !

LE MARIAGE À L'ÉGLISE

Ann kured enn ilis

La veille du véritable mariage, du mariage religieux, Corentin qui n'ignorait pas quelle rude journée il allait avoir à passer, avait pris ou fait prendre, en marié prudent, toutes les précautions qui pouvaient prévenir les obstacles et les retards. Il avait eu soin, par exemple, que les trois musiciens retenus pour la noce vinssent coucher sous le toit paternel, et ne fussent pas exposés à s'égarer le lendemain dans quelques cabarets de la route. Plus matinal que le soleil, comme le sont du reste nos paysans les trois quarts de l'année, il était déjà debout lorsque le *biniou*, le *hautbois* et le *tambourin* commencèrent en son honneur l'aubade d'usage et, à sa voix, non moins qu'à mes joyeuses et bruyantes matines, tout le monde fut bientôt en mouvement dans la ferme, les hommes préparant leur monture, et les femmes, dont la coquetterie sommeille forcément au milieu des travaux champêtres, se disposant à prendre une glorieuse revanche et s'arrachant tous les miroirs ou morceaux de miroirs du logis, pour s'assurer que leur toilette ne laisserait pas le plus léger prétexte à la critique ! C'est que les jours de noces comme les jours de pardons, elles sont pour ainsi dire sous les armes, et pas plus qu'une élégante de la ville, elles ne voudraient alors vous regarder tendrement sans avoir la certitude que leur coiffure n'est pas le moins du monde dérangée. Il est même des Bretonnes qui poussent plus loin peut-être que nos petites-maîtresses les inquiétudes de la coquetterie et le souci d'une toilette irréprochable. Les filles de Fouesnant, qui sont renommées, il est vrai, comme les plus belles et les plus galantes de l'Armorique, se font quelquefois suivre au milieu des assemblées patronales par une servante qui porte un petit miroir enchâssé dans sa baguette rouge, et doit le leur présenter de temps en temps pour qu'elles voient par elles-mêmes s'il n'y a pas de désordre à réparer dans leur collerette aux plis symétriques, leur élégant corset de velours, ou l'édifice si laborieusement élevé de leur coiffe de batiste ! Il y a loin, comme on voit, de ces préoccupations et de cette mise recherchée aux habits de peaux hérissées de leurs poils qu'opposaient aux rigueurs de l'hiver les premières populations qui vécurent errantes dans nos forêts, et qui ont fait dire au bon Hérodote, historien si souvent romancier, que les habitants de ces contrées étaient des êtres surnaturels, vivant six mois sous la forme humaine et six mois sous la forme de bêtes !

Corentin, à force de courir de l'un à l'autre pour aiguillonner la lenteur des hommes et hâter l'éternelle toilette des femmes, avait fini par obtenir qu'on fût prêt d'assez bonne heure et, donnant aussitôt le signal, était monté à cheval ainsi que son parrain ou conducteur qui, pendant tout le temps que durera la noce, ne va plus le quitter d'un pas, tandis que Marie aura elle-même sa marraine pour compagne inséparable. Ils sont partis, à la tête d'un nombreux et brillant cortège, chaque cavalier ayant pris une damoiselle en croupe comme dans les temps chevaleresques, et l'étiquette voulant que tous les convives du côté du mari se réunissent à son domicile, et ne se présentent chez la future que sous ses auspices. Or, nous avons dit combien était longue la liste des amis et parents, à la mode de Bretagne, et l'on peut juger combien doit l'être celle du contingent d'invités qui sont venus former l'escorte d'un jeune patricien qui se marie. La course a été faite promptement ; Corentin toutefois ne devait pas voir de sitôt sa fiancée ; arrêté sur le seuil de la porte en vertu des cérémonies que nous avons fait connaître, il fallait d'abord que sa patience fût mise à l'épreuve pendant une heure ou deux par le champion armé d'une éloquence plus ou moins verbeuse qui était chargé de lui en disputer l'entrée. On a vu que le mari, le roi de la fête, est alors un vrai roi constitutionnel qui doit se renfermer dans un silence irresponsable et une majestueuse nullité, et que c'est au discoureur, dépositaire de ses pleins pouvoirs, d'être spirituel ou seulement bavard pour lui, et de renverser la barrière oratoire qu'on oppose à ses prétentions amoureuses. Corentin s'aperçut bientôt qu'il avait malheureusement affaire à un discoureur d'une désolante fécondité qui, non content d'imiter le ton et les gestes de son curé, avait la manie d'intercaler dans ses harangues sans fin toutes les citations bibliques qu'il pouvait retenir des prédications pastorales, et après avoir évoqué Noé, Abraham, Isaac, etc., ou tonné contre les païens et mécréants, se mettait en outre à proposer des énigmes à son adversaire, à l'instar de la reine de Saba éprouvant Salomon. Car ces discours traditionnels des noces reçoivent une foule de modifications analogues au caractère et au talent de celui qui les prononce, et si le fond en est respecté et reste toujours le même, il y a autant de broderies différentes que d'orateurs et de *rimou* ! Le discoureur de Marie, sortant enfin du labyrinthe de l'ancien testament où il avait pris tant de plaisir à se perdre, avait modestement avoué la victoire de son rival, mais seulement pour se conformer à l'étiquette et à un devoir de pure politesse, et Marie ayant elle-même payé le tribut de larmes que réclamait l'usage, et résisté aussi longtemps que l'exigeaient les convenances, s'était laissé placer sur la croupe du cheval de Corentin, et, partie au galop, était allée mettre avec lui pied à terre devant l'église du bourg. Ici nouveau simulacre de résistance, nouvel effort pour se soustraire à ces chaînes qu'on désire ou du moins qu'on a consenti à porter, et qui d'ailleurs sont déjà rivées par la loi. Il faut que la conductrice ou marraine entraîne la jeune vierge vers l'autel, et que cette tendre victime offerte à l'hyménée ne paraisse jamais y marcher volontairement. Comme la plupart du temps le mari, dans sa béate indifférence, s'y fait également pousser par son conducteur, le prêtre est ainsi obligé d'attendre que cette comédie soit jouée et qu'il ait enfin à donner la bénédiction nuptiale à deux êtres qui paraissent disposés à la recevoir. Disons en passant, à propos de ces conducteurs, gens d'importance, comme on voit, dans une noce bretonne, que, lorsqu'un veuf se remarie, il va ordinairement inviter le frère de la défunte à lui en servir, afin de témoigner publiquement que la mémoire de sa première femme lui est toujours chère et que, s'il en prend une autre, c'est par nécessité et non par oubli. Le parrain du fiancé est-il mort, et sa veuve s'est-elle remariée, c'est de son nouveau mari qu'il fait son conducteur, singulière substitution à laquelle il arrive toutefois par un enchaînement d'idées faciles à concevoir. En cas de mort de la marraine ou conductrice naturelle de la mariée, celle-ci la remplace d'une manière analogue. C'est aux conducteurs qu'appartient le soin de présenter à l'autel, et de faire bénir le pain et le vin qu'on distribue aux convives comme pour sanctifier le repas nuptial. Il est inutile de faire remarquer que ces deux personnages tiennent lieu du garçon et de la fille d'honneur qui, du reste, tendent partout à les supplanter, et y ont déjà réussi dans certains cantons. Cependant n'est-il pas plus naturel de faire éclairer la route des nouveaux époux par la raison et l'expérience que de leur donner, pour diriger leur début dans le mariage, des guides encore plus jeunes et plus inexpérimentés qu'eux ?

LE RETOUR

Ann distro d'ar ger

A défaut de chantres salariés, les plus belles ou, si l'on veut, les plus fortes voix de la noce ont entonné le *Veni Creator* devant un vieux livre de plain-chant qui ne paraît pas avoir de mystères pour ces virtuoses, mais qui en a cependant beaucoup, et, complétant cet hommage musical, très bruyant sinon très harmonieux, l'alerte factotum de l'église a soudain passé de ses fonctions de bedeau à celles de sonneur de cloches, et fait retentir le bourg du plus galant carillon qui ait jamais salué deux nouveaux époux. Cependant tout le monde s'est dirigé vers la sacristie où, après avoir signé un serment déjà écrit dans le ciel, on attaque les viandes froides et les bouteilles de vin qui avaient été déposées entre les mains du bedeau. Les gens de la fête ne quittent pas, il est vrai, la maison nuptiale sans y apaiser préalablement leur première faim et leur première soif ; mais un jeûne rigoureux doit avoir été observé par les futurs ou du moins par l'un d'eux, lorsqu'ils se présentent à l'autel, et par conséquent l'espèce de repas sacré qui a lieu dans la sacristie leur est tout aussi nécessaire qu'au prêtre qui les a mariés, et qui leur ferait un affront en refusant d'y prendre part. Bien loin du reste de les blesser par un refus semblable, c'est ordinairement lui-même qui offre à la mariée, et qui leur ferait un affront en refusant d'y prendre part. Bien loin du reste de les blesser par un refus semblable, c'est ordinairement lui-même qui offre à la mariée le premier verre de vin. L'usage de manger ainsi dans les églises remonte aux temps primitifs du christianisme ; c'est un reste des agapes, pieux banquets des premiers croyants, qui, destinés à resserrer entre eux les liens d'une union toute fraternelle, mentirent plus tard à leur titre évangélique, furent proscrits par les conciles et ne se conservèrent, comme tant d'autres coutumes antiques, que dans cet angle du monde.

La cérémonie et le repas religieux terminés, Corentin est remonté à cheval, et cette fois Marie y a été placée en croupe derrière lui sans faire de façons ni de résistance, et uniquement préoccupée du soin de relever suffisamment son éclatante robe d'écarlate pour n'avoir pas à craindre de la gâter. Les parents ou amis se remettent également par couple sur leurs montures et, à un signal donné, tous vont s'élancer à la fois, et quelques-uns partir comme l'éclair. C'est une chose vraiment curieuse et parfois effrayante que ces courses rustiques dont les noces bretonnes offrent le spectacle. Enfourchés sur un simple bât et gouvernant leur cheval avec une bride grossière et la plupart du temps sans étriers, ces cavaliers de la nature n'en pourraient pas moins défier pour la vitesse comme pour l'intrépidité tous les *jockey-clubs* de France et d'Angleterre ! Et remarquez que leur arène ne ressemble guère à celle du Champ-de-Mars ou de Newmarket ! Ils ont pour hippodrome des chemins impraticables, tantôt creusés profondément comme une large ornière, tantôt se dessinant en longues sinuosités sur le flanc pierreux et rapide des montagnes, où l'on croirait à chaque instant qu'ils vont rouler et se briser la tête, tant il y a de hardiesse, de témérité dans ces courses ventre à terre de haut en bas ! Il est vrai qu'ils montent ces impayables bidets, au pied sûr non moins qu'à l'œil vif et à l'ardeur sans égale, que dédaigne si follement le riche, parce qu'ils n'ont ni formes élégantes, ni 4 pieds 8 pouces au garrot ! La race chevaline ne présente nulle part en France une espèce qui s'accommode plus facilement de tout, et réunisse à la fois autant de courage et de docilité. On dirait que la providence a voulu la distinguer par les qualités mêmes qui sont dans nos climats le cachet de la race humaine. Attelez ces bidets à une voiture ou à la charrue, ils y font preuve d'une énergie extraordinaire, travaillant et pour eux, et, au besoin, pour ceux de leurs compagnons qui se montrent moins durs à la fatigue. Employés comme chevaux de selle, un mot, un geste les met au grand trot ou au galop, et ils font ainsi sans se reposer jusqu'à 10 et 12 lieues d'une traite ! Leur cavalier, pendant le voyage ou arrivé à sa destination, peut les laisser où il veut, la bride sur le cou et tout fumants de sueur ; ils n'en souffrent pas, et attendent, patients et immobiles, le retour de l'ingrat qui les oublie ! Ils parcourent en assez grand nombre certaines routes comme *locatis*, et un guide unique est ordinairement chargé de les ramener ensemble à leur misérable gîte. Ce guide même est presque toujours un enfant qui les pousse aussi facilement devant lui que si c'était un troupeau de timides brebis ! Et de quelle manière cependant soutient-on cette ardeur infatigable, cette vie que rendent si pénible des maîtres qui se succèdent sans relâche et dont quelques-uns se montrent particulièrement impitoyables pour ce qu'ils appellent la poste aux matelots ? Un peu de paille, de lande pilée ou de foin, bien rarement du son ou de l'avoine, voilà ce qu'on donne à ces pauvres bidets qui, sans pansement le jour et sans litière la nuit, n'en fournissent pas moins utilement leur carrière pendant 12 ou 15 ans. Quel parti n'en pourrait-on pas tirer s'ils étaient quelque peu nourris et soignés comme tant d'autres chevaux qui ne les valent pas ? Mais cette race précieuse s'abâtardit et disparaît. L'établissement des haras et le désir de créer des chevaux fins ou demi-fins ont été sous certains rapports funestes à la Bretagne. On a dès lors négligé la reproduction des bidets et doubles bidets, et aux étalons supérieurs de cette race appropriée au pays on en a substitué d'étrangers qui devaient, disait-on, en améliorer les formes et ont été la cause d'une détérioration réelle. C'est ainsi qu'on a presque détruit l'espèce de Briec qui a joui d'une si juste renommée, tant qu'elle est restée pure et ne s'est renouvelée que par ses propres croisements. Ce à quoi l'État comme les particuliers devraient donc songer aujourd'hui, c'est à refaire une race appropriée au climat et aux produits du sol de la Bretagne. Avec des étalons du pays de premier choix rien ne serait plus facile, suivant ces paroles de M. de Pradt qui ne fut pas moins célèbre comme éleveur que comme aumônier du dieu Mars : « *Vous voulez un cheval ? — Comment vous le faut-il ? Avertissez cinq ans à l'avance et je vous le fabrique à votre gré.* » Tout ce que nous venons de dire s'applique avec bien plus de force encore au cheval de trait breton. La structure qui lui est propre garantit, d'après les données statiques, que toutes ses forces concourent à la traction de la manière la plus efficace ; c'est en un mot le type du cheval de trait. De quelle importance n'est-il donc pas d'en conserver l'espèce pure de tout croisement étranger, à une époque surtout où elle est de plus en plus recherchée et peut offrir à nos cultivateurs un débouché aussi certain que lucratif ! Après cela, qu'on travaille aussi à créer en Bretagne des chevaux de remonte pour dragons ou chasseurs, rien de mieux ! Ce sera une richesse de plus. Mais, nous le répétons, ce à quoi il faut s'attacher avant tout, c'est à la perpétuité de la race bretonne par les meilleurs étalons du pays.

LE DÉPART DES VALETS

Disparty ar mevelien

CE serait manquer à la justice distributive que de ne pas payer à nos Bretonnes le tribut d'admiration que méritent dans ces courses leur aplomb et leur intrépidité. Fermes sur la croupe du cheval, elles y partagent, sans sourciller, les dangers que brave en riant leur cavalier téméraire, et elles auraient vraiment droit comme eux à la récompense promise aux vainqueurs ! Car des prix attendent ceux qui sont les premiers de retour, et la manière dont ces prix, quelques modiques qu'ils soient, aiguillonnent les champions de cette lutte équestre, suffirait à montrer tout ce qu'on peut obtenir des Bretons par l'amour-propre et l'émulation, ce mobile des nobles cœurs. Le premier couple qui arrive au but y trouve attachés deux rubans, gage de la victoire, l'un rouge et l'autre blanc. Le cavalier s'empare du ruban rouge, le passe à sa boutonnière et, saisissant sa bride avec les dents, retourne sur ses pas pour verser à boire aux nouveaux époux. Le second couple qui arrive détache le ruban blanc et repart aussi pour leur rendre le même honneur. Une grande habitude de voyager en croupe peut seule empêcher que les femmes ne deviennent victimes de ces courses périlleuses ; et, en effet, dès leur plus jeune âge, on les rencontre sur toutes nos routes à cheval derrière leurs seigneurs et maîtres qui, dans les cantons riches, s'y enveloppent de manteaux bleus ou bruns, tandis qu'elles-mêmes sont munies d'espèces de mantelets à capuchon appelés *jobelinen*.

Cette cavalerie rustique et le surcroît de personnel que forment les valets arrivés de toutes parts pour chercher les chevaux de leurs maîtres occasionnent momentanément à la ferme un encombrement semblable à celui que présentent les pardons et les foires. Peu à peu cette foule se dissipe ; toutefois les valets, qu'il faut traiter avec toute la profusion que commande la circonstance, ne partent que lorsqu'ils sont suffisamment ivres, et leur aspect atteste plus ou moins aux passants que la noce se fait d'une manière honorable. La plupart, penchés tantôt d'un côté, tantôt de l'autre, cheminent en laissant flotter la bride sur le cou de leur monture, trop heureux que son instinct rende moins dangereuse l'absence de leur raison ! Quelques-uns se portant les défis dont ils viennent d'être témoins s'élancent avec cette audace que le vin double encore chez les Bretons qui, après les premiers verres, parieraient contre l'impossible leur part dans le paradis ! Une chose vraiment surprenante, c'est que les accidents ne soient pas alors plus nombreux, et sans doute il a pris naissance chez nous le vieux proverbe, complice de l'orgie, qui prétend qu'il y a un Dieu pour les ivrognes !

On voit qu'à ces noces les valets ont aussi leur part de la principale jouissance que viennent y chercher leurs maîtres, laquelle est de s'enivrer. Ils sont, du reste, habitués à cette communauté des plaisirs comme des peines de la vie. La domesticité a naturellement dans la campagne un caractère qu'elle ne saurait avoir dans les villes. Des travaux semblables, des connaissances et des idées qui tournent dans le même cercle et tendent au même but, y sont la source d'une égalité facile à comprendre. Ajoutons que nos fermiers ont cherché de tout temps à relever la classe domestique à ses propres yeux, bien plus encore qu'on ne le fait dans aucun autre pays agricole ; c'est qu'ils considèrent comme leurs meilleurs amis ces valets dont le zèle et l'intelligence peuvent influer si puissamment sur la prospérité de leurs fermes, et non seulement ils font travailler au milieu d'eux et comme eux leurs propres enfants, mais souvent même, quelque riches qu'ils soient, ils mettent ceux-ci en condition chez d'autres cultivateurs, sans croire pour cela déroger, sans croire manquer à leur dignité dont cependant, sous d'autres rapports, ils se montrent si jaloux ! A table, les préséances se règlent, non d'après ce titre de valets, mais d'après le principe saint-simonien de la capacité. Le maître, *an ozac'h*, a la place d'honneur ; le premier valet s'assoit vis-à-vis de lui, et les autres prennent rang suivant leur utilité relative constatée par leurs gages ; les journaliers sont au bas de la table. Quant aux femmes, on sait qu'elles n'y sont pas admises. C'est dans le même ordre que chacun, après que le maître en a donné l'exemple, se sert et met la main au plat. Grâce aux facilités que leur offre la civilisation armoricaine, les valets de ferme, lorsqu'ils sont entendus et laborieux, manquent rarement de passer fermiers et puis propriétaires, et il leur semble à peine qu'ils changent de classe, tant ils sentaient peu le poids des chaînes de la domesticité ! Voici comment ils franchissent les degrés qui les séparaient des rangs les plus élevés de l'aristocratie rurale. Simples valets d'abord, ils reçoivent par an de 10 à 30 écus de gages, 2 ou 3 paires de sabots quelquefois munis de chaussons de cuir, mais simplement rembourrés de paille la plupart du temps, et enfin une chemise et des *bragou* de toile de chanvre, ou plutôt la toile nécessaire pour les confectionner ; sur la façon, qui se paie aux tailleurs en argent et en nourriture, ils donnent l'argent et le fermier la nourriture. Ils font dès lors quelques économies, et lorsqu'ils se placent comme premiers valets, stipulent qu'en sus de leurs gages ils auront le droit de nourrir sur la ferme une ou plusieurs bêtes à cornes. Ils achètent donc, en s'y installant, des génisses ou des bouvillons qu'ils revendent dès que les génisses sont près de vêler et que les bouvillons sont devenus des bœufs. Bientôt ils se marient et, sous le nom de *penn-ty*, ces laboureurs demi-métayers et demi-journaliers dont nous avons déjà parlé, continuent à faire pour ainsi dire partie des valets et de la famille de leurs anciens maîtres, qui les aident de tout leur pouvoir à faire fortune. Ensuite, ils prennent successivement une petite, une moyenne, une grande ferme, et arrivent enfin au dernier terme de l'ambition bretonne, au titre de propriétaires. Rien de plus original que la manière dont on se procure, aux environs de Quimper, les valets et les filles de ferme. Il s'y tient, à cet effet, sur la place Saint-Corentin, une foire de domestiques ruraux qui se prolonge depuis la fête du grand saint cornouaillais jusqu'au 1er janvier suivant. Les fermiers qui veulent garder leurs domestiques leur demandent, avant cette fête, s'ils ont eux-mêmes l'intention de rester chez eux. Le silence que gardent les maîtres à cet égard équivaut à un congé formel, et chacun des marchés qui suivent la Saint-Corentin présente une double file de domestiques ainsi congédiés, valets d'un côté et servantes de l'autre, qui viennent sur la place attendre les chalands, mais sans rien dire, sans provoquer autrement leur choix qu'en tenant à la main une baguette de coudrier ; elle indique qu'ils sont libres, et jadis ce fut aussi à Rome un symbole d'affranchissement. Les domestiques qu'on y retient n'entrent en fonction que le Jour de l'an, mais vont dès le soir même goûter la soupe de la ferme ; l'engagement n'est définitif qu'après cette épreuve. Les habitudes d'égalité des valets bretons en font de très mauvais serviteurs pour le citadin qui se hasarde dans les entreprises de culture ; leur fierté se soumet avec peine à un engagement si différent de leurs engagements ordinaires, et ils font sans scrupule tout leur possible pour en avoir le bénéfice et pas les charges.

OUVERTURE DE LA DANSE

Digor ann dansou

LA danse succédait autrefois à l'espèce de repas sacré qui se fait dans l'église, et y complétait pour ainsi dire la cérémonie nuptiale. On n'en sera pas surpris, si l'on veut faire attention que cet exercice, comme nous l'avons déjà rappelé, conserva longtemps son caractère primitif qui était tout religieux, et que la Bretagne continua jusqu'au XVIIe siècle à sanctifier le dimanche par des danses qui duraient une grande partie de la journée, et se prolongeaient même pendant la nuit dans quelques chapelles de la Cornouaille. Il n'y a pas encore longues années que, lorsque les deux nouveaux époux, se tenant par la main, sortaient du saint lieu où leur union venait d'être sanctionnée, une décharge de mousqueterie se joignait au bruit joyeux des cloches et ralliait toute la noce au pied même de la croix, où, installés sur les degrés les plus élevés, les joueurs de *biniou*, de bombarde et de tambourin attendaient le signal de la gavotte sacrée, et c'était le curé qui venait avec bonhomie le donner lui-même du haut du calvaire innocemment transformé en orchestre. Nous l'avons dit, les choses ont bien changé ! Une sévérité extrême a remplacé cette extrême tolérance, et bien loin que les curés président encore au plaisir et le moralisent par leur présence, ils le prohibent et l'excommunient. Maintenant la danse ne s'ouvre plus que lorsqu'on est de retour à la ferme, et que les intrépides cavaliers de tout à l'heure se sont préparés par un coup de vin ou d'eau-de-vie à de nouvelles et douces fatigues. C'est la mariée qui commence et, ce qui est assez bizarre, qui commence seule. Aussitôt que le *biniaouer*, enflant l'outre pressée sous son aisselle, se dispose à soutenir de sa basse monotone la voix aigre de son chalumeau qu'accompagnent déjà la bombarde et le tambourin, elle s'avance au milieu de l'aire qui va servir de salle de bal, et y figure avec modestie quelques pas ou plutôt se met à marcher en mesure. Sa conductrice, ses parentes les plus proches et ses amies les plus intimes s'empressent d'imiter son exemple et, guidées par elle, font deux ou trois fois le tour de l'aire sans cavaliers. Alors, le nouveau marié et les principaux parents qui d'abord avaient essuyé, sans s'émouvoir et sans bouger, cette muette provocation, viennent prendre par la main le premier sa femme, et chacun des autres la partenaire que lui désigne l'étiquette ; le reste des danseurs ne consulte que ses sympathies, et complète au hasard les anneaux d'une immense chaîne. Cette première danse est la seule où l'on observe un pareil cérémonial ; il n'y en a aucun et l'on se place à l'aventure pour celles qui se succèdent jusqu'à ce que les piétons de la noce aient eu le temps d'arriver, et que le moment de se mettre à table vienne faire tressaillir de joie ces estomacs si bien ouverts ! C'est également sans suivre aucun ordre hiérarchique que se forment les danses qui alternent avec les divers services du repas nuptial, et par lesquelles nos prétendus sauvages, avec une intelligence du plaisir que pourraient leur envier les citadins, font durer aussi longtemps que possible les deux grandes jouissances de la journée, en les variant l'une par l'autre, et en n'usant d'un seul coup ni l'une ni l'autre. Chaque intermède se compose des deux danses ordinaires, la gavotte et le bal, danses d'une haute antiquité, dont les figures sont probablement encore les mêmes que du temps des druides. La gavotte, qui est l'ancien *red ann dro*, a un mouvement très vif, et consiste à tourner d'abord en rond en se tenant par la main et le plus souvent par le petit doigt, et puis à décrire mille tours et détours, suivant le caprice ou l'habileté du *meneur*, qui de temps en temps s'arrête pour sauter devant sa danseuse en arrondissant le bras le plus gracieusement possible. C'est un honneur que d'être *meneur*, honneur qui n'appartient qu'aux danseurs en renom. Parfois on se le dispute vivement, et il en résulte de violentes querelles qui font succéder le pugilat à la danse. La gavotte, comme on le voit, n'est guère autre chose qu'une course mesurée. Le bal commence aussi par une ronde, mais d'un mouvement plus lent et plus solennel ; on se sépare ensuite par couples pour figurer l'un devant l'autre, et ce balancé se termine par un saut en guise d'entrechat qu'accompagne souvent le hourra breton !

Tant que les gens de la noce sont à jeun ou à peu près, la danse est calme et froide ; on semble seulement y préluder. Mais au fur et à mesure que la journée et le repas avancent, et qu'il y a surexcitation dans les esprits et le pouls des convives, elle devient animée, brutale, bondissante, elle devient ce qu'on doit l'attendre de ces natures pleines de force et de vie ! C'est alors un curieux spectacle que ce dédale vivant qui tourbillonne sous vos yeux sans règle et sans fin et, semblable au kaléidoscope, les éblouit du mouvant éclat des costumes les plus pittoresques ; que ces violentes évolutions d'hommes et de femmes haletants et rouges de vin et de plaisir, qui dégagent par les pieds, par les mains, par tout le corps, un fluide sympathique et mystérieux, et semblent se tordre dans le paroxysme d'une ineffable félicité ! Mais ce qu'il y a de non moins étrange que leur danse convulsive, qui est si peu d'accord avec leur engourdissement habituel, c'est que leur figure révèle à peine ou plutôt ne révèle nullement le bonheur qu'ils éprouvent, et qu'à voir l'air grave et sérieux de ces danseurs passionnés, on croirait qu'ils remplissent une obligation et ne se démènent de la sorte que par esprit de pénitence. Une chose également digne de remarque, c'est qu'aucun peuple n'a plus d'oreille, et que dans ces branles de 100 à 200 personnes vous n'en apercevez pas une qui tombe à contre-mesure, et nuise par un mouvement faux à l'ensemble et à l'harmonie générale ! Et vraiment, il n'est pas aussi facile qu'on le pense peut-être, d'attraper leur mesure et leur pas. Les citadins, lorsqu'ils l'essaient, sont tout étonnés d'y échouer et de se trouver déplacés dans ces rondes rustiques, où ils vont se mêler dédaigneusement et d'où ils se retirent presque honteux. Aussi nos paysans, qui les savent fort maladroits à imiter leur danse, sont-ils très peu jaloux de l'honneur qu'ils veulent bien leur faire d'y venir prendre part ; ils ne les repoussent cependant pas mais ils finissent d'ordinaire par s'en débarrasser poliment, de manière à ne danser qu'entre eux seuls, Bretons pur sang.

Nous ne devons pas omettre, parmi les danses bretonnes celle qui est la plus renommée peut-être, mais non la plus répandue, puisqu'elle n'a pas franchi les frontières du Léon, où la danse fut toujours, comme la religion et les mœurs, beaucoup plus raide et plus sévère que dans la Cornouaille ; nous voulons parler du vif et gai *jabadao* qui, aux environs de Quimper, commence aussi par un cercle où l'on se tient 4 ou 8 ensemble ; chaque couple s'isole ensuite pour aller en avant et en arrière, et puis le danseur fait galamment pirouetter sa danseuse en lui passant la main au-dessus de la tête. C'est une danse, du reste, qui varie et se complique suivant les lieux, mais conserve partout son caractère d'abandon et d'agaçante folie. Un maître de ballets disait : que d'admirables choses dans un menuet ! Notre clergé dit : que d'abominables choses dans le jabadao ! Et la chaire, devenue si rigide pour les danses les plus innocentes, n'a pas assez de foudres à lancer contre cette espèce de fandango breton !

LA TABLE DE LA MARIÉE

Taol ar plac'h nevez

C'EST dans l'aire transformée en salle à manger que se donne le repas de noce, et il ne faut en effet rien moins qu'un local aussi vaste pour placer l'armée de convives qui assiège alors la ferme. Les tables sont dressées sous des tentes, précaution nécessaire dans un pays de pluie et de brume, dont les habitants vivent si souvent, comme les dieux, au sein des nuages, ce qui leur constitue un séjour très poétique, mais un peu humide. Ici encore, les marchands de vin, envers lesquels on se montre d'autant plus exigeant que les noces sont pour eux de meilleures aubaines, se voient presque toujours mis à contribution ; ce sont eux qui doivent, sinon donner, du moins prêter les tentes. Aussi, dans les ventes qui suivent les fréquents naufrages occasionnés sur nos côtes par les mille récifs dont elles sont hérissées, recherche-t-on avec beaucoup d'empressement les voiles des bâtiments brisés, et la plupart des noces bretonnes se célèbrent sous les débris de ces courriers ailés de tous les peuples qui communiquent entre eux par la première, par la plus précieuse des grandes routes, par l'Océan ! Dans plusieurs cantons, les marchands de vin ont à fournir, outre les tentes, les plats, les écuelles, les verres, etc. ; il leur est tenu compte seulement de tout ce que l'on casse, ce qui parfois n'est pas le moindre article de la dépense. On concevra facilement quel aspect animé prend une ferme pendant ces noces homériques, et même dès que commencent les préparatifs de festins sans cesse renaissants, où il faut remplir des estomacs qu'on dirait vides depuis quinze jours, et satisfaire successivement 2 à 3 000 convives qui, sans s'effrayer d'aucun excès ni de ses suites, sacrifient à l'intempérance avec non moins de dévotion qu'à la Vierge ou à saint Guénolé. Dès la veille, et tant que dure cette longue orgie, chambres, cours, hangars, fours, celliers, tout est envahi, tout est appelé à concourir aux magnificences de la fête. Un boucher, des boulangers et des crêpières sont en permanence ; les barriques roulent d'un côté, les crêpes s'entassent de l'autre ; ici, les pains, les gâteaux, les lèchefrites s'engouffrent par centaines dans le four toujours allumé ; là, les bœufs, les veaux, les porcs tombent sous le coutelas et se dépècent ensuite par le maître cuisinier pour les cuisiniers subalternes, tandis que la maîtresse cuisinière leur distribue le poivre, le sel et les rares légumes dont ils assaisonnent et parfument les vastes chaudières où vont bouillir ces vastes monceaux de viande. Les chaudières sont disposées le long d'un immense fossé creusé près de l'aire en guise de cuisine, et qu'enveloppent des jets de flammes et d'épais nuages de fumée, qui de loin ont un aspect d'incendie ou de champ de bataille. C'est un poste d'honneur que celui des aides chargés de ces fourneaux en plein air, et tant que dure la noce, ils s'en montrent très jaloux et y restent fidèles, tour à tour attisant le feu, réparant les vides de chaque plat et remplaçant par de nouvelles pièces de viande celles qu'ils viennent de pêcher avec l'énorme cuillère de bois, insigne de leurs hautes fonctions. Harassés de fatigue et inondés de sueur, ils trouvent à la triste part qu'ils prennent à la fête une compensation suffisante dans leur importance du moment, et surtout dans les félicitations qu'ils reçoivent et les nombreux verres de vin ou de cidre qu'on vient boire amicalement avec eux. Les autres servants de la noce, qui composent d'ordinaire un nombreux personnel, se regardent également comme très honorés de leur domesticité de circonstance. Ils sont le plus souvent choisis parmi les parents et les amis intimes, et les offres de services abondent tellement en pareils cas, qu'il faut presque toujours refuser les 3/4 des demandes. Est-il nécessaire de dire qu'ils n'ont d'autre salaire que l'honneur de servir les autres et le repas qu'ils font avant ou après celui qui réclame tout leur zèle ? Ceci est parfaitement d'accord avec ce que nous avons déjà dit de la domesticité bretonne, qui n'exclut pas une égalité réelle. La différence que présente à cet égard la domesticité française inspirait aux Bretons, même sous l'ancien régime, un profond dédain pour les laquais de leur seigneur, quelque brillants et gallonnés qu'ils fussent ; ils ne leur prostituaient jamais la noble qualification de *Autrou* et, la réservant pour leurs maîtres, disaient avec affectation *Monsieur* Frontin, *Monsieur* La Fleur, ce qui révélait tout à la fois le peu de cas qu'ils faisaient des valets français et de la langue française ! Du reste, les servants des noces doivent d'autant plus croire à la considération que mérite leur utilité, qu'ils ont à leur tête les pères et mères des mariés, qui ne se mettent que rarement à table, occupés de la haute surveillance de la fête, et assez négligés dans leur toilette pour paraître à peine dignes d'y figurer. Ils ont surtout un souci, celui de bien contrôler la dépense et la recette : c'est qu'ainsi qu'on le saura bientôt, il ne s'agit pas seulement ici de réjouissances et de célébration de mariage, mais aussi de quelque chose qui ressemble à une opération de commerce. Enfin, le marié lui-même marche le premier parmi les servants, et, précédé des musiciens, porte en cérémonie chacun des plats à la table d'honneur où trône sa femme ; il ne s'y assoit près d'elle que le 3e jour. Là ne se bornent pas encore les exigences de l'ancienne étiquette. Condamné, dans l'intervalle, à donner l'exemple de la sobriété, ainsi que toutes les personnes de la maison, on trouverait indécent qu'il s'enivrât ; mais le temps d'épreuve expiré, l'ivresse lui est permise comme à tout le monde, et l'on verra que ce n'est pas la seule bonne fortune qu'apporte aux maris bretons le troisième et bienheureux jour des noces. La table d'honneur de la mariée occupe toute la grange, qui est décorée de draps et d'un dais que bariolent des rubans de toutes couleurs symétriquement disposés. La grange ainsi tapissée s'appelle la chapelle, *ar Chapel*, par suite de la ressemblance qu'on est parvenu à lui donner avec les reposoirs de la Fête-Dieu ; car la pieuse imagination des décorateurs ne conçoit rien au-dessus des ornements d'église, et croit ne pouvoir mieux honorer la reine de la fête qu'en l'honorant jusqu'à un certain point comme le Saint-Sacrement même. On place près d'elle, à cette table à part, d'abord sa marraine ou conductrice, et puis les personnes à qui l'on veut faire une politesse ou marquer de la déférence et du respect ; mais les femmes seules ont le droit de s'y placer. Ajoutons toutefois que presque toutes ces particularités relatives à la table des mariées cornouaillaises, se voient aujourd'hui rarement, et qu'ici, comme ailleurs, le mari et la femme se mettent vulgairement à table l'un près de l'autre, entre leur garçon et fille d'honneur. Une chose à remarquer, c'est que l'ostracisme dont les femmes sont frappées semble cesser à l'occasion des noces ; elles s'assoient indistinctement parmi les hommes à ces tables longues et étroites qu'on forme autour de l'aire avec deux planches jointes tant bien que mal ensemble. Toute inégalité disparaît alors entre les sexes, et il en est de même entre les parents riches et les parents pauvres, attendu que celui-là qui rougit de la pauvreté des siens, suivant une naïve expression du pays, n'a pas de bonheur !

LE SERVICE DES RÔTIS

Fest ann eured

CE que nous avons déjà dit et ce que nous dirons encore des noces bretonnes ne s'applique pas à tous les cantons uniformément. Si leurs usages diffèrent moins que leurs coutumes, ils présentent cependant des dissemblances plus ou moins frappantes, et ce que nous nous attachons à reproduire, ce sont les traits principaux de la physionomie générale, c'est ce cachet breton que les envahissements de la civilisation française tendent à faire disparaître, et qui, sous plusieurs rapports, est déjà même presque entièrement effacé. Par exemple, un très petit nombre des noces actuelles de la Cornouaille se font avec l'antique et fatigant cérémonial qui, tant qu'elles durent, bouleverse complètement une ferme et y met tout le monde sur les dents. La plupart des nouveaux mariés, infidèles à leurs pénates et aux traditions nationales, vont s'installer dans une auberge de campagne, et plus souvent encore dans une auberge de ville, espèce de caravansérail matrimonial, où, sous le prétexte qu'ils y ont autant de plaisir et moins de peine que chez eux, et au risque de faire tressaillir l'ombre en courroux de leurs pères, ils ne célèbrent que très incomplètement cette solennelle et triple fête de Vénus, Bacchus et Comus (vieux style) ! Il est inutile de dire que ce n'est pas à la manière de ses compatriotes dégénérés que Corentin eût voulu solenniser son mariage, et il va continuer de figurer dans les diverses scènes qui, nous le répétons, reflètent avec le plus de vérité l'ancienne et réelle Bretagne.

Le moment si vivement désiré de se mettre à table est enfin venu, et l'orchestre qui a des airs spéciaux pour chaque service de ce banquet de longue haleine, comme pour chaque espèce de danse, a donné l'heureux signal gastronomique. Mais avant de conduire les convives à table, et la mariée à la place d'honneur qui lui appartient, réparons une omission, disons un mot de sa toilette ou plutôt de ses diverses toilettes pendant les trois jours de sa royauté nuptiale. Le premier jour, à la cérémonie religieuse et pour l'ouverture du bal et du banquet, elle est vêtue de drap rouge écarlate ; sa robe aux plis innombrables brille d'une triple bordure ainsi étagée : dentelle d'argent, dentelle noire, dentelle d'or, et son galant corsage est une marqueterie véritable de liserés, de galons et de broderies artistement contrastés. Ajoutez à cela les boucles héréditaires de ses souliers carrés, des bas à jours, un tablier de soie aux couleurs vives et changeantes, une ceinture tissée de soie et d'argent qui flotte presque jusqu'à terre, une croix d'or suspendue à un ruban de velours noir, enfin une riche et raide collerette de dentelle et une blanche coiffe qui vous éblouit des rayons de ses petits miroirs, aussi nombreux dans quelques paroisses qu'elle a de cent livres de rente, et vous aurez l'éclatant costume de la nouvelle mariée, qui rappelle celle du XIIe siècle et le portrait de la femme d'Alain Fergent, découvert à Redon et conservé par Dom Lobineau ; ce costume coûte parfois de 4 à 500 francs. Il change le soir ; devenu plus modeste, il consiste alors en un déshabillé de basin blanc, garni de broderies rouges et bleues. Le tablier est également blanc, et aux riches et brillants colifichets succède une sorte d'ornement religieux, c'est-à-dire deux scapulaires attachés par des rubans

rouges. Le second jour, le costume est de drap bleu, encore bordé d'une triple garniture qui, cette fois, est composée de galons rouges, d'argent et d'or ; le tablier est de mousseline brodée à jour. Le soir, même déshabillé blanc que la veille. Enfin, le troisième jour, un drap brun remplace le drap bleu, mais sans que la garniture varie, et l'étoffe du tablier, tissée de soie et de laine, devient comme celle de la robe d'une couleur plus foncée. Le soir, le costume blanc reparaît une dernière fois, et une coiffe, dépouillée de tous ses ornements coquets, ajoute encore à son caractère de simplicité modeste.

On voit que plus s'éloigne le moment où la mariée a enchaîné sa liberté, plus son aspect s'assombrit et semble annoncer quels sévères devoirs vont succéder à la joie et seront désormais son unique partage. N'y a-t-il pas aussi quelque chose de symbolique dans cette parure blanche du soir ? Et au lieu d'avoir seulement l'économique destination, comme on le prétend quelquefois, de garantir les riches costumes de drap des suites d'une orgie de plus en plus menaçante, n'est-ce pas un pudique et virginal emblème qui même le troisième jour ne ment pas encore ?

    Le nouveau marié est également habillé de neuf ; mais cet habillement reste le même le matin et le soir, le troisième comme le premier jour. Il faut qu'il dure toute la vie, et le tailleur, qui n'a pas ici besoin d'étudier les caprices de la mode dans ce chaos où ailleurs elle se débat en se rajeunissant sans cesse sur ses propres débris, doit surtout s'attacher à la solidité presque séculaire qu'on lui demande. Aussi le *jupen* qui, bien fait, coûte dix écus, est-il assez fortement doublé et piqué pour en devenir imperméable et pouvoir se tenir presque debout. Du reste, ce costume brillant et gai de la Cornouaille que l'on connaît déjà, reçoit alors tous les embellissements dont il est susceptible. Sous le *jupen* bleu, dont le dos est d'une couleur plus claire que celle des manches, le marié porte un gilet croisé blanc bariolé de broderies en forme de hausse-col et, par-dessus, trois vestes sans manches, la 1re bleue, la 2e brune, et la 3e blanche tenant au *jupen*, toutes trois bordées de rouge et de bleu, ainsi que la boutonnière et les manches de ce *jupen*, où de brillants et innombrables boutons se pressent les uns sur les autres comme des écailles de poisson. Ses bas sont brodés et à fourchettes, et ses souliers, à peu près de la même forme que ceux de la mariée, resplendissent aussi d'une paire de boucles d'argent. Le chapeau est non seulement orné de son ruban de velours noir et de ses jolis cordonnets de chenille, mais en outre d'un magnifique ruban rouge, argent et or, cadeau de la jeune épouse, ainsi que le ruban d'un tissu semblable que porte au cou le nouveau marié.

    La culotte bouffante, figurant une espèce de melon, et même la robe de la mariée, sont souvent faites, ainsi que celles des Cornouaillaises en général, d'une étoffe particulière au pays et appelée *berlinge*, dont la chaîne est en fil de chanvre et la trame en laine. Mais on n'emploie, bien entendu, pour les robes ou culottes de noces, que la qualité la plus riche et la plus élégante qui s'en fabrique, et ce *berlinge* ne ressemble guère à la misérable étoffe de 15 sous l'aune que portent les charbonniers et les habitants pauvres des montagnes d'Arès ; celle-ci provient d'une laine grossière, ou des débris de vieux chiffons que recueillent dans toutes les villes de l'Armorique ces pauvres industriels qui, un sac sur le dos, s'en vont criant par les rues : *tamm pillou !* La laine ne recouvrant pas entièrement la chaîne, il en résulte un bariolage qui donne au berlinge l'aspect de draps chinés ou marbrés et, sous la navette d'un habile fabricant, produit parfois un effet très pittoresque. Dans beaucoup de fermes de la Cornouaille, on a l'habitude de faire quelques aunes de berlinge au bout des toiles de chanvre que les cultivateurs tissent eux-mêmes pour leur usage.

LE REPAS DE NOCE

Digas ar c'hik rost

IL faut avoir vu un repas de noce en Bretagne pour comprendre jusqu'où peut aller le développement des facultés digestives de l'homme. Nous taxerions de fabuleux, si nous n'en avions été témoins, ces banquets qui durent toute une journée, et dont les convives engloutissent une quantité d'aliments solides et liquides qui semblerait devoir exiger des forces et un estomac plus qu'humains. Il est vrai qu'ainsi que nous l'avons déjà dit, ces interminables repas sont de temps en temps interrompus et, qu'après chaque service, la danse, comme un intermède propre à activer la digestion, vient préparer de nouveau l'appétit pour le service suivant. Malgré cette manière ingénieuse de cultiver sa faim et sa soif, on va juger s'il n'est pas prodigieux qu'elles puissent suffire à dévorer tout ce qu'on leur offre en holocauste.

Dès que le nouveau marié, ou l'un des anciens, a ouvert par le *benedicite* ce long festin qu'il clora par les *grâces*, les convives, se divisant en groupes, attaquent les gamelles où la soupe leur est servie, avec non moins d'avidité que si elle devait composer tout le menu. Ces groupes sont de 6 à 8 personnes, et rappellent un usage autrefois général chez les grands mêmes, où un seul plat était commun à un ou deux couples, ce qui a donné naissance à l'expression de mange à la même écuelle. Alors aussi riches comme pauvres s'asseyaient à table sur des bancs, d'où est venu le mot peu ambitieux de *banquet*, qui a cependant, comme on voit, une assez humble origine. On sait déjà que les fourchettes sont un luxe inconnu sur les tables bretonnes ; les serviettes n'y apparaissent pas davantage, et les assiettes mêmes n'y ont que rarement droit de bourgeoisie. Le seul meuble dont y soient munis les convives, outre un verre et l'antique cuillère de bois, c'est un couteau ; mais chacun doit apporter le sien, et l'amphitryon n'a pas à s'en occuper. Nos gens dépècent donc avec le seul secours artificiel du couteau, et en s'aidant avec plus ou moins de propreté des autres secours qu'ils tiennent de la nature, les énormes plats qui se servent après la soupe, sous les auspices de saint Antoine, patron de la charcuterie, et de saint Herbot, le puissant protecteur des bêtes à cornes. ces tas de lard et de bœuf bouillis sont flanqués de gros far de sarrasin et quelquefois de froment, ce qui est alors l'indice de la richesse et le *nec plus ultra* d'une noce splendide. Ainsi que dans toutes les grandes circonstances, le pain blanc a remplacé le pain noir, mais toujours ce pain blanc mal cuit et indigeste dont nous avons parlé. Le service suivant a pour base non moins immuable un mets que nos campagnards regardent comme une grande friandise, des tripes ! Aussi un repas de noce sans tripes serait quelque chose d'inouï, d'incompréhensible, ce ne serait pas un repas de noce ! Par suite de cette prédilection assez singulière, il s'en consomme une immense quantité aux deux principales époques de l'année où se multiplient les mariages bretons, et les tripes qu'on vend par paires atteignent alors des prix très élevés. Après ce mets si populaire, arrive le ragoût de veau et quelquefois du poisson frit, poisson ordinairement fort commun et à très bon marché.

Pendant les premiers services on a presque également partagé son temps entre ces deux plaisirs auxiliaires l'un de l'autre, la table et la danse ; mais avant le service qui vient ensuite et qui est le service capital, c'est-à-dire le service des rôtis, le bal se prolonge davantage, et les danseurs-gastronomes semblent se démener avec plus d'ardeur que jamais, comme pour rendre à leur estomac toute son énergie, toute sa voracité, à une si intéressante période de la fête ! Cependant, guidés par les deux pères, les servants, à la tête desquels continue de figurer le nouvel époux, se mettent gravement en marche, fiers d'avoir à exciter, parmi les convives, un redoublement d'appétit et de satisfaction. Les musiciens dont ils sont précédés, comme de coutume, jouent l'air spécial qui annonce le service des rôtis, et accompagnant leur *kit rost* d'étourdissantes fanfares, depuis le four même jusqu'à la table, y font accourir une foule plus avide et plus disposée que jamais à y faire honneur. Le même cérémonial se répète avec la même gravité pour une espèce de far, plus ou moins riche d'épices, comme le *pudding* anglais, et où s'engloutissent également beaucoup de raisins secs et de pruneaux. Enfin un gâteau qui n'en a que le nom, et plus mat encore peut-être que leur pain, dit pain blanc, complète ce festin pantagruélique, s'il avait besoin de complément. Quoique la table se dépouille successivement de cette surabondance de mets de résistance, comme un champ que ravageraient des nuées de sauterelles, les bouteilles se vident bien autrement vite encore que les plats. Les nouveaux mariés viennent eux-mêmes encourager les buveurs, encouragement du reste fort inutile ; le verre au poing, ils font ensemble le tour de la table, trinquant à la santé de tous les convives et recueillant, au milieu des hourras, leurs vœux et leurs félicitations. Mais les principaux complices d'une ivresse qui finit par devenir à peu près générale sont tous ces servants empressés, dont le devoir est de veiller à ce que chacun boive autant que possible, et qui conspirent le plus consciencieusement du monde contre les caprices de sobriété qu'on pourrait s'aviser de leur opposer. Ils se croiraient déshonorés si une bouteille vide s'apercevait quelque part sur la table, et plutôt que d'avoir à en rougir, ils remplacent souvent jusqu'à celles qui ne sont qu'aux trois quarts ou à moitié bues. Tout en remplissant leurs fonctions et en excitant chacun à boire, ces échansons modèles ne s'oublient pas complètement. Ils ont d'ailleurs plus d'une occasion de saisir au vol des rasades. Ici, c'est un parent, là un ancien ami qu'ils n'ont pas vu depuis longtemps, et qui, pour renouveler connaissance, boit à leur santé, ce qui signifie qu'ils doivent vider eux-mêmes le verre qui va être aussitôt rechargé. Les convives dont l'amitié les arrête ainsi au passage leur disent : *d'ho iec'hed*, à votre santé, et ils répondent à cette politesse par celle-ci : *evit d'ho sec'hed*, buvez à votre soif. Ces phrases, qu'on peut appeler sacramentelles, sont des témoignages d'intérêt qui ont un véritable prix aux yeux de ceux qui se les donnent.

Du reste, le caractère breton se révèle tout entier dans ces sortes de repas tour à tour triste et brutalement joyeux, tour à tour pleins de morale et de folie. Écoutez ! une musique religieuse annonce la distribution du pain et du vin qui ont été bénis en même temps que les nouveaux époux, et voilà que toute l'assemblée, la tête nue et les regards dévotement baissés vers la terre, murmure un *pater* et un *ave* pour le jeune couple, pour l'amphitryon, le cuisinier, le marchand de vin, pour tous ceux qui viennent de leur faire passer de si doux moments ; et puis, comme les morts ne sont jamais oubliés, une longue suite de *de profundis* recommande au ciel tous les parents décédés depuis près d'un demi-siècle. Mais dès que ces pieux devoirs sont remplis, la grange et l'air retentissent soudain de chants, de cris, de hurlements ! L'un détonne en breton, celui-ci en français, celui-là en latin ! Les chansons bachiques et les chants d'église se croisent, se heurtent, se confondent ! C'est une confusion à étourdir la meilleure tête, c'est un concert à déchirer les oreilles les plus sauvages !

DIVERSION

Distro

FIDÈLE à son antique cuisine comme à tous les usages que la législation et la force des choses ne battent pas trop vivement en brèche, le Breton estime infiniment plus les plats communs et traditionnels qui, pour lui, constituent un véritable repas de noce, que les mets les plus rares, pût-il se les procurer. Vous lui vanteriez en vain ce que la Bretagne produit de plus exquis, les perdrix rouges et grises de Carhaix, les ortolans de Crozon, les huîtres de Tudy et de divers autres points de l'Armorique, qui étaient déjà recherchées il y a 2 000 ans par les gourmets de Rome ; ces poissons frais et délicats auxquels le marché de Quimper, entre autres, doit sa célébrité ; les lapins succulents de Béniguet, que Louis XV, très friand de matelotes, reçut d'un gouverneur de la Bretagne avec toute la joie d'un épicurien ; ces légumes enfin et ces fruits que, dans plusieurs cantons, une culture perfectionnée a, pour ainsi dire, créés une seconde fois, tant elle les a améliorés. Le plus riche, comme le plus pauvre gastronome, place en première ligne et veut, avant tout, ses tripes, son grossier *pudding* et ses viandes cuites au four et d'un goût si fade ! Les cordons-bleus du pays se perdraient de réputation en cherchant à altérer par de téméraires innovations cette cuisine nationale et uniforme, et leur habileté est surtout prônée en raison de leur exactitude à s'y conformer religieusement. Le cuisinier et la cuisinière qui ont présidé au repas de noce de Corentin jouissaient de toute la renommée qu'assure à leurs pareils une rigoureuse fidélité aux vieilles et bonnes traditions. Pour conserver intacte leur renommée, ils n'ont pas plus oublié que de coutume à quels estomacs ils avaient affaire, et ils ont apaisé la robute faim des convives que pouvait seule égaler leur soif, conformément à cette routine culinaire dont ils savent qu'il ne faut pas s'écarter. Aussi tout a-t-il été trouvé excellent, et chacun a prodigué les louanges et les poignées de main à ces deux vieux débris des anciens temps et de l'Armorique non dégénérée. Dans la satisfaction qu'ils en ressentent, ils ont quitté un moment les fourneaux rustiques, théâtre de leurs exploits, pour ajouter encore, par la représentation d'une danse comique, aux jouissances qu'on leur doit déjà ;

leur succès y est également complet. Voyez comme tous ces regards, tous ces visages épanouis encouragent la bonne vieille, au menton pointu et au nez retroussé et barbouillé de tabac, qui croit à force de contorsions se donner des grâces, ainsi que son partenaire, ce doyen des valets du canton qui, grimaçant un sourire où s'étale le contentement de soi-même, s'évertue à imiter les danseurs grotesques et, entre autres tours de force, va essayer à leur exemple de frapper trois fois en l'air son pied droit contre son mollet gauche. Quelques-uns des spectateurs singent volontairement les poses qu'à l'instar des anciens fous du roi, prend ce fou du peuple. Un meunier surtout, farceur de profession et boute-en-train de noce, cherche à parodier ce concurrent en bouffonnerie qui vient marcher sur ses brisées et qu'il mystifierait de bon cœur. Du reste, il saura prendre sa revanche, et à son tour, excitera le rire, avec ces plaisanteries parfois un peu lestes qu'il colporte dans toutes les noces. Courage, dit-il en passant à Corentin, souviens-toi du proverbe : *kentoc'h e skuiz ar freil eget al leur* (le fléau se fatigue plus vite que l'aire). Et lorsque faisant tour à tour la guerre aux garçons et aux filles, aux maris et à leurs moitiés, il sera lui-même attaqué, lui vieux célibataire qui semble reculer d'effroi devant une femme, il répondra par cette phrase également proverbiale et tout à fait digne de nos meuniers libertins : *ema va lob unan ken am bezo bet unan !* (elles m'appartiennent toutes jusqu'à ce que j'en aie une !).

La fête marche ainsi à travers un débordement de gros bons mots et d'une gaieté que l'ivresse rend de plus en plus vive et brutale, mais au milieu de laquelle on est soudain ébloui par des éclairs d'esprit et par l'éclat des pensées les plus ingénieuses. Car nous devons d'autant moins le laisser oublier qu'on est peu disposé à le croire, la finesse est un des traits distinctifs des Bretons ; c'est une vérité dont leur conduite dans les foires, leur conversation, leur littérature fournissent abondamment la preuve. Quoi de plus adroit que la manière dont un de ces discoureurs, que nous avons fait connaître, termina la lutte qu'il avait longuement soutenue contre son adversaire, devant la porte de la jeune fiancée : « Fût-elle l'héritière de la maison de Penmarch, finit-il par dire, depuis assez longtemps je la demande ! Est-elle vierge ? accordez-la ; a-t-elle cessé de l'être ? gardez-la ! »

Connaissez-vous quelque chose de plus fin, de plus délicat que la chanson suivante dont l'idée première est pourtant fort simple ?

LE MARI ET LA FEMME

Le M. : as-tu vu ce matin la femme du château ? Comme elle était belle à la messe ! Elle portait un bonnet élevé d'où pendait jusqu'aux pieds une gaze d'or et d'argent. — La F. : mon mari, ils riaient et ne priaient point le bon Dieu. — Le M. : et le dîner qu'ils ont fait sous l'ombrage ? Quel repas ! Quels mets ! Quels vins dans ces flacons ! Qu'ils sont heureux ! — La F. : mon mari, ils ne mangeaient point. — Le M. : et ce bal où tu les as vus au milieu de tant de bougies, de diamants et de peintures ? — La F. : mon ami, ils ne dansaient point. — Le M. : et ce lit de damas à grands ramages, ces draps de soie, ces balustrades, ces glands d'or ? — La F. : mon ami, ils ne... ils ne sont pas aussi heureux que nous !

Cette chanson et beaucoup d'autres qui la valent sont l'œuvre, dira-t-on peut-être, de quelques bazochiens bretons, ou bien d'un de ces apprentis-prêtres, de ces cloarecs qui en ont improvisé un si grand nombre. Mais ces bazochiens et ces cloarecs ne sortent-ils donc pas presque tous de la classe des cultivateurs ? Citons toutefois un autre exemple qui ne fait pas naître la même objection. Dernièrement, lorsque les dignes catéchumènes de la république, faute de pouvoir devenir bourreaux se faisaient assassins, et que la providence préservait si miraculeusement la royauté de leurs coups, Louis-Philippe reçut en bas-breton l'adresse que voici :

Le Conseil de la paroisse d'Engué-Gabéric à M. Louis-Philippe, roi des Français.

Monsieur de Roi,

« L'année 1836 a été en vérité bien malheureuse pour nous ; nous avons appris avec beaucoup de tristesse qu'on a failli trois fois vous tuer, et le vent du second jour de février a abattu la tour de l'église de notre paroisse. Mais par la grâce de Dieu, vous êtes sorti sain et sauf de tous ces dangers-là, et nous avons confiance que la charité des bonnes gens nous aidera à réparer notre église et notre tour. Espérons qu'à l'avenir il ne se trouvera plus personne d'assez criminel pour attenter à la vie d'un roi qui fait le bonheur de la France, et que notre tour, une fois réparée, le vent ne l'abattra plus et ne nous mettra pas de nouveau dans l'embarras où nous sommes. Vos humbles serviteurs du fond du cœur, et vos amis avec respect. »

Croit-on que dans les milliers d'adresses qu'à cette époque reçut le roi, il y en eut beaucoup qui valussent celle-là, et cette pétition si habilement déguisée n'est-elle pas un chef-d'œuvre de bonhomie et de finesse ? Il est inutile de dire que la charité royale comprit à demi-mot.

ON PAIE LE PLAISIR

Para a rer ar plijadur

LES noces de notre aristocratie rurale durent trois jours, et les divers membres des familles invitées y prenant part à tour de rôle, 2 400 convives au moins viennent successivement s'asseoir à une table de 800 couverts. La dépense serait excessive, si les Bretons n'avaient, comme on l'a vu déjà, deux vieilles maximes, dont la première n'est pas moins une sauvegarde pour leur bourse, que la seconde le témoignage d'un fond réel de générosité, savoir : qu'il ne faut jamais faire de dépenses dont il ne doive résulter quelque profit, et que c'est bien assez pour celui qui donne une fête que d'en avoir le tracas et la fatigue, sans qu'il s'y trouve en outre une cause d'appauvrissement et même de ruine complète. Partout où se sont conservées les véritables mœurs nationales, on rougirait donc de rendre l'amphitryon victime du plaisir qu'il a procuré, et non seulement il rentre entièrement dans ses avances et déboursés, mais encore il en retire assez de profit pour qu'une solennité de famille ait quelque peu l'apparence d'une affaire commerciale et d'une spéculation véritable. Il s'ensuit que chaque convive ayant la conscience qu'il boit et mange à ses frais et non au détriment de son hôte, boit et mange sans se contraindre le moins du monde, avec aussi peu de discrétion enfin que le font au bal certains jeunes gens du grand monde qui n'ont pas la même excuse ; et lorsque le dîner est insuffisant ou mauvais, nos Bretons ne se gênent nullement pour se plaindre de celui qui trompe ou rationne ainsi leur faim et leur soif ; c'est un droit qu'ils paieront en partant, et ils en usent d'avance dans toute sa plénitude. Voici comment se lève cet impôt volontaire, dont l'étiquette bretonne a fait une sorte d'impôt forcé. Chaque soir, lorsque aux longues heures d'intempérance et de joie succède le quart d'heure moins agréable de Rabelais, les convives en se retirant trouvent les deux mariés et leurs parents rangés sur leur passage et prêts à recevoir leur écot ; il est généralement d'un écu (*eur skowed*), va quelquefois jusqu'à deux, et ne descend jamais plus bas que la pièce de 30 sous (*ar pez chwerc'h real*). L'usage veut en outre que le nouveau couple profite aussi de ces moments de libéralité qu'il faut avoir saisir au vol dans la vie des Bretons, et chaque convive glisse dans la main du jeune époux, comme cadeau de joyeux avènement, une pièce de 10, 20 et même 40 sous, dont il est ordinairement remercié par un dernier verre de vin ou un petit coup d'eau-de-vie. Tout ce qui a rapport à cette double contribution nuptiale se fait avec la plus grande régularité. Dans les familles, par exemple, dont le père et les enfants doivent tour à tour prendre part à la fête, ceux-ci viennent d'abord et leur père le dernier jour seulement, afin de pouvoir s'acquitter pour eux en même temps que pour lui-même de l'impôt principal, les enfants ne payant d'ordinaire que le revenant-bon des mariés. Tous les matins on prend note du nombre des invités, d'après lequel se règlent plus tard les comptes de la journée, et deux espèces d'hommes d'affaires sont chargés de s'informer, près des convives, par qui chacun a été invité, pour que les deux familles contribuent bien exactement aux dépenses et se partage les profits, à raison des invitations que l'une ou l'autre ont faites. Plusieurs cantons ont adopté un usage qui rend cette taxe d'autant plus productive qu'elle s'y lève sur l'amour-propre. Au milieu du repas, quelque personnage important, un marguillier ou l'un des rois municipaux de la paroisse, appelle, une liste à la main, tous les invités par leur nom, et proclame à haute voix le chiffre auquel chacun a jugé convenable de s'imposer. Cette publicité ne contribue pas moins à rendre nos paysans généreux, que celle des journaux à rendre dans certaines circonstances les citadins bienfaisants ; car, en public, les hommes les plus parcimonieux n'oseraient faire assaut d'avarice et se résignent souvent à faire assaut de générosité. C'est à un système analogue que les fabriques de nos églises de campagne doivent leurs plus précieuses ressources ; tous les dimanches, on y lit au prône une récapitulation des offrandes avec les noms des donateurs et, l'expérience l'a malheureusement prouvé, il y a tout profit à s'attaquer ainsi à la vanité des fidèles, plutôt que d'attendre l'effet de leurs pieuses dispositions. Un compliment en vers, souvenir confus de ceux des anciens bardes, suit ordinairement la collecte du repas de noce, et vient adoucir pour les contribuables le calice plus ou moins amer qu'ils se sont crus obligés de boire. On peut juger à la grimace que fait ici l'un d'eux, en puisant une à une dans sa vieille bourse de cuir les pièces qui composeront son écot, combien il est sensible à ces inconvénients du plaisir, et que, si en apparence il va faire taire ses regrets, en réalité il aimerait bien autrement des jouissances qu'il ne faudrait pas payer. Un autre convié accompagne de discours sans fin son offrande et, voulant que Corentin l'accepte avec autant de gratitude que son sacrifice en paraît digne à ses propres yeux, il lui fait naïvement valoir le double au moins de ce qu'elle vaut, la pièce usée de quinze sous qu'il lui met dans la main. Corentin, qui en serait humilié si l'usage ne le dispensait de l'être, lui tire assez gauchement son chapeau en guise de remerciement, tandis que son père reçoit de l'air d'un homme qui calcule si son débiteur ne se trompe pas ce qu'un de ses invités, chef de famille, lui compte et pour lui-même et pour chacun de ses enfants.

Quittes envers l'amphitryon et le nouveau couple, les gens de la noce ne le sont pas encore envers tout le monde et ne trouvent le passage entière-

313

ment libre qu'après avoir donné une troisième marque de leur munificence. N'a-t-on pas raison en effet de profiter d'une de ces circonstances où, bon gré mal gré, ils croient devoir se montrer généreux, pour les amener à l'être même envers les beaux-arts ? Car c'est le *biniaouer* et l'orchestre, dont il est le chef, qui perçoivent ce dernier impôt. Les trois artistes, tantôt réunis, tantôt séparés, reconduisent chaque convive, ou du moins les plus riches, jusqu'à une certaine distance de la ferme et, malgré les fatigues de la journée, il faut voir quelle ardeur ils retrouvent alors pour faire résonner le tambourin, la bombarde et surtout le chalumeau criard et l'outre ronflante du *biniou !* Ils espèrent que plus leur tapage musical sera étourdissant, plus on y sera sensible et mieux on les traitera. Quelques gros sous en seront le seul prix, mais souvent renouvelés finiraient par leur former un pécule assez rond, s'ils n'étaient promis d'avance au cabaret et à l'orgie.

Les comptes s'établissent et se disputent le dimanche suivant, et chacun des deux pères prélève sur le net produit une part proportionnelle à la somme qu'il a déboursée. Il arrive souvent que le bénéfice soit de trois cents, quatre cents, cinq cents francs ! Ajoutez-y la somme que reçoivent directement les jeunes époux, et vous reconnaîtrez qu'en résumé c'est un noble et touchant spectacle que de voir la communauté leur venir aussi généreusement en aide au moment où ils commencent leur ménage et entrent dans la vie sérieuse.

LES DROITS DU NOUVEAU MARIÉ

Gwiriou ar goaz nevez

DANS les vieilles familles bourgeoises, restées fidèles à toutes les traditions du mariage classique, et qui se garderaient bien d'adopter, par exemple, le romantique usage de faire partir immédiatement après la cérémonie le nouveau couple, dont l'union s'achève ainsi sur les grandes routes, dans ces familles, disons-nous, un bal de noce est de rigueur, un bal grave et compassé, où l'amour, emprisonné dans un cercle impitoyable de contredanses, n'obtient son laissez-passer, malgré la double autorisation municipale et religieuse, qu'à une heure irrévocablement fixée, et après laquelle soupire longtemps le jeune et impatient époux, ce qui renvoie au lendemain la fin du plus beau jour de sa vie. Cette épreuve, dont gémissent si fort les citadins qui y sont condamnés, nos Bas-Bretons ont vraiment à la subir bien plus longue et bien plus dure. Ce n'est pas seulement durant quelques heures, c'est durant plusieurs jours qu'ils sont maris de droit et non de fait. Leur parrain, pendant la journée, ne les perd jamais de vue, ne les laisse jamais seuls, et le soir ils sont bruyamment reconduits sans leur femme au domicile paternel, et là, crucifiés à leur lit de garçon comme s'ils n'avaient pas encore le moins du monde le droit d'en partager un autre. Pendant qu'ils sont l'objet de cette active surveillance, la marraine de la nouvelle mariée garde de son côté, avec l'œil jaloux d'une duègne espagnole, le dépôt virginal dont elle est responsable. Le second soir on se fait encore une joie inhumaine d'exiler chacun des deux jeunes époux sur sa couche solitaire, et c'est seulement lorsque finissent avec le 3e jour des saturnales sans cesse renaissantes, que le lit clos reçoit le nouveau couple qui lui était promis. Mais alors même la lune de miel ne se lève pas encore pour les héros ou, si l'on veut, pour les martyrs de la fête, et avant d'en voir luire les premiers rayons, il leur faudra passer par une foule de tribulations bouffonnes qu'a consacrées l'usage et dont nous parlerons bientôt.

Lorsque nous prenons ainsi en pitié le sort des nouveaux mariés bas-bretons, c'est que nous les supposons animés du tendre sentiment qui a présidé au mariage de Marie et de Corentin. Mais, il ne faut pas l'oublier, ces unions sympathiques sont ici peu communes. Il y a dans le monde civilisé des amours de bien des espèces : l'amour aveugle et passionné, qui fait momentanément de l'homme l'esclave de la femme ; l'amour léger, aux ailes de gaze et aux serments trompeurs ; l'amour aux transports jaloux et terribles, qui dort la main sur un poignard !... Multiple enfin dans ses allures, c'est un protée qui apparaît sous mille formes, sous mille couleurs, sous mille aspects divers !... Rien de pareil dans nos campagnes, où il est remarquable d'abord d'uniformité et puis par son caractère éminemment calme et propre à la vie de ménage. Lorsqu'un jeune paysan se marie, ce n'est ni une prédilection décidée qui l'y porte ni même la nature, dont la voix lui parle plus tard qu'aux jeunes et pétulants citadins. Il obéit uniquement à l'usage, à son intérêt et surtout aux volontés paternelles. Aussi, pendant cette série de repas et de cérémonies qui précèdent ou suivent leur union, examinez ces deux êtres qui se sont adoptés pour vivre désormais d'une même existence. Ils ne se ragardent ni ne se parlent et, semblables à deux étrangers plutôt qu'à deux amants, n'ont pas même l'idée de chercher à se rendre agréables l'un à l'autre ! Leur noce toutefois est pour eux un moment de bonheur ; mais c'est parce qu'on y danse, qu'on y boit, qu'on mange tout son soûl ! Voilà sous quel aspect elle se présente avec un véritable charme à leurs yeux ; le reste, ils n'y pensent point ! La physionomie du jeune époux ne laisse pas plus percer le désir, que celle de la jeune épouse le trouble et l'embarras ; l'un et l'autre se livrent comme leurs convives à toute l'intensité d'un appétit vigoureux, et l'un et l'autre ont raison ; car la mariée accorderait toujours une préférence marquée au far et au lard sur les propos les plus galants et les attentions les plus délicates, et toutes les œillades du monde ne parviendraient pas à communiquer quelques degrés de chaleur au marié, dont la température amoureuse semble fixée au-dessous de zéro. Cette absence de toute passion, le calme parfait de ces êtres qui ainsi que la salamandre restent froids au milieu des flammes, contribue merveilleusement à maintenir la soumission d'îlote conjugale à laquelle est condamnée l'épouse bretonne. Comment pourrait-elle en effet se soustraire plus tard à l'hommage lige envers la souveraineté de l'homme, elle qui ne l'essaie même pas dans ces premiers moments de bonheur qu'elle lui apporte, et où elle aurait le plus de chances d'y réussir ? Du reste, bien que cette indifférence s'accroisse ou plutôt continue pendant tout le cours de la longue carrière qu'ils parcourent ensemble, et bien qu'ils vieillissent sans jamais s'adresser le moindre mot de tendresse, ni se laisser aller devant un tiers à la familiarité la plus innocente, ils n'en remplissent pas moins le but de la nature, et de leur alliance, quelque peu sentimentale qu'elle soit, on voit sortir la plupart du temps une postérité nombreuse. C'est encore l'intérêt qui préside à la naissance de leurs enfants comme il a présidé à leur mariage. Le mari sait qu'il ne peut compter positivement sur l'héritage de sa femme que lorsqu'elle l'aura rendu père, et il calcule trop bien pour ne pas se dire que plus il sera de fois salué de ce titre, plus il aura de garanties contre le pire des malheurs qu'il redoute, celui de ne jamais restituer quelque portion que ce soit des apports de la communauté. Mais il a une autre raison plus forte encore pour désirer que son union soit féconde. Il a vu chez son père, chez tous ses voisins, que chaque enfant économise un valet aux chefs de famille et qu'en conséquence plus sa femme lui donnera de rejetons, moins il aura successivement de bras à salarier dans sa ferme. Cette considération est d'autant plus puissante qu'un bon valet coûte cher en Bretagne, et qu'un enfant à élever y coûte bien peu de chose. Malheur donc, dans nos campagnes, à la femme stérile ! Puisque celle même dont la fécondité y est une source de prospérité domestique se voit traitée avec si peu d'égards, on peut juger à quel mépris est en butte l'infortunée qui trompe les plus chères espérances de son égoïste conjoint ! Celui-ci s'irrite d'autant plus de se voir dans la position précaire où le laisse cette stérilité, et de perdre les avantages dont elle le prive, qu'un préjugé à peu près général dans le pays ne l'attribue jamais à l'homme et rend la femme seule responsable de ce caprice de la nature. De là quelquefois une conduite vraiment indigne, chez le mari, envers l'inutile compagne à vie qu'il ne peut congédier et remplacer comme une mauvaise servante. De là, chez la femme, ce recours aux recettes infaillibles des matrones et des sorciers, ces pèlerinages aux fontaines merveilleuses, ces neuvaines enfin et ces offrandes à tous les saints en qui la femme stérile a le plus de confiance, et particulièrement à saint Guénolé, dont on a déjà vu qu'en pareil cas la puissante intercession est surtout invoquée !

Le mariage est l'acte le plus important dans la vie d'un Breton. On prétend que dans certains pays, les enfants que l'on destinait à être mari et femme étaient élevés dans le même berceau. Une façon de faire remarquer que cette union n'était pas toujours placée sous le signe de l'amour. Ma grand-mère disait ainsi avoir épousé son mari parce que son père l'y avait obligée.

Malgré ce qu'en dit Alexandre Bouët, ces mariages n'étaient pas toujours intéressés. Le futur époux ou la future épouse pouvaient avoir des frères et des sœurs également susceptibles de prétendre à leur part sur la propriété familiale. Et lorsque celle-ci était petite (ce qui quand même était souvent le cas dans cette région pauvre), les parts des uns et des autres l'étaient aussi.

Dns le Morbihan de mon enfance, les familles préféraient investir sur la cérémonie du mariage proprement dite. Les familles les plus modestes prévoyaient longtemps à l'avance l'événement. Il s'agissait de pouvoir « régaler la compagnie », c'est-à-dire cent ou deux cents personnes, pendant deux ou quelquefois trois jours (on faisait alors ce qu'on appelait le « retour de noces »). Si la cérémonie religieuse et civile (le maire était un personnage tout autant respecté que le curé) revêtaient une importance certaine, la majorité des convives attendaient avec impatience de pouvoir faire le tour des cafés du village (dans chacun d'entre eux on dansait et buvait) avant de se rendre au restaurant. Les plats que l'on y mangeait étaient simples : langoustines, langue de bœuf, tripes, rôti de veau et l'habituelle cohorte des desserts (far et autres pâtisseries traditionnelles). Un mariage réussi était un mariage où l'on mangeait bien. Malheur à qui choisissait le mauvais restaurant ou de mauvais menus La rumeur villageoise avait tôt fait de colporter que « ceux-là (la famille des mariés) étaient vraiment pas bons à rien ! ».

LE REPAS DES PAUVRES

Pred ar beorien

ON a vu que plus s'éloignait le moment où la jeune fille, rieuse et libre, échange son insouciance et sa liberté contre les devoirs sévères d'une épouse, plus son costume prenait la teinte de tristesse que comporte cette vie d'abnégation et de servitude qui sera désormais la sienne. Il y avait, naguère encore, quelque chose d'analogue dans les usages bourgeois de l'Armorique, et pendant les trois jours consacrés dans ses villes aux visites de noces, trois toilettes différentes et d'un éclat de plus en plus modeste, faisaient aussi passer la mariée par une transition symbolique de toutes les illusions que semble destiné à faire naître le costume nuptial aux réalités beaucoup moins brillantes du costume de ménage. Mais aujourd'hui ces particularités locales ne se retrouvent plus que sous le chaume ; en Bretagne, comme d'un bout de la France à l'autre, les habitants des villes tendent chaque jour davantage à se modeler les uns sur les autres, et bientôt ils porteront partout la même empreinte morale. Du reste, la coutume que nous rappelons n'est pas la seule qui donne aux noces bretonnes le caractère qui les distingue. Tout y est contraste, tout y présente un mélange bizarre de pensées graves, pieuses ou brutales. D'un côté, les conviés s'y abandonnent sans réserve à leurs vices favoris : de l'autre, les prêtres, les pauvres, les morts ont également leur part de la fête, en sorte que la prière et l'intempérance, les vertus théologales et les péchés capitaux semblent s'y disputer sans cesse la prééminence, et que la noce offre tour à tour l'aspect d'une orgie ou d'une cérémonie mortuaire. Au commencement du repas les convives ont comme de coutume respectueusement attendu, quelque ardentes que fussent leur faim et leur soif, que la bénédiction du ciel, descendue à la voix d'un vieillard ou du marié, leur ait permis d'y satisfaire. Le repas fini, l'ivresse a fait trêve à ses emportements et a été comme suspendue pour laisser de nouveau passer la prière qui, cette fois, s'est prolongée davantage ; car, nous le répétons, elle n'oublie pas plus les morts que les vivants, et elle reste même assez longtemps sur le ton lugubre qui appartient aux scènes des funérailles. Et ceci n'est que le prélude d'un épisode qui, aussi triste que touchant, est le complément indispensable des noces de l'Armorique. Une 4ᵉ journée y est consacrée tout entière aux trépassés ; elle s'ouvre par un service solennel auquel doivent assister les deux mariés en habits de deuil ainsi que leurs familles, et finit également par un festin où, il faut bien le dire, la tempérance ne préside pas plus qu'aux autres. L'ancienne Rome avait un usage à peu près semblable, et jetait ainsi des pensées de mort au milieu des joies de la vie.

Mais là ne se bornent pas encore les enseignements que donne la philosophie bretonne aux nouveaux époux. Non contente de leur prêcher la fragilité et le néant des choses humaines d'une manière qui rappelle cet éloquent tombeau de *Visdelou*, à Saint-Pol-de-Léon, où les armoiries du noble évêque sont supportées par une tête de mort, elle les fait en outre souvenir que tout près de leurs tables si abondamment servies, il est des êtres qui ont faim, et que pendant qu'ils dansent et se réjouissent, plus d'un infortuné pleure et maudit l'instant où il fut mis au monde. La charité a donc aussi son jour dans nos joyeuses noces, ainsi que cette humilité profonde dont le Christ donna une si sublime leçon sur le gibet de Golgotha. C'est le 3ᵉ jour que, conformément aux préceptes de celui devant qui la richesse et les distinctions d'ici-bas ne sont que poussière et vanité, mais qui a promis de tenir compte là-haut de la moindre action charitable, c'est le 3ᵉ jour que les amphitryons de la fête appellent à y prendre part tous les mendiants du canton, et qu'a lieu ce fameux repas des pauvres, où l'on ne se montre pas moins poli, moins généreux envers des hôtes en haillons qu'envers les convives endimanchés. Rien de plus curieux que la métamorphose dont l'aire offre alors le spectacle. A la place de cette réunion de dandys rustiques qui le disputaient tout à l'heure de luxe et d'élégance bretonne avec les petites-maîtresses des paroisses voisines, voici par centaines ces lazzaroni infirmes et valides pour qui la mendicité est parfois un refuge et une nécessité cruelle, mais le plus souvent un métier et le bonheur suprême ; voici ces fanfarons de pauvreté, ces Diogènes *fashionables* qui s'étudient à être la hideuse représentation de toutes les misères humaines ; voici enfin cette population vagabonde et aux mœurs quasi bohémiennes, qu'on rencontre sur toutes les routes, un long bâton à la main et le bissac sur le dos, qui passe sa vie à parcourir les châteaux, les fermes, les pardons surtout, versant de l'eau dans le cou et les manches des pénitents, récitant machinalement, pour quiconque les paie, des milliers de *pater* et d'*ave*, faisant résonner sur la coquille du pèlerin la tête et les pieds du Christ des chapelets, et devenant pour ainsi dire la providence de tous ceux que le remords poursuit et que l'enfer menace ! Autant les autres conviés de la noce ont mit de coquetterie à se parer de leurs habits les plus beaux, autant ils en mettent, eux, à venir revêtus de leurs plus misérables haillons. Ne faut-il pas que leur extérieur inspire la pitié ? Car si partout ailleurs la pitié est une recommandation assez triste, c'est elle ici qui doit leur tenir lieu d'invitation. Les gens de la noce y amènent d'ordinaire jusqu'à leurs enfants les plus jeunes ; tous ces mendiants, pour avoir droit à une aussi large part que possible à la curée, s'y présentent également avec les malheureuses petites créatures qui leur doivent le jour, ou qu'ils louent, et dont ils savent si bien exploiter l'effronterie précoce ! Il s'opère souvent de curieuses guérisons pendant que le ban et l'arrière-ban des gueux du pays perçoivent ainsi le denier de Dieu sur les prodigalités de la noce, et ce repas pourrait à bon droit s'appeler le repas des miracles. Plus d'un sourd y recouvre l'ouïe, plus d'un muet la parole, pour tâcher de grossir le lot qui lui revient dans cette dîme des pauvres ; et maint aveugle, oubliant sa cécité, met à choisir les meilleurs morceaux un discernement vraiment surnaturel. Le nouvel époux préside lui-même aux distributions ; premier serviteur de tous les convives, il regarde spécialement comme un pieux devoir de servir ceux que lui a amenés leur misère, et, jaloux de les satisfaire complètement, le brillant et riche marié semble être aux ordres de cette ignoble foule de dîneurs déguenillés. Ceux-ci, accoutumés à s'entendre appeler les hôtes de Dieu, reçoivent sans beaucoup de reconnaissance et comme des gens qui connaissent leurs privilèges, le bienfait de ce festin extraordinaire, dont les débris les nourriront pendant deux ou trois jours, et c'est tout au plus si, dans la prière qu'après avoir été rassasiés ils adressent au ciel pour la prospérité des nouveaux époux, il y a quelque chose de plus senti et de moins machinal que dans celles qu'ils ont l'habitude de jeter au passant sur les grandes routes !

LA GAVOTTE DES PAUVRES

Gavoiten ar beorien

CET hommage rendu par la richesse à la pauvreté, ces saturnales de tous les mendiants du canton suivent à peu près les mêmes phases que celles des autres convives de la noce. Après le cri de la faim, celui du plaisir, après le banquet, la danse ! Les miracles y continuent, y deviennent même plus nombreux que pendant le repas. Voyez-vous le bossu leste et malin qui a pris pour partenaire l'une des plus élégantes jeunes filles de la paroisse, laquelle tient de la main gauche un autre danseur déguenillé qui fait avec aisance et vigueur l'espèce de saut de carpe de la gavotte bretonne ? Eh bien, ces deux mendiants étaient tout à l'heure deux culs-de-jatte ! Ils vivent ordinairement de la pitié qu'inspirent les infirmités qui les clouent au sol ; mais excités par un dîner copieux, ils n'ont pu résister au séduisant appel du *biniou*, et, recouvrant comme par enchantement l'usage de leurs membres, ils ont laissé là leurs béquilles et se sont précipités avec ardeur vers la danse.

C'est presque une obligation pour les gens de la noce que de prendre part à cette gavotte des pauvres, et l'on trouverait très mauvais que les principaux personnages eux-mêmes eussent l'air de vouloir s'en dispenser. Les nouveaux mariés donnent l'exemple, et voici Corentin qui fait de vives instances près de la doyenne des mendiantes pour avoir l'honneur de danser avec elle. La vieille lui objecte son âge et sa faiblesse, et cède toutefois à ses prières et à celles de Marie, qui va figurer elle-même avec l'une des notabilités de cette multitude en guenilles.

Les droits et privilèges de nos mendiants, la place qu'ils se sont faite dans la civilisation armoricaine témoignent assez que la semence de l'Évangile n'est pas tombée chez nous dans une terre ingrate, et que la charité peut être appelée une vertu bretonne. Mais, comme nous l'avons fait observer, cette vertu, mal comprise, est devenue pour le pays une plaie véritable. Les mendiants, formant bientôt une sorte de corporation, y ont propagé de dégradantes habitudes et discrédité le travail, lorsque la lenteur naturelle des habitants demandait au contraire à être stimulée et leur apathie vivement combattue. De là une population considérable résignée à vivre sans feu ni lieu, pourvu qu'elle vive sans rien faire. De là aussi d'immenses terrains incultes auxquels les bras ne manquent pas moins que les engrais et les capitaux. Plus la Bretagne abandonne les voies où l'Europe entière marchait avec elle au Moyen Âge, plus cette constitution de la mendicité y paraît une anomalie et y présente de dangers réels. Si jusqu'à présent, en effet, sa langue inconnue l'a préservée, comme une autre muraille de la Chine, de l'invasion des principes destructeurs qui ont ailleurs transformé des hommes ignorants et simples, non en philosophes, ainsi qu'on l'espérait follement, mais en singes et en tigres, qu'arrivera-t-il lorsque le frein religieux et le prestige des anciennes mœurs n'arrêteront plus ces tribus parasites et vagabondes qui, aujourd'hui même, sont souvent menaçantes et jettent l'effroi au sein des fermes qu'elles mettent à contribution ?

On ne saurait donc souffrir plus longtemps un état de choses, très favorables sans doute à la poésie et aux romanciers, mais qu'ils doivent se résigner, quelques regrets qu'il puisse leur en coûter, à voir sacrifier aux nécessités peu dramatiques de l'époque. Chaque époque a les siennes, et doit à des caractères spéciaux sa physionomie et son renom. Tel siècle a été remarquable par son esprit guerrier, tel autre par l'amour des beaux-arts ou son ardeur de prosélytisme religieux, et ce qui distingue particulièrement l'ère nouvelle où nous entrons, c'est un vif besoin de bien-être matériel et moral, c'est une disposition généreuse à le faire descendre jusqu'aux derniers degrés de l'échelle sociale, en accoutumant les masses à le conquérir par des moyens d'ordre et de sagesse jusqu'à présent inconnus d'elles. On voit que la mendicité n'a pas sa place dans un pareil système, et qu'il ne saurait triompher sans qu'elle disparaisse. Tant que les paysans ont été serfs, ou, lorsqu'après un commencement d'émancipation, ils sont encore restés écrasés sous des charges inégales, il était naturel que les privilégiés qui s'étaient fait une si large part dans les avantages de la communauté, assurassent aux prolétaires déshérités ou à peu près du fruit de leurs travaux, et par conséquent dégoûtés de travailler, le pain de l'aumône, lorsqu'ils pouvaient l'aller mendier, et un asile, lorsque la vieillesse ou la maladie leur enlevaient même la triste ressource de vivre en vagabonds. Mais si la société, constituée comme elle l'était alors, devait une rente aux oisifs et aux mendiants qu'elle avait faits, si l'aumône et l'hôpital étaient l'indispensable corollaire d'un tel ordre de choses, c'est avec d'autres matériaux que se consolidera l'édifice social qui s'élève sur les débris de l'ancien régime. Chacun y ayant, avec la liberté du travail, la pleine jouissance de ce que son travail peut produire, n'a plus le droit de demander à être nourri et hébergé aux frais de qui que ce soit. Mais cette liberté précieuse n'a pas encore paru suffisante au zèle philanthropique et éclairé de notre époque ; et, en effet, dans ces temps de transition, il fallait, après la leur avoir donnée, faciliter aux classes pauvres le passage de la misère à cette première aisance qui est un si puissant encouragement à marcher dans de meilleures voies. De là le bienfait de toutes ces institutions qui, depuis le berceau jusqu'à la tombe, entourent des soins les plus intelligents l'enfant, l'homme, le vieillard, autrefois condamnés au besoin et à l'abrutissement. De là ces salles d'asile où commencent à se former de jeunes cœurs ouverts à toutes les impressions et qui, faute de guides, se gangrenaient jadis au souffle des mauvaises passions qu'engendrent l'oisiveté et la misère. De là ces écoles gratuites d'enseignement, où se puisent les connaissances indispensables aux plus humbles professions, et d'où les natures exceptionnelles, lorsqu'elles s'y manifestent, peuvent prendre l'essor pour s'emparer du rang qui leur appartient dans l'aristocratie nouvelle, celle qui est marquée du sceau de Dieu même, celle du mérite ! De là enfin, ces ateliers de travail, ces lazarets contre la paresse, et tout près ces caisses d'épargne qui ne laissent plus de prétextes à l'imprévoyance et à la dissipation, et dont l'aspect seul jette dans l'âme, non l'inquiétude fébrile du besoin, mais ces salutaires préoccupations de l'homme qui songe à son avenir et à celui des siens. C'est avec ces éléments déjà éprouvés et ceux qu'étudie encore une société qui se régénère, qu'il faudra combattre ce protée aux mille formes, cette mendicité si profondément entrée dans les mœurs du pays. Du reste il y aura eu cela d'heureux à ce que la Bretagne soit restée à l'arrière-garde, c'est qu'elle pourra profiter de l'expérience des autres, et éviter les fautes et les excès qui ont été commis à la recherche de la nouvelle terre promise. D'un autre côté, ses habitudes de charité lui rendront peu sensibles les sacrifices à faire. Avec les secours éphémères et dépravateurs qu'elle prodigue, elle pourra soulager les mêmes besoins matériels qu'aujourd'hui, mais d'une manière beaucoup plus durable et en produisant un bien moral dont elle ne s'était pas encore occupée.

FIN DE LA FÊTE

Divez ann eured

CHACUN payant son écot, les gens de la noce trouvent tout naturel, non seulement de satisfaire et au-delà leur appétit, mais encore de ne rien laisser après eux des provisions accumulées à leur intention ; elles leur appartiennent, il faut qu'ils les épuisent coûte que coûte, et ils veillent particulièrement à ce que toutes les barriques ne soient abandonnées que vides de leur dernière bouteille.

Avec de pareilles dispositions et tout ce qu'on sait des habitudes bretonnes, on peut facilement s'imaginer ce que doit être la fin d'une noce, telle que celle à laquelle nous venons d'assister. Il ne s'agit pas en effet d'une de ces réunions réservées jusque dans leurs folies, où l'on semble toujours se battre les flancs pour s'amuser, mais de gens décidés à être heureux à tout prix, et particulièrement au prix de leur raison ; ce n'est pas enfin l'apparence menteuse de l'orgie, c'est bien l'orgie elle-même avec ses joies sans frein, ses clameurs, ses disputes, sa brutalité ! L'orgie où vous vous imaginez que la maison tourne, que les arbres valsent et que vos voisins sont toujours prêts à tomber, parce que vous l'êtes vous-même ! L'orgie où vous dansez, chantez, frappez et êtes frappé, sans en avoir la conscience ; où tout rappelle cette chanson bretonne qui dit, en parlant de nos jeunes filles : *faudrait-il traverser l'enfer, elles iraient danser* ! Où tout rappelle encore mieux cette autre chanson bretonne d'un rival inconnu du menuisier de Nevers, qui s'écrie, dans son exaltation bachique : *je voudrais plonger ma tête dans une barrique pleine pour y nicher mon âme comme dans un paradis !*

L'épisode que nous avons sous les yeux donne une idée des scènes de tumulte et de désordre dont la ferme devient alors le théâtre. Pendant qu'entraînée à quelques pas de là dans une sorte de courant électrique, la gavotte furieuse, frénétique, serpente et tourbillonne en exhalant sur son rapide passage une vapeur chaude et passionnée ; pendant que luttant contre la bruyante harmonie du *biniou*, de la bombarde et du tambourin, des chanteurs, à la voix stentorique, forment une dernière ronde, ronde étrange comme une ronde de sabbat où, sur un air triste, on rit, on est hors de soi, on boit à longs traits le délire ; pendant enfin que cette fièvre des danseurs s'épuise dans ses dernières convulsions, voici quelques buveurs avec lesquels la doyenne des mendiants s'est attablée sans plus de façon que de coutume, et qui, maîtres encore ou à peu près de leur raison, cherchent à la noyer dans ce qui leur reste de bouteilles à vider. Derrière eux deux groupes

plus prompts à se précipiter dans cette ivresse qui est pour tous le dernier terme du bonheur, y ont puisé ces dispositions querelleuses et cette ardeur de bataille qu'elle manque rarement d'éveiller chez les Bretons, et qui donnent trop souvent à leurs noces une triste ressemblance avec celles de Pirithoos. On a vu combien ils sont terribles dans ces moments de colère aveugle ! Ils font alors arme de tout, et ici c'est la bouteille qui remplace le *penn baz*, et retentit à coups redoublés sur leurs crânes, heureusement si épais et si durs. Les Cornouaillais, en pareil cas, ont surtout l'habitude de frapper ainsi sur la tête, sur le *baptême*, comme on dit dans le pays, ce qui leur y a fait une réputation de brutalité qui vraiment n'est pas usurpée. Dès qu'ils sont ivres, à la rudesse des paroles et aux combats de l'esprit succèdent bientôt des combats plus dangereux, et le trait satirique se change en une arme meurtrière qui, au lieu de piquer, assomme. Cela arrive d'autant plus vite que les Bretons, comme tous les peuples encore peu policés, aiment beaucoup les expressions proverbiales, et font un très fréquent usage de sobriquets, usage qui presque toujours dégénère en abus. Ces sobriquets, soit qu'ils s'adressent aux individus ou indistinctement à tous les habitants d'une ville, d'une commune, etc., impliquent ordinairement une injure, un reproche, ou tout au moins tendent à les rendre ridicules, et deviennent une source féconde de querelles et de rixes. C'est ainsi qu'ils appellent ironiquement *penn sardin*, tête de sardine, l'habitant de Douarnenez, ville qui pêche et consomme une si énorme quantité de ce poisson ; *penn cok*, tête de saumon, l'habitant de Châteaulin, où le saumon était une richesse si commune avant les travaux de canalisation de l'Aulne, que les domestiques, en entrant dans une maison, stipulaient toujours qu'ils n'en mangeraient à leur dîner que trois fois par semaine ; *blohic*, l'habitant du pays de Vannes, désignation burlesquement tirée de *bloh*, tout, qui est un mot particulier au dialecte qu'on y parle. Le véritable nom des Vannetais est *Gwenedad*, c'est-à-dire habitant du pays au blé blanc, sorte de blé qui y abonde. Un vieux proverbe dit : *sod evel eur Gwenedad, brusk evel eur C'hernevad, laër evel eul Leonard, traitour evel eur Tregoriad* ; bête comme un Vannetais, brutal comme un Cornouaillais, voleur comme un Léonard, traître comme un Trégorrois. Si l'on prenait à la lettre cet arrêt de la prétendue sagesse des nations, on aurait une idée fort triste et en même temps très fausse des Bretons. Le Trégorrois n'a pas ce caractère des Italiens du Moyen Age que lui prête ce proverbe menteur. S'il se distingue de ses compatriotes, c'est surtout en ce qu'il est plus sociable, plus francisé qu'eux ; d'un autre côté, les Léonards, loin d'être enclins à se laisser tenter par le bien d'autrui, sont de très honnêtes gens, remarquables par leur gravité et leur esprit religieux. L'injuste accusation dont ils sont devenus l'objet date du mauvais tour que joua l'un des leurs à saint Corentin, en enlevant un morceau de son poisson miraculeux. Ce méfait, quelque répréhensible qu'on puisse le trouver, devait-il donc être expié pendant des siècles au prix de la réputation des descendants du coupable ? Le Vannetais enfin n'est pas plus dépourvu d'intelligence que les autres Bretons ; c'est presque le Cornouaillais, mais le Cornouaillais encore plus tenace, plus énergique et surtout plus sombre dans sa turbulence. Du reste, suivant le docteur Edwards, qui a fait une étude spéciale de la différence des races, celle de la Cornouaille doit appartenir à la souche des Celtes-Ibères. La conformation de sa tête accuse, comme la leur, un développement remarquable des facultés perceptives. La figure est généralement oblongue, et une énorme distance sépare le menton du nez qui est très prononcé. Souvent, chez la femme surtout, l'œil est fendu en olive. Cette race cornouaillaise diffère spécialement de la race du Léon par un buste plus long que les jambes, tandis que les Léonards portent un buste très court sur des jambes d'une longueur disproportionnée. Ceux-ci, dont les traits d'ailleurs sont beaux et réguliers, rappellent par les saillies de la face les grands souvenirs d'une race indomptable qui passe pour descendre des Kymeris, peuplade de la Grande-Bretagne, que les Saxons, qui avaient soumis l'île entière, ne purent parvenir à soumettre. La 3e race dont le type puisse être précisé est celle des habitants des montagnes et des régions centrales qui les premiers ont occupé le pays. Leur taille est plus ramassée, et leur physionomie moins noble que celle des Kymeris. La force musculaire se révèle chez eux par un cou gros et court, et par des joues qui font saillie et se dessinent à angle droit. Leur front est peu élevé, et ils ont généralement la mâchoire inférieure proéminente, le menton carré, les lèvres épaisses, et les yeux enfoncés dans leur orbite. Il y a beaucoup d'analogie entre eux et ce que furent les anciens peuples pasteurs.

LE COUCHER DE LA MARIÉE

Kousked ar plac'h nevez

Nous n'avons pas dit encore avec quelles ressources Corentin et Marie vont entrer en ménage, et les espérances de fortune que doit réaliser pour eux l'avenir. Outre les économies qu'ils ont faites l'un et l'autre dès leur jeune âge, et sans parler du revenant-bon de la noce et des cadeaux offerts par leurs parents les plus riches, et où s'est trouvé pour eux un commencement de troupeau, ils ont eu chacun une dot de six cents écus, et apportent de plus à la communauté un trousseau consistant, pour Marie, en douze coiffes, et douze jupes de diverses espèces, une demi-douzaine de jupons et autant de corsets, et, pour Corentin, en deux chapeaux, trois bonnets de laine, six *bragou*, trois *jupens* et une douzaine de gilets ; outre, pour l'un et l'autre, douze chemises, douze mouchoirs de poche, une paire de souliers et deux paires de sabots.

La position des jeunes mariés bretons varie selon les lieux, mais rentre ordinairement dans l'une des catégories suivantes : ou ils louent immédiatement une ferme plus ou moins considérable, qu'ils font valoir avec la fortune qu'ils ont en partie économisée eux-mêmes et dont leur mariage vient d'arrondir le chiffre ; ou ils s'associent avec l'un des deux pères et lui confient leurs fonds en prenant au besoin sur ses propriétés une bonne et solide hypothèque (c'est là une précaution que ne paraissent jamais remplacer suffisamment à leurs yeux les liens du sang et la tendresse paternelle) ; ou enfin, cette espèce de cession de biens dont nous avons déjà parlé et qu'on appelle *démission*, leur assure la jouissance anticipée de l'héritage de leurs parents et, très jeunes, leur donne presque l'importance que ceux-ci avaient acquise dans la paroisse. Les associations ou plutôt, suivant l'expression du pays, les *consorties*, sont surtout en usage dans le Léon, et les démissions dans la Cornouaille. Nous avons dit quel est le côté fâcheux des démissions, c'est d'être la source d'une mauvaise foi et d'une ingratitude odieuses ; c'est de mettre la nature aux prises avec l'intérêt chez des hommes trop enclins à écouter ses inspirations ; c'est de présenter l'immoral et douloureux spectacle de vieillards qui se sont dépouillés de tout en faveur de leurs enfants, et que ceux-ci privent chez eux non seulement de soins et d'égards, mais même du nécessaire ! On remarquera cependant que cette coutume des démissions est favorable à l'emploi le plus avantageux des forces des cultivateurs aux divers âges de la vie, et qu'elle arrache à une inactivité préjudiciable aux intérêts généraux de jeunes hommes dont l'énergie vaut seule un capital. Mais il faudrait, nous le répétons, que cette coutume fût modifiée de manière à garantir aux parents démissionnaires une vieillesse paisible et respectée, puisqu'on ne peut compter, chez leurs enfants, sur cette solidité de principes qui serait en pareil cas la meilleure des garanties. Dans l'autre système, celui des associations ou fermes en consortie, il y a cet avantage, qu'on y trouve réunis et concourant au même but, l'âge de la force et celui de l'expérience ; mais comme ces exploitations se font ordinairement d'après des conventions tacites et sans aucun acte obligatoire et synallagmatique, c'est le chef de famille qui règle et décide à sa guise ce qui revient à chacun, répartition arbitraire qui est trop souvent une source d'injustices et de haines dans les familles. Celles qu'on cite comme les plus unies ne font ces partages qu'une fois ou tout au plus deux fois par an. Celles au contraire où règnent la défiance et la désunion, celles surtout dont l'autocrate naturel, soit par faiblesse ou incapacité, a compromis sa puissance morale et laisse flotter au hasard les rênes de la ferme, ont plus fréquemment recours à la répartition de leurs profits, tous les mois par exemple, quelquefois toutes les semaines, ou même après chaque marché. Du reste cet usage, qui dans certaines communes a pris une telle extension que chaque associé a sa spécialité dans les travaux de la ferme, l'un s'occupant exclusivement du bétail, l'autre des labours, celui-ci des foires, etc. ; cet usage peut exiger, et souvent exige des règlements de comptes très compliqués et très difficiles, et l'on doit penser combien l'absence totale d'instruction et l'imposibilité de tenir des écritures en règle ouvrent alors de portes à la chicane et à l'intervention ruineuse des notaires de campagne ; c'est une des sources de leur toute-puissance.

De ces habitudes des familles bretonnes à leur manière d'hériter, la transition est naturelle. Une chose vous frappe d'abord dans leurs idées sur la transmission de la propriété, transmission si curieuse à étudier chez les divers peuples, et qui y exerce tant d'influence sur la marche de la civilisation ; c'est qu'en Bretagne la loi des successions a de tout temps dérogé dans un intérêt social au droit naturel qui est incontestablement un partage égal entre les enfants du même père, et que tantôt les aînés, tantôt les cadets ont été ou sont encore avantagés afin de conserver intact le chef-lieu patrimonial. Suivant le droit de *quevaize*, la tenue passait en succession directe au dernier-né des enfants mâles, et s'il n'y avait que des filles, à la plus jeune. Cette loi remarquable, que Montesquieu dit originaire de la Bretagne même ou de la Germanie, n'avait pas moins pour but l'utilité publique que l'intérêt des familles. Le pays était alors couvert de landes immenses dont on ne voit encore que trop de vestiges, et les colons qui recevaient de nouvelles investitures à domaine congéable y envoyaient leurs aînés former des établissements avec une certaine quantité de bétail ; c'est ce que signifie le mot *quevaize*, formé de *ké d'ar maez*, va aux champs. Le dernier des enfants, resté avec son père, devenait dont son unique héritier, et c'est le juveigneur qui jouissait ainsi du droit d'aînesse. Cet état de choses devait cesser lorsque le désert ne reculerait plus devant la charrue du colon, et plus tard ce fut l'aîné, et c'est encore lui de nos jours, dans les cantons les plus florissants, que le père de famille laisse maître des lieux qu'il cultivait à titre de fermier ou de propriétaire. Mais il ne s'agit pas dans le système breton comme dans l'inique législation de l'ancien régime d'enrichir un seul des dépouilles de tous ; l'aîné hérite ici à titre onéreux : il doit à ses frères et sœurs leur entretien, du travail et un capital, lorsqu'ils s'établissent. La préférence conditionnelle dont il est l'objet a pour but d'arrêter, sans commettre d'injustice, le morcellement funeste de la propriété territoriale, de maintenir dans la famille un centre de réunion, un point d'appui sur lequel puissent compter au besoin tous ses membres, et de favoriser par là cet esprit d'agrégation et de perpétuité qui double encore l'amour du sol natal et rend plus sacré le dépôt de l'honneur paternel. Qu'on y réfléchisse, et l'on reconnaîtra que nos Bretons opposent une résistance pleine de bon sens à cette extrême division des terres qui, en créant de toutes parts d'égoïstes individualités, et en ajoutant la mobilité territoriale à la mobilité naturelle au caractère français, empêche que rien ne se fasse dans des vues de stabilité et d'avenir, et finirait, en France, par réduire la société en poussière sociale.

LA SOUPE AU LAIT

Souben al leaz

Nous nous sommes habitués à nous écarter de notre route toutes les fois que nous apercevons, même de loin, quelque lumière à recueillir sur les mœurs et les idées de nos vieux Celtes, et cette habitude vagabonde nous a fait retarder le moment de lever l'interdit jeté sur la couche nuptiale de Corentin et de Marie. L'impatience amoureuse d'un marié citadin ne s'accommoderait guère de tels délais ; mais celle d'un marié breton est, comme nous l'avons dit, de meilleure composition ; et bien que, sous ce rapport, notre héros soit une exception et l'un des amants les plus passionnés que l'Odet ait jamais vus sur ses rives, il n'en est pas moins l'esclave résigné des vieux usages du pays, et prêt à subir tous les retards qu'y commande l'étiquette aux nouveaux époux. Il a donc fait à monsieur le bon Dieu (*ann autrou Doué*) le sacrifice de la première nuit de ses noces ; la seconde a été consacrée à la bonne Vierge, et il n'ignore pas que si la troisième est censée lui appartenir (et dans certains cantons ce n'est que la quatrième, la troisième y revenant de droit au patron du marié), les farceurs de profession qui l'entourent, fidèles aux bouffonneries traditionnelles des noces, le forceront très probablement à en faire hommage à saint Joseph ou à quelque représentant breton de la continence chrétienne. Du reste, plus d'un jeune mari ne borne pas son sacrifice aux trois jours de rigueur, et le prolonge par dévotion, soit volontairement, soit pour obéir aux prescriptions du confessionnal. Il s'écoule ainsi parfois quinze jours, un mois et même plus sans que la lune de miel commence.

Corentin qui, les trois jours précédents, veuf avant d'être mari, avait regagné seul le domicile paternel, attendait, retenu par son parrain, que l'heure du lit clos eût enfin sonné pour lui. Marie, entièrement vêtue de blanc, y avait été conduite par sa marraine qui, en l'y installant dans son costume virginal, lui prodigue ses recommandations, au milieu du bavardage de ces inévitables commères pour qui toutes les particularités d'un mariage, d'une naissance ou d'un enterrement, sont de véritables bonnes fortunes. Lorsque le troupeau femelle eut, en ricanant, cédé la place à

Corentin, un silence solennel régna dans la maison, et soudain fut interrompu, non moins solennellement, par une des ces prières éloquentes dont la religion accompagne, ici surtout, chaque circonstance qui marque dans la vie. Le *Veni Creator*, entonné par un des anciens et répété par toutes les bouches, fit pieusement retentir les échos de la ferme, et y ramena un moment les esprits aux pensées graves et sévères. Mais à peine ce nouvel et dernier intermède religieux fut-il achevé, à peine Corentin, s'emprisonnant avec Marie dans le lit clos, en eut-il fait glisser le panneau mobile dans ses coulisses, qu'un bruit confus de chuchotements et de rires étouffés annonça l'irruption des farceurs et la grotesque cérémonie de la soupe au lait. La voici qui arrive en triomphe ! A la tête des assaillants, le meunier, boute-en-train expérimenté, se démène et donne ses ordres comme un général à ses troupes. Quatre farceurs subalternes portent sur une civière le mets symbolique, et bien que les deux époux sachent qu'on leur a préparé un repas impossible, ils doivent paraître l'ignorer et se prêter à cette comédie, toujours la même et toujours en possession de la faveur bretonne. Aux premiers efforts qu'ils font pour manger de cette soupe, des rires jusqu'alors

retenus éclatent de toutes parts et ébranlent la maison de leur joyeux tonnerre : c'est que les cuillers qu'on leur a mises entre les mains sont percées de part en part et leur arrivent toujours vides à la bouche ! Ce n'est pas la seule malice dont l'épisode de la soupe au lait vienne égayer les spectateurs ; un fil invisible y réunit tous les morceaux de pain en chapelet, et lorsqu'on veut en saisir un, on attire tout les autres. Aussi l'hilarité redouble dès que le couple mystifié, cédant aux pressantes invitations qui l'étourdissent, essaie, après avoir voulu inutilement goûter la partie liquide de cette soupe, de s'attaquer à ce qu'elle contient de solide ; il faut prendre tout ou rien, et naturellement finir par y renoncer. Quels éclats de rire alors, quelle maligne satisfaction excitent les vains efforts et la confusion des deux victimes ! Mais elles seraient trop heureuses si leurs joyeux persécuteurs se bornaient à la mystérieuse plaisanterie de ce repas négatif. Ne faut-il pas maintenant la bénédiciton d'un Dieu qui, s'il a été chassé du ciel, n'en est pas moins tout-puissant sur la terre et particulièrement en Bretagne ? Ne faut-il pas que le lit nuptial ait aussi sa consécration bachique ? Voyez-vous ces échansons qui demandent le mot d'ordre au farceur en chef ? Ils vont tout à l'heure assaillir à leur tour nos deux patients, et leur bonheur sera sans égal si, à force de porter au mari des toasts, et d'obtenir qu'il leur en fasse raison, ils parviennent à le plonger dans une ivresse complète, et laissent en partant sa femme adossée, pour la première nuit de ses noces, à une sorte de brute qui dort du sommeil tourmenté, mais profond, de l'orgie, et remplit grossièrement le lit clos de ses incommodes ronflements.

Ce lit, dans plusieurs cantons, semble être alors devenu banal ; on y jette tour à tour, soit en tiers, soit à la place du mari qu'on en arrache, les vieillards comme les jouvenceaux de la noce, mais en tout bien tout honneur, et sans y laisser chacun d'eux renfermé plus d'une ou deux minutes. Dans certains cantons, les nouveaux époux sont livrés pendant toute la nuit à la sévère surveillance du garçon et de la fille d'honneur qui, entièrement vêtus, doivent rester couchés entre eux jusqu'au lendemain. Ailleurs il se passe quelque chose de plus bizarre encore ; après avoir introduit le nouveau couple dans le lit nuptial, le garçon d'honneur, lui tournant pudiquement le dos, fait sentinelle, une lumière à la main, et ne doit quitter son poste que lorsqu'elle lui brûle les doigts. Dans quelques communes enfin, on donne des noisettes à la mariée pendant toute la nuit. « Les noix, dit Cambry, étaient, chez les Romains, l'emblème du mariage à raison de la double enveloppe qui renferme son fruit, image de celle où l'enfant est emprisonné dans le sein de sa mère. La dure enveloppe des noisettes offrait peut-être un autre emblème aux Celtes. »

Nous mentionnerons encore un de leurs vieux usages, celui des pleureurs qui, installés dans la chambre nuptiale, avaient la singulière mission de pleurer toute la nuit la virginité de la mariée. Cet usage a aujourd'hui entièrement disparu.

LES ÉPINGLES DE LA MARIÉE

Spillou ar plac'h nevez

LE vendredi, la ferme est rentrée dans son calme habituel, et Corentin a commencé sa vie de ménage. Il a été bon fils, il sera bon époux, mais à la mode de Bretagne, c'est-à-dire sans qu'il y paraisse et qu'on s'en doute, et comme si pour lui, de même que pour les autres, le mariage avait été le tombeau de l'amour.

Cependant la royauté passagère de la jeune épouse et toutes les apparences de bonheur digne d'envie qu'elle doit goûter réveillent alors chez plus d'une jeune fille des désirs et des espérances qui ont fait naître une innocente et fructueuse industrie. Les épingles de la mariée sont exploitées comme un précieux talisman qui assure des maris à toutes celles que font soupirer en secret, et quelquefois tout haut, les ennuis du célibat et la crainte de mourir vieilles filles. Depuis un temps immémorial, du reste, les jeunes Bretonnes ont imaginé plus d'un moyen de se croire, sinon de se mettre à l'abri d'un pareil malheur. Si elles peuvent, lors des feux de la Saint-Jean, en visiter neuf avant minuit, elles sont certaines de se marier dans l'année. Or, c'est là pour elles une facile et agréable tâche à remplir ; car, nous l'avons dit, ces feux autour desquels on court danser, s'allument chez nous par centaines, par milliers ! La terre de Bretagne, pendant quelques heúres, brille alors d'autant de points lumineux que le firmament d'étoiles. Mais ce n'est pas la seule ressource des *pennerès* qui attendent et ne voient pas venir un mari ; mainte fontaine, questionnée sur ce sujet intéressant, satisfait par ses oracles leur avide curiosité. Celle de Bodilis, par exemple, leur dit miraculeusement si elles se marieront dans l'année ; cette même fontaine rend des oracles d'une nature encore plus délicate : elle répond à l'amant qui lui demande si sa maîtresse est innocente et pure. A cet effet, il dérobe à celle-ci l'épingle qu'elle porte le plus près du cœur et la pose sur la surface de l'eau ; l'épingle s'enfonce-t-elle ? malheur et damnation !... surnage-t-elle au contraire ? toutes ses craintes sont dissipées.

On peut voir par ces exemples et par tous ceux que nous avons donnés dans le cours de cet ouvrage combien l'imagination exerce d'empire sur les populations de nos campagnes, et dans quel monde fantastique vivent ces hommes que l'on croit entièrement absorbés par un travail abrutissant et des préoccupations toutes matérielles : le peuple breton est encore tel qu'un enfant bercé par les contes de sa nourrice, et qui a grandi sans autre nourriture intellectuelle. Malgré tous les détails où nous sommes entrés à cet égard, il est une foule de croyances et d'idées quelquefois poétiques et souvent bizarres, que nous n'avons pas eu l'occasion de mentionner, et avant de toucher au terme de notre course, nous allons nous arrêter un moment pour en enregistrer encore quelques-unes parmi les plus curieuses et les plus populaires.

Bien que même à la clarté du soleil les prodiges abondent en Bretagne, c'est naturellement pendant la nuit qu'elle est surtout la terre des apparitions et des fantômes ; c'est alors que les Korrigets, ces nains si difformes et d'une vigueur surnaturelle, font danser jusqu'à la mort ceux qui ont le malheur de les rencontrer. C'est alors que se voient ou s'entendent le *buguel noz*, l'un des spectres les plus redoutés du pays, qui, vêtu de blanc et déjà d'une taille gigantesque, croît encore au fur et à mesure qu'on l'approche ; la *scrigerez noz*, ou crieuse des nuits, qui vous poursuit en poussant des gémissements plaintifs ; les *kannerezed noz*, ces terribles lavandières qui invitent les passants à tordre leur linge, leur rompent les bras s'ils le font de mauvaise grâce, et les noient s'ils s'y refusent : ce sont des âmes souffrantes. Nous mentionnerons encore, comme un objet d'effroi pendant la nuit, les *loups-garous*, pêcheurs métamorphosés en loups pour être restés plus de dix ans sans approcher du tribunal de la pénitence ; le *barbet noir* des montagnes d'Arès, qui garde d'immenses trésors, mais qui conduit aux antres du sabbat ceux qui osent le suivre, à moins qu'ils ne se hâtent de faire le signe de la croix ; la *musette aérienne* qui retentit au sommet de ces montagnes sauvages ou sur les îles désertes de la côte, sans qu'on ait jamais pu voir celui qui en joue, et rend des sons qui n'ont rien de terrestres et ressemblent à un écho affaibli de l'autre monde ; enfin le *karikel ankou*, le redoutable chariot de la mort qui, escorté de squelettes et traîné par des oiseaux funèbres, fait entendre le bruissement lugubre de ses roues et luire son linceul prophétique près de la demeure d'où une âme va s'envoler !

Ainsi que les oiseaux de proie, l'hermine et la belette inspirent aux Bretons une terreur superstitieuse. Lorsqu'un de ces animaux expire, malheur à la personne sur laquelle il jette son dernier regard ! Elle mourra dans l'année. Les crapauds font également naître de ridicules frayeurs ; si l'on essaie d'en tuer et qu'il ne meure pas, on est attaqué de la fièvre et l'on ne peut guérir qu'en allant l'achever. Une vieille femme qui file sur le bord de la route doit arracher le lin de son rouet, ou bien la voiture qui passe versera immanquablement. Le meilleur parti qu'ait alors à prendre le charretier, c'est de la faire verser dans un bon endroit, pour éviter qu'elle ne verse dans un endroit dangereux. Chaque ménage conserve précieusement un tison arraché aux feux de la Saint-Jean, et lorsqu'un incendie se déclare, on y lance ce tison pour l'éteindre. La bûche de Noël possède des propriétés non moins merveilleuses. La moindre parcelle qu'on ait eu soin d'en garder est un talisman qui préserve du tonnerre, donne du lait aux vaches, et a bien d'autres vertus encore. La foi vive des Bretons a fait, du reste, et devait faire de la nuit de Noël une nuit de prodiges ; la veille il y a vigile et jeûne pour leurs bestiaux comme pour eux-mêmes, et lorsque minuit sonne, les bœufs se trouvent doués tout à coup du don de la parole et prédisent l'avenir. C'est un privilège qu'ils doivent au mémorable hasard qui fit assiter leur race à la naissance du Christ, dans la crèche de Bethléem. Un paysan sceptique, c'est-à-dire un être tout à fait exceptionnel pour le pays, voulut s'assurer un jour, raconte-t-on dans les veillées, si ce miracle annuel avait quelque réalité, et fut cruellement puni de sa curiosité de mécréant. A minuit précis, il entendit, caché dans son étable, la conversation suivante entre ses deux bœufs : « Eh bien, dit le premier, qu'y aura-t-il de nouveau cette année ? — Ce qu'elle aura pour nous de plus remarquable dit le second, c'est qu'avant de finir elle nous verra porter notre maître en terre. » « Je saurai bien vous faire mentir », se dit l'écouteur malencontreux, et dès le lendemain il chercha à se défaire de ses deux bœufs et finit par les vendre à l'un de ses voisins. Mais son imagination était frappée ; cette prédiction de mort, cet avis surnaturel devint sa pensée unique et le tourment de chaque heure de sa vie. Une pareille obsession devait le tuer et le tua. Il mourut avant d'avoir remplacé les deux bœufs qui avaient prophétisé sa mort, et ceux-ci, prêtés par leur nouveau maître, furent attelés à la charrette du défunt, et accomplirent, en le conduisant à sa dernière demeure, la sinistre prédiction qu'il leur avait surprise et dont il était mort victime.

LA MORT DU GRAND-PÈRE

Maro ann tad-koz

Depuis quelques temps le grand-père de Corentin, le *tad-koz*, s'affaissait à vue d'œil sous le poids de l'âge. Il avait accompli sa 90e année, et ce terme extrême de la vie n'est pas souvent atteint par les habitants de nos campagnes, exposés à des maladies spéciales, qu'ils ne combattent, ainsi qu'on l'a vu, que par la médecine merveilleuse ou par les mains de médicastres plus dangereux que leurs maladies mêmes. Toutefois, au milieu de leurs victimes, il reste parfois debout d'heureux survivants qui, dans la tontine des années, semblent avoir amassé sur leur tête toutes les dépouilles de leur siècle. L'un de ces macrobites, le plus célèbre de tous, Jean Causeur, mourut à Saint-Mathieu, en 1775, âgé de 137 ans. Il avait été perceur au port de Brest et, devenu vieux, s'occupait surtout de jardinage. Les États de Bretagne lui allouèrent une pension de cent écus, et, dans sa dernière année, ce nouveau Mathusalem, qui disait un jour que dans le livre des hommes Dieu avait tourné le feuillet et l'avait oublié sur la terre, ne pensait qu'à dire et redire son chapelet. Il était aveugle, mais jouissait encore de ses autres sens, et, chose curieuse, sa barbe avait été remplacée par un léger poil follet.

Notre *tad-koz*, moins tempérant que Jean Causeur qui n'avait jamais commis d'excès et vivait principalement de laitage, s'était senti rajeunir au mariage de son petit-fils, et il avait surtout puisé ce retour de jeunesse dans mainte et mainte rasade, plus confiant que personne dans le vieux proverbe qui dit que le vin est le lait des vieillards, *guin a souten kalon goz !* Mais hélas ! cette chaleur factice, cette surexcitation passagère de l'homme chargé d'années, est chez lui aussi funeste que trompeuse : c'est la brillante et dernière lueur de la lampe qui se ranime et va s'éteindre. Le *tad-koz* avait épuisé, au milieu de cette espèce de résurrection bachique, le peu de forces qui l'arrêtaient sur le bord de la tombe, et avant la fin de la noce il fallut le mettre au lit ; il ne devait pas s'en relever. Le moment où la mort vient s'asseoir au chevet d'un Breton est celui peut-être qui le montre, lui et sa famille, sous le jour le plus remarquable. C'est alors, du moins, qu'il y a surtout contraste entre leurs mœurs primitives et nos mœurs policées. A quelles angoisses, en effet, ne sommes-nous pas en proie, nous autres fils de la civilisation, pendant ces heures lentes et terribles où nous voyons l'objet de nos affections les plus chères lutter contre la souffrance et une destruction prochaine ? Notre âme déchirée implore tour à tour, avec une sorte de violence, Dieu et les hommes, et si nos vœux semblent devoir être trahis, nous accusons Dieu de cruauté, nous maudissons la science humaine et son impuissance, prêt au moindre rayon qui nous rassure, à retrouver possible ce qui ne l'est plus, à croire à un miracle, à redevenir fous d'espoir ! Rien de semblable sous le chaume breton. Là règne, à l'heure de la mort, un calme égal au mépris qu'on y fait habituellement des maux de la vie ; là brille alors, de tous son éclat, la première et la plus complète des vertus du pays, la résignation ! Mais, on ne saurait se le dissimuler, cette vertu si précieuse, si nécessaire au Breton pendant le pénible pèlerinage qu'il lui faut faire ici-bas, a aussi son mauvais côté : elle le rend dur envers les autres comme envers lui-même. Aussi, sans refuser ses secours à ceux qui souffrent, leur témoigne-t-il d'ordinaire peu de pitié et de sympathie. Le ciel les éprouve, dit-il, *ioul Doué*, c'est la volonté de Dieu ! En un mot, cette extrême résignation a souvent les caractères d'un fatalisme aveugle qui lui conseille l'immobilité lorsqu'il faudrait agir, et lui ôte l'intelligence de ce précepte inspiré par Dieu même : aide-toi, le ciel t'aidera !

Lorsque après avoir allumé un cierge devant l'autel de la Vierge, et fait dire une messe de *tu-pe-zu*, messe qui décide de la guérison ou de la mort immédiate du malade, on vit que le mal du *tad-koz* résistait aux verres de vin chaud, ce remède universel du pays, et que le bon vieillard refusait même de prendre des crêpes fricassées avec du miel, et les autres mets qui, pensait-on, devaient lui faire le plus de plaisir, il fut considéré comme perdu, et au lieu d'appeler les secours de l'art et de faire de dépenses supposées inutiles, on ne songea plus qu'aux derniers sacrements, et le curé fut averti de venir le préparer à quitter la vie. Le *tad-koz* le reçut avec cette foi vive et cette entière confiance en Dieu qui est le secret d'une force morale si grande. Il pleura ses fautes et, après avoir satisfait à ses derniers devoirs de chrétien, se regarda comme n'appartenant plus à ce monde. Cependant la famille avait été convoquée pour ce dernier combat et dès lors trois ou quatre personnes veillèrent à ses côtés, les yeux toujours fixés sur lui pour juger des progrès du mal. Dès que l'agonie parut approcher, elles appelèrent les autres parents qui coururent prévenir le village, et tous bientôt se pressant autour du lit de mort, la tête nue et un chapelet à la main, y répondirent pieusement aux prières des agonisants qu'un ancien récitait à haute voix. Chacun se poussait en avant comme pour voir passer la mort et surprendre dans les derniers regards du moribond le secret de ce monde inconnu qu'elle allait lui révéler. De temps en temps une commère montait sur le banc du lit et, secouant la tête d'un air capable, lui disait sans ménagement et même avec le ton d'une certitude cruelle : « Ah ! mon pauvre ami, tu n'as plus longtemps à vivre ! ou bien : Dépêche-toi de recommander ton âme à Dieu, le moment de partir approche ! » « Et au milieu de ces durs avertissements bien propres à le hâter, au milieu des sanglots et des cris des enfants, le patient interrompait son râle pour répondre toujours avec calme : Je le sais bien ! priez pour moi !... L'usage veut qu'à l'instant de la mort, on arrose le lit d'eau bénite, et qu'on allume un cierge consacré le jour de la purification, cierge avec lequel on fait sur le moribond trois fois trois signes de croix. Celui-ci semble-t-il se ranimer, on éteint le cierge, pour le rallumer dès que le danger reparaît, double opération qui se répète ainsi successivement jusqu'à la mort, et faisait dire à une bonne vieille dont le ciege avait été si souvent éteint et rallumé qu'il était presque entièrement usé : « Ah ! mon Dieu, mon mari ne meurt pas et le cierge va finir ! »

Dès que le *tad-koz* eut rendu le dernier soupir, le cierge béni fut éteint, et on lui jeta par-dessus la tête les draps de la couette de balle qui lui servait de couverture. Bientôt après on s'occupa de l'ensevelir, et il fut placé, le visage découvert, dans une chapelle ardente, établie sur le coffre-banc du lit clos. Dans certains cantons, on a soin de tenir alors tous les vases remplis d'eau, afin que l'âme du mort ne cherche pas à se purifier dans le lait qu'elle pourrait corrompre. Toute l'eau de la maison est ensuite jetée et remplacée. La chapelle se forme avec une sorte de linge brodé qui n'a pas d'autre destination, et que dans chaque paroisse possèdent seules quelques familles riches qui, du reste, se font un pieux devoir de le prêter aux autres. C'est un trésor qu'on s'arrache dans les ventes après décès, tant chacun tient à honneur d'avoir chez soi *eur chapel*, et semble croire qu'il se trouve à peine par siècle un tailleur capable d'un pareil travail. On n'en trouve d'ailleurs dans les ventes publiques que lorsqu'une succession est dévolue à des collatéraux et, aux yeux d'un tuteur, c'est un dépôt sacré qu'il doit conserver et remettre religieusement à ses pupilles lors de leur majorité.

L'ENTERREMENT

Ar besiad

Outre son luxe de broderies, la chapelle se décore d'une foule de rubans mis en croix, et de tout ce qu'on peut réunir d'images de saints, de scapulaires, de reliques et de chapelets ! Le corps y reste exposé une nuit et même deux, si la famille est nombreuse et dispersée, parce que tous les parents du défunt doivent être exactement prévenus de sa mort. On accourt des villages voisins à ces veillées caractéristiques, où tour à tour on prie, on chante des cantiques, on boit et on mange. Aussi l'un des premiers soins sous le chaume breton, lorsqu'il y meurt quelqu'un, c'est de s'occuper des provisions de bouche, et surtout d'y faire des crêpes. Quelquefois la foule est telle qu'une partie des invités se retirent dans les granges, et comme la douleur ne paraît pas moins altérer les Bretons que le plaisir, ils y poussent souvent l'affliction jusqu'à s'enivrer complètement, en sorte qu'on a vu plus d'une fois les sanglots se changer peu à peu en cris de joie, et des danses s'organiser non loin du cadavre de l'ami qu'on était venu pleurer ! Les curés, s'apercevant qu'un acte de piété dégénérait en partie de plaisir, ont cherché à arrêter un tel scandale, et interdisent les veillées aux jeunes filles, à moins que le mort ne soit un de leurs proches parents. Une espèce de gens qui ne manquent jamais à ces rendez-vous, ce sont les mendiants, ces inévitables témoins de toutes les joies et de toutes les douleurs de la famille bretonne, que n'y attirent point de pieux ou de tendres devoirs à remplir, mais la certitude d'emporter aussi leur part des dépouilles du défunt. Dès l'aube du jour, et lorsque a été fixée l'heure de l'enterrement, tout le monde se retire, excepté la famille, et alors se passe une scène déchirante ou du moins qui serait telle, sans cette résignation bretonne qui triomphe des plus douloureuses épreuves. C'est en présence des parents les plus proches, d'un fils, d'une épouse, qui ont écouté jusqu'au bout ce râle sinistre, dernier adieu d'un mourant, qui ont vu coudre le fatal suaire, et sont restés face à face, depuis sa mort, avec celui qu'ils viennent de perdre, c'est en leur présence qu'il est placé et cloué dans sa châsse, et qu'ont lieu tous les préparatifs lugubres qui sont comme une nouvelle et dernière séparation ! Leur âme doit d'autant plus s'y briser que cette cruelle cérémonie le devient bien davantage encore par le temps qu'elle dure ; ils disent de longues prières avant qu'on mette le corps dans la châsse où un oreiller lui est placé sous la tête et une croix sur la poitrine ; ils en disent d'autres avant que l'on cloue la bière, et lorsqu'elle s'est pour jamais refermée sur lui ! Ah ! ce n'est en effet qu'à l'aide de prières, et de prières ferventes, qu'il doit leur être possible de subir un pareil spectacle !

Le moment du départ est arrivé, on met la châsse sur une charrette dont les côtés ont été retirés et où elle est solidement amarrée au brancard, précaution fort nécessaire comme on va le voir. La charrette est attelée d'une paire de bœufs et d'un cheval, que guident deux conducteurs qui, silencieux et la tête nue comme tous les assistants, tiennent l'un la bride et l'autre le joug, et ne doivent faire usage, pendant tout le trajet, ni du fouet, ni de l'aiguillon. Quelque impraticable que soit le chemin ordinaire, c'est celui qu'il faut suivre ; car c'est depuis un temps immémorial le chemin des morts, *streat ann ankou*, et les fils doivent passer par où ont passé leurs pères. Cet usage a souvent nui à la viabilité du pays, les conseils municipaux s'étant plus d'une fois opposés à ce qu'on perçât de nouvelles communications plus commodes et plus directes, mais qui eussent fait supprimer les vieilles routes, les routes des morts. Les tailleurs, qui rient de tout, racontent à ce sujet l'histoire que voici : « Un mari portait sa femme en terre, femme acariâtre, vrai diable à quatre, et se refusa à laisser traverser son champ par le convoi, de peur que le public n'y réclamât plus tard un droit de passage, parce qu'un mort y aurait passé. On suivit donc le chemin ordinaire, chemin horrible où les cahots furent tels qu'ils réveillèrent la prétendue morte qui n'était qu'en léthargie. Lorsque après avoir encore tourmenté son mari pendant 3 ou 4 ans, elle mourut tout de bon, celui-ci se souvint des cahots ; il aima mieux risquer le droit de passage qu'une résurrection nouvelle, et cette fois demanda lui-même que le convoi passât par son champ. »

Le curé ne va au-devant des morts que jusqu'à l'entrée du cimetière qui, presque partout, environne l'église. Il se borne à envoyer, pour la chapelle ardente, le bénitier et la croix qui, après l'avoir sanctifiée, ouvrent la marche du convoi funèbre. La manière d'observer le deuil, quand on l'observe, varie suivant les lieux. Les riches Cornouaillais ont, aux enterrements et pendant l'année qu'ils le portent pour leurs pères, mères, frères, sœurs, parrains ou marraines, des habits bordés de noir, des bas noirs et un simple ruban de velours noir au chapeau. Un tablier noir est le signe distinctif des femmes ; leurs coiffes et leurs collets, pour être de deuil, doivent servir neufs et tels qu'ils sont sortis de la boutique. Dans quelques cantons, on les teint en jaune, et dans d'autres en bleu. Aux enterrements, elles portent, lorsqu'elles ont pu s'en procurer, des capes que possèdent seules les plus riches, mais qui se prêtent comme les ornements d'une chapelle. Ce sont des parents qui tiennent les coins du drap mortuaire, quatre hommes lorsque c'est un homme qu'on enterre, quatre femmes lorsque c'est une femme.

Les fils suivent, comme tout le monde, jusqu'à la fosse, la châsse où ils ont vu clouer leur père, et sur laquelle ils entendent retentir ces premières pelletées de terre qui font éprouver, à un étranger même, une si vive émotion ! Soit que ce terrible spectacle laisse aux Bretons un souvenir ineffaçable, ou qu'il faille chercher la cause de leur piété pour les morts dans le sentiment religieux qui est chez eux si profond, toujours est-il que nul peuple ne leur voue un culte plus fervent et plus fidèle. Ce culte est une des grandes ressources des églises ; on cite plus d'une paroisse où la lecture des offrandes et des prières à dire pour les trépassés fait durer le prône plus longtemps que la grand-messe elle-même. Aussi la fête des morts est-elle l'une des plus touchantes du pays. Elle s'y passe tout entière en commémorations ; et persuadés que cette nuit-là, ceux qu'ils regrettent quittent le cimetière pour visiter les lieux où ils ont vécu et partager la nourriture des vivants, nos paysans laissent pour eux des crêpes sur la table, et ont soin de ne pas abaisser le panier qui d'ordinaire y recouvre le pain !

Voilà notre tâche accomplie. Nous avons montré dans Corentin, son père, son grand-père et ceux qui les entouraient, le paysan breton à tous les âges et sous toutes les faces ; c'est un tableau complet de sa vie domestique. Puissent les idées d'amélioration que nous avons semées sur notre route porter un jour leurs fruits ! Mais surtout, en policant ce peuple, qu'on se garde d'altérer sa noble et forte nature ! Plutôt que d'en faire quelque chose qui ressemble à ce type de dépravation précoce qu'on appelle *Gamin de Paris*, ou à ces populations gangrenées des villes qui n'ont d'autre croyance et d'autre frein que le tribunal de police correctionnel, ah ! qu'on respecte son ignorance et sa virginité ! Les fausses lumières sont pires que l'ignorance car, au lieu de guider, elles égarent !

« L'Ankou, écrivait Anatole Le Braz, a été la terreur de mon enfance. Son voisinage troublait toujours mes jeunes prières. Il me souvient d'avoir vu de vieilles femmes s'agenouiller devant lui. » En Bretagne, la mort est en effet omniprésente comme en témoigne la multitude de contes qu'a collectés Le Braz dans sa légende de la mort.

Des générations de petits Bretons ont été terrifiés par l'évocation de ce personnage. Mais l'image avait un double sens. Même décrite sous des dehors effrayants (à preuve la statue de l'Ankou dans l'église de Ploumilliau), elle semblait malgré tout un interlocuteur, une incarnation de la réalité. Ainsi présente, la mort devenait une entité palpable et non plus tabou, comme aujourd'hui.

Lorsque survenait un décès, c'est toute la communauté villageoise qui entourait la famille du disparu. Quand j'étais très jeune enfant, ma grand-mère m'amenait toujours aux veillées mortuaires. Malgré mon jeune âge, ma présence était parfaitement tolérée. La mort, c'était l'affaire de tous et ces veillées autour d'un cadavre paraissaient un cérémonial destiné à faire admettre d'une manière très concrète l'idée de ce coup du sort.

Il n'y a rien de morbide dans ce « culte ». Simplement, les Bretons, en Celtes qu'ils sont, ont de la vie une compréhension qui n'exclut pas sa fin. Voilà pourquoi, au fond d'eux-mêmes, les véritables Bretons n'ont jamais peur. Ils savent trop ce que vaut la vie : un instant, entre la lande, le roc, la mer et le ciel.

TABLE DES MATIÈRES

PRÉFACE	7
LE NOUVEAU-NÉ	15
LE BAPTÊME	20
LE REPAS DU BAPTÊME	25
LES RELEVAILLES	28
LE MAILLOT	31
LE BERCEAU	35
PASSAGE DE L'ENFANT PAR-DESSUS LA TABLE	38
LA NOURRICE	42
LA BOUILLIE	45
LES PREMIERS PAS	47
LA FONTAINE SALUTAIRE	50
LE PETIT BERGER	54
LE NID DE PIE	57
LE PREMIER HABIT D'HOMME	60
LA PREMIÈRE LEÇON D'IVROGNERIE	63
LE PETIT GARÇON IVRE	67
LE CATÉCHISME DU TAILLEUR	70
L'ÉCOLE DU PRÊTRE	73
LE CATÉCHISME DU CURÉ	77
LA CONFESSION	80
LE SERMON	83
LA PREMIÈRE COMMUNION	86
LA CONFIRMATION	89
L'ÉDUCATION EN VILLE	93
LE JEUNE CHARRETIER	96
L'ADMISSION À TABLE	99
LA COUPE DES FOINS	102
LA PREMIÈRE PROPRIÉTÉ	105

LA MOISSON	108
LES BATTEURS DE BLÉ	111
ON RAMASSE LE BLÉ SUR L'AIRE	114
LE VANNAGE	117
LE MOULIN	120
LE FOUR	123
LE BRELAN DÉCOUVERT	126
LE PREMIER MARCHÉ	129
LA BATAILLE	132
L'AUTEL DRUIDIQUE	135
LE NAUFRAGE	138
LA PRIÈRE DES PILLARDS	141
LE TOMBEAU DRUIDIQUE	145
LE PREMIER AMOUR	148
LE GRAND CHARROI	151
LA VEILLÉE	154
LA FÊTE DE LA FILERIE	158
ON TUE LE COCHON	161
LA FÊTE DES BOUDINS	164
L'AIRE NEUVE	167
DANSES DE L'AIRE NEUVE	170
LA VENTE AUX ENCHÈRES APRÈS LA MESSE	173
LA BANNIÈRE	177
LE DÉJEUNER	180
LE TRAVAIL	183
LE DÎNER DES HOMMES	186
LE DÎNER DES FEMMES	189
OUVERTURE DE LA FÊTE	193
LA PREMIÈRE GAVOTTE	196
LA LUTTE	199
L'ENTREMETTEUR	202
LA CROIX DU SALUT	205
LE SALUT DES BANNIÈRES	209
L'OFFRANDE	211
LA FONTAINE DU PARDON	214
LE CHANTEUR DE COMPLAINTES	217
LA LOTERIE	220
LA FIN DU PARDON	223
LA CONSCRIPTION	226
LE DÉPART DES CONSCRITS	229
LA LETTRE	232
LE VŒU	235
LA SOULE	238
LE COMBAT DE LA SOULE	241
LE MENDIANT EN AMBASSADE	245
LES PREMIERS ACCORDS	248

LES ACCORDS AU CABARET 251
LA REVUE (LES TITRES DE PROPRIÉTÉ) 254
LA REVUE (LES TROUPEAUX) 257
LE CONTRAT CHEZ LE NOTAIRE 260
LES ACHATS AU BOURG 263
LES PRÉSENTS DE NOCE 266
LA GRANDE LESSIVE 269
LES INVITATIONS 272
LA FÊTE DE L'ARMOIRE 275
L'ENTRÉE DE L'ARMOIRE 278
LE MARIAGE À LA MUNICIPALITÉ 281
LE DISCOURS 284
LE MARIAGE À L'ÉGLISE 287
LE RETOUR 290
LE DÉPART DES VALETS 293
OUVERTURE DE LA DANSE 296
LA TABLE DE LA MARIÉE 299
LE SERVICE DES RÔTIS 302
LE REPAS DE NOCE 305
DIVERSION 308
ON PAIE LE PLAISIR 312
LES DROITS DU NOUVEAU MARIÉ 315
LE REPAS DES PAUVRES 319
LA GAVOTTE DES PAUVRES 322
FIN DE LA FÊTE 325
LE COUCHER DE LA MARIÉE 329
LA SOUPE AU LAIT 332
LES ÉPINGLES DE LA MARIÉE 335
LA MORT DU GRAND-PÈRE 338
L'ENTERREMENT 342

ACHEVÉ D'IMPRIMER
LE 30 AVRIL 1986
SUR LES PRESSES
DE
L'IMPRIMERIE
CARLO DESCAMPS
A CONDÉ-SUR-L'ESCAUT
59163 FRANCE

Dépôt légal : mai 1986
N° d'édition : L 981
N° d'impression : 4201
Imprimé en France

of I-F.
231546